LES CRISES POST-CRISE

Un monde sans boussole ni hégémonie

Questions contemporaines
Collection dirigée par B. Péquignot, D. Rolland et Jean-Paul Chagnollaud

Chômage, exclusion, globalisation… Jamais les « questions contemporaines » n'ont été aussi nombreuses et aussi complexes à appréhender. Le pari de la collection « Questions contemporaines » est d'offrir un espace de réflexion et de débat à tous ceux, chercheurs, militants ou praticiens, qui osent penser autrement, exprimer des idées neuves et ouvrir de nouvelles pistes à la réflexion collective.

Dernières parutions

Alain RENAUD, *La France, un destin*, 2016.
J. Fidel CORCUERA, Antonio GASPAR, Mónica DJIAN, Javier VICENTE et Chesús BERNAL (Coord.), *Les discours politiques. Regards croisés*, 2016.
Nathalie DROAL, *Emploi. Le Royaume-Uni, un modèle pour la France ?*, 2016.
Daniel ARNAUD, *La Corse et l'idée républicaine. Nouvelle édition revue et augmentée*, 2016.
Francis CHOISEL, *Comprendre le Gaullisme, A propos de quelques contresens sur la pensée et l'action du général de Gaulle,* 2016.
Daniel LAGOT, *Le droit international et les guerres de notre temps,* 2016
Zéphirin ROMANOVSKI, *Les réseaux de migrants haïtiano-guyanais dans l'espace américain*, 2016.
Frédéric GOBERT, *Le système éducatif français à l'ère des perversions idéologiques*, 2016.
Corentin BULTEZ, *Zygmunt Bauman. La nouvelle question éthique*, 2016.
Nicolas TANTI-HARDOUIN, *Santé et grande précarité, L'exclusion par le soin des populations roms*, 2016.
Guylain BERNIER, *Radicalisme, Dichotomie entre croyance et tolérance*, 2016.
Jean GIRARDON, *Sauver la démocratie. Regards sur la démocratie contemporaine au XXIe siècle*, 2016.
Jean AMADO, *Principes éternels et universels de l'art de gouverner. Traité de gouvernement tome 1*, 2016.
Jean AMADO, *À la recherche du temps futur. Traité de gouvernement tome 2*, 2016.
Jean AMADO, *De l'action gouvernementale. Traité de gouvernement tome 3*, 2016.
André PETERS, *De la dictature financière à la démocratie monétaire,* 2016.

Paul Dobrescu

LES CRISES POST-CRISE

Un monde sans boussole ni hégémonie

Traduit du roumain par Denisa-Adriana Oprea

L'Harmattan

5-7, rue de l'École-Polytechnique, 75005 Paris

http://www.editions-harmattan.fr

ISBN : 978-2-343-11150-6
EAN : 9782343111506

À mes nièces et neveu :
Carla, Agata et Adam Dobrescu

Introduction

La maladie du développement lent

Les crises sont souvent rusées : elles nous absorbent, nous bombardent d'événements, de croissances et de décroissances, de licenciements massifs, de faillites et d'incertitudes et ne nous laissent que peu de temps pour réfléchir à ce qu'il adviendra après leur passage. Nous sommes tentés de croire que les difficultés prendront fin une fois la crise terminée. Mais en fait, nous serons à nouveau confrontés aux mêmes problèmes qui existaient déjà avant qu'elle n'éclate – démographiques, écologiques, sociaux –, auxquels s'ajouteront ceux qu'elle aura générés ou amplifiés. Par conséquent, il serait plus réaliste de parler *de crises post-crise*, d'autant plus qu'il ne suffit pas de savoir qu'elles existent pour les anticiper : il faut non seulement prévoir l'avenir, mais surtout, il faut s'y préparer.

La vitalité d'une organisation sociale tient à son développement, à son expansion et à la vitesse à laquelle elle avance. Mille autres variables sont possibles, mais c'est bien ce critère-ci qui reste fondamental. C'est de la racine du développement économique que tout pousse, y compris la liberté. En l'absence du fondement solide du développement, la liberté s'écroule ou se dégrade. Voilà pourquoi le développement doit être une valeur qui guide toute société, non seulement parce qu'il influence tous les autres domaines de notre vie, mais aussi parce qu'il est un indice du métabolisme normal ou déréglé d'une société, voire du potentiel dont celle-ci dispose à un moment donné. Le développement représente *le véritable baromètre de la vitalité d'un peuple et d'un d'État*. Il rend également compte de la mesure dans laquelle chaque communauté nationale est prête à assumer les coûts associés au progrès et à la préparation intelligente de l'avenir.

Depuis quelque temps, et surtout une fois passé le pic de la crise, les sociétés avancées souffrent de *la maladie du développement lent*, voire de la stagnation. Il s'agit là d'une maladie *dont elles admettent l'existence sans vraiment l'admettre*. Elles ne sauraient éviter d'en parler, car les statistiques s'imposent. Mais elles ne l'admettent pas vraiment, au sens qu'elles n'abordent pas ce problème au niveau des causes, de ses racines profondes. Ou bien, elles cherchent diverses formules censées présenter la situation de manière édulcorée et elles évitent, somme toute, de s'y attaquer de front. Or, lorsqu'il s'agit d'une maladie sérieuse, admettre qu'on en souffre fait *partie du traitement*.

En 2015, le FMI a publié un état des lieux de l'économie mondiale. Son rapport signale un aspect inquiétant : entre 2015 et 2020, la croissance de la production dans le monde développé sera de 1,6 %. Ce qui signifie un rythme sensiblement plus réduit que les 2,25 % que cet indicateur a enregistrés avant la crise[1]. Fin décembre 2015, Christine Lagarde affirmait clairement : en 2016, la croissance « sera décevante et inégale[2] ». Dans son ensemble, la décennie en cours enregistre une croissance économique modeste. Ce rythme lent, indécis, qui n'indique pas une reprise réelle, rappelle la situation d'un individu dont la température du corps est inférieure à 37 degrés. Il s'agit là d'un état d'hypothermie, parfois plus dangereux que l'état fiévreux proprement dit. Ce dernier a au moins le mérite de signaler la maladie, et aussi la réaction de l'organisme, ou encore sa capacité à réagir. L'état d'hypothermie peut ne rien indiquer ou au contraire, signaler quelque chose de très grave : *l'absence de réaction immunitaire* à une attaque dangereuse. Avoir une température inférieure à 37 degrés pendant une journée ou même une semaine, n'est pas préoccupant. Mais si cette température se maintient pendant un mois, il se peut que quelque chose d'inquiétant nous arrive…

La maladie du développement lent, tout comme les discussions récentes sur l'imminence d'une autre crise[3], nous oblige à nous poser des questions quant au traitement contre la Grande Récession et son efficacité, voire quant à la phase réelle de récupération du « patient ». Cette reprise indécise de l'économie mondiale génère d'innombrables problèmes, à la fois pour les responsables économiques et politiques, mais aussi pour la recherche dans le domaine. La période post-crise ressemble à une bibliographie ouverte, mais que l'on parcourt timidement, de peur qu'elle ne contredise les estimations et les attentes initiales. Mais que se passe-t-il en réalité ? Les ouvrages spécialisés sont presque unanimes pour admettre que la Grande Récession (la crise de 2008-2009) est la deuxième grande crise après celle de 1929-1933 (la Grande Dépression). En ce qui nous concerne, cette évaluation est loin d'aller de soi. Des années devront passer avant que nous puissions établir une hiérarchie. Bien évidemment, la crise de 1929-1933 a été beaucoup plus dramatique, parce que l'État n'est pas intervenu. Par contre, pendant la crise récente, on est massivement intervenu, et donc l'aspect dramatique a été visiblement réduit. De ce point de vue, Ben S. Bernanke a raison d'intituler son dernier ouvrage *The courage to act*[4]. Mais que sait-on sur les conséquences à moyen et long terme de la Grande Récession ? D'autant plus que, durant la crise, on a imprimé une masse impressionnante de monnaie et contracté des dettes importantes, qui pèsent à présent sur la croissance.

Dans les débats courants, on véhicule fréquemment la formule « la crise de 2008-2009 », ce qui laisse entendre qu'il s'agirait d'une crise déjà finie. Or, en réalité, ce qui est passé, c'est bien le pic de la crise. Toute crise

---

[1] IMF World Economic Outlook, 2015.

[2] Christine Lagarde, entretien pour *Handelsblatt*, reproduit dans *The Telegraph*, le 31 décembre 2015.

[3] Début 2016, George Soros et William White ont parlé ouvertement de la possibilité d'une nouvelle crise, alors que la Royal Bank of Scotland a lancé un message tout à fait effrayant : « vendez tout ».

[4] Ben S. Bernanke, *The Courage to Act: A Memoir of a Crisis and Its Aftermath*, New York, W. W. Norton & Company, 2015.

financière se prolonge et toutes sortes de dangers guettent la post-crise. Qu'est-ce qui a réellement changé après la crise, pour faire en sorte qu'elle ne se répète plus ? Très peu de choses sur le plan structural, si l'on exclut la réduction des dépenses (sociales), l'accent mis sur l'austérité, l'impression de monnaie et l'effort de couvrir les déficits des banques. L'inégalité va en s'accentuant, alors que la dette continue d'augmenter et la précarité d'affecter de plus en plus de personnes. *Les fondements sont bel et bien restés les mêmes*. Voilà pourquoi la croissance économique, c'est-à-dire la croissance robuste, tarde à se faire sentir. Le redressement se fait toujours attendre. De ce point de vue, cet ouvrage veut aussi tirer la sonnette d'alarme quant à cette vérité que l'on considère avec une certaine superficialité, sinon avec une sérénité coupable.

Pour l'instant, ce que l'on peut dire, c'est que le processus de redressement – « lent », « inégal », « décevant » – aura d'importantes répercussions sur la hiérarchie économique du monde de demain ; il engendrera des différences, voire des décalages au sein du monde développé. La question essentielle qui se pose est la suivante : alors que l'on sait bien que la crise des années 1929-1933 a conduit à la Seconde Guerre mondiale, l'intervention de l'État dans la crise des années 2008-2009 permettra-t-elle d'éviter un tel dénouement dramatique et d'enclencher une évolution qui épargne à la vie internationale un conflit ravageur ? La première partie de notre ouvrage sera consacrée à cette période compliquée que l'on appelle, de manière quelque peu trompeuse, la période post-crise, comme si la crise était déjà derrière nous.

2016 ne s'annonce pas sous de bons auspices. Du point de vue de la croissance de l'économie globale, on enregistrera les mêmes valeurs qu'en 2015, sinon légèrement moindres. Il est important de souligner ici que les pays émergents se heurteront à leur tour à des difficultés et que, de ce point de vue, 2016 pourrait bien être marquée par la « crise des émergents ». Andrew Haldane, directeur exécutif pour la stabilité financière de la Banque d'Angleterre, considère que « les marchés émergents représenteront "la troisième vague" d'une série de crises ayant débuté en 2007-2008 avec la crise des subprimes aux États-Unis et ayant continué en 2010-2012 avec la crise de la zone euro[5] ». Il est vrai que le rythme de croissance des marchés émergents chutera lui aussi – de 6,5 % entre 2008 et 2014 à 5,2 % les cinq années suivantes. Mais il reste quand même deux à trois fois plus élevé que le rythme enregistré par les pays développés. Ce qui veut dire que le processus de rapprochement entre les deux groupes de pays, surtout entre les pays situés à la tête du peloton des émergents et les pays développés, ira bon train et que l'on traversera une période mouvementée, ponctuée par les perturbations et les séismes spécifiques de tout processus de reconfiguration

[5] « Out of fashion: Investors have become pessimistic about emerging markets », *The Economist*, 24 octobre 2015.

globale. Lorsque l'on parle des pays émergents, c'est l'acronyme BRICS qui nous vient à l'esprit. Mais, comme le précise Jim O'Neill (son auteur), cette liste devrait être élargie aux MINT (le Mexique, l'Indonésie, le Nigeria et la Turquie), voire aux « onze suivants[6] ». Quant à nous, nous élargirions la formule « marchés émergents » aux États actifs, qui ont fait du développement un but unificateur, stratégique sur le long terme, qui se sont créé un profil économique et social distinct et dont l'avenir semble assuré. En règle générale, les analystes mettent en avant les progrès réels faits par les pays émergents et leurs rythmes de croissance économique. Mais, chose significative, peu d'entre eux remarquent que ce sont bien ces résultats, qui, cumulés, ont conduit à une nouvelle réalité : à présent, l'évolution économique mondiale est plus étroitement corrélée avec la situation des émergents qu'elle ne l'est avec celle du monde développé. C'est bien ce que souligne un document officiel des États-Unis : « Dans le cas de transformations majeures, la santé de l'économie globale dépendra de plus en plus de celle du monde développé que de celle de l'Occident au sens classique du terme[7] ». S'il est vrai que les émergents seront affectés par la crise, alors la situation qui se profile sera critique et difficile à gérer, parce que, tel que le précisait la directrice générale du FMI, Christine Lagarde[8], les pays émergents ont tout simplement éloigné le monde développé du bord du précipice pendant cette période difficile et ils ont ainsi contribué à surmonter le pic de la crise. En 2008-2009, les émergents ont été une partie de la solution ; à présent, ils peuvent être une partie du problème.

L'examen du monde contemporain, du point de vue *du besoin impératif de développement* en tant qu'objectif stratégique de chaque pays, et de la planète dans l'ensemble préfigure de nouvelles perspectives permettant de comprendre ce qui arrivera ou ce qui peut arriver dans l'avenir. On représente d'habitude le monde sous la forme d'un conflit qui va en s'accentuant entre les « émergents » et les « développés ». L'ascension des émergents impactera considérablement le monde développé. Il y a quelque temps, on parlait des émergents comme s'il s'agissait d'un autre monde, comme si le monde développé suivait un parcours propre et le monde émergent en suivait un autre, sans qu'ils se croisent. Si le développement des émergents continue, un « appel » irrésistible se fera de plus en plus entendre : l'attrait que les immenses marchés intérieurs des émergents exercent sur les capacités d'exportation du monde développé. Les États développés ne peuvent pas rester insensibles à l'immense marché intérieur de la Chine, de la Russie, de l'Inde ou du Brésil. De véritables *binômes*

---

[6] Jim O'Neill, *The BRIC Road to Growth*, London Publishing Partnership, 2013.

[7] National Intelligence Council, *Global Trends 2030: Alternative Worlds*, 12 décembre 2012.

[8] Christine Lagarde, « Brothers and Sisters, There is Much to Do », IMF-World Bank Annual Meetings Plenary Lima, Peru, 9 octobre 2015. <https://www.imf.org/external/np/-speeches/2015/100915.htm/>.

apparaîtront, qui relieront pays développés et pays émergents. Un producteur performant a besoin d'un grand marché qui absorbe ses produits, tout comme un grand marché intérieur a besoin de producteurs d'envergure similaire. L'un appelle l'autre. Il s'agira là d'un véritable processus de sélection réciproque, dont on ne peut ignorer les implications politiques et mêmes stratégiques.

Un analyste remarquait récemment qu'il n'est plus possible de parler d'un groupe unitaire de pays émergents. La remarque vaut également pour les pays développés. On parle des « pays développés » en les regroupant, tout comme on parle des « pays émergents » en les regroupant également dans une catégorie à part. Or, cette division ne correspond plus aux réalités de la société contemporaine. Les sociétés développées s'associent et se réassocient, à l'image des sociétés émergentes ; ces recompositions permanentes ont lieu à l'intérieur de chaque « groupe de pays », mais surtout entre les pays qui forment les « groupes » respectifs. Il est toujours possible d'utiliser les notions d'« États développés » et « États émergents » lorsqu'il s'agit d'estimations statistiques ou historiques. Par contre, lorsque l'on se penche sur des évolutions et des interdépendances contemporaines, il faudra se rendre à l'évidence et accepter que ces concepts n'opèrent plus fidèlement. Nous avons nous-mêmes eu recours à ces formules parce qu'elles sont entrées dans le vocabulaire courant et surtout parce qu'il n'existe pas d'équivalents conceptuels que nous aurions pu convoquer. Nous traiterons des aspects liés à la préfiguration de nouveaux modèles de développement sur fond de mondialisation dans la deuxième partie de ce volume.

Après la chute représentée par la crise et après les années d'évolution économique lente qui s'en sont suivies, le développement deviendra sûrement l'objectif le plus important de chaque pays, afin de récupérer, de maintenir ou bien de gagner une position des plus convenables. Les États nationaux connaîtront, par la force des choses, *un nouvel âge d'affirmation.* Une confusion se perpétue. Si elle peut vraiment assurer une série de prémisses du développement et un cadre favorable, la mondialisation ne peut pas pour autant se charger aussi du *développement proprement dit*, qui revient à la charge des États. Quant aux entreprises, elles s'installent quelque part et puis elles repartent, à la recherche du profit. Elles peuvent créer des « îlots » de développement ; le problème, c'est qui pourra relier tous ces « îlots », examiner les flux et élaborer une perspective d'avenir à l'intention d'une communauté ? D'un point de vue historique, ce sont les États qui ont imposé le développement en tant que processus autonome, alors que, à présent, c'est au développement d'imposer l'État. Ne soyons pas dupes ! Nous avons là affaire à un changement de perspective, *à une véritable mutation.* Le développement et la croissance économique représenteront les critères principaux pour mesurer le bon gouvernement et ce sont eux qui rendront compte de la performance de l'État. Le binôme État-développement est *le nouveau tandem* qui dominera la vie et les relations internationales.

On peut à peine estimer l'impact que la récente crise a eu sur les relations et l'ordre international. Sa principale conséquence est le changement intervenu dans la hiérarchie économique du monde. De nouvelles puissances régionales sont apparues, de nouveaux leaders hégémoniques régionaux, qui désirent avoir un pouvoir de décision dans leur région. Le global n'est plus si important, peut-être aussi parce que la mondialisation est dépourvue du dynamisme dont le monde aurait tellement besoin de nos jours. *Le bouillonnement s'est déplacé au niveau des régions*. On voit presque partout se reproduire le *clash* entre les sphères d'influence et l'ordre global. La nouveauté tient à ce que le bouillonnement régional déborde et alimente une sorte de bouillonnement global. Presque partout, dans presque toutes les régions importantes du monde, un mécontentement de plus en plus difficile à contenir se fait jour, qui va principalement de pair avec des conflits qui se succèdent, avec des tensions de plus en plus fréquentes et de plus en plus graves. La planète semble s'agiter, alors que « *l'indiscipline géopolitique* » est le propre de la nouvelle vie mondiale. Personne n'a plus l'air d'être content de la situation actuelle et tout le monde désirerait qu'une « *nouvelle partie d'échecs géopolitiques* » débute. Pour ce qui est des acteurs mondiaux importants, personne n'est trop puissant pour dominer et personne n'est trop faible pour se laisser dominer.

On a assisté ces dernières années à l'apparition d'au moins trois conflits à portée globale : le conflit ukrainien, le conflit de la mer de Chine méridionale et le conflit qui, d'une certaine manière, l'emporte sur tous les autres, à savoir celui du Moyen-Orient. Il s'agit dans les trois cas de conflits géopolitiques, qui ne sont pas près de se terminer. Espérons seulement que leur intensité diminuera avec le temps, bien que, si l'on considère leurs origines et les forces impliquées, le risque qu'ils s'intensifient est bien réel. Il peut bien s'agir d'intensités plus silencieuses, mieux contrôlées, mais le désaccord en tant que tel ira en s'accentuant. Voilà pourquoi la troisième partie de cet ouvrage sera consacrée à ces régions marquées par des conflits géopolitiques, que nous analyserons séparément. D'autant qu'il s'agit là de conflits qui ne sont pas près de se terminer, parce que nés au croisement de l'ordre régional et de l'ordre mondial, allant de pair avec le processus de reconfiguration des hiérarchies de puissance du moment et, qui plus est, restituant bien l'état confus dans lequel se trouve le monde de nos jours.

Ce qui est paradoxal, c'est que cette époque de reconfiguration globale ne s'accompagne pas d'un débat ouvert, réel. Une explication possible tient à ce que le débat public est accaparé par les sociétés développées, qui ont du mal à se départir du modèle qu'elles ont elles-mêmes consacré ; elles semblent vouloir l'imposer « idéologiquement », sans le modifier, sans y opérer les changements que la réalité sollicite de plus en plus visiblement. Cet ouvrage est également une sorte de protestation difficile à contenir envers ce *retard de compréhension* ; les statistiques sont limpides, les prévisions tirent la sonnette d'alarme, alors que l'on continue de penser selon des *patterns* façonnés dans le passé, qui nous conviennent bien, mais qui, souvent, ne fonctionnent plus en réalité. Les sociétés développées s'embourbent dans leur propre modèle et semblent ne plus être capables de l'examiner d'un œil critique, tout comme elles ne sont plus à même de *reconnaître le succès* lorsqu'il se présente dans d'autres espaces sociaux et politiques. L'une des provocations les plus importantes mises en avant par la dernière crise est d'ordre *intellectuel*, mais très peu de monde en parle.

Nous ne comprendrons jamais pourquoi, dans bien des articles et des ouvrages dédiés à la Chine, on parle, avec obsession, du « communisme ». À notre avis, ce qui se passe à présent en Chine, ce n'est pas du communisme. Il est possible de parler de problèmes réels posés par la démocratie, la liberté, l'exercice du pouvoir, mais non pas de communisme. Pourquoi faut-il signaler un tel problème ? Parce que, si l'on continue d'appeler la Chine « communiste », tout ce que l'on réussit à faire, implicitement, c'est un compliment au communisme, qu'il soit conçu en tant qu'idée ou que structure, puisqu'il a rendu possible un bond en avant spectaculaire du pays le plus peuplé au monde. Qui aurait intérêt à ce que le succès soit associé non pas à un pays, au travail humain, à la qualité du leadership, mais à une doctrine, voire à un régime politique, l'ennemi structural de la démocratie libérale ? Surtout pas les Américains ! Mais il s'agit bien là d'un cas typique où l'on n'examine plus la réalité, mais où l'on met des étiquettes sans penser qu'il est toujours possible que, par un effet pervers, celles-ci se retournent dans l'avenir contre celui qui les colle.

L'époque actuelle est souvent caractérisée d'« époque du savoir ». Lorsque l'on fait une telle affirmation, on pense d'habitude au savoir scientifique, domaine où l'on a fait, il est vrai, des progrès remarquables. Mais on ne peut pas dire la même chose dans le cas du savoir social et humain, où les « *interprétations dominantes* » continuent à peser de tout leur poids. L'opinion publique a depuis toujours exercé une pression au sens du conformisme. Mais cette pression s'exerçait par des murmures de désapprobation, voire, dans certains cas, de rejet. Et le plus important, il s'agissait là d'une vraie opinion publique, du moins au sens d'opinion majoritaire, consolidée, fondée sur des coutumes et des repères. À présent, *la place du chuchotement est prise par tout un arsenal médiatique*. Et les « interprétations dominantes » – soutenues par toute une artillerie médiatique – exigent un conformisme à toute épreuve ; si l'on ne se conforme pas, tout ce qui nous attend, ce n'est qu'une poignée d'étiquettes. Ces dernières sont la formule moderne par laquelle on détruit l'image, le prestige et, en dernière instance, le jugement véritable. Les gens ont l'air libres, mais ils avancent des étiquettes collées à leur front. Comme *une sorte de condamnation* que l'on porte tout le temps sur soi, nécessairement visible. Que tout un chacun le voie et le sache ! Il n'y a pas que les individus, les idées et les interprétations subissent elles aussi le même sort. La pression à se conformer est énorme. Le geste réflexe de survie vous dit alors de vous conformer non pas à la vérité, mais à l'interprétation dominante. Il s'agit là de gestes, de réactions, de précautions qui évoquent l'ambiance d'une sorte de *totalitarisme intellectuel.*

Lorsqu'il s'agit des interprétations dominantes, la véritable superpuissance mondiale, ce sont indéniablement les États-Unis. La puissance *soft* de l'Amérique rappelle, surtout de ce point de vue, sa puissance économique de l'entre-deux-guerres, c'est-à-dire une puissance absolument dominatrice. Deux précisions faites par deux personnalités américaines permettent de mieux se représenter cet atout extrêmement important. Ainsi, on trouve dans l'ouvrage de Zbigniew Brzeziński, intitulé *Le Vrai choix : Les États-Unis et le reste du monde*[9], une remarque qui est presque passée inaperçue : « *[l]a récente révolution des technologies avancées, en particulier dans le domaine des communications, favorise l'émergence progressive d'une communauté mondiale d'intérêts de plus en plus partagés, au centre de laquelle se trouve l'Amérique...* ». N'oublions pas, c'était en 2004, année où ce que l'on appelle la communication en ligne était loin d'avoir l'ampleur actuelle. Au fur et à mesure que les possibilités techniques ont pratiquement explosé, l'Amérique est devenue *un véritable hub global des interprétations dominantes*. Peu à peu, une communauté globale connectée à ce *hub* est apparue, qui développe une certaine dépendance envers ses messages. Il est difficile de dire lequel est plus important, le *hub* qui livre les interprétations ou bien la communauté globale qui demande, à son tour, de plus en plus d'interprétations censées la guider. Il s'est en réalité créé un tandem, voire une nouvelle réalité sociologique, alors que l'Amérique est devenue non seulement un centre technologique – le premier du monde – mais aussi un centre idéologique, également le plus important sur le plan mondial. Les États-Unis sont devenus la *puissance paradigmatique du monde symbolique*. Ils sont non seulement le pays qui crée et livre des interprétations, du sens et des significations, mais aussi le pays qui, d'habitude, « écrit » les représentations, décisives pour gagner les adhésions et faire naître des convictions. Il est inutile de préciser combien il est difficile de se soustraire à ces significations décortiquées et diffusées en boucle, d'autant plus que les États-Unis ont eu la sagesse de décentraliser cette activité, de l'éloigner le plus possible de la sphère gouvernementale, laquelle, il est vrai, a une importance cardinale, mais pas lorsqu'il s'agit de gagner la confiance des individus. Le gouvernement est toujours partisan ou perçu comme tel.

Joseph Nye Jr. signale un autre aspect, lui aussi très actuel : « Dans le monde contemporain, l'information circule en excès, alors que notre capacité d'absorption est limitée[10] ». Ces mots simples surprennent l'un des paradoxes de notre existence. Nous sommes pris d'assaut par une quantité

---

[9] Zbigniew Brzeziński, *Le Vrai choix : Les États-Unis et le reste du monde* [*The Choice: Global Domination or Global Leadership*], traduit par Michel Bessières, Odile Jacob, 2004, p. 12.

[10] Joseph S. Nye Jr., *Is the American Century over?*, Cambridge, Polity Press, 2015, p. 61. (Tous les textes que l'auteur cite d'après les éditions en anglais ou en roumain et pour lesquels il n'existe pas de version française ont été rendus en français par la traductrice.)

pratiquement illimitée d'informations, mais nous manquons de temps pour les parcourir et les traiter mentalement. Cela veut-il dire que c'est l'information la plus vraie qui finit par s'imposer ? Non, pas du tout, celle qui s'impose, c'est bien celle qui arrive en premier sur les flux diffusés par les moyens de communication de masse classiques, par Internet ou le téléphone portable. La technologie joue à nouveau un rôle essentiel, car elle rend possible un véritable *culte de l'instantanéité.* Celui qui livre en premier l'information détient également la chance d'imposer sa propre interprétation et de s'attirer une audience de plus en plus grande. Vu qu'elle est très occupée, cette audience désire de plus en plus recevoir des informations simples, déjà partiellement interprétées. Il s'agit là de la réponse idéale, que la puissance américaine a identifiée à temps et qu'elle livre jour et nuit.

Une bonne partie de la puissance et du prestige de l'Amérique tient à sa capacité à encapsuler les aspirations séculaires des gens et des sociétés dans des formules simples et percutantes. Les États-Unis ont bien compris le pouvoir de séduction que peut exercer la proposition d'un *menu politique attrayant.* Comment être contre la liberté, la démocratie, l'État de droit ? Ces valeurs électrisent, mettent en branle des individus et des communautés nationales. Les États-Unis ont beau proposer le menu, ils ne mentionnent pas toujours que, pour en arriver à l'État de droit, tout un cheminement est nécessaire. Ce cheminement, les Européens l'ont fait en quelques siècles, et les Américains en un peu plus de deux cents ans. Bien sûr, le monde contemporain peut le parcourir en un laps de temps plus court, mais il ne peut pas pour autant s'en passer. C'est une forme de leurre que de vouloir proposer un menu qui ne soit pas accompagné d'une feuille de route, de la recette laborieuse à base de laquelle on peut préparer les plats qui y sont inscrits. On veut pour preuve en ce sens les « printemps arabes ». Le grand débat qui devrait être entamé à présent, ce n'est pas si l'on partage ou non les valeurs de l'État de droit, mais comment y arriver. La différence de fond qui existe entre le modèle de développement asiatique et le modèle promu par les pays développés tient au dosage différent des priorités. L'Asie met au premier plan le développement, la préparation des conditions d'existence et de fonctionnement de l'État de droit (lequel aura, indiscutablement, ses caractéristiques asiatiques). Autrement dit, comme toute autre construction, une construction politique ne peut pas débuter par le toit. C'est à cette lumière que nous lisons le dilemme dont parle Brzeziński : « Nous avons le choix entre dominer le monde et le diriger ». Diriger, signifie veiller au trajet, aux instruments et aux résultats. Une formule, un objectif, une vision stratégique peuvent attirer, voire électriser. Il est possible aujourd'hui de conquérir à distance des individus et des communautés. Les diriger suppose, tout comme dans la stratégie militaire, d'« y mettre les pieds », autrement dit, de trouver des solutions à partir des réalités géographiques, économiques et culturelles des lieux respectifs. Ou alors, comme le disait un vieux proverbe chinois, « il est possible de conquérir le monde à cheval », « mais on ne peut pas le diriger à cheval » à distance. Le chaos et les turbulences au milieu desquels nous vivons trouvent aussi leurs origines dans les décalages, parfois troublants, entre les « menus » annoncés et les réalités sur le terrain.

Il est évident que, dans le champ symbolique, les États-Unis n'ont pas de concurrent. Il est encore plus difficile de parler d'un autre pays qui ait la capacité d'élaborer des *interprétations alternatives* avec un certain degré de dissémination et d'acceptation. Le développement d'un pays ou d'une région peut exercer une forme d'attraction particulière. La particularité fondamentale de cette version de la puissance *soft* est qu'elle est le résultat de tout un processus économique et social. Il ne s'agit pas d'une puissance construite et elle n'incarne pas un objectif déclaré ni poursuivi délibérément. Non, elle est bel et bien produite au fur et à mesure que le processus de développement suit son cours. De ce point de vue, on peut dire qu'elle est une puissance naturelle. Le succès, tout comme l'échec, exerce nettement une force d'attraction. Il invite respectivement à la prudence, au détachement, voire à quitter le navire. Lorsque l'Union européenne était en ascension, la Grande-Bretagne a fait des demandes répétées pour être admise en tant que membre. Aujourd'hui, le Brexit est pratiquement une réalité. Il est peu probable que dans le futur, on assiste à des confrontations spectaculaires entre les interprétations. Sur le plan symbolique, le *clash* le plus important aura lieu entre les élaborations de la puissance *soft* américaine, avec tout son arsenal impressionnant, et la puissance de séduction, l'invitation à prêter attention à l'émergence de pays et de régions. Cette confrontation ne sera point inférieure – ni en termes d'importance, ni en termes de drame – à une confrontation militaire ou économique. Il ne s'agit pas là uniquement du choc d'interprétations entre les « développés » et les « émergents ». De tels chocs peuvent avoir lieu entre des émergents, tout comme ils peuvent avoir lieu entre des développés. Par exemple, une affirmation telle que : « En Europe, on n'a pas affaire à une crise keynésienne, par conséquent, les mesures keynésiennes ne sont pas appropriées », faite par un auteur de l'envergure de l'économiste allemand Hans-Werner Sinn[11], marque non seulement une différence claire de philosophie financière, mais aussi une certaine décision de suivre des directions différentes de philosophie politico-financière.

Dans cet ouvrage, nous assumons la position d'un *eurocentrisme méthodologique*. Nous l'avons fait délibérément, afin d'examiner les évolutions qui se préfigurent du point de vue de l'Europe et, parfois, de celui d'une région particulière du Vieux Continent, soit l'Europe centrale et orientale ; et aussi, parfois, du point de vue de la Roumanie. Et ce, d'autant plus que, autant qu'on peut le prévoir, ni l'Europe dans son ensemble, ni l'Europe de l'Est, et encore moins la Roumanie, n'auront quoi que ce soit à

---

[11] « The Sputtering Engine. Is Germany's Economy Getting Too Weak to Pull Europe Out of its Crisis? », *The Economist*, 22 novembre 2014.

gagner des suites du nouveau *start* historique pris à l'époque post-crise, vu qu'elles ne se sont pas préparées à temps et qu'elles n'ont pas eu de *stratégie* pour faire face à la mondialisation ou à la crise. En outre, le continent dans l'ensemble connaîtra une tendance à la marginalisation et il court le risque de devenir une puissance secondaire. Dans de tels moments, il est difficile de réprimer la tentation de reléguer toutes sortes de difficultés vers la « périphérie », ou en tout cas sur d'autres épaules. Ce qui équivaut à un abandon progressif, mais irréversible, du modèle de développement consacré initialement par l'Union européenne.

Première partie

L'enjeu de la période en cours est le statut du monde développé

Premier chapitre
Un monde dépourvu de vision stratégique

1.1. La confrontation économique a pris la place que tenait jadis la guerre

Un prestigieux théoricien de la stratégie militaire faisait cette affirmation : « La Première Guerre mondiale a été le principal événement du XXe siècle, et elle se trouve aux origines de tous les autres[1] ». Gary Sheffield a bien raison, commente Colin Gray[2], à condition de ne pas prendre au pied de la lettre l'affirmation « et elle se trouve aux origines de tous les autres ». Il s'agit plutôt d'un événement qui a profondément marqué le tableau d'ensemble du siècle passé, ou, si l'on veut, sans lequel on ne peut pas comprendre l'image d'ensemble du XXe siècle.

Le XXIe siècle n'est pas différent ; un événement situé toujours à son début – soit la crise éclatée en 2008, après des années de folle évolution – joue un rôle similaire à celui qu'a joué la première conflagration mondiale. On pourrait même dire que le XXIe siècle sera plus fortement marqué par ses premières années et par la crise conséquente que ne l'a été le XXe par la Première Guerre mondiale. Tout simplement, cette première décennie préfigure tout le siècle, d'une manière que l'on ne comprend pas encore vraiment, mais que les développements ultérieurs rendront de plus en plus claire.

Il nous faut apporter ici une précision. Lorsque nous parlons de la crise, nous ne pensons pas seulement à la période comprise entre 2008 et 2009. L'affirmation selon laquelle la récente crise « donne un avant-goût du siècle » joue sur un sens plus large de la crise, qui inclut la décennie ayant précédé les années 2008-2009 (période à laquelle le rythme de développment des émergents a été de trois à quatre fois supérieur à celui des pays développés), le moment proprement dit de la crise – qui a joué le rôle d'un « test » pour les évolutions déjà manifestées – et également la période post-crise, caractérisée par un redressement plus rapide des émergents et une évolution lente et inégale des développés. Par conséquent, lorsque l'on dit que la crise donne un avant-goût du siècle, c'est dans ce sens plus complexe. Plusieurs arguments pourraient être invoqués pour appuyer cette affirmation. Le plus important nous semble être celui des différences frappantes entre la

---

[1] Colin S. Gray, *Războiul, pacea şi relaţiile internaţionale: O introducere în istoria strategică*, Iaşi, Polirom, 2010, p. 99 [*War, Peace, and Victory: Strategy and Statecraft for the Next Century*, New York, Simon and Schuster, 1990)].

[2] *Ibid.*

hiérarchie du monde en 2010 et celle de 2050, comme le montrent les deux graphiques ci-dessous.

FIGURE 1

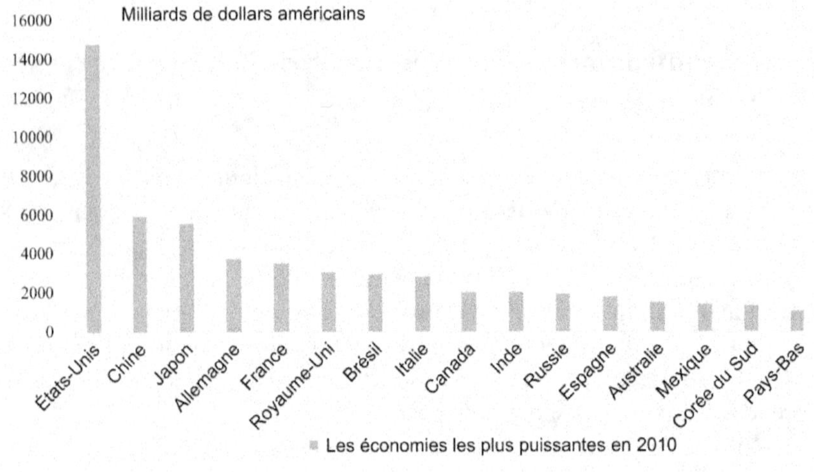

Source: Jim O'Neill, *The Growth Map*, Penguin Group, New York, 2013, p. 41.

FIGURE 2

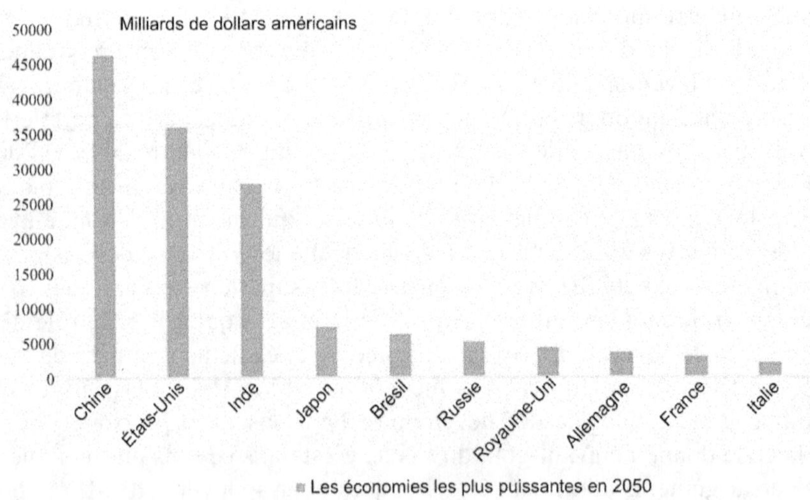

Source: Jim O'Neill, *The Growth Map*, Penguin Group, New York, 2013, p. 42.

Bien évidemment, il faut considérer avec beaucoup de prudence chaque prévision. Nous verrons si les évolutions futures confirment ce que les chercheurs prévoient pour le milieu du siècle. Plusieurs scénarios ont été élaborés. Mais personne ne conteste que, en 2050, les pays qui monteront sur le podium de la hiérarchie économique seront la Chine, les États-Unis et l'Inde. Angus Madison, grand historien de l'économie, analyse, dans une perspective historique, l'évolution économique du monde et, dans ce cadre, les transformations qui se préfigurent à l'horizon 2030. « J'estime que ce sera l'économie asiatique, et notamment la Chine et l'Inde, qui connaîtra le dynamisme le plus prononcé ; la proportion du PIB mondial détenue par l'Asie sera de 53 %, alors que le poids de l'Europe de l'Ouest, des États-Unis et d'autres pays gravitant autour de l'Occident baissera à 33 %. En Asie, le niveau des revenus représentera toujours un tiers des revenus enregistrés en Europe de l'Ouest. Par conséquent, j'estime que le courant dont j'ai parlé ira bon train aussi après 2030[3] ».

Il y a quand même un aspect sur lequel divergent les débuts respectifs de ces deux siècles successifs. Le XXe siècle a débuté par un événement sanglant et cette caractéristique s'est maintenue, marqué comme il l'a été par des conflagrations et des conflits militaires. De son côté, le XXIe siècle a débuté par une compétition économique acharnée et par une crise de proportions ; son évolution en portera l'empreinte, il sera profondément marqué par les ravages de la compétition économique. Cela veut-il dire qu'il sera plus tranquille, plus calme, plus détendu ? Pas du tout, *la tension ne sera que transférée* du domaine militaire au domaine économique. Les munitions seront, il est vrai, différentes. Au XXIe siècle, « la balle » ou, si l'on veut, « le missile » sera représenté par la valeur du PIB, par le PIB *per capita*, par les percées technologiques, etc. Les conséquences seront pourtant les mêmes : l'effondrement de certains pays et la montée en puissance d'autres, l'érosion de l'ordre international et l'avènement d'un autre, des changements radicaux dans les hiérarchies économiques et de puissance. On n'a plus affaire à une guerre classique, mais à une guerre économique. Pour autant, il ne fait aucun doute que la substance du drame sera la même.

Edward Luttwak – historien américain d'origine roumaine – parle d'une « compétition géo-économique », caractérisée par une « grammaire du commerce et une logique de la guerre ». Cette compétition géo-économique, dont les règles commerciales sont « grammaticalement » correctes, perpétue la logique dure du conflit, autrement dit, la logique de la guerre, menée avec des « armes » différentes. Regardez plus attentivement le monde contemporain : la place du champ de bataille de jadis est prise par la compétition économique. D'une certaine manière, le conflit militaire était plus égal à lui-même, plus transparent : sa « grammaire » et sa « logique » allaient toujours dans la même direction, servaient le même but. La compétition économique est plus trompeuse, voire plus perverse : sa « grammaire » prête un air

---

[3] Angus Maddison, *Contours of the World Economy I-2030 AD, Essays in macro-economic History*, Oxford University Press, 2007, p. 316.

« correct » à une confrontation qui, de par ses conséquences, est tout aussi douloureuse, sinon encore plus douloureuse que le conflit militaire.

Certes, la compétition économique n'est pas sanglante, mais elle facilite une répartition de la richesse et des chances d'affirmation à moyen et long terme. Les gens n'en meurent pas, mais ils s'appauvrissent ou se retrouvent dans des situations humiliantes ; on ne signe pas de traités dont les conditions sont dictées par le vainqueur, mais on façonne des évolutions qui ont les mêmes effets ; on ne fait plus de prisonniers, mais les chevaliers des armées économiques vaincues sont transformés en de véritables marionnettes ; il n'y a pas de sang qui coule, par contre, il y aura sûrement beaucoup de souffrance.

Quelques circonstances particulières donnent à la compétition économique une dureté singulière et des accents supplémentaires de gravité. *La planète semble avoir rétréci* parce que les acteurs économiques – les États ou les entreprises – possèdent une force dominatrice. Il est difficile de percer le terrain central de la compétition économique. Les États consacrés y ont déjà leur place, alors que, à présent, ce territoire privilégié est pris d'assaut par les émergents. Le combat pour le pouvoir est impitoyable, alors que l'effort pour conserver les positions déjà remportées, les marchés d'exportation ou les sphères d'influence ne laisse pas trop de place aux négociations et aux ententes. Le bruit assourdissant des armées de jadis est remplacé par un silence tendu. Au bout d'une telle période, des informations se font jour, qui parlent de faillites, d'effondrements, de pays qui voient dégrader leur note souveraine par des agences de notation, voire du déclin de puissances ou superpuissances…

Afin de mieux comprendre l'intensité de la compétition économique qui se livre sur le plan international, il faut mentionner un aspect essentiel : *sur le plan global, la demande est à la baisse*, ce qui prête à la compétition économique les traits spécifiques du combat pour l'existence. Cela est valable notamment dans le cas des petits et moyens États, qui doivent faire des efforts désespérés afin de trouver – ou de garder – une place sous le soleil économique de la planète. John L. Campbel et John A. Hall précisent que les particularités de la compétition économique de nos jours sont rendues de manière suggestive par la formule : « À présent, c'est Adam Smith qui dirige le monde[4] ».

On dit qu'« il n'y a rien de plus déstabilisant que l'avènement d'une superpuissance ». C'est vrai, sauf que, à présent, on assiste non seulement à la naissance d'une superpuissance, mais à celle de tout un monde – respectivement le monde asiatique, si l'on prend en compte ce continent, ou le monde émergent, si l'on prend en considération l'ascension indubitable de

---

[4] John L. Campbell et John A. Hall, *The World of States*, Londres, New Delhi, New York, Sydney, Bloomsbury, 2015, p. 40.

ces pays à dimensions continentales, qui ont fait du développement un véritable credo. Un conflit s'achève à peine, que trois nouveaux éclatent à sa place ; les « printemps » de tous bords s'enchaînent les uns après les autres, sauf qu'ils ne débouchent pas sur la prospérité, mais sur l'instabilité et le chaos. Comment pourrait-on expliquer une telle situation ? Les États-Unis ne sont plus la puissance qu'ils étaient jadis, lorsqu'ils dominaient sans conteste tous les domaines caractéristiques d'une puissance moderne et imposaient le respect des règles. Entre-temps, aucune autre puissance n'est apparue, qui puisse prendre leur place ou qui désire le faire. L'ordre instauré après la Seconde Guerre mondiale, revigoré d'une certaine manière par celui instauré après la guerre froide, *ne reflète plus les rapports de pouvoir existant au sein du monde contemporain.*

En outre, s'ajoute à la discussion un aspect que l'on feint d'ignorer. Petit à petit, l'État s'est retiré de bien des activités qu'il avait assumées avec succès au cours des derniers siècles. Il a encore renoncé à autre chose, à savoir à la position de *stratège pour les directions à prendre et de responsable de la construction de l'avenir.* Personne d'autre n'est venu remplir, ou du moins suppléer à ces fonctions vitales. Voilà pourquoi le trait le plus surprenant du monde contemporain est la confusion, l'absence d'un horizon un tant soit peu clair vers lequel on avance, l'absence de toute « discipline géopolitique », qui érode visiblement la confiance des individus dans l'avenir, dans des évolutions un tant soit peu prévisibles.

1.2. La Roumanie, en marge d'une existence végétative

Il est possible de distinguer trois cercles concentriques dans lesquels sont disposés à présent les pays. Le premier, c'est celui des pays riches, pris d'assaut par les émergents ; l'architecture du monde de demain dépend du résultat de cette compétition. Le deuxième est représenté par ce qu'on appelle, dans un État développé, la classe moyenne et qui, comme on le sait bien, est à la baisse. C'est ici que l'on retrouve ce que Jim O'Neill appelle « les onze suivants », des pays avec une évolution prometteuse, de l'Indonésie au Mexique, de la Corée du Sud à la Turquie. Ce cercle est sans doute plus large, incluant des États avec des aspirations et des chances réelles de développement, de la Colombie à la Pologne et du Nigeria à l'Iran. Enfin, le troisième cercle comprend les pays – de plus en plus nombreux – qui se démènent quelque part à la périphérie de l'histoire et qui semblent ne plus avoir de chance réelle de s'approcher du territoire tant convoité du développement. Et ce, non pas parce qu'ils ne font pas d'efforts, mais parce que d'autres pays ont pris une avance considérable sur eux et qu'ils se sont dotés d'atouts difficiles à rattraper.

La compétition est si acharnée, que l'on fait de plus en plus difficilement de la place aux nouveaux venus. On ne nie pas leur chance – et il est fort probable que, de temps en temps, un « miracle » soit mis en scène, justement afin de prouver que cette chance reste intacte – mais la possibilité de « gravir » les échelons dans la hiérarchie de pouvoir du monde devient de plus en plus illusoire. Il s'agit de cette partie-là du monde condamnée à une *existence végétative*. Le terme « colonie », que l'on pourrait utiliser pour la dénommer, semble révolu, parce qu'il éveille des souvenirs douloureux mais aussi parce que la métropole entretenait des rapports particuliers avec la colonie, qu'elle se proposait de guider sur la voie de la modernisation. De nos jours, ce lien est défait. « Les colonies modernes » bénéficient de tous les droits, mais elles ne disposent pas de pouvoir réel, même sur elles-mêmes. La domination qu'exerce la métropole est silencieuse, mais dévorante. L'État dominant n'est plus qu'*une carcasse d'État :* le contenu, ou plutôt les règles de fonctionnement sont dictées de l'extérieur. La principale mission de l'État est de collecter et de redistribuer les taxes et les impôts. C'est ainsi que l'on crée l'impression que l'État tient « debout », lorsque, en réalité, il n'est qu'un simple administrateur, sans objectifs sur le long terme et sans véritable boussole politique. Dès qu'il a abandonné la fonction du développement, il s'est transformé en une ombre de l'État actif, responsable de l'avenir de la communauté à la tête de laquelle il se trouve. Et l'avenir ne peut pas exister réellement si l'on ne fait pas l'effort de canaliser les énergies d'une communauté pour les diriger dans les sillages confirmés par l'évolution historique. C'est-à-dire justement ce que l'on appelle à proprement parler une activité d'État.

C'est en marge de cette vie végétative que se trouve aussi, malheureusement, la Roumanie, après plus de vingt ans perdus sur le plan du développement. Pendant tout ce temps, on a privatisé la flotte marchande, l'industrie et les propriétés, alors que « ce qui reste encore ne nous appartient plus ». En Roumanie, il y a des bases militaires étrangères, mais pas d'investissements étrangers, du moins pas de la part des pays auxquels ces bases appartiennent. Après plus de vingt ans de désindustrialisation, on parle de « réindustrialisation ». Dans un pays indéniablement doué par nature pour l'agriculture, on a fermé les usines qui produisaient tracteurs et machines agricoles. C'est comme si, à d'autres époques, le paysan avait délibérément tué les animaux à l'aide desquels il travaillait les champs. Que faire alors de la terre ? On a bien trouvé une solution : la vendre aux étrangers. Avec cette distinction, fondamentale, que, dans le cas de la Roumanie, État relativement nouveau sur la carte politique de l'Europe, situé dans un contexte géopolitique trouble, condamné à veiller à sa propre intégrité et dont l'existence, tant politique que physique, a depuis toujours été, et le sera encore longtemps, étroitement liée au travail de la terre, *vendre sa terre peut signifier vendre son pays*.

Que pourrait-on ajouter ? L'option pour le capitalisme s'exprime à tout bout de champ, mais la Roumanie n'a pas de banques propres, c'est-à-dire qu'elle n'a pas de capital propre (alors que, comme son nom l'indique bien, le capitalisme s'organise autour du capital). Comment donc procéder à la « réindustrialisation » ? Voilà bien là une posture de l'État-carcasse, qui attend des investissements étrangers afin de se mettre en branle. Il semble dépourvu de vie, d'initiatives et d'objectifs propres. *Il attend la chance, il ne la construit pas.* Et si cette dernière ne se présente pas, c'est toujours « la faute » de l'histoire et non pas de la communauté, indifférente à sa mission de comprendre son époque et de réagir selon les particularités de celle-ci.

Il faut apporter ici une précision, puisque l'on a mentionné le terme de privatisation. Oui, il est vrai que la privatisation est une manière de relancer des entreprises, voire des domaines entiers. La privatisation des usines automobiles de Dacia Piteşti est en ce sens un exemple de succès, parmi les très, très rares du genre. Dans la plupart des cas, la privatisation a signifié un transfert vers des mains étrangères, sans aucun fondement économique, voire une liquidation masquée. C'est à ce type de privatisation que faisait probablement référence l'ancien président du pays, Traian Băsescu, lorsqu'il parlait de la disparition de la flotte marchande roumaine (la septième du monde par sa taille), disparition à laquelle, en vertu des fonctions qu'il occupait, il avait lui aussi contribué. « Mais qui a vendu les navires ? » « Vous savez, il s'est agi d'un processus de privatisation… »

C'est ainsi que l'on a « privatisé » la flotte et aussi la plupart de la sidérurgie, de l'industrie manufacturière, de l'industrie de confection, etc., etc. La privatisation est souhaitable dans deux situations : lorsque l'on se rend compte que l'on ne peut pas gérer convenablement une activité (on invite alors d'autres acteurs économiques à le faire) ou lorsque l'on a besoin d'une « injection » technologique que l'on ne peut pas assurer soi-même (comme ce fut le cas de Dacia Piteşti). De ce point de vue, il devient difficile d'expliquer pourquoi on a dû privatiser *la distribution de l'eau, du gaz et de l'électricité*. Il s'agit là d'activités très rentables (les soi-disant « fabriques d'argent »), menées depuis des dizaines d'années et qui ne réclamaient pas d'équipements techniques spéciaux. Vu le caractère particulièrement lucratif de ces activités, les dirigeants de la Hongrie voisine ont décidé de les déclarer non lucratives. Pour que les choses soient encore plus claires, rappelons qu'en Roumanie, on a privatisé aussi la Loterie nationale, en ayant toujours recours au capital étranger. La Roumanie serait-elle donc devenue incapable d'organiser par elle-même ne serait-ce qu'une chose aussi simple que la loterie ? La réalité, c'est que l'on a privatisé les activités les plus profitables et, on dirait, les plus faciles à gérer sur toute une chaîne de production et de distribution. Il est bien plus lucratif de distribuer de l'eau que d'assurer la production des quantités nécessaires à la consommation de la population. Tout comme il est plus profitable de distribuer du gaz que d'en produire.

Comment expliquer cette situation ? Les choses se sont déroulées comme s'il s'agissait du remboursement masqué d'une dette, d'une certaine obligation. Les fabriques et les entreprises respectives ont été privatisées parce que *c'est ainsi que les choses devaient se passer.* Elles ont été privatisées selon un « plan » établi à l'avance, non pas pour répondre à des besoins réels ou à cause du « manque de performance ». Peu importe comment les choses se sont déroulées, l'État s'est départi avec une légèreté tout à fait condamnable de ses propres sources de profit. Nous avons insisté ici sur la distribution de l'eau, du gaz et de l'électricité, mais la plupart des privatisations ont eu lieu au sein l'économie proprement dite. On a « privatisé » des industries et développé des chaînes de centres commerciaux. C'est ainsi qu'a débuté le processus de modernisation de la Roumanie après 1989. Pour ne pas être injuste, il faut quand même préciser que l'on a développé deux industries promises à un bel avenir : « l'industrie politique » et « l'industrie des talk-shows ». L'industrie des paroles, donc...

1.3. La crise est-elle bel et bien devant ou derrière nous ?

On ne saurait comprendre un tant soit peu ce qui se passe à présent et, surtout, ce qui se passera sur le plan mondial si l'on n'a pas en vue la nature de la crise qui a éclaté il y a huit ans, le contexte dans lequel elle s'est déclenchée et aussi l'impact de ce type particulier de crise. En effet, comme le soulignent la plupart des auteurs, toute crise financière a des effets sur le long terme : elle suppose l'endettement financier des communautés et des États, ce qui signifie par la suite un effort bien plus significatif pour rembourser les dettes contractées ; le redressement est plus long et marqué par des rythmes de croissance modestes, etc. Autrement dit, lorsque l'on aborde ce sujet, il faut le faire avec beaucoup de précaution et prendre en considération à la fois le pic de la crise et la post-crise, tout comme ses effets à moyen et à long terme. Étant donné le discours actuel sur la crise, on a nettement l'impression que les particularités susmentionnées sont ignorées et que l'on cultive une sorte d'optimisme qui n'est que partiellement opportun.

« La crise de 2008-2009 » est très trompeuse, alors que nous sommes déjà victimes de cette ruse spécifique de toute crise financière. Première preuve : proclamer sa fin. Figurez-vous que vous avez eu des problèmes avec, par exemple, votre maison. Qu'il vous a fallu absolument contracter un emprunt important afin de la réparer, ou, selon le cas, pour en construire ou en acheter une neuve. « Le pic » de la crise est représenté par le moment critique où vous devez faire face à cette situation imprévue et très coûteuse. S'ensuit la seconde partie de toute crise de ce type : rembourser l'emprunt, ce qui peut prendre des années, voire des décennies. Quelle est la période la plus importante de la crise ? Le pic, cette période très critique, ou bien les années que l'on met à rembourser la dette contractée ? Il n'est pas possible d'établir une hiérarchie. Chaque moment a ses propres particularités.

Martin Wolf propose en ce sens une métaphore réussie. La crise financière est à l'image d'une crise cardiaque : lorsque le patient se présente à l'hôpital souffrant d'un infarctus, le médecin se charge avant tout de le sauver. Il n'a pas le temps, et ce n'est pas non plus le moment approprié, de questionner le patient quant à son style de vie pendant son jeune âge. Le pic de la crise est extrêmement important parce que, s'il n'est pas dépassé, on peut se retrouver à la rue, pour le premier exemple, ou bien dans le monde de l'au-delà, pour le second. La période post-crise n'est pas moins importante. La différence, c'est qu'elle s'échelonne dans le temps. Si l'on ne respecte pas le traitement indiqué et les conditions de convalescence, on peut aboutir au même dénouement dramatique ; dans le cas du premier exemple, on a besoin d'un effort important pour rembourser la dette contractée, alors que l'on sait très bien combien payer une dette peut être pénible. Ce qui, par ailleurs, justifie cette question des commentateurs anglais : « *Is there life after debt ?*[5] »

Si l'on revient à l'exemple donné par Martin Wolf, celui du patient ayant subi un infarctus, on peut se poser la question : quelle est la première condition de la convalescence ? *Reconnaître sa défaite.* Admettre que, avant ce moment cardinal, le patient *a commis une erreur qui a mis en danger sa propre santé.* Sans cet examen sévère du patient sur lui-même, sans qu'il s'engage à ne plus répéter les erreurs antérieures, sans une véritable rupture avec les habitudes ayant conduit au moment fatidique, le patient ne peut pas réellement guérir. Les choses sont à peu près les mêmes pour la récente crise. La question sérieuse qui doit se poser est de savoir si l'on a bien reconnu les raisons de la défaite, les erreurs ayant précédé le moment de la chute. Certaines oui, d'autres non. Ce qui est certain, c'est que l'on est loin d'avoir adopté un « nouveau style de vie », qui permette d'éviter une possible crise de proportion ou, du moins, d'autres convulsions, et de dissiper l'atmosphère d'incertitude et la tension qui perdurent sur le plan de la vie internationale et qui semblent se transférer au niveau des vies individuelles.

Les mesures prises – précisons-le, encore une fois, opportunes – n'ont pas résolu la crise, tout ce qu'elles ont fait, ce fut d'en retarder les effets. Elles n'ont pas réellement permis de la surmonter, elles n'ont fait que l'échelonner. Elles n'ont pas éliminé le risque, elles n'ont fait que le transférer à la période suivante. On a l'air de ne pas trop s'en rendre compte et de considérer que la crise est passée. Non, *la crise est à la fois derrière et devant nous.* Nous allons affronter une grande partie de ses effets dans l'avenir. Ce que l'on a gagné, c'est une trêve, pour préparer une réaction adéquate et trouver des solutions de redressement et de reprise économique. Mais en profite-t-on réellement ? Thomas Piketty remarque à juste titre : « La politique pragmatique qui a suivi la crise de 2008 a sans doute permis d'éviter le pire, mais elle n'a pas véritablement apporté de réponse durable

[5] *The Economist* a publié dans son numéro du 24 juin 2010 un article intitulé comme tel et dont le sous-titre précise : « Les pays riches ont contracté une dette auprès de l'avenir. Régler l'addition sera difficile ; tout comme il sera difficile de vivre dans un monde qui n'en mène pas large financièrement ».

aux problèmes structurels qui l'ont rendue possible, en particulier le manque criant de transparence financière et la montée des inégalités[6] ».

La société développée ressemble à un organisme que l'on aurait bourré d'antibiotiques afin d'en prévenir l'effondrement, mais dont l'hygiène de vie n'a pas changé ou très peu. Il pourra sans doute fonctionner. Sera-t-il toujours aussi performant ? Ce qui suit, c'est la période difficile, qui n'a plus le caractère spectaculaire du pic de la crise, mais qui est pleine de tension et se prolonge dans le temps, pendant que l'on tente d'en éliminer les effets. Si cette période n'est pas bien gérée, alors la société développée en question coure le risque de retrouver les problèmes dont elle pensait bien s'être débarrassée, voire de ne plus jamais être ce qu'elle avait été auparavant. Ceux qui réussissent, sont ceux qui comprennent l'importance de la période après le pic de la crise et ne se laissent pas leurrer par cette formule alléchante : « La crise est bien derrière nous ».

1.4. « La plus grande crise financière de tous les temps »

Alan Greenspan, une grande autorité de la vie financière américaine et mondiale, a récemment apporté une précision permettant de mieux comprendre l'ampleur de la crise de 2008-2009 : « Il est possible que la dernière crise ait été la plus grande crise financière ayant jamais eu lieu. Pour que je sois correctement compris, la Grande Dépression a provoqué un effondrement bien plus grave de l'activité économique. Mais l'effondrement généralisé, à l'échelle globale, des marchés financiers, c'est-à-dire ceux qui facilitent le commerce au jour le jour, c'est quelque chose qui n'est arrivé que pendant la crise actuelle[7] ». Cette observation est si importante, que l'auteur y revient et précise une fois de plus dans son volume : « Comme je l'ai précisé dans l'Introduction, le système basé sur le *leverage*[8] surdimensionné et sur l'intensité inhabituelle de l'activité de médiation financière s'est effondré, ce qui a peut-être généré la plus grande crise financière de tous les temps[9] ».

Il est bien sûr difficile, sinon impossible, de dresser une comparaison entre les deux grandes crises, d'autant plus que la première est révolue, alors que la seconde est encore en cours. L'impact de la crise actuelle ne saura être estimé que lorsque les dettes contractées durant le pic de la crise seront remboursées, que l'on fera le bilan des conséquences de cet effort sur les pays les plus frappés par la crise, à savoir les pays développés, et qu'une

---

6 Thomas Piketty, *Le capital au XXIe siècle*, Paris, Seuil (Les livres du monde), 2013, p. 754.

7 Alan Greenspan, *The Map and the Territory, Risks, Human Nature, and the Future of Forecasting*, Allen Lane, an imprint of Penguin Books, 2013, p. 1-2.

8 Le *leverage* représente le rapport entre l'argent liquide que possède une banque et l'argent qu'elle a investi ou prêté ; il est un indice essentiel de la solvabilité des institutions financières.

9 Alan Greenspan, *op. cit.*, p. 72.

croissance économique robuste s'installera. Afin de mieux faire la distinction entre les deux plus grandes crises économiques des cent dernières années, bien des auteurs désignent celle de 1929-1933 par la formule Grande Dépression, alors qu'ils réservent à la crise récente le syntagme Grande Récession. Si la première a déclenché un séisme économique au sens propre du terme, provoquant des faillites retentissantes des compagnies de production, la deuxième a seulement généré un recul important de l'activité économique, sans entraîner les faillites et la chute qui ont été le lot de la première.

Afin de mieux comprendre les différences entre ces deux crises-repères et la motivation du traitement appliqué lors de la crise récente, on fait ici appel au débat entre deux spécialistes. La précision qu'apporte Paul Krugman quant au verdict prononcé par Milton Friedman au sujet de la crise de 1929-1933 est en ce sens éclairante : « Selon Friedman, la Grande Dépression a eu lieu seulement parce que les Réserves fédérales n'ont pas fait leur devoir dans les années 1930 ; si elles étaient intervenues pour sauver les banques en difficulté et qu'elles avaient pu empêcher l'interruption de l'approvisionnement en liquidités, la catastrophe aurait été évitée[10] ». En novembre 2002, à l'occasion du 90e anniversaire de Milton Friedman, Ben Bernanke a fait un exposé en tant que représentant des Réserves fédérales. En cette qualité, il rend sien le verdict prononcé par le fondateur du monétarisme et exprime même un type d'engagement, au sens du respect de la recette. Voilà comment il termine sa prise de parole : « Au risque de dépasser légèrement le cadre de mon mandat en tant que représentant officiel des Réserves fédérales, permettez-moi de m'adresser directement à Milton [n.n. Friedman]. Oui, vous avez eu raison quant à la Grande Dépression, nous avons été dans l'erreur. Nous le regrettons. Mais, grâce à vous, cette erreur ne se répétera plus[11] ».

Lorsque la crise de 2008-2009 a éclaté, Ben Bernanke[12] n'était plus seulement membre du Conseil des gouverneurs, il était le président des Réserves fédérales. Il a alors appliqué le traitement prévu par le maître du néolibéralisme : il s'est mis à imprimer de la monnaie. Voilà donc la différence entre les deux grandes crises : la première, celle de 1929-1933, n'a pas bénéficié de l'appui de l'État, « est descendue » dans l'économie

---

[10] Paul Krugman, « Why Weren't Alarm Bells Ringing? », The New York Review of Books, 23 octobre 2014.

[11] Remarks by Governor Ben S. Bernanke at the Conference to Honor Milton Friedman, University of Chicago, Illinois, 8 novembre 2002. <http:// www.federalreserve.gov/boarddocs/speeches/2002/20021108/default.htm>.

[12] Il faut remarquer ici que Bernanke avait non seulement des affinités d'idées et d'option professionnelle avec Milton Friedman, mais aussi une expérience intellectuelle commune, comme il ressort de cette précision : « Je suis un très grand admirateur de Milton Friedman. Nous avons été collègues à Stanford pendant quelque temps. J'ai eu bien des fois l'occasion de lui parler. Il est un économiste remarquable, extrêmement perspicace. Je crois qu'il aurait approuvé la manière dont on s'y prend maintenant ». Bernanke on Milton Friedman, Real Clear Politics, vidéo, 1er octobre 2012.

réelle et a fait les ravages que l'on connaît ; par contre, grâce à l'intervention de l'État, la crise récente n'a pas suivi le même trajet. En 2009, Barry Eichengreen et Kevin O'Rourke ont mis en place une étude appliquée, actualisée pour 2010, où ils abordent les deux crises[13]. Ils ont même élaboré un graphique très représentatif, reproduit ci-dessous.

FIGURE 3

La production industrielle mondiale, à l'époque et à présent

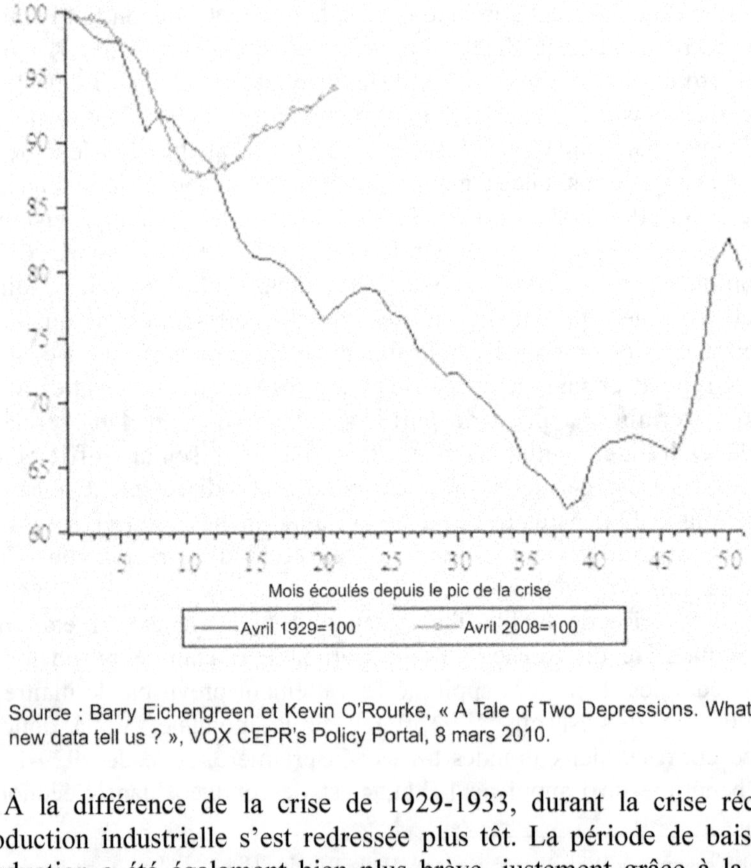

Source : Barry Eichengreen et Kevin O'Rourke, « A Tale of Two Depressions. What do the new data tell us ? », VOX CEPR's Policy Portal, 8 mars 2010.

À la différence de la crise de 1929-1933, durant la crise récente, la production industrielle s'est redressée plus tôt. La période de baisse de la production a été également bien plus brève, justement grâce à la réaction prompte de l'État par ses institutions spécialisées. Si l'on peut émettre une réserve quant au graphique ci-dessus, c'est qu'il considère la production industrielle globale, et non pas celle du monde développé, là où la crise a éclaté et eu le plus d'impact.

Une question se pose : n'a-t-on pas dû payer un prix pour stopper l'évolution « normale » de la crise, c'est-à-dire couper net sa tendance à

[13] Barry Eichengreen et Kevin O'Rourke, « A Tale of Two Depressions. What Do the New Data Tell Us », VOX CEPR's Policy Portal, 8 mars 2010.

« descendre » dans l'économie réelle ? Si oui, quel a été ce prix ? En d'autres mots, quels coûts suppose l'interruption de l'évolution « normale » de la crise ? Voilà un aspect qui vaut la peine d'être débattu si l'on veut avoir une image limpide de la crise et, surtout, de ses effets sur le moyen et le long terme. Afin d'y répondre, il faut prendre en considération les coûts de l'intervention et l'effort financier impliqué par le traitement.

1.5. Des milliards de milliards de dollars afin d'apaiser la crise

Précisons d'entrée de jeu que personne ne conteste véritablement l'appui financier accordé aux banques ou à d'autres organismes économiques. Le coût impliqué par l'effort pour mettre fin à la crise est exprimé par un élément précis : *la taille des dettes contractées pendant la crise*, le volume de monnaie imprimée et offert sous forme de renflouements. C'est ici que les choses commencent à se compliquer. La première difficulté tient à ce que l'on n'a pas pu trouver des données officielles sur la quantité d'argent imprimé pendant la crise et sur l'effort fait pour sauver les banques de la faillite. Tony Phillips fait de ce point de vue une estimation qui a de quoi laisser songeur : « Des milliards de milliards d'euros se sont ajoutés aux milliards de milliards de dollars – tous provenus de l'argent public – qui ont afflué vers le secteur financier dans la tentative désespérée de le sauver. On estime que, seulement aux États-Unis, le montant des fonds dépensés à cette fin jusqu'en 2013 varie de 7,77 à 14 milliards de milliards de dollars[14] ». L'auteur semble lui-même surpris par la taille du montant et éprouve le besoin de renforcer son constat par une autre source qu'il mentionne[15]. Dans un autre ouvrage, Wayne Ellwood précise : « Au total, les fonds que la Grande-Bretagne et les États-Unis ont dépensés afin de sauver leurs banques se sont élevés à presque 75 % de leurs PIB combinés[16] ».

Nous confessons avoir considéré ces chiffres avec une certaine réserve : est-il vrai que l'on a tellement dépensé afin de limiter les proportions de la crise et de surmonter bien des soucis qui affectaient les banques et les sociétés commerciales ? Des sources sont apparues par la suite, en étroite liaison avec des structures officielles. Martin Wolf cite Piergiorgio Alessandri et Andrew Haldane de la Banque d'Angleterre, qui ont publié un bilan de l'effort fait par les banques centrales et par les gouvernements afin de soutenir les banques frappées par la crise. Leur bilan porte sur une période extrêmement limitée : la seconde moitié de 2009, c'est-à-dire le pic de la

---

[14] Tony Phillips (ed.), *Europe on the Brink: Debt Crisis and Dissent in the European Periphery*, Londres, Zed Books, 2014, p. 9.

[15] <www.bloomberg.com/news/2011-11-28/secret-fed-loans-undisclosed-to-congress-gave-banks-13-billion-in-income.html>.

[16] Wayne Ellwood, *The No-Nonsense Guide to Globalization*, Third Edition, Toronto, Ontario, New Internationalist, 2011, p. 9.

crise. Voici le montant du soutien en question : 18 % du PIB de la zone euro, 73 % du PIB des États-Unis, 74 % du PIB de la Grande-Bretagne, ce qui signifie un total équivalant à 25 % du PIB mondial[17]. Mais la crise a duré plus longtemps (par exemple, en Europe, le pic a été en 2012), alors que le soutien accordé a visé non seulement le système bancaire, mais aussi des compagnies (par exemple, aux États-Unis, environ 60 milliards de dollars ont été versés à l'industrie automobile). Le montant de l'effort financier est donc lui aussi plus conséquent.

En 2015, un document élaboré par deux membres du Congrès américain précise également les dimensions de cet effort au niveau de l'État américain. Elisabeth Warren et David Vitter[18] ont soutenu un projet de loi auprès du Congrès par lequel ils proposaient de limiter la capacité des Réserves fédérales américaines à imprimer de l'argent et accorder des prêts dans moments économiques difficiles, voire de rendre cette activité plus transparente. Les deux auteurs soulignent que, de 2007 à 2009, les Réserves fédérales « ont octroyé plus de 13 milliards de milliards de dollars aux institutions financières[19] » (soit environ 80 % du PIB américain). La plupart de cette somme énorme a été engloutie par seulement trois grandes banques – Citigroup, Merrill Lynch et Morgan Stanley –, ce qui a nourri la suspicion selon laquelle certaines compagnies ont été favorisées.

Enfin, tout en courant le risque d'ennuyer le lecteur avec tant de données et de chiffres, mentionnons encore une remarque portant toujours sur l'effort financier fait pendant la récente crise. Dans une publication récente, Howard Davies note le montant de tous les coûts, mis à disposition par la Banque d'Angleterre : « la banque d'Angleterre a situé le coût de la crise, y compris le coût direct de renflouement des banques et les coûts résultant de la baisse du PIB, entre 60 milliards de milliards de dollars et 200 milliards de milliards de dollars pour l'économie mondiale et entre 1,8 et 7,4 milliards de milliards de livres sterling pour le Royaume-Uni[20] ». Retenons non pas la valeur maximum de cette estimation, c'est-à-dire les 200 milliards de milliards de dollars, ni la valeur moyenne non plus, qui se situe à environ 130 milliards de milliards, mais la valeur minimum, qui est d'environ 60 milliards de milliards de dollars. Compte tenu du fait que la valeur du PIB mondial est d'environ 75 milliards de milliards de dollars, on peut dire que, dans l'ensemble, les pertes ont représenté au moins trois quarts du PIB des économies respectives. Si l'on y ajoute les pertes de productions, le déclin du commerce, etc., le chiffre qui en résulte est bien plus grand et dépasse, en moyenne, la valeur du PIB de ces puissances. Vu

[17] Martin Wolf, *The Shifts and Shocks, What We've Learned – and Have Still to Learn – from the Financial Crisis*, Penguin, 2014, p. 28.

[18] « Railing Against Bailing », *The Economist*, 16 mai 2015.

[19] *Ibid.*

[20] Howard Davies, *Can Financial Markets be Controlled?*, Polity, 2015, p. 17. Vu que le montant est tout simplement renversant, l'auteur renvoie aussi au site internet de la Banque d'Angleterre (<www.bankofengland.co.uk>).

le prix payé pour stopper la dissémination de la crise, sa « descente » dans l'économie réelle, la question qui se pose tout de suite est : si on lui avait permis de « descendre », combien la crise récente aurait-elle coûté ? Plus des trois quarts des PIB des États-Unis et de l'Union européenne ? Voilà bien une question sur laquelle il vaut la peine de s'attarder. En outre, il faudra que l'on soit conscient que, si on lui avait permis de déborder dans l'économie réelle, la crise aurait opéré une sélection sévère – et tout aussi douloureuse – des acteurs économiques les plus sains. À présent, les acteurs ont bien été aidés, mais on ne sait pas s'ils ont véritablement retrouvé leur santé économique et s'ils n'ont pas développé une sorte de *dépendance* envers le soutien de l'État. La réalité, c'est que la récente crise a changé bien plus que l'on peut s'en rendre compte le système financier et bancaire, et surtout les relations entre ce dernier et l'État.

1.6. Intervenir ou non ? Il faut seulement amender l'excès !

L'intervention ou la non-intervention de l'État et de ses organisations spécialisées dans une crise a engendré de vifs débats. Des positions défendues par des auteurs renommés, dont John Maynard Keynes et Milton Friedman, soutiennent l'intervention sous des modalités diverses et par instruments différents. D'autres auteurs tout aussi réputés considèrent qu'une crise doit « suivre son cours », et donc « descendre » jusqu'où l'économie le lui permet. C'est ainsi qu'elle remplirait son rôle de *test de la santé d'un système économique*. Friedrich Hayek et Ludwig von Mises ont par exemple averti quant au risque que présente le recours à des « stimuli artificiels ». Voilà pourquoi les recommandations sont plutôt allées vers « une politique non-interventionniste » (*« do-nothing » policy recommendation*). Ces deux auteurs ont plaidé pour des salaires et des prix des plus bas, pour des taxes réduites et une intervention moindre de l'État dans l'activité économique. Une telle intervention et l'appel à des « stimuli artificiels » augmenteraient, d'une manière ou d'une autre, un autre grand risque : relancer l'inflation ou faire croître les déficits. « Cela signifierait seulement que le terrain est déjà préparé pour de nouvelles perturbations et crises », précise Hayek. La solution va de soi : « Il n'y a que le temps qui guérit tout[21] ».

Bien évidemment, on a affaire ici à un débat qui constitue un véritable axe de la pensée économique. Les deux visions comportent des dimensions qui méritent d'être attentivement analysées. Le problème, c'est plutôt de jauger laquelle des deux répond le mieux aux caractéristiques d'un certain contexte et, surtout, laquelle permet d'amender l'excès. Le fondateur du monétarisme, Milton Friedman, a critiqué à juste titre l'absence de réaction

---

[21] Friedrich Hayek, 1935, p. 98-99, *apud* Mark Skousen, *The Making of Modern Economics: The Lives and Ideas of the Great Thinkers*, New York, M.E. Sharpe Inc. Armonk, 2001, p. 316.

des Réserves fédérales dans la crise de 1929-1933. Son mécontentement tient surtout à ce que la Grande Dépression illustrait *les conséquences du mépris du rôle joué par l'argent et, en général, par les instruments monétaires, dans toute crise économique*. Dès qu'il a formulé cette critique, personne ne s'est plus permis de ne pas inclure l'argent dans l'équation de réponse à toute crise financière. Sans approvisionner en argent le système bancaire et, en général, les organismes économiques, il est impossible de surmonter la crise, mais imprimer de l'argent ne garantit pas pour autant la guérison, le retour à la normale. Le recours à ces instruments n'est qu'une *intervention d'urgence*, certes très importante. Dans certaines circonstances, ce type d'intervention peut bien redresser une entreprise, voire tout un secteur économique. Mais il est loin d'épuiser le traitement, qui suppose d'identifier et traiter les causes de la « maladie », de faire en sorte qu'elle ne se répète plus. C'est sur ce point qu'achoppe la stratégie mise en place durant la récente crise. La recette de Friedman *n'a pas encouragé* une démarche plus profonde, qui s'attaque aux véritables causes de la crise et cherche à guérir l'ensemble de la vie économique.

Afin de mieux comprendre la réaction des organisations financières durant le récent séisme, il faudra rappeler que, pendant la crise de 1929-1933, le secrétaire du Trésor de l'époque, Andrew Mellon, a eu une position officielle, où il affirmait ouvertement que « cet échec a été nécessaire afin que l'on puisse éliminer tout ce qu'il y avait de pourri dans le système[22] ». Transformée en politique officielle, cette position s'est rendue coupable du désastre économique durant la Grande Dépression. Compte tenu de ces conséquences, comme le précise aussi Barry Eichengreen[23], les leaders de nos jours n'auraient pas su prendre de risque ; de sorte qu'ils sont intervenus massivement, considérant *qu'il est complètement erroné de ne pas intervenir, tout comme il est parfaitement bénéfique d'intervenir*.

La critique formulée par Friedman concernait seulement les aspects monétaires ; elle suggérait implicitement que, une fois ces difficultés réglées, les choses reviendraient à la normale. Or, voilà que même si la question de l'argent est en grande partie réglée, les choses ne reviennent pas à la normale, ou alors très difficilement. Se concentrer sur une seule composante, à savoir monétaire, a instillé non seulement à la vision de Friedman, mais à toute la politique officielle à l'égard de la crise récente, un optimisme dépourvu de réalisme. En mars 2009, de passage à la télévision, Ben Bernanke déclarait que « le printemps était au coin de la rue ». Nous sommes en 2016 et les États-Unis, qui, après 2009, ont enregistré l'une des meilleures évolutions parmi les pays développés, n'ont pourtant pas retrouvé les

---

[22] Cité dans Barry Eichengreen, *Hall of Mirrors: The Great Depression, the Great Recession, and the Uses – and Misuses – of History*, Oxford, Oxford University Press, 2015.

[23] Barry Eichengreen, *Hall of Mirrors, op. cit.*, p. 6.

rythmes d'avant la crise. C'est à l'histoire de décider si la réponse officielle donnée à la crise a été ou non appropriée.

Cette réponse s'est bien concentrée sur le pic de la crise, sans prendre en considération *l'après*, c'est-à-dire ce que l'on vit à présent. La reprise économique robuste met du temps à se faire sentir. Le redressement s'avère bien plus difficile tant par rapport à l'évolution réelle, que, et surtout, par rapport aux attentes et aux estimations initiales. Comme le remarquait aussi Paul Krugman, « [l]imiter les conséquences d'une crise financière est loin d'être aussi simple que Milton Friedman l'avait fait croire aux économistes[24] ». Rétrospectivement, la solution de Friedman – adoptée par le monde développé – nous apparaît comme nécessaire, mais aussi comme insuffisante, voire trompeuse. On a certes évité une autre Grande Dépression, sans que pour autant la société développée retrouve totalement sa bonne santé.

1.7. Les leçons dures de la crise, desquelles rien n'a été retenu

Le traitement appliqué pendant la crise est une bonne occasion pour analyser une situation qui illustre bien ce que l'on a appelé ici l'« interprétation dominante ». Dans ce cas, l'interprétation dominante est la suivante : le traitement monétariste représente le remède à une crise financière et, de ce point de vue, les États-Unis ont fait ce qu'ils devaient faire. En effet, le traitement monétariste est très important. Lorsqu'une banque a un déficit de capital – on ne discute pas ici des causes –, il faut l'aider avec de l'argent, et non pas avec des paroles ou des promesses. Il s'agit là d'un aspect essentiel, tout comme il est essentiel de comprendre que l'intervention – on le répète, strictement nécessaire – n'épuise pas *la réponse*, qui doit supposer également d'autres mesures, prises à la fois pendant la crise et après. C'est ici qu'interviennent la différence et le glissement vers ce que l'on appelle l'« interprétation dominante ».

Une certaine fierté est facilement décelable dans la réponse formulée par les autorités américaines à la récente crise. Deux volumes impressionnants, rédigés par deux auteurs dont la notoriété est incontestable, sont sortis en 2015. Le premier a été publié par Ben Bernanke[25], le président des Réserves fédérales de 2006 à 2014 (c'est-à-dire pendant la crise et la post-crise) et le second par Barry Eichengreen, qui a fait une analyse comparative des deux plus grandes crises du siècle dernier, soit celle de 1929-1933 et la récente[26]. En quête d'une formule qui synthétise et particularise la stratégie de réponse lors de cette dernière crise, Eichengreen emprunte une réplique de Mervin King, lequel, lors d'un entretien accordé au *Daily Telegraph*, interrogé sur

---

[24] Paul Krugman, *op. cit.*
[25] Ben S. Bernanke, *The Courage to Act*, *op. cit.*
[26] Barry Eichengreen, *Hall of Mirrors*, *op. cit.*

les résultats du traitement appliqué à la crise, a répondu : « Nous avons empêché qu'une nouvelle Grande Dépression ne se produise[27] ».

Ce qui est vrai. Cette comparaison de Barry Eichengreen est éclairante : « Le PIB mondial a désastreusement diminué de 15 % entre 1929 – le pic de la crise – et 132. Entre 2008 et 2009, en revanche, il a baissé de seulement 1 % et la croissance a repris déjà en 2010. Même dans les pays avancés les plus durement frappés, la chute du PIB en 2009 était de 3,5 % et la croissance est redevenue positive l'année suivante. Ce n'était pas le pays de Cocagne, mais au moins on n'a pas connu une Grande Dépression[28] ». C'est d'une manière similaire que les choses se présentent lorsque l'on se concentre sur l'impact social des deux crises. Écoutons le professeur américain : « Vu la réponse différente, le chômage aux États-Unis a grimpé à 10 % en 2010. Bien qu'il s'agisse d'un taux dangereux, il est toutefois considérablement plus réduit que le taux catastrophique de 25 % atteint durant la Grande Dépression[29] ».

Il ne fait pas de doute que la politique monétaire adéquate, voire parfois agressive, peut beaucoup aider à surmonter le pic de la crise. L'évolution post-crise des pays développés est de ce point de vue une preuve irréfutable. Voilà en ce sens un graphique éclairant publié par Ben Bernanke.

FIGURE 4

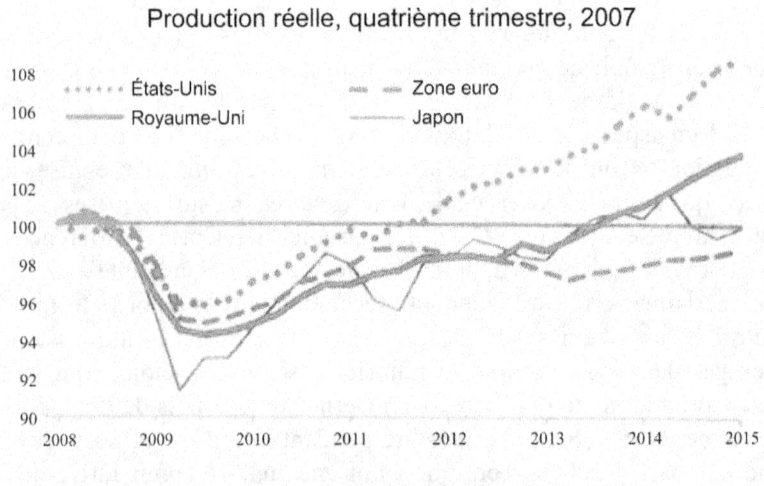

Source : Ben S. Bernanke, *The Courage to Act*, W.W. Norton & Company, New York, 2015, p. 568.

---

[27] Mervin King : « We prevented a Great Depression », entretien, *The Daily Telegraph*, le 4 mars 2011. À l'époque, King était gouverneur de la Banque d'Angleterre.

[28] Barry Eichengreen, *Hall of Mirrors, op. cit.*, p. 281.

[29] *Ibid.*, p. 2.

L'évolution bien meilleure des États-Unis tient aussi à la réaction rapide, à la réponse prompte et aux renflouements qui se sont succédé depuis 2008. Par comparaison, l'Europe a réagi sur le tard et ce n'est qu'en 2015 qu'un ample programme d'assouplissement quantitatif (*quantitative easing*) y a été lancé. Le lien est indiscutable. Mais notre doute tient à un autre aspect : si l'on considère que les problèmes financiers sont la seule cause de la crise et que l'on se concentre donc uniquement sur la composante financière-bancaire, alors c'est la bonne réponse. Sauf que, en amont de la crise, il existe bien d'autres causes et d'autres composantes, au-delà de la composante financière. Il y a, par exemple, des aspects relevant de la prévention et du traitement d'autres déséquilibres (et qui supposent, d'une manière ou d'une autre, la présence de l'État), de l'évolution de la demande, du cumul des déficits, de la croissance de la dette ou encore, ce qui est extrêmement important, d'une certaine stagnation de la productivité du travail ; en un mot, des problèmes structuraux des sociétés avancées. Nous avons été surpris de voir qu'un auteur de l'importance de Paul Krugman considère que la baisse de la demande, bien que peu analysée, a été une cause très importante de la crise, que les *bubbles* immobilières n'ont rien représenté d'autre qu'une tentative désespérée d'augmenter le marché intérieur et stimuler la demande[30].

Bien évidemment, cela n'était possible qu'au plus fort de la crise, à son moment critique. Six ou sept ans se sont écoulés depuis et on continue d'opérer avec la même hypothèse de la fragilité financière et du besoin de réglementation. Le corollaire de cette hypothèse qui se concentre quasi exclusivement sur la dimension financière de la crise est *la recapitalisation et la stimulation de la demande*. Les deux exigences sont justifiées ; sauf que, si elles ne s'accompagnent pas de mesures qui s'attaquent aux problèmes structuraux, elles engendreront un besoin continu de recapitalisation et feront grimper la dette à des taux de plus en plus difficiles à supporter. Dans ce cas, une question se posera tôt ou tard : est-ce bien le système financier-bancaire qui sert la société ou l'inverse ? Dans une autre interprétation dominante, véhiculée dans le monde allemand, on souligne l'importance décisive des problèmes structuraux. La direction inspirée par von Mises et Hayek – et exprimée par ce que l'on appelle *ordolibéralisme* – comporte elle aussi un corollaire : l'austérité. Cette mesure est sans doute opportune, mais, si l'on y met trop l'accent et qu'on l'élève au rang de direction incontestable, elle ne fait que diminuer la consommation et nourrir la crise. Les deux interprétations sont justifiées mais, une fois rendues absolues, surtout lorsqu'il s'agit de les imposer à des pays en difficulté, elles risquent de se transformer en ce que les spécialistes appellent des mesures procycliques, c'est-à-dire des mesures qui favorisent la crise, au lieu de la

---

[30] Paul Krugman, « Why Weren't Alarm Bells Ringing? », *The New York Review of Books*, 23 octobre 2014.

combattre. Le développement est par excellence un processus créatif et toute tentative de l'immobiliser dans la camisole de force des interprétations dominantes le fait suffoquer.

Il vaut la peine ici de se demander pourquoi la crise n'est pas intervenue et n'a pas affecté dans une même mesure tous les États développés. Parce que tous n'ont pas eu les mêmes macropolitiques. Pourquoi le Canada, ou encore les pays du Nord, n'ont-ils pas été autant affectés ? Entre autres, parce qu'ils ont pu compter sur un État qui s'était activement impliqué dans la vie économique et sociale et qui avait largement prévenu de telles perturbations majeures. Pourquoi en Allemagne la crise a-t-elle eu un impact plus réduit ? Parce que, entre autres, le poids des activités manufacturières dans le PIB est encore significatif, c'est-à-dire le double par rapport à la Grande-Bretagne. Pourquoi la Pologne a-t-elle eu une évolution particulière en Europe centrale et orientale, au sens qu'elle a enregistré de la croissance même pendant la crise, lorsque les économies de la région s'effondraient dramatiquement ? Pour la même raison que l'Allemagne : elle a préservé un certain poids de l'activité manufacturière et a continué d'y investir.

Il n'y a donc pas de réponse standard, vu que ni les situations ni les contextes ne sont les mêmes. Par conséquent, ni l'analyse ni les solutions proposées ne peuvent être « américano-centriques » ou encore « germano-centriques » ; elles doivent refléter l'image d'ensemble du monde, dans sa diversité, et aussi celle des facteurs ayant déclenché la crise. Si l'appui financier était la solution, comment expliquer alors qu'en Europe « de 2007 à 2014, la croissance a été plus lente que de 1929 à 1936[31] » ? Il est certain que l'État n'est pas intervenu pendant la Grande Dépression. Comment se fait-il alors que l'Europe ait enregistré, dans ces conditions-là, un rythme de croissance supérieur à celui de la Grande Récession ? Il est donc évident que plusieurs causes sévissent en amont de la crise, alors que la réponse doit offrir sinon des solutions individuelles, du moins des solutions pour la plupart d'entre elles. Il est vrai, une nouvelle Grande Dépression a été évitée, mais « une montagne de dettes » se sont accumulées, lesquelles, dans le futur, affecteront sans conteste l'évolution de la société développée.

Si nous avons tenté ici d'éclaircir les coûts de la crise récente – pas nécessairement les coûts visibles, mais aussi ceux qui se préfigurent – ce n'était pas pour fournir une analyse différente des réponses données par les responsables politiques à la crise récente ou encore pour s'inscrire en faux contre l'atmosphère de mécontentement qui tend à s'installer quant au traitement appliqué et aux résultats obtenus. La véritable raison, c'était de *mieux comprendre la période post-crise*. On connaît les débouchés de la crise de 1929-1933. La réponse donnée par les responsables politiques à la crise de 2008-2009 a été différente. Celle de la période post-crise le sera-t-elle aussi ? Afin de comprendre ce qui va arriver, il est essentiel d'estimer au mieux l'« héritage de

[31] *Ibid.*

crise » et, avant tout, ses coûts réels, exprimés dans des dettes et le retard enregistré dans la relance économique robuste. Il est vrai que, là où elle a eu lieu, la reprise de la croissance est intervenue peu de temps après le pic de la crise, ce qui particularise la Grande Récession par rapport à la Grande Dépression, mais nous sommes encore loin des taux de croissance économique d'avant la crise. Ses coûts « commanderont » l'action politique, car chaque pays tentera de récupérer le plus vite possible, d'occuper la meilleure position possible dans la compétition qui a repris une fois le pic de la crise surmonté. Rien ne saura entraver cette tendance des États, car c'est bien de son succès que dépendra la prospérité des peuples qu'ils dirigent.

Deuxième chapitre
Les dettes et le développement

Les dettes constituent l'aspect central de toute crise financière. On comprendra peu de chose à la récente crise et aux particularités de la post-crise si l'on ne décrypte pas leur impact sur l'évolution des pays développés, qui s'exprime à plusieurs niveaux : le rythme de croissance, l'effort pour rembourser la dette, voire l'apparition de nouvelles crises. On a beaucoup écrit au sujet de l'impact des dettes contractées pendant la crise et aussi, en général, sur leur rôle. Vu que notre ouvrage se concentre sur la post-crise et les problèmes du développement, nous aborderons ici des aspects portant notamment sur la vitesse à laquelle avancent les États et les régions. La relation entre la dimension de la dette et le développement s'avérera d'une importance cardinale dans l'avenir.

Nous analyserons le sujet de la dette depuis trois perspectives, lesquelles, bien évidemment, communiquent entre elles. La dette (significative) peut représenter un véritable fardeau pour un acteur économique et social dont l'objectif est le développement. Il s'agit là d'une relation simple, avec des répercussions dans la vie de tous les jours. L'accent doit alors être mis obligatoirement sur la *durabilité* de la dette, conditionnée par ses dimensions et sa structure, et aussi par la capacité de remboursement de celui qui a contracté l'emprunt. La deuxième perspective considère la dette comme un véritable *baromètre de la stabilité*. Tout comme les nuages annoncent la pluie, la dette, voire son débordement au-delà de limites acceptables, signale l'apparition de l'instabilité et l'imminence de la crise. Enfin, un phénomène qui s'est manifesté ces trois dernières années individualise la crise actuelle et la post-crise. Les États ont imprimé ou ont emprunté de l'argent afin de sauver des acteurs économiques privés. L'effort financier fait pendant la crise a été assumé par l'État et transformé en dette souveraine. La dette a donc été ôtée de certaines épaules – privées – et répartie sur d'autres épaules, qui n'y étaient pour rien. Ce phénomène a-t-il quelque chose à voir avec le développement ? Oui, largement. Les grosses dettes gouvernementales peuvent ralentir le développement mais, surtout, elles peuvent accroître la souffrance sociale et alimenter un processus d'instabilité et de mécontentement social sur le moyen terme. Inutile de préciser que le développement et la stabilité sont structurellement liés.

2.1. La crise des dettes

La dette et le crédit représentent des instruments vitaux pour la croissance économique. Administrés de façon équilibrée et intelligente, ils peuvent faire des miracles. Par contre, l'excès peut conduire à des résultats catastrophiques, à la fois sur le plan public et personnel. Vu qu'une véritable explosion des dettes a eu lieu ces dernières années, la corrélation entre celles-ci et le développement est devenue d'une actualité frappante. Carmen M. Reinhart et Kenneth Rogoff identifient un véritable précurseur des études dans le domaine : Robert Barro. Reinhart et Rogoff signent même une étude qui lui est consacrée et qui a été « beaucoup citée[1] », parce qu'elle a été contestée, les deux auteurs étant accusés d'avoir contrefait une série de graphiques, voire d'avoir présenté sous une lumière fausse toute une série de données. Ce qui est certain, c'est que Robert Barro (1979) a mis en avant « la plus simple connexion » qui existe entre la dette publique et la croissance économique et qui s'organise autour d'un axe central : la durabilité de la dette. Lorsque celle-ci est remise en question, le gouvernement dispose de deux instruments : soit il augmente les taxes, soit il réduit les dépenses sociales – toutes les deux des mesures « contractionnistes », qui affectent la croissance.

Les ouvrages dans le domaine opèrent avec quatre groupes de pays, selon le poids détenu par la dette dans leur PIB respectif. Le premier groupe comporte les pays dont la dette se situe au-dessous de 30 % du PIB, ce qui est considéré comme un taux modeste. Le deuxième groupe réunit les pays dont les dettes publiques se situent entre 30 et 60 % du PIB (taux moyen). Le troisième groupe se situe entre 60 et 90 % du PIB. Enfin, le quatrième groupe est celui des pays dont les dettes publiques dépassent 90 % du PIB, ce qui est un taux très élevé. Il est important de le souligner, car ce seuil de 90 % est considéré comme un *seuil critique* pour ce qui est du rapport entre le volume de la dette et la croissance économique. Voilà la conclusion de la recherche que Reinhart et Rogoff ont menée à ce sujet, recherche qui a compris 44 pays et concerné une période de presque 200 ans : « Si le taux de la dette gouvernementale est de moins de 90 % du PIB, alors l'impact de celle-ci sur la croissance est faible. Lorsque le taux de la dette dépasse les 90 % du PIB, alors l'impact est considérablement plus grand. Ce seuil critique de la dette publique est similaire dans les pays avancés et émergents[2] ».

Plusieurs répliques ont été données à la position formulée par les deux auteurs américains. La principale observation critique porte sur le rythme de croissance des pays dont les dettes sont supérieures à 90 % du PIB. Par exemple, Thomas Herndon, Michael Ash et Robert Pollin[3] soulignent que, de 1945 à 2009, des pays ayant ce taux d'endettement ont enregistré des rythmes de croissance de 2,2 %. D'autres spécialistes incitent à une grande prudence lorsque l'on parle de l'influence des grosses dettes sur le rythme de croissance, mais ils considèrent que l'on peut à juste titre parler du fait que

---

[1] Carmen M. Reinhart et Kenneth Rogoff, « Growth in a Time of Debt », National Bureau of Economic Research, Working Paper N° 15639, janvier 2010, <www.nber.org>.

[2] *Ibid.*

[3] Thomas Herndon, Michael Ash et Robert Pollin, « Does High Public Debt Consistently Stifle Economic Growth? A Critique of Reinhart an Rogoff », avril 2013, National Bureau of Economic ResearchWorking Paper Series, n° 322. <www.peri.umass.edu/fileadmin/pdf/-working_papers>.

« le ralentissement de la croissance est en effet associé à une dette publique plus élevée[4] ». Le débat n'est pas près de toucher à son terme et implique des arguments d'ordre historique ou de stricte spécialité, du domaine de l'économie mathématique, etc.

Selon nous, la position qui nie la relation – à notre avis très étroite – entre une dette très élevée (c'est-à-dire supérieure à 90 % du PIB) et la faible croissance économique va étroitement de pair avec ce que l'on appelait dans l'Introduction l'« interprétation dominante ». Une personne qui court avec sur son dos un poids équivalant à son propre corps ne peut pas avancer à la même vitesse qu'une autre personne qui ne porte pas de poids ou qui en porte un plus léger. Voilà qui relève de l'évidence. Bien évidemment, des exceptions existent aussi dans ce cas. La plus connue est celle de l'économie britannique au lendemain des guerres napoléoniennes, lorsque la dette gouvernementale était d'environ 240 % du PIB du pays. Il est vrai que le pays a surmonté cette situation critique surtout grâce à une gestion intérieure très judicieuse et aussi à un contexte favorable, difficile à reproduire à présent : c'était le temps des grandes découvertes datant de la première révolution technologique, faites et/ou mises en valeur surtout en Grande-Bretagne. En outre, l'Empire britannique était alors en pleine ascension, ce qui a beaucoup contribué à rembourser la dette. On invoque également un autre exemple, au lendemain de la Seconde Guerre mondiale, mais les rythmes accélérés ont été alors alimentés par l'ampleur de la reconstruction spécifique de l'après-guerre. On se réfère également à la situation actuelle des États-Unis, dont la dette est de 110 % du PIB. Les États-Unis ne sont pas un exemple typique pour la discussion. Ils disposent du « privilège exorbitant » de posséder la monnaie d'échange et de thésaurisation du monde. L'argument le plus convaincant en faveur de l'idée que la dette représente un obstacle sérieux au développement est que, même avec les conditions privilégiées dont ils jouissent, les États-Unis ont fait, à partir de 2010, des efforts considérables afin de réduire la dette gouvernementale.

Pourquoi avons-nous affirmé qu'il s'agissait là d'une position étroitement liée à ce que l'on appelle une « interprétation dominante » ? Parce qu'elle nous incite à ne pas nous inquiéter. Ce n'est pas si grave si les dettes passent au-delà du seuil critique de 90 %. Si, c'est bien grave ! Cela fait tout de suite penser à la manière dont on gère une communauté et, dans ce sens, cela tire une sonnette d'alarme très sérieuse quant à la qualité du gouvernement. C'est un signal que la période à venir sera extrêmement difficile. Personne ne nie le lien évident entre une dette importante et le rythme faible de croissance. Les grosses dettes non durables sont une « nouvelle forme d'esclavage » pour ceux qui les contractent. Un indice très précis est également d'engager les ressources de l'avenir, sans que les générations

[4] Martin Wolf, *op. cit.*, p. 269.

futures le sachent ou qu'elles puissent être consultées. Qui remboursera ces dettes-là ? Bien sûr, les générations futures.

Il faut préciser ici qu'une dette importante affecte la croissance, mais il est difficile de dire dans quelle mesure ! Mais il est certain qu'elle l'affecte, ce qui nous oblige à jauger l'impact sur long terme de cette situation. D'autant que, ces dernières années, les dettes ont tendance à augmenter. Le problème, ce n'est pas lorsqu'elles augmentent entre 50 % et 80 %, mais lorsqu'elles se situent autour du seuil critique de 90 %. *The Economist* souligne par exemple que, de 2007 à 2013, le montant des dettes gouvernementales rapportées au PIB des pays de la zone euro a augmenté de 66 % à 93 %. La situation est bien plus dramatique à la « périphérie financière » ; dans le cas de la Grèce, les dettes ont augmenté de 175 %, dans celui du Portugal, elles ont presque doublé, en atteignant 129 %[5]. Le graphique suivant est éloquent à cet égard.

FIGURE 5

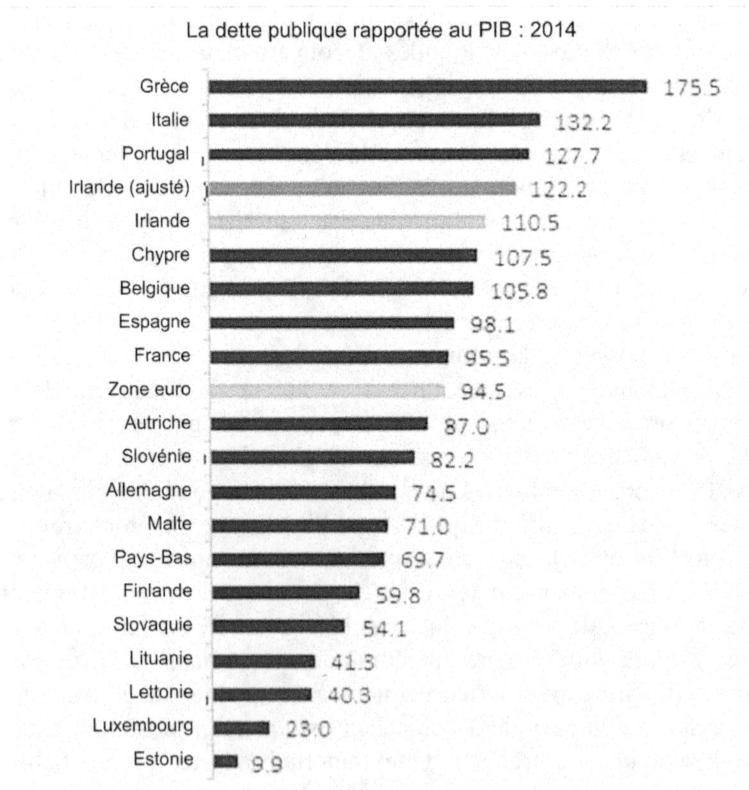

Source : https://economics.rabobank.com/publications/2015/may/europes-public-dept-challenge/.

[5] « The pendulum swings to the pit », *The Economist*, 25 octobre 2014.

À notre avis, dans les relations problématiques entre les dettes et le développement, deux aspects sont clairs. Le premier tient à la *durabilité,* le mot-clé dans le cas d'une dette. Lorsque l'on contracte une dette pour investir, la durabilité est en grande partie assurée (à moins que l'investissement en question n'ait été mal projeté dès le début). Le problème, c'est que bien des dettes ont été contractées pour la consommation, qu'elles se sont accumulées à cause des mesures insuffisamment justifiées prises par les gouvernements (par exemple, l'augmentation des dépenses militaires). Les dettes accumulées pendant la crise, bien que motivées, ne peuvent pas être considérées comme durables. Elles ont été contractées afin de couvrir des erreurs de management, de prévenir d'éventuelles faillites ou de surmonter une situation critique. Ce sont des dettes « pures », au sens qu'elles n'ont pas été prévues et il faut donc trouver les moyens de les rembourser. On s'est endetté afin de surmonter une situation difficile qui n'avait pas été prévue (les choses se passent de ce point de vue exactement comme dans la vie personnelle). Devant nous, s'étend la période difficile du remboursement. Les situations où des personnes ou des pays disposent de réserves leur permettant de rembourser la dette sont rares. Le recours même à des emprunts témoigne de l'inexistence de ces réserves. Ce qui signifie qu'il faut faire des efforts supplémentaires et identifier de nouvelles sources d'argent. Il ne faut pas oublier que presque tous les pays s'y prennent de la même manière, car ils ont tous ou presque contracté des dettes pendant la crise. Cela signifie implicitement que l'atmosphère d'ensemble devient tendue et que les chances de réussite diminuent.

Le second aspect tient à ce que l'on a affaire non seulement à des dettes peu durables, mais aussi à de grosses dettes (bien évidemment, une grosse dette a plus de chances d'être aussi une dette non durable). Non seulement les moyens de les rembourser n'ont été prévus nulle part et d'ailleurs ils ne pouvaient pas l'être, mais leur taille en fait un véritable fardeau qui pèse sur la croissance économique. Lorsqu'elle se situe autour du « seuil critique » de 90 % du PIB, la dette ne peut être sensiblement diminuée qu'à raison d'un rythme de croissance économique raisonnable. Les réductions des dépenses sociales comportent une limite économique (il faut financer l'enseignement ou les retraites) et une limite sociale (de supportabilité). La véritable solution aux problèmes liés aux dettes tient à la *croissance économique.* Mais cette dernière est affectée par les dettes et par le fardeau financier qu'elles représentent. C'est ainsi que naît un *circuit qui s'auto-entretient*, difficile à dépasser. C'est dans cette situation extrêmement difficile que se trouvent la plupart des pays à grosses dettes. Ils sont pratiquement au bord d'une véritable explosion sociale !

La meilleure preuve que les dettes contractées pendant la crise sont peu durables tient à ce qu'elles n'ont de cesse d'augmenter. Dans la plupart des cas, les débiteurs ne font qu'appliquer le principe de la boule de neige, autrement dit, contracter d'autres emprunts afin de payer les échéances des dettes arrivées à maturité. En réalité, cela revient à la fois à remettre à plus tard, et à augmenter la dette totale. Le rapport que le McKinsey Global Institute a publié en février 2015 mentionne que la dette globale pendant toutes ces années (2007-2014) a augmenté de 57 milliards de milliards de dollars, alors que le poids de la dette par rapport au PIB a également augmenté de 17 %[6].

FIGURE 6

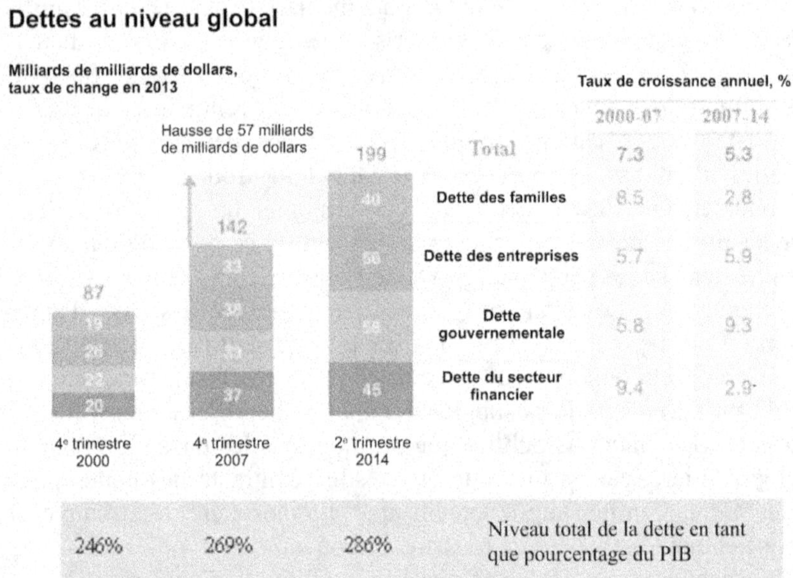

1 Les valeurs sont arrondies, elles ne rendent pas le total exact

Source : : Le Rapport McKinsey.

Examinons de près quelques tendances comprises dans le tableau ci-dessus. Les auteurs du rapport se concentrent sur l'augmentation des dettes entre 2007 et 2014, mais en réalité les dettes ont presque autant augmenté entre 2000 et 2007 (non pas de 57, mais de 52 milliards de milliards ; la somme absolue est plus grande pour la seconde période, mais le rythme de croissance est supérieur pour la première). Une comparaison rapide entre ces deux périodes montre que, en 2007, les dépenses gouvernementales se disputaient la dernière place avec celles des ménages. En 2014, les dépenses gouvernementales prenaient déjà la première place. Comment cela s'explique-t-il ? Avant tout, par les efforts déployés par les gouvernements pour

[6] Richard Dobbs, Susan Lund, Jonathan Woetzel and Mina Mutafcieva, « Debt and (Not Much) Deleveraging », McKinsey Global Institute Report, février 2015.

surmonter la crise et aussi par l'inclusion dans la dette publique (gouvernementale) d'une partie importante des dettes contractées dans le domaine financier-bancaire. Il ne faut donc pas se tromper sur la baisse du poids de la dette financière ; elle s'explique par un transfert de la dette vers le domaine public et non pas par une transformation spectaculaire intervenue au sein même du domaine financier-bancaire.

La dette gouvernementale – qui nous intéresse particulièrement ici – a augmenté de 25 milliards de milliards par rapport à 2007 ; 75 % de cette hausse sont intervenus dans les pays développés, étant donné que c'est ici que la crise a éclaté et que l'on a fait les plus gros efforts pour la surmonter. Arrêtons-nous un instant sur cette évolution. Si la dette gouvernementale a augmenté à tel point, c'est que le développement post-crise sera affecté d'une manière ou d'une autre, tout comme le seront les dépenses sociales. La vie sera plus dure, y compris dans le monde développé. En outre, la dette globale *a augmenté à un rythme bien plus soutenu que celui du PIB global*, ce qui affecte la durabilité de la dette. La dette l'emporte sur les moyens de remboursement dont chaque pays doit se préoccuper. Ce rapport transmet également une information inquiétante : aucune économie développée majeure n'a diminué le volume de la dette par rapport aux dimensions du PIB et n'a réduit la dette dans le domaine de « l'économie réelle ». Cela indique que l'on se rapproche à grands pas d'une véritable crise des dettes.

2.2. Sur la dette, à nouveau : « le moment Minsky »

Revenons au graphique reproduit ci-dessus, pour souligner une fois de plus que la dette globale a presque autant augmenté entre 2007 et 2014 qu'entre 2000 et 2007 (respectivement de 57 et de 52 milliards de milliards). Pour la seconde période, les explications sont acceptées par tout le monde : c'est la crise et tout l'effort financier qu'elle a supposé. Mais dans les années 2000-2007, comment pourrait-on expliquer le boom enregistré par le crédit et les dettes ? Écoutons Hyman Minsky, « économiste hétérodoxe », peu influent à l'époque, découvert par la suite, jusqu'au point où, comme le précisait aussi Krugman, « à présent, nous sommes tous des Minsky[7] ».

Quelles sont les idées que véhicule Minsky ? Il affirme que, lorsque l'on fait référence aux crises financières, la sagesse traditionnelle se concentre excessivement sur la manière dont on dirige les banques[8]. Cela est justifié, vu que les banques opèrent avec de l'argent et qu'elles seront toujours

---

[7] Paul Krugman, « Why Weren't Alarm Bells Ringing? », *art cit.*

[8] Hyman Minsky a été un chercheur et professeur réputé en économie politique américain. La famille de sa mère était originaire de Biélorussie. Il est né à Chicago et a fait ses études dans plusieurs villes américaines ; ensuite, il a enseigné dans différentes universités des États-Unis. Il s'est intéressé notamment aux caractéristiques de la crise financière. Vu que la crise récente a confirmé certaines de ses idées, sa théorie est brusquement devenue d'une actualité incontestable.

tentées de s'assurer le plus grand flux financier possible. Afin de remplir cet objectif, elles tenteront de prêter le plus d'argent possible et cela conduira implicitement à la hausse du rapport entre le capital prêté et le capital propre, c'est-à-dire ce que l'on appelle le *leverage*. Retenons ce terme, car, selon l'expression de Howard Davies[9], la plus simple explication pour l'apparition d'une crise tient au *leverage* et à ses dimensions. Le terme désigne la situation où l'agent emprunté ou prêté dépasse largement l'argent dont l'acteur économique en question (la banque/l'institution financière) dispose. Tout se passe comme si un immeuble prenait de l'ampleur sans plus tenir compte de la résistance des fondations. À un moment donné, « les fondations » (donc le capital propre) ne peuvent plus soutenir tout le poids de l'activité économique (financière) qui s'est déroulée entre-temps (soit l'argent prêté). L'effondrement n'est qu'une question de temps.

Qu'est-ce que Minsky apporte de nouveau dans l'explication des crises financières ? Il pose le *leverage* en tant que facteur principal dans le déclenchement des crises et souligne que ce phénomène n'est pas spécifique aux banques. Ces dernières sont les plus exposées au risque d'augmenter le *leverage*, mais le phénomène intervient partout où l'on emprunte excessivement de l'argent. Les acteurs économiques qui contractent des emprunts excessifs courent le risque de déclencher la crise, tout comme les banques. Peu importe leur profil économique ou s'il s'agit d'entreprises, de gouvernements, de propriétaires, etc. ; ce qui compte, c'est qu'ils empruntent de l'argent et qu'ils peuvent contribuer à la croissance du *leverage* d'ensemble. La crise peut tout aussi bien éclater dans des banques que dans l'un des domaines faisant appel à un gros volume de crédits (la bulle immobilière, par exemple).

Qui se trouve à l'origine des crises ? La réponse semble paradoxale mais, selon Minsky, ce sont bien les périodes de prospérité qui se rendent « coupables » de l'installation des conditions favorables à l'apparition des crises. Un commentateur disait même que sa théorie économique peut être résumée en trois mots qui pourraient même être imprimés sur des tee-shirts : « stability is destabilising[10] ». Le système financier enregistre un mouvement lent de la stabilité vers la fragilité, ce qui peut conduire à des crises. Dans les moments de stabilité, tant le prêteur que l'emprunteur deviennent confiants, voire surconfiants. Les sommes prêtées et la fréquence des emprunts sont à la hausse. Le *leverage* augmente également. Tout le monde est content, alors que les dettes arrivent à une phase de suraccumulation. Il s'agit là d'une « exubérance » qui ne se marie pas bien avec la prudence et qui ignore les risques. C'est alors qu'un court-circuit se produit inévitablement, qui peut intervenir dans le domaine des banques, dans l'immobilier ou encore dans les entreprises ; une fois déclenché, par l'effet domino, il se dissémine et

---

[9] Howard Davis, *op. cit.*, p. 79.

[10] « Did Hyman Minsky Find the Secret Behind Crashes? », *BBC News Magazine*, 24 mars 2014. <www.bbc.co.uk/news/magazine>.

génère la crise. C'est bien là le « moment Minsky », terme lancé par Paul McCulley, qui applique à la crise récente l'hypothèse fondamentale de la théorie économique de Minsky, à savoir « l'hypothèse de l'instabilité financière ». Collant parfaitement à la crise, la théorie de Minsky a assuré à son auteur une entrée triomphale dans l'actualité : « nous sommes tous devenus des supporters de Minsky ».

Comme pour confirmer la théorie de Minsky, Martin Wolf réalise un graphique de l'évolution des dettes privées des années 1950 jusqu'à présent. Tel qu'on peut le voir, vers la fin de la décennie passée, celles-ci ont enregistré un pic : ce fut le « moment Minsky » qui a déclenché le séisme. La crise est apparue dans un domaine spécifique ; il est important de souligner que « l'économie des États-Unis s'appuyait sur une croissance non durable de la dette ». Cela rappelle une fois de plus les considérations de Howard Davies : l'explication la plus simple pour l'apparition d'une crise tient à ce que l'on appelle le *leverage*. De ce point de vue, les données avancées par le rapport McKinsey sur la croissance de la dette font état d'un phénomène qui devrait nous inquiéter.

FIGURE 7

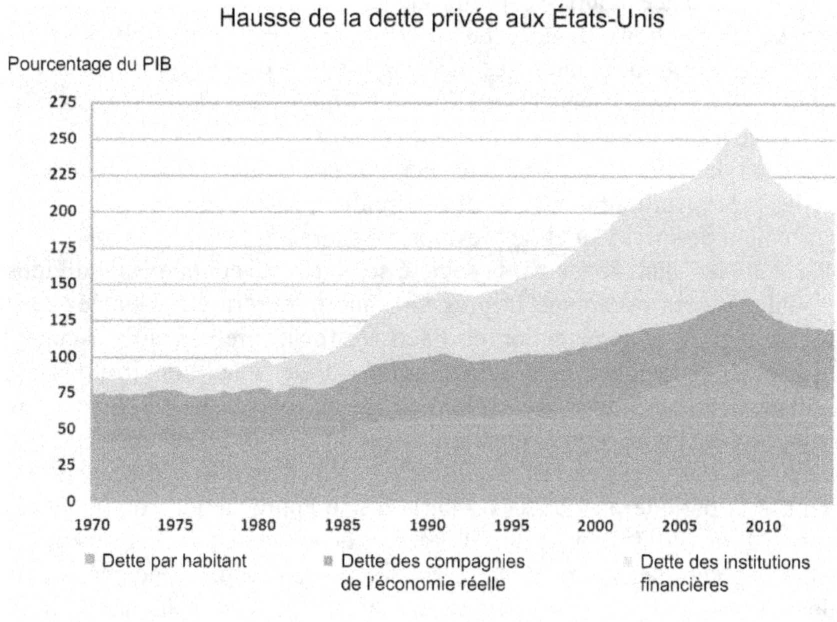

Source: Federal Reserve Economic Database (FRED)

La confiance est une chose et elle joue un rôle important, y compris sur le plan économique ; la surconfiance en est une autre et elle privilégie le manque de prudence, de précaution, voire des gestes et des attitudes hâtives. Martin Wolf remarque à juste titre : « la crise a été si dure justement parce que bien des personnes avaient cru qu'elle était impossible ». Il est en effet inquiétant que bien des personnes n'aient pas prévu l'arrivée de la crise ; ce qui est vraiment grave, c'est qu'elles n'ont pas cru non plus *qu'elle puisse venir*. Cela a anesthésié le système immunitaire des gens et de la société, ce qui indique que l'avant-crise est marqué par l'installation d'une sorte d'autosatisfaction, de surconfiance superficielle. On se demande alors : qu'y a-t-il de plus important dans le déclenchement d'une crise, le niveau du *leverage* ou le niveau de la surconfiance ? Chacun son rôle ; en réalité, ils se nourrissent l'un l'autre. Leur jumelage représente une véritable recette pour accélérer la crise.

Si la théorie de Minsky est tellement séduisante, c'est parce que, à notre avis, elle met en avant la dimension psychologique de notre comportement, en tant que personnes ou institutions. Non seulement le succès nourrit la confiance, mais il favorise également une sorte d'absence de contact avec la réalité, une baisse de précaution, très nuisible lorsqu'il s'agit des décisions économiques. La vision de Minsky est séduisante et instructive, surtout sur le plan du comportement psychologique, mais elle peut alimenter une corrélation difficile à accepter : il ne faut pas avoir de succès, sinon, il y aura des crises… Nous le répétons, si, sur le plan psychologique, on peut accepter que la surconfiance nourrisse l'imprudence, la société comportant tout de même des institutions dont le but est de saisir les déséquilibres et leur gravité. On parle beaucoup ces derniers temps d'une approche macro-prudentielle. Se pose alors la question : pourquoi en parle-t-on après avoir été frappé par une crise si importante et non avant ? Si les individus peuvent être absous de leurs erreurs (encore que, par ses conséquences, la crise fait peser les pertes surtout au niveau des individus), les institutions, dont le rôle est justement de surveiller et de prévenir, ne sauraient l'être.

Par malheur, dans le temps, la société se comporte comme les individus : elle oublie. Après la Grande Dépression, une mesure a été adoptée : la loi Glass Steagal de réglementation de l'activité financière-bancaire, à laquelle on a peu à peu renoncé (son dernier article a été annulé en 1998). Après l'éclatement de la Grande Récession, ce fut au tour de la loi Dodd Frank, toujours à des fins de réglementation, laquelle, au bout d'un certain temps, sera elle aussi progressivement modifiée jusqu'à ce qu'elle cesse d'exister. À présent, à la période post-crise, on parle d'une approche macroprudentielle. Au bout d'un certain temps, on en parlera de moins en moins, jusqu'à ce qu'elle soit complètement oubliée. En fait, le problème fondamental que soulève Minsky, c'est la cyclicité des crises. Si l'on peut amender ses explications, la cyclicité reste. On en veut pour preuve le fait que l'on parle déjà de l'imminence d'une nouvelle crise, laquelle, cette fois-ci, pourrait être provoquée par la dimension des dettes. Autrement dit, le résultat majeur de la Grande Récession, à savoir la croissance des dettes, pourrait générer un autre séisme économique, qui, compte tenu de ce qui l'aura provoqué, pourrait s'avérer dévastateur.

2.3. Les dettes et l'instabilité sociale

S'il s'agissait de caractériser en quelques mots la conséquence majeure de la Grande Récession, on dirait tout simplement : elle a fait en sorte que *l'on se soucie à nouveau de notre propre existence.* Pour la plupart des citoyens des pays développés, cette inquiétude semblait révolue. Or, voilà qu'elle revient dans une actualité évidente non seulement pour les États en cours de développement, mais aussi pour les États riches. La plupart des personnes accusent une pression sourde : comment pourrait-on assurer les frais de scolarité des enfants, comment va-t-on se débrouiller si l'on tombe gravement malade, comment pourrait-on gérer les choses une fois à la retraite ? Ce ne sont pas là de cas individuels, mais, pour plus de trois quarts de la population de la planète, les soucis quotidiens et pressants sont de retour. Ces soucis vont en s'accentuant, parce que, tel qu'on peut le voir, les dépenses sociales sont à la baisse, alors que l'appui que la société offrait d'habitude au commun des mortels sous forme d'éducation et de soins de santé gratuits ou presque diminue à vue d'œil. Peu à peu, après la Grande Récession, ce sont surtout les pays développés qui *se sont réveillés dans un autre monde*, plus marqué par des problèmes, plus pauvre, ployant sous toutes sortes de besoins. Oui, il est bien vrai que la Grande Récession n'a pas été aussi dure que la Grande Dépression, mais elle n'a fait que projeter la souffrance dans l'avenir, l'échelonner. On n'a pas affaire à moins de souffrance, *seulement à une souffrance échelonnée, répartie dans l'avenir ;* si l'on veut être honnête jusqu'au bout, répartie non seulement sur les épaules des citoyens d'aujourd'hui, mais aussi sur celles de leurs descendants.

Il y a, bien évidemment, et il y aura toujours de grosses différences entre un pays riche et un pays en voie de développement, liées à la performance et au pouvoir économique, à leur situation avant la crise, etc. Pour le commun des mortels, les conditions de vie tendent à se rapprocher. Des différences importantes perdurent, bien sûr, mais, dans l'ensemble, les individus doivent composer avec à peu près les mêmes problèmes et besoins, auxquels ils subviennent de plus en plus difficilement. Nous discutions il y a peu de temps avec une famille américaine de la classe moyenne. Les deux époux étaient des ingénieurs et avaient des emplois conformes à leur formation. Ce qui les inquiétait, c'était la manière dont ils allaient payer les frais des études de médecine de leur fille unique. Le coût pour chaque année de scolarité s'élevait à 50 000 dollars, ce qui, pour toute la période des études, signifiait environ un quart de million de dollars (si on prend en considération uniquement le coût de la scolarité proprement dite ; au total, les frais étaient d'un demi-million de dollars, soit une somme exorbitante même pour les revenus moyens américains). Leur plus grande inquiétude était qu'ils n'allaient pas être capables de soutenir jusqu'au bout cet effort financier, comme cela était arrivé avec plusieurs camarades plus âgés de leur fille, qui avaient emprunté de l'argent auprès des banques pour poursuivre des études et qui par la suite s'étaient retrouvés dans l'incapacité de faire face à l'effort financier. Ils avaient dû renoncer à leurs études et trouver divers emplois afin de pouvoir rembourser la dette. En d'autres mots, ils se sont retrouvés à la fois endettés et sans terminer la formation désirée.

Voilà le souci des parents, de nature principalement financière. Notre préoccupation était tout autre. Nous sommes persuadés que la plus grande contribution de la société américaine sur le plan social peut être synthétisée par la formule du « rêve américain », à savoir la condition sociale où un enfant né de parents assez démunis peut gravir l'échelle sociale et réaliser son rêve. Et ce, parce que, d'une part, la société américaine opère une sélection des individus méritants et les encourage selon leur potentiel ; d'autre part, parce que la société dans l'ensemble est permissive et qu'elle met en avant le talent, le travail, la performance et non pas l'argent ou la richesse des parents. Dans le cas susmentionné, il s'agissait d'une enfant talentueuse, qui avait dès les premières années d'école intégré des classes spéciales, bénéficiant d'une attention particulière. Mais maintenant, il était possible que son rêve d'adolescente, devenir médecin, soit brisé.

Tout à coup, nous avons eu une révélation : que se passe-t-il avec la société américaine ? Il ne s'agit pas seulement de la situation particulière présentée ci-dessus, mais bien d'une tendance en train de conquérir de plus en plus de terrain, voire d'analyses plus amples. Par exemple, Joseph Stiglitz précise que, selon la Federal Reserve Bank de New York, presque 13 % des étudiants qui contractent des prêts afin de payer leurs études doivent en moyenne 50 000 dollars (soit ils ne peuvent pas les rembourser, soit, faute de possibilité immédiate, ils remettent à plus tard le paiement), alors que, pour environ 4 % d'entre eux, les dettes dépassent 100 000 dollars[11]. *The Economist* a publié une statistique inquiétante : « Aux États-Unis, les prêts étudiants totalisent 1,2 milliard de milliards de dollars, trois fois plus que leur valeur la décennie précédente[12] ». La somme est si grande, que Hillary Clinton, candidate à la présidence des États-Unis, a pris position et a annoncé un plan visant de réduire de 350 milliards de dollars cette dette.

Comment expliquer de telles évolutions ? Il y a là un *changement social :* alors que, pendant les deux dernières décennies, les taxes ont augmenté deux fois, le revenu moyen des familles a stagné. Il est donc naturel qu'une telle évolution « divergente » détermine bien des étudiants à retarder le remboursement des dettes contractées auprès des banques, voire à abandonner leurs études. Cela rappelle aussi que, afin de pouvoir étudier dans une université prestigieuse, il faut avoir des parents riches. Ce n'est qu'à partir de là que les choses commencent à se compliquer. Les élites tendent à se reproduire et on ne sait plus alors si elles sont toujours des élites. La première condition pour qu'une société progresse, c'est

---

[11] Joseph Stiglitz, *The Great Divide*, chapitre « Student Debt and the Crushing of the American Dream », New York, Allen Lane An imprint of Penguin Books, 2015, p. 165.

[12] « College Debt », *The Economist*, 15 août 2015.

qu'elle gère soigneusement sa plus grande ressource : la ressource humaine. En réalité, le rêve américain c'était la transposition, dans une formule percutante, d'une réalité sociale. Or, à présent, c'est justement cette réalité qui est en train de changer, ce qui affecte aussi la substance du « rêve américain »

Qu'est-ce que la Grande Récession a apporté de nouveau, les grosses dépenses mises à part ? Quelque chose d'essentiel, une véritable première historique : quelqu'un a généré la dette (principalement les banques), quelqu'un d'autre (l'État) a fait l'effort financier de recapitaliser les banques et d'autres acteurs économiques, alors que quelqu'un d'autre encore (la population) se chargera de rembourser la dette accumulée. La crise a éclaté dans le domaine privé (surtout dans le système bancaire), a été couverte par l'argent public et est devenue ainsi le problème des individus ordinaires. Ou encore, dit avec les mots de Tony Phillips, « [l]es mesures européennes de gestion d'une crise financière fondamentalement privée ont engendré une crise des dettes souveraines généralisée sur le plan de l'Union. Les dettes toxiques ont été renvoyées du secteur privé au secteur public. C'est ainsi qu'elles sont devenues le problème des contribuables[13] ». Cette citation fait référence à la situation en Europe, mais l'aspect soulevé est plus général et tout aussi valable pour les États-Unis. En réalité, l'intervention de l'État, dont nous avons parlé, a supposé une socialisation de la perte. Autrement dit, le fardeau a été enlevé de certaines « épaules » et réparti sur toutes les « épaules », donc également sur celles qui n'étaient pour rien dans le déclenchement du séisme économique. La Grande Dépression a fait de nombreuses victimes ; cette fois-ci, on a affaire à une seule et grande victime : la société ou, si l'on veut, l'individu ordinaire.

Tout comme imprimer de l'argent et recapitaliser les banques, transformer la dette privée en dette publique est apparu comme une innovation pour sauver la situation. À notre avis, elle fonctionne bien sur le moment mais elle peut gangrener la situation d'ensemble. Si c'est ainsi que l'on s'y est pris au niveau de chaque pays, on peut bien se demander si, dans l'avenir, on n'aura pas affaire à des tentatives de globalisation de la dette accumulée. Autrement dit, que la dette accumulée soit répartie aussi sur les « épaules » d'autres nations, en faisant usage des mécanismes du système financier international et de « l'énorme privilège » découlant de ce que, à présent, il n'existe qu'une seule monnaie importante d'échange et de thésaurisation : le dollar.

2.4. L'inégalité inquiète tout le monde, mais elle s'étend inexorablement

La situation décrite ci-dessus est extrêmement rusée et trompeuse et elle se rapproche beaucoup d'un véritable piège historique. Elle engendre avant tout beaucoup d'instabilité et de convulsions sociales. Il n'y a rien de plus nuisible

[13] Tony Phillips, *op. cit.*, p. 9.

pour le développement que l'instabilité, parce qu'elle affecte l'employabilité et la disponibilité des individus ordinaires, voire elle stimule un type de réaction inverse. On pourrait même faire un calcul. Il faudrait diviser le montant auquel s'élève le coût de la crise par le nombre d'habitants d'un pays, afin d'avoir une image limpide des fardeaux individuels qui en résultent. Mais l'image que créerait cette démarche serait déformée. Dès que l'on se penche sur un pays, on découvre un autre phénomène qui aggrave les choses et influence directement le processus de développement : *l'inégalité sociale*, le processus qui inquiète tout le monde, mais qui s'étend de manière imperturbable. On a donc affaire à une double répartition : d'une part, des acteurs économiques ayant enregistré des pertes vers la population et, d'autre part, au sein de la catégorie de ceux qui payent des taxes : la couche riche de la société ressent dans une bien moindre mesure le fardeau financier, qui continue à peser sur les gens ordinaires, voire parfois à les écraser.

Il se passe quelque chose d'intéressant avec l'inégalité sociale. Il s'agit là, probablement, du sujet le plus débattu dans les ouvrages spécialisés et qui peut même générer une sorte de *saturation psychologique* : faut-il à nouveau parler de l'inégalité ? Non seulement le débat va en s'intensifiant, mais le processus réel d'accroissement des inégalités n'est pas en reste. Une sorte de paradoxe se profile : tout le monde soutient qu'il s'agit du problème le plus grave de la société développée, mais le processus en tant que tel avance imperturbablement… Comme une sorte de malédiction, qui projette sur les sociétés développées une image d'impuissance, de détention forcée, à laquelle elles ne peuvent plus échapper.

Nous avons nous-mêmes abordé maintes fois le sujet de l'inégalité, afin de participer à ce débat passionnant dans l'essence, mais sans impact réel. Les ouvrages spécialisés ont à leur tour apporté bien des éléments nouveaux. D'abord, la Grande Récession a généré une tendance accentuée de croissance de l'inégalité. Aux États-Unis, par exemple, le déclin de la richesse moyenne a été de 40 % en seulement trois ans, balayant du coup les cumuls rendus possibles par les deux décennies de croissance ayant précédé la crise[14]. Les revenus impressionnants détenus par 1 % de la population ne sont plus considérés comme suffisamment éloquents, ils ne refléteraient donc plus de manière adéquate le processus de concentration de la richesse entre de moins en moins de mains. Plus suggestif encore serait le 0,1 %, lequel, sur le plan des États-Unis, signifie que 160 000 familles détiennent ensemble 22 % de la richesse d'Amérique, ou encore 0,01 %, qui se rapporte aux 16 000 familles les plus riches, lesquelles, ensemble, contrôlent 11,2 % de la richesse de ce pays[15].

En 1978, 0,1 % de la population des États-Unis, c'est-à-dire la population la plus riche, détenaient 7 % de la richesse mondiale, alors qu'en 2012 cette

[14] Joseph Stiglitz, *The Great Divide*, p. 246.

[15] « Forget the 1%. It is the 0,1% who are really getting ahead in America », *The Economist*, 8 novembre 2014, p. 71.

proportion s'élevait à 22 %. Dans le même temps, la partie de la richesse revenant à 90 % de la population, avec des revenus habituels ou modestes, a baissé de 35 % à 23 %. Ces chiffres sont similaires à ceux de la période ayant précédé la Grande Dépression. Ce qui révèle non seulement une *cyclicité de l'inégalité*, mais aussi un lien moins étudié entre l'inégalité et la crise, quelle que soit la forme que prend cette dernière, et, au-dessus de tout, un lien structural entre l'inégalité et la société basée sur la propriété privée. L'inégalité est à l'image d'un virus prêt à tout moment à déclencher une épidémie. Lorsque les choses sont sous contrôle, le virus se tient « bien sage », ce qui ne signifie pas qu'il a cessé d'exister. Comme le notait Anthony B. Atkinson[16], la répartition des revenus suit le modèle des poupées russes. À chaque palier de la société on retrouve les mêmes rapports d'inégalité. L'inégalité est devenue un véritable *pattern* de la société moderne, son élément de construction. Ou, si l'on veut, elle est inscrite dans le « *code génétique* » de la société contemporaine.

Nous aurions pu insister ici sur la relation très importante entre l'inégalité et le développement, que Joseph Stiglitz restitue de manière simple : « L'inégalité affaiblit la demande agrégée et, par conséquent, l'économie »[17] et donc, implicitement, le développement. Tout comme nous aurions pu suivre d'autres perspectives telle, par exemple, la relation simple qui existe entre richesse et espérance de vie (que l'on ignore, comme si l'on avait affaire à des rongeurs et non pas à la plus grande valeur de l'existence humaine : la vie). Ted Schrecker et Clare Bambra affirment que la différence entre l'espérance de vie dans les régions les plus riches et les plus pauvres de la Grande-Bretagne est de 17 ans. C'est à peu près la même différence qu'entre la Grande-Bretagne et la Russie[18]. Tout comme l'espérance de vie en Espagne est de 7 à 8 ans plus élevée qu'en Roumanie. C'est énorme, les Roumains vivent 10 % moins longtemps que les Espagnols ! Tout comme nous aurions pu analyser l'impact que l'inégalité a sur l'attractivité du modèle basé sur la compétition ou encore la manière dont l'excès inégalitaire influencera l'évolution de la société pendant la post-crise. Nous n'aborderons pas ces perspectives alléchantes dans la suite de l'ouvrage. Nous présenterons brièvement quelques conclusions qui se dégagent de l'ouvrage de Thomas Piketty, *Le capital au XXIe siècle*, que Paul Krugman appelle une « magnifique réflexion sur l'inégalité ». Les ouvrages spécialisés sont riches de données et de chiffres sur l'inégalité, mais les réflexions véritables, qui vont puiser à la racine des choses, sont extrêmement rares. Vu la profondeur de la démarche que propose l'auteur français, nous allons lui consacrer entièrement le chapitre suivant.

---

[16] Anthony B. Atkinson, *Inequality: What Can Be Done?*, Cambridge, Harvard University Press, 2015, p. 20.

[17] Joseph Stiglitz, *The Great Divide*, p. 4.

[18] Ted Schrecker et Clare Bambra, *How Politics Makes Us Sick: Neoliberal Epidemics*, Londres, Palgrave Mcmillan, 2015, p. 87.

Troisième chapitre
« La magnifique réflexion sur l'inégalité[1] »

Ce chapitre est consacré à un ouvrage qui fait date en réécrivant le discours sur l'inégalité : *Le capital au XXIe siècle*, de Thomas Piketty[2]. L'auteur y opère un double changement de perspective, ce qui donne beaucoup de fraîcheur théorique à sa démarche – dans un domaine qui laisse *a priori* peu de place à l'innovation – et une impressionnante substance axiologique. On peut être d'accord ou non avec ses conclusions, il reste qu'il est difficile d'ébranler les jugements sur lesquels elles se fondent.

Il est étonnant qu'un sujet tellement important et discuté tel que l'inégalité n'ait été abordé, du moins pas ces dernières décennies, avec une perspective historique. La particularité de la démarche de Piketty tient en premier lieu à ce qu'il se place sous cet éclairage. La jonction avec les données fournies par la recherche historique offre à sa démarche une solidité et un fondement remarquables. Le second changement de perspective tient à ce que l'auteur met le processus d'accroissement de l'inégalité au compte non pas des différences de salaires – importantes, certes, mais non pas décisives – mais de la possession de capital, de propriétés, etc. Au moins pour ce qui est des grosses inégalités et de la couche privilégiée représentée par les plus aisés, la situation ne peut s'expliquer que par la répartition inégale du capital et des grosses propriétés.

On peut parler de réflexion au sens où Piketty va bien au-delà de l'analyse empirique, tout en discutant les cyclicités de l'inégalité et projetant ainsi un éclairage sur le XXIe siècle. La réflexion apparaît ici comme un couronnement de la recherche appliquée et c'est justement cette jonction qui donne à sa démarche une valeur remarquable. D'ailleurs, son ouvrage a été inclus sur la liste des meilleurs livres de 2014 par des publications prestigieuses, telles que *The Economist*, *Financial Times*, *The Washington Post*, *Observer*, *The Independent*, *Daily Telegraph,* etc., alors que *Financial Times* et McKinsey l'ont déclaré meilleur livre de 2014.

Il faut souligner ici l'une des conclusions de l'ouvrage, laquelle, nous l'avouons, nous a surpris : *le XXIe siècle répétera l'expérience inégalitaire du XIXe siècle*. Il est difficile d'accepter une telle affirmation, justement parce qu'elle fait voler en éclats les espoirs que l'on a caressés le siècle passé et les réalisations ayant nourri nos aspirations : de la méritocratie à l'égalité de chances, de l'organisation démocratique à la richesse distribuée le plus

---

[1] Une version préliminaire de ce chapitre a été publiée dans la revue *Clipa* du 24 janvier 2015.
[2] Thomas Piketty, *op. cit.*

équitablement possible. Cette affirmation nous fait simplement régresser dans l'histoire et revisite sévèrement le XXe siècle (au moins dans sa seconde partie) : ce ne fut qu'une exception, un leurre, une parenthèse que, voilà, l'histoire referme maintenant. Vu que cette thèse est centrale et qu'elle synthétise l'effort de recherche de l'auteur français, nous en présenterons les fondements dans ce qui s'ensuit.

3.1. Un débat sans données historiques

Dans un entretien avec l'éditeur de *Foreign Affairs*[3], Thomas Piketty déclarait que l'inégalité est acceptable aussi longtemps qu'elle n'est pas excessive. Lorsqu'elle touche un niveau difficile à supporter, elle devient un risque réel non seulement pour la stabilité sociale, mais aussi pour le développement, voire, en dernière instance, pour le capital. En amont de l'inégalité se trouve le thème central de la société moderne, à savoir *la répartition des revenus et de la richesse*. C'est le thème auquel s'attaque de front le volume et qu'annonce déjà la première phrase : « La répartition de la richesse est l'une des questions les plus vives et les plus débattues aujourd'hui. Mais que sait-on vraiment de son évolution sur le long terme ? » Autrement dit, Thomas Piketty se propose d'aller à la racine des choses, d'identifier des évolutions, de nous dire clairement pourquoi les choses sont comme elles sont. Même s'il précise que les réponses sont « imparfaites et incomplètes », il rajoute tout de suite : « Mais elles se fondent sur des données historiques et comparatives bien plus étendues que tous les travaux antérieurs, portant sur trois siècles et plus de vingt pays, et sur un cadre théorique renouvelé permettant de mieux comprendre les tendances et les mécanismes à l'œuvre[4] ».

Nous avons rappelé ci-dessus le double changement de perspective que l'auteur français opère dans l'analyse de l'inégalité. Le premier porte sur l'orientation de l'analyse à la lumière de la recherche historique. Le second comporte un aspect tout à fait différent. D'habitude, le processus d'accroissement de l'inégalité est débattu en étroite liaison avec les différences de salaires, de plus en plus marquées. Piketty élargit cette perspective de recherche et y inclut non seulement les revenus obtenus du travail, mais surtout les revenus du capital (rentes, dividendes, taux d'intérêt, profits, etc. ; le capital lui-même est conçu dans un sens large : capital financier, moyens de production, propriétés mobilières et immobilières, etc.). Par conséquent, il déplace également l'accent de l'analyse : les données statistiques sur l'évolution des salaires (y compris les sondages sur les revenus) deviennent secondaires par rapport à la source principale, à savoir les *registres fiscaux*. L'auteur français et ses collègues

[3] Tyler Cowen, « Capital Punishment: Why Global Tax and Wealth Won't End Inequality », *Foreign Affairs*, mai/juin 2014.
[4] Thomas Piketty, *op. cit.*, *Introduction*, p. 15-16.

développent une analyse historique de l'évolution de l'inégalité à partir de l'étude des registres fiscaux des pays où de tels registres existent. Par exemple, en France, où l'administration a été dès le début bien plus centralisée, les documents d'attestation d'impôts remontent jusqu'au XVIIIe siècle. Bien évidemment, cela implique un énorme travail de recherche, de compréhension, de recomposition des tendances, voire d'intégration des données obtenues dans un tableau unitaire.

Thomas Piketty semble mécontent, voire irrité par l'état méthodologique de la recherche sur l'inégalité. Cette dernière ne bénéficie pas des avantages d'une perspective historique, ni d'une vision ample ou, encore moins, de données suffisantes pour avancer des jugements solides. D'ailleurs, l'un des sous-chapitres s'intitule justement « *Un débat sans source* ». À notre avis, le changement de perspective de l'analyse sur l'inégalité, doublé par formidable effort de recherche qui appréhende une réalité sociale étendue sur des siècles (là où l'existence des données l'a permis) représentent les deux piliers d'une construction qui a suscité tant d'intérêt parmi les spécialistes.

C'est à Paul Krugman qu'appartient la caractérisation la plus complète du résultat sur lequel a débouché l'effort de recherche fait par l'auteur français et son équipe : « L'idée maîtresse du *Capital au XXIe siècle*, c'est non seulement que l'on est de retour aux taux d'inégalité des revenus de la fin du XIXe siècle, mais que l'on est en même temps de retour au “capitalisme patrimonial”, où les hautes sphères de commande de l'économie sont contrôlées non pas par des individus talentueux, mais par des familles dynastiques[5] ». Vu qu'il s'agit là d'une remarque qui fait réfléchir et que, en réalité, le volume parle ouvertement d'une cyclicité de l'inégalité, ce qui génère de nouveaux questionnements, il nous paraît justifié de nous y pencher dans ce qui suit.

3.2. Les « leçons » de Vautrin semblent toujours valables

Peut-être que la plus importante conclusion qui se dégage de l'analyse de l'auteur français est que l'on a affaire à une cyclicité des profits assurés par le capital (sous ses diverses formes), alors que la partie qui revient au capital de la valeur créée par une société connaît une évolution en « U ». Au bout d'une période de gros profits générés par l'existence du capital, qui a inclus les XVIIIe et XIXe siècles et aussi les premières années du XXe siècle, un intervalle d'environ 50 ans a suivi – à la moitié du siècle passé – durant lequel l'inégalité a baissé. Ensuite, elle a repris sa croissance jusqu'à des niveaux comparables à ceux du début du XXe siècle. Puisque l'on est au XXIe siècle, on considère souvent que la plupart des réalités économiques ont fondamentalement changé par rapport aux siècles antérieurs, que les liens

---

[5] Paul Krugman, « Why We're in a New Gilded Age », *The New York Review of Books*, 10 avril 2014.

entre les XIXe et XXIe siècles, par exemple, sont ténus, voire très peu édifiants. La recherche de Thomas Piketty met justement en relief la conclusion opposée : pour ce qui est de l'inégalité, le début du XXIe siècle ressemble étonnamment au XIXe siècle. De nos jours, les inégalités tendent à rattraper le niveau de celles du XIXe siècle. Qui plus est, elles sont non seulement similaires, mais aussi *associées à la même source*. De fait, c'est la possession inégale de capital, et non pas les salaires inégaux, qui explique avant toute chose l'accentuation des inégalités sociales. La richesse héritée continue d'être la source des grosses fortunes, et donc des grandes inégalités, et non pas le travail, ou encore monter une affaire à succès, prendre des risques ou mettre en place une activité qui réponde à un besoin réel du marché. La classe des rentiers tend à devenir une réalité économique et sociale, tout comme elle l'était au XIXe siècle.

C'est ici que – dans la bonne tradition européenne du XXIe siècle, lorsque des économistes fameux ont confessé en avoir appris plus sur l'économie dans les ouvrages de Balzac que dans bien des ouvrages spécialisés – Piketty renvoie largement à la littérature classique, à l'œuvre de Balzac, de Dickens ou d'Austin, et plus précisément à la manière dont les écrivains du XIXe siècle décrivent le rôle de la *richesse héritée* dans la fixation de la position sociale. Dans *Le Père Goriot*, « Les leçons de Vautrin » font voler en éclat le rêve de Rastignac de grimper l'échelle sociale par le biais d'une carrière. Vautrin dresse même à l'intention du jeune rêveur un calcul précis, où il démontre que le succès ne peut pas venir de la pratique d'une profession ; même si Rastignac brille dans la carrière choisie, il n'aura, au bout d'années d'attente, qu'un revenu médiocre et, dans le temps, il devra renoncer à devenir « quelqu'un de vraiment riche ». On ne peut pas parvenir à ces positions par le travail, le mérite ou la profession. La meilleure carrière ne peut équivaloir aux avantages qu'apporte le mariage avec la fille d'un riche. C'est la richesse héritée et non pas la richesse produite qui fixait la position sociale, voire l'appartenance à la couche la plus riche de la France du XIXe.

En effet, les romanciers ont décrit une réalité économique que les statistiques confirment : à la Belle Époque, 1 % de la population en France détenait environ 60 % de la richesse du pays ; en Grande-Bretagne, le même pourcentage en détenait 70 %. Ce n'était pas tant ce décalage qui posait problème, mais le fait qu'il était impossible de parvenir au « sommet » de la société par le travail et le mérite. Cela divisait la société « en deux », tant du point de vue matériel que, surtout, moral, sur le plan des aspirations. Lorsque Vautrin dit à Rastignac que c'est une illusion de croire que le succès social peut être obtenu par l'étude, le talent et l'effort, il ne fait que légitimer les questions que, bien plus tard, Piketty formule explicitement : à quoi bon travailler, à quoi bon observer les normes morales, pourquoi le recours à tout moyen d'obtenir la richesse, y compris le mariage, serait-il moins moral ?

Le problème de la répartition de la richesse au sein d'une société n'est pas, comme on pourrait le croire, seulement de nature sociale (de gros déséquilibres, difficiles à contrôler, se font jour) ou encore historique ou économique ; en réalité, il reproduit l'essence même d'une organisation sociale et économique et en fixe les valeurs. Tout se lit dans la manière dont fonctionnent les mécanismes de répartition : comment la richesse se divise, qui est avantagé par les mécanismes de répartition, quelles préoccupations existent pour maintenir des équilibres et consolider les prémisses de développement de la société. Voilà pourquoi la recherche historique qu'entreprend l'auteur français ne fait pas que compléter un tableau, aussi exhaustif qu'il soit, du cheminement de l'inégalité. Piketty ne se limite pas à un simple diagnostic des effets malades du capitalisme. Dans un dialogue constant, parfois implicite, d'autres fois explicite, avec les paradigmes classiques d'interprétation de la répartition de la richesse, il a l'intention de construire une *théorie d'ensemble du capitalisme*, qui décrive la manière dont le capital évoluera au XXIe siècle : « La dynamique de l'accumulation du capital privé conduit-elle inévitablement à une concentration toujours plus forte de la richesse et du pouvoir entre quelques mains, comme l'a cru Marx au XIXe siècle ? Ou bien les forces équilibrantes de la croissance, de la concurrence et du progrès technique conduisent-elles spontanément à une réduction des inégalités et à une harmonieuse stabilisation dans les phases avancées du développement, comme l'a pensé Kuznets au XXe siècle[6] ? »

3.3. L'accroissement de l'inégalité : l'exception ou la règle ?

Si la démarche de l'auteur français a suscité tant d'intérêt, c'est aussi parce qu'elle offre bien des prétextes de réflexion en marge de thèmes essentiels de la société contemporaine. Piketty avance des réponses, tout en laissant de la place au lecteur pour formuler sa propre perspective et ses propres observations. L'une de ces réponses ouvertes porte sur ce que l'auteur appelle *la courbe en U* qu'a suivie l'inégalité. Avec *cette question centrale :* la période comprise entre l'éclatement de la Première Guerre mondiale et les années 1970, donc la période de baisse de l'inégalité, constitue-t-elle la règle ou l'exception ? Autrement dit, le capital a-t-il tendance à accumuler sans interruption une partie de la valeur créée par la société, et alors ce serait-ce là la règle, puisqu'elle revient à la fois à la fin du XXe siècle et au début du XXIe ?

Dans ce cas, entrerait alors en jeu le paradigme marxiste de l'accumulation ininterrompue, qui débouche sur une accentuation permanente de l'inégalité et, en dernière instance, sur l'explosion sociale. Piketty ne semble pas agréer cette perspective, bien qu'il souligne à quel point il est difficile de contrôler l'accroissement de l'inégalité.

---

[6] Thomas Piketty, *op. cit.*, « Introduction », p. 15.

Le contrepoids d'une telle tendance pourrait être représenté par la théorie lancée par Simon Kuznets, qui a semblé expliquer la situation intervenue à la moitié du XXe siècle. Kuznets parle d'un autre phénomène, à savoir un « *trajet équilibré de la croissance* », où les variables clés évoluent à peu près au même rythme. Les gros décalages internes ne sont pas possibles, car la croissance serait alors affectée. Le système trouve ses propres équilibres. Selon Kuznets, le trajet de l'inégalité pourrait être plutôt représenté sous la forme d'une « courbe en cloche », d'abord croissante puis décroissante. Si, au début, au XIXe siècle, le processus d'industrialisation a favorisé l'accroissement de l'inégalité, ce fut aussi parce qu'une partie réduite de la population était prête à s'approprier et surtout à bénéficier des « fruits » de la croissance économique. Durant la première partie du XXe siècle, la condition sociale de la croissance économique – à savoir, avant tout, une main-d'œuvre instruite et qualifiée – a fait en sorte que la répartition de la valeur créée prenne en considération aussi d'autres critères, et que l'inégalité baisse. C'est ici que l'on trouve la question essentielle : pourquoi l'inégalité a-t-elle commencé à augmenter dans les années 1980 – il est vrai, de manière plus accentuée aux États-Unis, mais cette tendance se fait jour dans tous les États développés ?

La contribution de fond de l'auteur consiste à mettre en avant un véritable *driver de l'inégalité*, peu étudié jusqu'à présent et, de toute façon, négligé dans les analyses consacrées au sujet. Il s'agit du rapport entre le taux de rendement du capital (c'est-à-dire *r*) et le taux de croissance (c'est-à-dire *g*). D'habitude, le taux de rendement du capital est plus grand que le taux de croissance, ce qui est rendu par une formule simple : $r > g$. Si ce déséquilibre se maintient pour une plus longue période, alors il engendre un cumul de richesse du côté du capital. C'est bien ce qui s'est passé à la seconde moitié du XIXe siècle, lorsqu'une forte spirale d'inégalité et une concentration impressionnante de richesse provenant du capital sont apparues. Pour comprendre cette évolution, il faut penser à la dimension agrégée de la richesse privée par rapport au revenu national. À la fin du XIXe siècle, la richesse privée au niveau de l'Europe était six ou sept fois plus importante que le revenu national annuel généré par l'économie. Ce rapport entre le taux de rendement du capital et le rythme de croissance explique aussi ce qui s'est passé à l'époque des Trente glorieuses (1945-1975). Dans cet intervalle, le rythme de croissance étant bien plus grand, des conditions ont été créées pour que la part revenant au capital reste constante du point de vue du pourcentage, mais qu'elle soit plus grande de manière absolue. Dans l'ensemble, le rapport a été équilibré.

La hausse de l'inégalité reprend à la fin des années 1970 et cette tendance va étroitement de pair avec la baisse du rythme de croissance économique. Lorsque la croissance est modeste, le propriétaire ne renonce pas au profit. Il entend bien le conserver. Vu que la valeur nouvellement créée est par la force des choses plus réduite, la part qui va revenir à la main-d'œuvre est elle aussi plus petite. L'inégalité augmente automatiquement et la polarisation s'accentue. La corrélation entre le taux de rendement du capital et le taux de croissance est d'autant plus importante à l'époque actuelle, où, *dans tout le monde développé, et surtout en Europe, le rythme de croissance économique est plutôt bas.* Le profit enregistré par le capital reste pourtant important, il ne s'adapte pas à une période marquée par des difficultés. Voilà pourquoi, bien que le monde développé ait connu un véritable séisme économique, le capital a continué de gagner autant, ce qui a eu pour résultat la hausse de l'inégalité. Au début du XXe siècle, les 10 % les plus aisés de la société détenaient 45-50 % du revenu national, pour que, vers le milieu du siècle, la même population n'en détienne plus que 30-35 %. En 2010, les mêmes 10 % les plus riches en sont à nouveau arrivés à gagner 45-50 % de la richesse nouvellement créée. C'est ainsi que se complète l'évolution sous la forme de la lettre U : le début du XXIe siècle représente, du point de vue de la répartition de la richesse, un *retour* au XIXe. Les forces de divergence ont triomphé sur les forces de convergence. Selon l'analyse, c'est sous le signe de ce paradigme que se placera notre siècle.

Dans ces conditions, quelle serait la solution ? Ce serait l'impôt progressif, appliqué à l'échelle globale elle-même. Cette solution a éveillé bien des réactions, voire des ironies. Il s'agit là, si l'on veut, d'une solution que l'on pourrait considérer comme pacifique, l'un des aspects par lesquels Piketty se différencie nettement de Marx. L'impôt bien dosé pourrait prévenir l'explosion sociale que prévoyait ce dernier. Il pourrait représenter la solution pour un *problème structural* du capitalisme développé. Ce qui inquiète, c'est non seulement le déséquilibre qui s'installe entre les deux types de revenus (respectivement associés à l'existence du capital et provenant du travail), mais peut-être le fait que *le cumul de richesse du capital semble être impossible à stopper*.

Il faut apporter ici deux précisions. La première, c'est que le rôle du capital est toujours très important lorsque l'on parle de l'inégalité au sommet, à savoir des revenus réalisés par le pourcentage réduit de ceux qui détiennent de grosses propriétés (et de gros revenus). La seconde, c'est que l'on peut avancer l'objection suivante : de nos jours, les grosses différences entre les revenus proviennent aussi des salaires, des primes très importantes reçues par des chefs d'entreprise, des directeurs exécutifs de banques, de divers fonds mutuels, etc. Les décalages entre les revenus ne seraient donc plus uniquement redevables à l'existence de la propriété, mais aussi à des fonctions très bien payées, qui peuvent occasionner le cumul de richesses considérables. Vautrin serait véritablement mis en difficulté aujourd'hui s'il devait conseiller à Rastignac sur la façon de procéder : épouser la fille d'un individu très riche ou la fille d'un directeur de banque ? Piketty se penche largement sur les salaires et les primes des directeurs exécutifs des banques et des entreprises ; ce sont des revenus similaires aux rentes, car fixés arbitrairement et non pas corrélés avec les résultats, voire avec la performance. Ils « coulent », tout comme la rente. Une fois constituée sur la base de ce nouveau type de revenu, la richesse est léguée toujours en tant qu'héritage et ne fait que consolider le « capitalisme patrimonial » dont parle Piketty.

3.4. « Que le passé ne dévore pas l'avenir »

La démarche de l'auteur français développe bien des sujets de réflexion en marge de l'inégalité. Par exemple, elle inscrit l'analyse de la répartition de la richesse dans une vision plus ample sur les facteurs du développement contemporain, dont le capital, la population et la technologie. L'observation de fond qui revient dans l'ouvrage, c'est que, au nombre de ceux-ci, *seul le capital* reste aux sociétés développées. C'est peut-être pourquoi on y met tellement l'accent, car il est le seul à être resté debout. Voilà comment l'auteur français fixe cette vérité : « Les très hauts niveaux de capitalisation patrimoniale observés actuellement dans les pays riches semblent s'expliquer avant tout par le retour à un régime de croissance faible de la population et de la productivité – doublé d'un retour à un régime politique objectivement très favorable aux capitaux privés[7] ».

Si l'on considère la société contemporaine à la lumière de cette affirmation, nous en aurons sûrement une compréhension plus large et plus adéquate. Nous découvrirons que la société riche doit faire face non seulement aux contraintes habituelles, mais qu'elle se trouve bel et bien dans un véritable *cul-de-sac*. Sur les trois « moteurs » ou forces principales qui la propulsent, elle ne peut utiliser à capacité maximum qu'un seul, à savoir le capital. Comment devrait-on s'y prendre dans une telle situation critique ? La réaction normale, rationnelle, est de protéger ce « moteur », afin de pouvoir l'utiliser le plus possible et en valoriser le potentiel. Nous vivons à une époque où les pressions sont énormes. La course à la compétitivité est de plus en plus dure et impitoyable. Dans ces conditions, la tentation de la société développée est de surenchérir l'importance du capital (le facteur principal dont elle dispose encore) et de le transformer en un factotum, bien qu'il soit condamné à ne rester *qu'une partie*. Ce que l'on appelle aujourd'hui financiarisation est en fait l'expression du surenchérissement du rôle qui revient au capital, une tentative d'organiser la société depuis la perspective des intérêts et sur la logique propre au capital.

Il vaut la peine d'insister sur la dernière partie de la citation reproduite ci-dessus : « un régime politique objectivement très favorable aux capitaux privés ». Le sujet du capital, de sa stimulation ou favorisation est par excellence délicat, et l'auteur y va en prudence. Même lorsqu'il s'agit de l'accumulation de la richesse par le biais du capital, il précise qu'il ne fait pas là un jugement de valeur. En fin de compte, le capital est vital dans tout processus de développement. À quel moment Piketty exprime-t-il sa « divergence » ? Lorsque les déséquilibres s'installent à long terme et qu'ils deviennent difficiles à contrôler. Les raisons sont économiques, mais elles convergent dans le large lit de la rivière du développement. Lorsque la richesse héritée devient surdimensionnée

[7] Thomas Piketty, *op. cit.*, p. 77.

par rapport à la richesse obtenue du travail, une période triste s'installe : *le passé peut dévorer l'avenir*. Ce que désire l'auteur, c'est que « le passé ne dévore pas l'avenir » et que l'accumulation de richesse héritée ne favorise pas un glissement vers l'oligarchie.

3.5. « La démocratie doit regagner le contrôle sur le capitalisme »

La phrase qui clôt l'ouvrage, avant les conclusions, nous a paru elle aussi significative pour une réception équilibrée et nuancée l'ouvrage : « Pour que la démocratie parvienne un jour à reprendre le contrôle du capitalisme, il faut d'abord partir du principe que les formes concrètes de la démocratie et du capital sont encore et toujours à réinventer ». Cette phrase éclaire une autre problématique très importante, à savoir le rapport entre le capitalisme et la démocratie, sujet central de l'évolution de la société développée ces derniers siècles. Vu que les deux se sont en quelque sorte développés simultanément dans la société occidentale, on a supposé qu'ils vont nécessairement de pair avec son évolution et qu'ils se trouvent nécessairement dans un rapport d'équilibre allant de soi. Or, tant au siècle passé, qu'au début du nôtre, le capitalisme, symbolisé par la force du capital, a exercé bien des fois une influence décisive sur la démocratie et « a assujetti » d'une certaine manière des mécanismes et des institutions démocratiques. Lorsque l'on parle de l'accumulation ininterrompue de la richesse basée sur le capital, on ne peut pas éluder le sujet central du rapport entre le capitalisme et la démocratie. À notre avis, c'est à l'État que revient un rôle essentiel lorsqu'il s'agit de tenir en équilibre le capitalisme et la démocratie. Cela fait déjà des années que l'on discute de l'État dans des termes tout à fait insuffisants : grand État, petit État, État qui dépense beaucoup ou peu, etc. L'État constitue l'interface entre le capitalisme et la démocratie. Il est le levier principal qui peut – nous répétons, qui peut – freiner le capital. Cet aspect est peu discuté. L'État est une construction vouée à tenir capitalisme et démocratie en équilibre. Pourquoi le néolibéralisme s'en prend-il à l'État ? Afin de pouvoir donner libre frein au capital. Or, le capital sait bien que son frein, c'est l'État. Voilà pourquoi le néolibéralisme, en tant qu'expression des intérêts du grand capital, s'en prend avant tout à l'État.

S'il ne peut pas le soumettre, le capital entend endetter l'État. C'est ainsi que non seulement il en ampute les pouvoirs, mais aussi le prestige. Un État endetté, qui doit être de temps en temps aidé par des renflouements afin de survivre, c'est l'image d'un certain type d'impuissance, de faillite managériale, même s'il faut tout le temps rappeler que bien des États qui se confrontent à des difficultés ont repris les pertes intervenues dans le secteur privé, surtout dans les banques. Des intérêts particuliers se servent donc de l'État afin de socialiser leurs pertes dans le domaine privé, c'est-à-dire de les transférer sur les épaules de tous les citoyens. En l'absence d'un État fort et intelligent, la démocratie se retrouve démunie devant le capital et le capitalisme, car elle serait dépourvue de l'instrument fondamental par lequel elle peut contrôler l'évolution du capital, y compris de la richesse et de ses mécanismes de répartition.

Lorsqu'il parle de la crise récente, Thomas Piketty formule une sentence sans équivoque : « La crise de 2008 apparaît comme la première crise du capitalisme patrimonial mondialisé du XXIe siècle. Il est peu probable que ce soit la dernière[8] ». Il s'agit donc là d'une crise dont les racines sont associées à la propriété et à la répartition de plus en plus inégale de la richesse. La dernière phrase nous paraît instructive : « Il est peu probable que ce soit la dernière ». Instructive, mais non pas surprenante. La thèse principale de l'auteur français, c'est que le XXIe siècle sera profondément inégalitaire ; durant ce siècle, le capital s'emparera de la partie la plus substantielle de la valeur nouvellement créée, au détriment de la main-d'œuvre. Cette tendance du capital s'est déjà dévoilée à partir des dernières décennies du siècle passé. La crise récente n'a point modifié ce rapport, tel qu'on aurait pu s'y attendre. Les « capitaux privés [retrouvent] au début des années 2010, malgré la crise ouverte en 2007-2008, une prospérité patrimoniale inconnue depuis 1913[9] ». La plupart des analyses spécialisées soutiennent – à partir d'angles différents – que la polarisation de la société ira en s'accentuant. Or, on sait que l'inégalité accentuée est le meilleur terreau pour l'instabilité, le mécontentement et, en dernière instance, une piètre performance.

---

[8] Thomas Piketty, *op. cit.*, p. 754.
[9] *Ibid.*, p. 76.

Quatrième chapitre
Les tests ratés de la mondialisation

4.1. La planète est remise entre les mains des joueurs globaux

Il nous sera impossible de comprendre cette période confuse – mais au fond trépidante – si l'on n'entend pas une vérité primaire : *le développement intervient sur fond de mondialisation.* Il s'agit là d'une corrélation peu étudiée et peu déchiffrée. Le développement imprime une série de caractéristiques sans la connaissance et le respect desquelles l'évolution est privée d'un élément essentiel : l'horizon vers lequel on avance. Lancée à la fin du siècle passé[1], la mondialisation nous dit bien comment le monde fonctionne, mais non pas vers quoi il se dirige ; elle accentue les moyens, tout en exprimant le but dans des termes généraux. Lorsque l'on parle de la mondialisation, tout le monde met en avant l'idée d'interdépendance et de flux (technologiques, financiers, managériaux), ce qui est tout à fait justifié. Au fond, qu'est-ce que la mondialisation ? Une modalité d'organisation de la vie internationale vouée à favoriser les échanges, les connexions et, en dernière instance, le développement.

Lorsque l'on parle d'une nouvelle étape dans l'organisation de la vie économique internationale, à savoir de la mondialisation, c'est la *connotation stratégique* qui l'emporte, envisagée avant tout de la perspective de ses initiateurs, c'est-à-dire les pays développés en général, et les États-Unis en particulier. À présent, au bout de quelques décennies de fonctionnement, on peut dire que les initiateurs du processus de mondialisation n'en ont pas fait d'*étude d'impact rigoureuse.* Il est vrai que, tout en stimulant les flux et en favorisant les échanges commerciaux sur le plan mondial (avec des mouvements secondaires, mais très importants, tels que l'élimination des frontières douanières, la diminution de l'importance des États, etc.), la mondialisation a été projetée afin de servir les économies et les entreprises puissantes, autrement dit, les joueurs de taille globale, qui avaient besoin de réglementations d'envergure globale et de la réduction, voire de l'élimination des

---

[1] Différentes visions sur la mondialisation existent dans les ouvrages spécialisés, qui ont pour dénominateur commun le fait que celle-ci ne soit pas un phénomène contemporain. Cela est tout à fait vrai. Mais on peut parler d'une étape particulière dans son affirmation, caractérisée par une amplification sans précédent de l'interconnexion planétaire, soutenue par d'importantes conquêtes technologiques et par une vision politique promue par les pays développés en général, et tout particulièrement par les États-Unis. On peut dire de ce point de vue que l'on a affaire à une étape particulière du processus de mondialisation ; lorsque l'on s'y réfère, on peut parler également d'un processus lancé à la fin du siècle passé.

obstacles de toutes sortes. On peut donc dire que la mondialisation *a remis la planète entre les mains des joueurs mondiaux* de premier rang. Elle a rouvert le monde non pas à la compétition, comme on le considère en général, mais aux acteurs grands et puissants : des États, des entreprises, etc. Le monde a été apparemment rendu à la compétition, mais qui peut courir sur un « terrain » ayant les dimensions du globe ? Seulement les puissants, qui ont de l'envergure économique et stratégique. C'est ainsi que la mondialisation a été conçue et c'est également ainsi qu'elle a fonctionné, du moins durant les premières années. Elle a fait diriger de massifs flux financiers et technologiques des pays développés vers les pays en voie de développement et a stimulé le processus de redistribution des capacités de production, ce qui a eu pour retombées de gros profits pour les pays et les entreprises d'où provenaient les flux respectifs.

Au fur et à mesure que la mondialisation s'est développée, l'État est devenu de moins en moins significatif, parce que la mondialisation l'a « englouti » ou que, de toute façon, elle désire le réduire à un rôle ornemental. Les reliefs de l'État du début de la mondialisation s'estompaient en faveur des flux de toutes sortes, des circuits, des chaînes de production et commerciales. Le planisphère politique de l'année 2000 diffère largement de celui de 1950, voire celui de 1980. À la seconde moitié du siècle passé, le planisphère était marqué par l'existence de centres puissants représentés par des États. Le commerce se faisait entre des organisations spécialisées, mais celles-ci appartenaient, en principal, aux États. C'étaient ces derniers qui détenaient les contrats, qui contrôlaient tout, tout en en rendant en même temps compte. Plus tard, c'est non seulement le rôle de l'État qui a été redéfini, mais les circuits *sont devenus indépendants par rapport à celui-ci*. La circulation sur ces artères de la mondialisation – qu'il s'agisse des individus, des biens, des services – s'est énormément intensifiée, de sorte que les États n'étaient plus à même de répondre de ce qu'il se passait ; il semblait même que personne ne rendait plus réellement compte des déséquilibres, des blocages, des crises. C'est à cette époque que sont nés ce que l'on appelle les marchés financiers, soit *les bras de la mondialisation*, peut-être l'acteur le plus important de la vie internationale. Au nom de qui travaillent ces marchés ? On ne sait pas, et cela constitue l'une des sources principales de la confusion qui caractérise à présent la vie internationale.

La seconde étape de la mondialisation met en lumière un aspect différent, que ses initiateurs auraient dû prendre en considération. Il n'est tout simplement plus possible de nos jours d'expliquer l'ascension spectaculaire de l'Asie de l'Est, des émergents, des États qui ont fait des progrès, sinon des bonds en avant, en dehors de la mondialisation et des flux qu'elle a engendrés. En effet, *la mondialisation a éveillé à une vie nouvelle l'Asie*, et surtout les pays désireux de se développer, décidés à donner un cours nouveau à leur propre histoire. On ignore si le projet initial a bien pris en considération ce phénomène ; bien évidemment que oui, dans une certaine mesure. Mais il serait difficile de s'imaginer que les pays ayant lancé la nouvelle étape de la mondialisation aient eu l'intention de contribuer à l'ascension de leurs propres compétiteurs. On peut donc parler des effets rebelles de la globalisation, de la perspective des initiateurs du processus, ou de ses effets bénéfiques, de la perspective des récepteurs de ces flux. On découvre ainsi *la seconde dimension stratégique* de la mondialisation, associée aux États actifs, préoccupés par leur avenir.

4.2. Les gagnants sont ceux qui ont élaboré leur propre définition de la mondialisation !

Pour tous les États, la mondialisation a imposé quelques *tests successifs*. D'abord, le test de la transformation du nouveau contexte en *une stratégie de développement*. En tant que processus évolutif, la mondialisation représente un cadre, ou si l'on veut une « offre » s'adressant au monde entier. La stratégie est toujours particulière, adaptée à des conditions spécifiques et nécessairement corrélée avec certains buts. La distance entre une orientation et une stratégie politique est énorme et elle représente le *test particulier pour les véritables leaders et pour les directions politiques responsables*. Les leaders d'une communauté nationale ne peuvent pas discuter de la mondialisation comme s'il s'agissait d'un débat académique. La question fondamentale qui se pose concerne ce que le nouveau processus peut offrir et comment il pourrait être mis en valeur. Sert-il les intérêts et les aspirations des communautés respectives et si oui, de quelles manières ? Il est vrai que les États-Unis ont lancé et soutenu le processus de mondialisation, mais ce sont les pays qui se développent à des rythmes impressionnants qui en réunissent les principales composantes dans une stratégie mettant en valeur le nouveau contexte.

Lorsque l'on fait de la politique responsable, on ne peut pas se contenter de caractériser de manière plus ou moins adéquate un processus d'une telle importance. Pour les hommes politiques, la mondialisation demande des attitudes, des réactions, des stratégies d'accueil, de réponse, etc. Tout simplement, la mondialisation ne peut pas être reçue seulement avec des définitions élaborées par quelqu'un d'autre. Il faut élaborer *sa propre définition*. C'est ici que réside le mérite des pays émergents, de l'avoir élaborée, cette définition, à usage interne, et de bâtir là-dessus leurs politiques. Le grand problème de bien des pays, y compris des pays de la périphérie européenne, c'est de ne pas avoir élaboré leur propre définition, leur propre interprétation, leur propre stratégie, d'avoir travaillé avec la *définition édulcorée* du début de la mondialisation. Le paradoxe, c'est que même les États-Unis, le pays ayant lancé la mondialisation, ont agi de manière similaire, tout en refusant – ou en remettant à plus tard – de se soumettre aux tests qu'exigeait ce processus une fois déclenché. C'est ainsi que, même s'ils ont lancé la mondialisation, ils n'en sont pas les principaux bénéficiaires.

Un constat s'impose : plusieurs décennies après son lancement, la mondialisation *a agi de façon exactement inverse à ce qui avait été projeté*. Elle a agi en faveur (d'une partie) de ceux censés être « assujettis » et à l'encontre de certains de ceux qu'elle était supposée favoriser. Il faut l'admettre, il s'agit là d'un grand exploit, que d'inverser le sens d'un processus historique, tel qu'il avait initialement été projeté ! Un exploit qui sera certes reconnu et même accentué par l'évolution future, car les pays en faveur desquels la mondialisation a « œuvré » auront eux-mêmes des profils économiques particuliers dans l'avenir, bâtis sur leur travail et leur effort, mais aussi sur la tendance instituée par la mondialisation, propice à ceux qui s'y sont préparés à temps. L'histoire récompense ceux qui, dans un moment charnière, savent se mobiliser et utiliser intelligemment un contexte favorable.

Nous ne voulons pas ici suggérer que la mondialisation s'est transformée tout d'un coup en un instrument entre les mains des États émergents. Elle est plutôt devenue un repère stratégique entre les mains des États actifs, *préoccupés par leur propre développement* et qui se sont posé avec une certaine fébrilité la question : comment peut-on utiliser ce nouveau contexte créé par la mondialisation ? Il y a des États qui ont réussi ce gros effort historique, tout comme il y a des États qui ne se sont pas posé la question susmentionnée et qui n'ont fait qu'aggraver leur condition. Que l'on veuille ou non l'admettre, la mondialisation a opéré une sélection parmi les pays et a implicitement institué une sorte de *faille dans le domaine du développement*. Si l'on appréhende la situation mondiale depuis cette perspective, on peut parler de pays préparés à accueillir le processus de la mondialisation et à le mettre en valeur, et de pays qui sont restés dans une passivité condamnable. De pays, d'une part, qui se sont dotés à temps d'atouts et d'activités industrielles compétitives, qui ont stimulé l'innovation, ont trouvé des marchés pour écouler leur production ou des sources d'approvisionnement en énergie, et, d'autre part, de pays qui se sont laissé porter par la force confortable de l'habitude. Le degré d'adaptation au processus de mondialisation représente un véritable *indicateur de la durabilité des économies respectives* et ce n'est pas par hasard que les pays préparés ont surmonté beaucoup plus facilement la crise récente.

4.3. L'Asie est obsédée par le développement, et l'Europe par l'État de droit !

Quelle a été la définition européenne de la mondialisation, voire la définition des pays d'Europe de l'Est et de la Roumanie en particulier ? En Asie, le développement est devenu un credo ; en Europe, y compris en Europe de l'Est, ce n'est pas le développement qui l'a emporté, mais les approches de type politique. L'Europe n'a pas élaboré sa propre définition de la mondialisation, elle n'a pas revendiqué de place propre dans ce processus qui allait entraîner tout le globe. Elle a été surprise par la mondialisation, tout comme elle a été surprise par la crise consécutive. Elle a trop longtemps cru que la tradition et le prestige dont elle dispose peuvent lui assurer une place de choix au sein d'un monde en train de se transformer rapidement. Aujourd'hui, l'Europe souffre plus qu'on ne saurait se l'imaginer. Lorsque l'on a reproché à l'Allemagne de ne pas augmenter sa consommation intérieure, de sorte que les autres pays de la zone euro puissent y exporter, Angela Merkel n'a pas hésité à répondre : et alors, qui va encore lutter contre la vague asiatique (avec les armes de la compétitivité, bien sûr) ? Cette réponse désirait sans doute protéger la position allemande, qui n'entend pas augmenter la demande intérieure pour offrir ainsi une chance supplémentaire aux partenaires commerciaux européens. Mais on ne peut pas négliger la vérité exprimée par l'avertissement de la chancelière allemande. Si l'on accroît la consommation intérieure, il faut procéder aussi à une hausse des salaires, ce qui peut entraver la compétitivité de la production et de l'exportation, dans les conditions où une vague de produits compétitifs déferle d'Asie, qui mettra en grande difficulté l'Europe. Le sud du continent est déjà affecté par la concurrence des produits asiatiques dans le domaine de la confection. D'autres branches vont sans doute suivre.

L'Europe centrale et orientale a suivi de près le balbutiement et l'indécision de l'Union européenne. On ne peut pas parler d'une dominante, chaque pays ayant procédé à sa manière. C'est la Pologne qui s'en détache, pour avoir enregistré de la croissance économique pendant la crise. L'une des explications tient à ce qu'elle a su préserver son option pour l'industrie. Par-delà les tensions de la région, dont bien d'entre elles liées à la situation en Ukraine, on remarque une sorte de *sous-évaluation* de l'importance que tient le processus de développement pour l'Europe et pour son avenir. Une précision : l'Union européenne elle-même s'est constituée comme une forme de stimulation, d'accélération du développement ; elle a inauguré un nouveau modèle de développement, celui de la région organisée au niveau supranational, qui a favorisé son évolution et a été ensuite repris dans différentes régions du monde. Aujourd'hui, des régions de développement, il y en a partout. Lorsque l'on parle d'une sous-évaluation du processus de développement, on fait référence à la période après la guerre froide, marquée par l'ascension des émergents et durant laquelle l'Union ne s'est plus engagée de plain-pied. Ce qui frappe au niveau de l'Union européenne, lorsqu'il s'agit du développement et de la compétitivité, c'est une impression d'improvisation et d'inertie. L'Asie est obsédée par le développement, alors que l'Europe l'est par l'État de droit.

Nous ne pouvons pas, dans ce contexte, ne pas faire de référence à la Roumanie et à son évolution ces vingt-cinq dernières années, bien sûr du point de vue du rapport entre le développement et la mondialisation. S'il s'agissait d'identifier un parcours typique de ce pays pour cette période, ce serait *le découplage des dominantes de la mondialisation.* Il faut apporter quelques précisions. La mondialisation est un processus à bien des égards trompeur. Elle a une facette pleine de promesses et de chances réelles, tout comme elle en a une marquée de périls, de pièges, d'illusions. Elle est à la fois Dr. Jekyll et M. Hyde. À la surface, elle apparaît comme la force qui assurera une sorte d'harmonisation, voire une sorte d'homogénéisation au niveau de la planète. Au sens où l'on chantonne les mêmes mélodies à Madagascar et au Canada, on porte à peu près les mêmes marques de jeans, on regarde à peu près les mêmes films, on consomme à peu près la même nourriture. Cette surface, culturelle dans l'essence, nous enveloppe, nous ensorcelle, elle peut même alimenter le sentiment d'être de plus en plus proches, voire de plus en plus égaux. Le monde s'égalise, enfin ! Lorsque l'on passe outre et que l'on sonde les racines et les facteurs durables du développement dans les nouvelles conditions, les choses apparaissent sous une tout autre lumière, parfois dramatique, parfois révoltante. Le monde *s'homogénéise à la surface, mais se divise dans les profondeurs*, là où se forgent les *patterns* du développement.

4.4. « En Roumanie, la récession intervenue après 1989 est plus sévère que celle qui a sévi pendant la dernière guerre »

La Roumanie a excellé pour se raccorder à ce qui constitue la surface de la mondialisation, tout comme elle a excellé pour se découpler des facteurs durables, de ce qui assure le succès du processus de développement à l'époque de la mondialisation. Elle s'est avant tout *découplée de l'industrialisation* et a diminué de manière inquiétante sa capacité manufacturière. Pour mieux comprendre l'ampleur de la chute, il convient ici de mentionner que « [l]a récession intervenue en Roumanie tout de suite après la chute du communisme en 1989 a été même plus sévère que la récession enregistrée pendant la Seconde Guerre mondiale[2] ». Cette chute n'aurait pas pu avoir lieu sans l'effondrement de la capacité industrielle du pays.

Admettons-le, d'une manière ou d'une autre, la tendance à la diminution des capacités productives est spécifique du premier âge de la mondialisation ; elle a pris diverses formes – délocalisation, surévaluation de l'importance des services, etc. – et a conduit à la chute considérable de la proportion de l'activité manufacturière dans le PIB de bien des pays. Mais la Roumanie s'est située aux avant-postes de cette tendance et a sévèrement amputé sa propre capacité industrielle au nom de la « modernisation ». De sorte qu'il est difficile de préciser s'il s'est agi de mimétisme, de superficialité, d'incompréhension, voire d'indifférence. Une chose est sûre : les élites politiques de cette époque, dans la mesure où l'on peut parler d'élites, n'ont eu aucune élaboration sérieuse de la mondialisation et des

---

[2] Cornel Ban, « The Euro Is In Trouble. But Romania Still Wants In », *Huffington Post*, 24 juillet 2015. <http://www.huffingtonpost.com/entry/romania-euro-greek-crisis_us_55b-14617e4b0a9b948541edc>.

particularités du développement dans son contexte particulier. Le problème ne s'est simplement pas posé. Lorsque l'on n'aborde même pas un processus fondamental qui reconfigure le monde, le résultat ne peut être que de se faire charrier par le torrent puissant des pays qui se développent vers une périphérie sans identité et sans contours précis. La Roumanie est aujourd'hui démunie face à la compétition internationale, voire davantage, elle n'a pratiquement aucun mot à dire dans cette compétition.

Le professeur américain Dani Rodrick fait une analyse excellente de la mondialisation dans son ouvrage *The Globalization Paradox*, où, entre autres, il parle du Consensus de Washington. En outre, il fait deux remarques, toutes deux très instructives pour la Roumanie. La première exprime sa réserve par rapport à un aspect prévu dans le Consensus, selon lequel rien que l'amplification des échanges économiques internationaux, favorisés par la mondialisation, engendrerait à elle seule une croissance économique d'environ 1-2 %[3]. Voilà qui est bien prometteur ! Il reste que, tout comme dans bien d'autres domaines de la mondialisation, l'évolution effective ne suit pas la prédiction. Pour être un participant actif aux échanges économiques internationaux, il faut d'abord avoir de quoi mettre sur la table. Et la Roumanie ne s'est simplement pas posé la question : quels sont ses vecteurs d'exportation ? Puisque la question n'a pas été posée, la réponse n'a pas non plus été trouvée. On a parlé de la diminution dramatique de la capacité industrielle du pays. Pendant des années, un élément central de l'exportation a été représenté par l'équipement pour l'industrie pétrolière, la Roumanie ayant une longue tradition dans l'extraction et le traitement du pétrole. Aujourd'hui, on n'en fabrique plus, alors que la recherche associée au domaine est étouffée. La crise, la récession, la chute portent un nom précis en Roumanie : *la désindustrialisation*. La Pologne ne s'est pas désindustrialisée et elle a enregistré de la croissance même au pic de la crise.

La seconde observation à visée ouvertement critique faite par le professeur américain concerne le fait que, tout en accentuant trop l'importance des échanges économiques internationaux pour la croissance économique, le Consensus de Washington a découragé les États de se préoccuper des *prémisses internes du développement*. Ce sujet est très important et il acquiert un relief particulier, surtout pour la Roumanie. Un pays devient attractif pour les flux de la mondialisation et peut avancer dans la direction de la croissance économique s'il prend soin à temps des prémisses suivantes : main-d'œuvre bien qualifiée, infrastructure moderne, stabilité politique, prédictibilité financière, etc.

Pour ce qui est des prémisses internes du développement, la situation en Roumanie a même connu une régression par rapport au début des années

---

[3] Dani Rodrik, *The Globalization Paradox*, New York, W. W. Norton & Company, 2011, p. 139.

1990 : l'enseignement a connu un déclin (tant du point de vue de la population scolarisée que de la qualité) ; à l'époque, la Roumanie n'avait pas de dettes extérieures ; à présent, elle en a et, qui plus est, elle dispose d'une capacité de paiement bien plus réduite ; l'infrastructure a fait des progrès si limités, que, étant donné le laps de temps écoulé depuis 1989 et les bonds en avant faits par les autres pays, il vaut mieux parler d'une régression. La situation décourageante des prémisses internes du développement indique sans conteste que, pendant toutes ces années, le développement n'a jamais été une véritable priorité en Roumanie. Il s'agit, à notre avis, de l'accusation la plus grave que l'on puisse porter à une classe politique incapable de réaliser l'objectif que toute classe politique se sent honorée de servir : développer le pays à la tête duquel elle se trouve. Elle *s'y trouve, mais elle ne le dirige pas selon l'esprit du temps* !

Un aspect particulier frappe dans l'histoire de la Roumanie, qui après 1989, est devenu encore plus saillant : l'habitude, transformée en un véritable *pattern* comportemental, de croire que l'histoire recommence avec chaque génération, parfois avec chaque politicien important, et de se rapporter avec une politesse relative, sinon avec mépris, aux faits et gestes de ses prédécesseurs. C'est ainsi que ce bref trajet historique lui-même, de 1989 à nos jours, a pris la forme d'actions fragmentées, sans une préoccupation minimum de construire des liens entre elles. La vie politique a elle aussi été divisée dans des « régimes » – « le régime Iliescu », le « régime Constantinescu », le « régime Băsescu » – qui ne forment pas un continuum, mais marquent bien les différences, les failles entre les mandats des différents présidents s'étant succédé au pouvoir. Sans doute, la Roumanie n'est pas singulière de ce point de vue, mais elle peut sûrement prétendre à une place sur le podium. De ce point de vue, parlant du développement à l'ère de la mondialisation, John Campbell et John Hall avancent une généralisation : « La réussite du processus de développement dépend considérablement de la connexion avec les institutions et les *patterns* historiques ; si l'on fait toujours table rase du passé, on tombera plutôt sur des obstacles que sur des opportunités[4] ». Ce n'est pas par hasard que le lien avec les *patterns* et avec les institutions historiques est mis en avant. Les objectifs d'envergure qu'implique la mondialisation exigent non seulement des liens plus serrés entre les « mandats » et une séparation sans équivoque d'avec le *short-termisme* sur lequel ils prennent appui, mais aussi la restauration et la consolidation des continuités historiques qui se sont avérées fructueuses. Comment peut-on aspirer au développement, lorsque de véritables failles apparaissent entre des époques historiques qui étaient, il est vrai, distinctes, mais dont on a amplifié la distinction justement afin de justifier notre « maladie » traditionnelle qui consiste à croire qu'il faut à chaque fois repartir de zéro ? Le

[4] John L. Campbell et John A. Hall, *The World of States*, Londres, Bloomsbury, 2015, p. 74.

changement radical de régime politique intervenu en 1989 n'aurait pas dû *faire table rase des accumulations très importantes pour le développement* de la période antérieure. Il n'aurait pas dû supposer la désindustrialisation, la désorganisation de l'agriculture ou le déclin de l'enseignement – ce que, d'ailleurs, aucun autre ex-pays socialiste n'a fait. Pourquoi nos voisins ont-ils été capables de forger des liens de continuité, alors que nous ne le sommes pas ? En plus, ces derniers temps, une dispute sans précédent a éclaté non seulement entre les institutions de l'État, mais entre les pouvoirs mêmes de l'État ! La puissance exécutive est divisée entre le gouvernement et la présidence, ce qui représente une source perpétuelle de tensions et de conflits ; le pouvoir juridique, après avoir connu un processus d'émancipation tout à fait naturel, commence à remplir des objectifs qui devraient revenir à la classe politique. Le combat contre la corruption – extrêmement actuel et important – ne peut pas être mené seulement avec des moyens juridiques. Il en va là d'un objectif bien plus complexe, et le fait que le pouvoir juridique occupe le premier plan ne débouchera pas sur les résultats escomptés, mais affectera, en dernière instance, le prestige et l'image de cette composante fondamentale de l'État. Tout cela retarde l'installation d'une ambiance stable, si nécessaire au développement et à l'élaboration de projets d'envergure.

Il ne s'agit pas là, précisons-le une fois de plus, d'une souffrance spécifique de la Roumanie. C'est nous-mêmes qui lui attribuons des proportions hors du commun. Sur tous les « découplages » présentés ici, c'est bien celui des dominantes de sa propre histoire, d'une ligne minimum de continuité et une évolution en zigzag, au nom, justement, de la pression des contextes historiques, qui nous semble être le plus coûteux. Ces vingt-sept dernières années ont marqué également un découplage des particularités du développement à l'époque de la mondialisation. Dans certains États développés, l'accent a été mis sur la recherche scientifique et sur l'innovation, sur l'éducation en général. Tout ce que nous avons fait, en Roumanie, ce fut de s'éloigner de cette coordonnée majeure. Entre autres, le rôle de l'État, en tant que véritable stratège du développement, s'est accentué, non seulement dans les pays émergents, mais aussi dans les pays nordiques, au Canada et au Japon. Nous avons considéré quant à nous qu'un tel comportement ne nous convenait pas. Depuis la « grippe asiatique » (1997-1998), bien des États – nous répétons, non seulement d'Asie – ont convenu de développer leurs exportations, comme un moyen de se procurer des réserves en devises et de stabiliser leur évolution. Il est impossible d'indiquer une priorité de l'exportation en Roumanie. On exporte pratiquement ce que les compagnies étrangères installées chez nous exportent. Sur les cent premiers exportateurs du pays, il n'y a que deux compagnies roumaines. Peut-on parler, dans ce cas, d'une stratégie nationale de développement, qui prenne un tant soit peu en considération l'évolution du pays ? Précisons encore que ces cent plus grands exportateurs assurent 98 % des exportations roumaines. Sans un changement radical dans les domaines susmentionnés, essentiels pour le développement, l'avenir du pays s'annonce pour le moins problématique.

4.5. « Le développement est douloureux »

Qu'est-ce qui individualiserait les États qui se sont développés ces dernières décennies ? Même si cela est risqué, tentons de construire le « profil » d'un tel État. On ne saurait dire ce qui s'est situé initialement à la base de leur processus de développement. Habituellement, on emploie de grandes formules : « des stratégies », « des projections », etc. À notre avis, au départ, ce fut une question grave, posée de manière sérieuse : comment pourrait-on se développer ? Tous les États ont probablement formulé une telle interrogation, mais tous ne se sont pas développés. C'est *le sérieux de la réponse* qui a défini le trajet du développement et qui a compris au moins deux aspects importants, à savoir, d'une part, une analyse lucide, réaliste, de ses propres possibilités, à l'abri de surestimations farfelues, et, d'autre part, une analyse du contexte international, des particularités, justement, de la mondialisation.

Au fond, qu'est-ce que la mondialisation ? Des flux, des flux et encore des flux. Qu'est-ce que ces flux recherchent ? Le profit. Pour qu'ils s'installent dans un certain pays, ils doivent y trouver des conditions favorables au gain. Autrement dit, une main-d'œuvre (bon marché, si possible), qualifiée, voire disciplinée, et surtout une infrastructure excellente. De quoi d'autre ont-ils besoin ? De stabilité, afin de réaliser leurs profits. De quoi d'autre encore ? Justement des garanties d'État pour les investissements d'une certaine envergure. Les États qui se sont posé de telles questions et qui y ont trouvé des réponses, ne serait-ce que partielles, ont commencé à devenir attractifs, sans faire trop de bruit. Les pays asiatiques semblaient initialement des victimes certaines de ces flux. Mais si les choses se sont passées différemment, c'est que, toujours sans bruit, ils ont élaboré leurs propres objectifs, *leur propre formule de développement*. Auraient-ils pu s'opposer à ces flux ? De manière réaliste, cela aurait été difficile, car « les flux globaux sont impossibles à arrêter ». Mais pourquoi s'y opposer, si ces flux avaient un *potentiel de développement* qui n'attendait qu'à être mis en valeur ? C'est ainsi qu'ils les ont acceptés et, qui plus est, les ont stimulés et encouragés. Afin d'atteindre ses propres buts, la solution n'est pas l'antimondialisation, mais *la coopération avec les forces de la mondialisation.*

En parallèle, et toujours sans faire de bruit, ces mêmes États ont élaboré leurs propres objectifs, ont esquissé une stratégie et ont commencé à orienter les différents flux aussi vers leurs propres intérêts et priorités. Il faut souligner une fois de plus que cela s'est fait en respectant un critère fondamental : le profit de la compagnie étrangère. Les flux étaient à la hausse parce que les compagnies qui venaient s'installer obtenaient des gains considérables ; les pays d'accueil en profitaient amplement à leur tour, car ils se modernisaient à vue d'œil, tout en créant/consolidant les prémisses du développement. En l'absence d'une vision propre, la Roumanie n'est ni attractive pour ces flux et, ce qui est encore pire, n'a ni les chances de le devenir ; elle ne sait pas mettre à son service le processus de la mondialisation, mais elle est utilisée par diverses entreprises dans leur quête de profit. Si demain ces entreprises quittaient la Roumanie, le pays régresserait d'un demi-siècle.

On a déjà affirmé que les marchés financiers exigent « des règles démocratiques » en « échange des investissements qu'ils font ». À notre avis, il ne s'agit là que de formules idéologiques. Il est vrai que les marchés exigent la libéralisation, essentielle pour qu'ils puissent réaliser leurs propres investissements et profits. C'est ainsi que, au début de l'époque moderne, le libéralisme ne demandait pas de « démocratie », mais « le respect du droit à la libre initiative », essentiel pour les entrepreneurs. Le tour du « citoyen » n'est venu que plus tard, après avoir un tant soit peu réglé les problèmes de l'entrepreneur. C'était la logique du développement à l'époque, et ça l'est toujours. Ce qui intéresse avant tout les entreprises et les forces du marché, c'est un processus de libéralisation qui rende possible le profit. La logique du marché est une logique du profit. Les règles démocratiques peuvent certes figurer parmi les demandes, mais elles tiennent une place secondaire. C'est le profit et tout ce qui conditionne son obtention qui représente la *valeur maîtresse*.

Il faut souligner cet aspect parce que, bien des fois, on opère avec ce qui nous paraît important et non pas avec ce qui l'est en réalité. On veut pour exemple la situation suivante : Milton Friedman a publié en 1970, dans le *New York Times Magazine*, un article fameux, dans lequel il soulignait limpidement que « la responsabilité sociale des entreprises est d'augmenter le profit[5] ». (Lorsque je répète cette affirmation à mes étudiants, je lis dans leurs yeux une réserve difficilement contenue). Mais qu'en est-il de « la responsabilité sociale des entreprises » ? On comprend alors les ravages des formules idéologiques... Oui, on peut également parler de la responsabilité sociale des entreprises, mais en tant qu'aspect secondaire. C'est le profit qui se situe à la première place, vient ensuite une pause d'une année-lumière et ce n'est qu'après que vient le tour de la responsabilité sociale – et cela, en tout cas, en lien avec l'obtention du profit. On ne peut pas demander au loup de protéger les moutons, alors qu'il est programmé pour les manger. C'est son destin...

Si nous revenons à l'effort pour le développement dans les conditions de la mondialisation, examinons de plus près les pays qui ont fait des progrès visibles ces dernières années. Ils ont tous été *des États préoccupés par le développement*, ils ont analysé leurs atouts et se sont rendu compte qu'il fallait réunir toutes ces conditions – internes et internationales – dans un ensemble un tant soit peu cohérent, qu'il fallait maintenir et promouvoir durant plusieurs années, voire, si possible, pendant toute une période. Dans les conditions de la mondialisation, l'État ne peut pas s'absenter de l'équation du développement. On pourrait même dire que, vu les flux globaux et les marchés financiers tout-puissants, le développement devrait réunir et orchestrer les efforts d'une nation, mettre en valeur son potentiel en rapport,

[5] Milton Friedman, « The Social Responsibility of Business Is to Increase its Profits », *The New York Times Magazine*, 13 septembre 1970.

répétons-le, avec les particularités de la mondialisation. Les auteurs de l'ouvrage *The World of States* soulignaient à juste titre : « Le succès des pays émergents n'est pas le résultat de l'action de marchés déchaînés, mais plutôt de l'intervention de l'État dans l'activité des marchés, intervention réalisée avec des moyens divers et avec des effets positifs[6] ». C'est là le mérite spécial des émergents, que d'avoir remis l'État à la place qui est sienne : *au centre des efforts de développement.*

Pourquoi avons-nous affirmé au début que le développement était douloureux ? Parce que, par-delà bien des choses, il a besoin d'une certaine *disponibilité humaine et sociale.* À notre avis, il s'agit là de la prémisse la plus importante pour un processus de développement d'une certaine envergure. Dans ce contexte, la disponibilité signifie d'abord la décision de se développer, l'idée, comme l'appellent bien des spécialistes. Nous ne saurions dire si les investissements sont plus importants. Ce qui est sûr, c'est qu'en leur absence il n'y a pas de développement. Le capital est également très important, parce que, sans lui, les choses ne peuvent pas non plus se mettre en branle. Mais c'est *l'idée* qui donne de la cohérence et de la cadence aux investissements, au capital, à la technologie, etc. De ce point de vue, les Asiatiques ont formulé un véritable *credo du développement*, que l'on rencontre partout dans l'Asie de l'Est. C'est Deng qui en a donné l'expression la plus percutante : « c'est la seule vérité qui compte ». Il s'agit là non seulement d'un credo, mais d'un programme, qui structure les priorités et affirme que l'*on ne peut rien faire sans le développement.* C'est donc celui-ci qu'il faut mettre au premier plan et c'est à celui-ci qu'il faut tout subsumer.

Aussi importante qu'elle soit, l'idée de départ doit être propagée sur le plan social, transformée en une *attitude publique*. Pour ce faire, on a besoin d'élites dédiées au développement et honnêtes envers leurs propres peuples. Une réaction nous hante suite à nos lectures sur le développement : les Européens n'ont pas d'image sur ce qu'il s'est passé pendant la « grippe asiatique » de 1997-1998 (autre preuve de la suffisance européenne, qui nous a coûté cher pendant la récente crise). Ce furent des moments dramatiques. Une crise financière sévère a ébranlé bien des pays de la région. Les États qui avaient contracté des emprunts étaient au bord de l'insolvabilité. Même la Corée du Sud traversait une période semblable à celle que la Grèce allait connaître quinze-vingt ans plus tard. La population est intervenue et a donné une partie de ses propres revenus, de sorte que la dette envers le FMI soit remboursée au plus vite et que le pays puisse reprendre son évolution. Un commentateur a surpris de manière suggestive la différence de réaction au moment du pic de la crise dans les deux pays : « les Coréens ont donné leurs bijoux, alors que les Grecs ont protesté dans la rue ». Nous ne désirons faire de commentaires, d'autant plus que la Grèce est passée par des moments dramatiques, sur lesquels nous nous sommes penchés ailleurs. Mais regardez

---

[6] John L. Campbell et John A. Hall, *op. cit.*, p. 44.

où les deux pays en sont à présent. Voilà longtemps que nous considérons que le parcours de la Corée du Sud devrait représenter un véritable repère pour tout État qui se propose de se développer. L'action de sa population durant la crise asiatique nous a renforcés dans cette conviction, tout en nous disant encore autre chose : le développement est douloureux. Il ne faut pas trop expliquer cette vérité à un habitant des anciens pays socialistes. Mais sans développement on ne peut pas non plus aspirer à mieux vivre.

4.6. « Du mauvais côté de la mondialisation »

Joseph Stiglitz a publié dans le *New York Times*[7] un article qui a choqué. L'article s'intitulait – « On the Wrong Side of Globalization » (« Du mauvais côté de la mondialisation ») – et portait sur les États-Unis. Voilà qui a eu de quoi surprendre. Comment les États-Unis, la superpuissance mondiale, auraient-ils bien pu se situer du mauvais côté du processus qu'ils avaient eux-mêmes lancé, encouragé et consacré comme un phénomène définitoire de l'époque actuelle ? C'était pour le moins paradoxal ! Ou alors c'était peut-être une exagération, voire une erreur d'interprétation de la part de l'auteur. Ou peut-être que les choses se passaient bien ainsi ? Joseph Stiglitz a fait l'affirmation en question lors des négociations intenses entre les États-Unis et douze pays asiatiques pour finaliser le TPP, ou le Partenariat transpacifique[8].

Le nouvel accord est devenu le plus grand partenariat commercial du monde. Il comprend avant tout les États-Unis et le Japon, c'est-à-dire la première et la troisième économie du monde, ce qui en dit long. S'y ajoutent bien d'autres pays importants du point de vue économique : l'Australie, le Canada, le Mexique, le Chili. Il est vrai, le TPP ne comprendra pas la Chine, ce qui a engendré bien des commentaires, le plus important étant que le nouvel accord commercial est une forme de *containment* de ce pays. Il faut également remarquer l'absence d'autres pays asiatiques importants, de la Corée du Sud à l'Indonésie, l'Inde ou les Philippines, qui sont autant d'États préoccupés à maintenir une balance du pouvoir sur le continent asiatique.

Il est inutile de préciser que, dans un tel accord, il y va de bien des intérêts – des États membres, des compagnies, des grandes entreprises – et que, bien des fois, des intérêts opposés ou carrément divergents sont en jeu. Cela a beaucoup alourdi les négociations. Le TPP relie sur le plan commercial l'Amérique et l'Asie, laquelle, qu'on le veuille ou non, devient

[7] Joseph E. Stiglitz, « On the Wrong Side of Globalization », *The New York Times*, 15 mars 2014, <opinionator.blogs.nytimes.com/…/on-the-wrong-side-of-globalization/>.

[8] Cet accord a été finalisé l'année passée, au bout de sept ans de négociations, et signé le 4 février 2016. Il entrera en vigueur dès qu'il sera ratifié par chaque pays. La date limite de la ratification est le 4 février 2018.

de plus en plus l'épicentre économique du monde. Nous serions presque tentés, justement afin de souligner l'exceptionnelle importance économique de cette région, de paraphraser l'affirmation la plus populaire du domaine de la géopolitique et de dire : « qui détient les positions les plus importantes en Asie de l'Est dominera l'Asie ; et qui dominera l'Asie, dominera le monde ».

Qu'est-ce qui a mécontenté Stiglitz dans ces négociations et, bien sûr, dans le comportement de la délégation américaine ? Ses réserves concernent, avant tout, l'absence de transparence. Stiglitz confesse avoir dû recourir à des « fuites d'informations » afin de pouvoir s'en faire une idée plus claire. Autant que ces informations – partielles et incertaines – l'ont permis, le résultat d'ensemble de la négociation accentue la crainte de l'auteur qu'il « existe bien un risque », à savoir que le TPP serve en réalité les intérêts « des individus les plus riches d'Amérique et des élites globales », ce qui s'ajouterait aux « graves erreurs que nous avons commises dans le leadership du processus de mondialisation ».

De telles négociations comprennent bien des aspects techniques, que l'auteur américain analyse partiellement. L'observation de fond, c'est que la partie américaine défend et promeut les intérêts des grandes sociétés américaines, reléguant au second plan les intérêts de l'État américain. Des années auparavant, les négociations américaines visaient principalement la baisse des tarifs. À présent, ce problème étant pour la plupart réglé, le poids des négociations s'est déplacé vers le domaine des réglementations, et donc vers celui des « barrières non tarifaires ». En ce qui les concerne, les réglementations servent des intérêts précis. L'insistance de la délégation américaine sur ces réglementations aurait aussi mécontenté les délégations des pays asiatiques. Lors d'une négociation d'une telle importance, ce qui l'emporte, ce sont les intérêts de l'État et ceux des grandes entreprises, qui peuvent coïncider ou non. Lorsque l'on dit État, on parle en fait des intérêts d'ensemble, de la communauté nationale, de la population. Selon Stiglitz, la délégation américaine aurait soutenu principalement non pas les intérêts de l'État américain, mais ceux des grands groupes américains. Cet aspect est-il si important ? En quoi a-t-il trait à la mondialisation et au positionnement de son mauvais côté ? À notre avis, il y a là un lien très important, qui représente l'un des tests manqués de la mondialisation. Tout processus d'une certaine envergure a besoin de l'appui populaire. Les projets qui en sont dépourvus ne peuvent pas être viables, même s'ils peuvent s'avérer précieux. La mondialisation ne fait pas exception.

« Après cela, donc à cause de cela » : voilà un vieux syllogisme vicieux, donné en exemple dans presque tous les manuels de logique. On ignore si c'est la faute de la mondialisation si la population américaine se porte plus mal aujourd'hui qu'il y a dix ans. Mais il faut remarquer que, ces dix-vingt dernières années, ses revenus ont stagné ou baissé, alors que les revenus de la couche aisée ont augmenté, parfois de manière vertigineuse, voire honteuse. Quel a été le processus économique et politique le plus important de cette période ? Bien évidemment, la mondialisation. Que devrait alors penser Monsieur tout le monde ? Que tout est la faute de la mondialisation. C'est évident ! Qu'elle ait été bien ou mal gérée, cela a moins d'importance. C'est avec elle que s'est installé le déclin des revenus…

On ne peut pas affirmer que le point de vue formulé par Stiglitz au sujet des négociations pour le TPP est juste. Mais il le devient, parce qu'il est soutenu par le *background* américain de la mondialisation. Si cette dernière a jusqu'à présent servi les intérêts des grandes entreprises et qu'elle a contribué à l'accroissement des inégalités, pourquoi « le plus grand accord commercial de tous les temps » ne ferait-il pas de même ? La grosse faute dans la gestion de la mondialisation aux États-Unis, c'est, selon Stiglitz, sa connexion avec les intérêts des grandes sociétés, sans plus prendre en considération l'opinion des gens ordinaires, si elle est ou non acceptée par la population, ou si elle profite ou non à cette dernière. Cela se répète dans le cas du TPP. Si la mondialisation ne recrée pas ce terreau psychologique, décisif pour tout processus d'envergure, alors on pourra affirmer haut et fort : la mondialisation, telle qu'elle fonctionne à présent et que l'auteur américain critique si sévèrement, doit être repensée, justement afin de durer dans le temps.

4.7. « Factory Asia »

Un autre test très important qu'a imposé la mondialisation est *celui de l'apprentissage*. En effet, il s'agit là d'un processus dont on connaît peu de choses. Il est donc essentiel d'apprendre au fur et à mesure qu'il avance, d'assimiler les enseignements qu'il dégage, ouvertement ou implicitement. Ce sont toujours les pays asiatiques qui ont passé ce test, tout en transformant « la grippe » de 1997-1998 en prémisse de leur propre développement. C'est ainsi qu'est né le modèle *export-oriented*, embrassé par la plupart des États de la région, comme une formule leur permettant de vérifier leur propre compétitivité, d'accumuler du capital et d'éviter les emprunts excessifs qui venaient de générer la « minicrise financière » asiatique.

Comme nous l'avons précisé ci-dessus, la mondialisation consacre un nouveau « terrain de jeu » : la planète. Personne, aussi puissant qu'il soit, n'a la capacité de dominer le marché global ; on peut bien détenir une position privilégiée, mais pas une position hégémonique. Les chaînes de production et d'approvisionnement représentent une *réaction d'adaptation* à cette nouvelle réalité économique difficile à saisir : le marché global. Elles rendent également possible une forme d'intégration régionale, une modalité de remplacer conflit et tension par échange et coopération. L'ascension de la Chine comporte de multiples liens avec l'existence de ces chaînes qui ont pénétré profondément l'Asie de Sud-Est et ont préfiguré un nouvel horizon pour les pays de la région. C'est ainsi que la Chine s'est préoccupée de sa propre ascension, mais aussi de celle de la région. Est ainsi apparu ce que l'on appelle la « Factory Asia », c'est-à-dire une nouvelle réalité économique, dont les principaux moteurs sont la spécialisation et la croissance de la compétitivité. L'idée n'est pas nouvelle. Elle avait été mise en œuvre par le Japon puis par les tigres asiatiques. C'est l'ampleur des processus économiques actuels de la région, qui supposent intégration, spécialisation et performance, qui a tout transformé.

À proprement parler, on ne sait quoi mettre davantage en relief lorsque l'on parle de cette région si dynamique : la forme, donc l'existence et le développement des chaînes de production ? le contenu, à savoir l'augmentation de la capacité manufacturière proprement dite de la région ? ou encore l'objectif à long terme, c'est-à-dire la croissance de la performance économique, la consécration de la région comme une zone de haute compétitivité ? Tout cela se fond dans – et a des liens organiques avec – le processus de la mondialisation. Souvent « lue » avec une clé erronée, la mondialisation est dans le fond une autre facette de la capacité industrielle. Elle suppose des interdépendances et des circuits qui facilitent les échanges. Mais comment peut-on participer à ces derniers ? La capacité industrielle est fondamentale pour devenir un acteur qui compte dans les échanges globaux. Il est bien évidemment important de pouvoir offrir des services et de l'innovation mais, lorsqu'il s'agit des circuits globaux, c'est le produit manufacturé qui est le plus important. Les pays de l'Asie de l'Est ont fait cette option il y a des années, et ils l'ont même promue avec une certaine obstination. Elle se voit à présent confirmée.

Examinons le graphique ci-dessous afin de comprendre l'importance des options prises à temps et les mutations qu'elles peuvent entraîner. En 1990, la Chine assurait environ 3 % de la production industrielle mondiale ; à présent, elle en détient environ 23 %. La proportion combinée de la Chine et des autres États asiatiques est tout aussi impressionnante et s'élève à 46,5 % de la production mondiale. La « Factory Asia » assure donc à présent presque la moitié de la production industrielle mondiale. En outre, le poids de la région dans le commerce international a atteint 50 %[9], ce qui prouve indéniablement que la présence dans les circuits commerciaux internationaux est *directement* conditionnée par la capacité productive.

[9] « The Future of Factory Asia, A Tightening Grip », *The Economist*, 14 mars 2015.

FIGURE 8

Évolution de la production industrielle globale

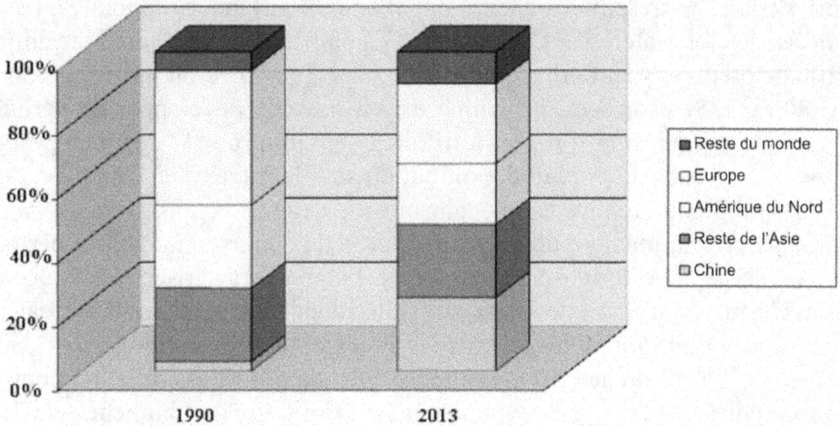

Source : ONU citée dans *The Economist*, 14 mars 2015

Examinons aussi l'évolution de la capacité manufacturière du monde développé. Elle se trouve dans un déclin visible. C'est surtout la situation de l'Europe qui nous intéresse. Lorsque la Chine assurait 3 % de la production manufacturée du monde, l'Europe en détenait plus de 30 % ; à présent, ces proportions sont pratiquement devenues égales, avec un très léger avantage du côté de l'Europe. Les États-Unis ont connu une évolution similaire, mais pas aussi accentuée. Voilà quels sont les coûts d'une orientation politique alimentée non pas par des analyses profondes sur l'évolution historique, mais par des « modes politiques », par des courants qui ont semblé remodeler les vecteurs du développement.

Dans ce qui suit, nous nous pencherons justement sur ces chaînes de production, afin d'en comprendre le contenu et les directions de développement qu'elles préfigurent. Bien évidemment, nous nous arrêterons surtout sur l'Asie de Sud-Est, mais il est important de souligner que c'est la Chine qui se trouve derrière ces gros projets. Lorsque l'on discute des évolutions de la région, ce sont des projections de la Chine quant à son propre devenir et à celui de la région dans l'ensemble dont on discute en réalité.

Jusqu'à récemment, la Chine a développé des chaînes d'approvisionnement. Elle « exportait » la production de divers modèles vers les pays voisins, puis elle en importait les différentes composantes et se concentrait sur l'assemblage et l'exportation des produits finis. Les chiffres économiques sont tout à fait éloquents : dans la relation avec les producteurs de tels modèles, la Chine avait une balance négative, alors que, dans la relation avec le principal marché d'écoulement, à savoir les États-Unis, la balance était fortement positive. La Chine se situait donc « au bout » de la chaîne de production et, surtout, elle était l'intermédiaire dans la relation avec le principal marché d'écoulement, l'Amérique, ce qui lui donnait une position privilégiée. À présent, les choses ont changé. La Banque mondiale a dévoilé un aspect fort intéressant. Le total des composantes que la Chine importe afin de préparer sa propre exportation a baissé de 60 %, au milieu des années 1990, à 35 % à présent. La Chine est en train de développer de véritables « grappes » sur son propre territoire : environ 65 % des composantes assemblées dans un produit d'exportation sont fabriquées en Chine.

Afin de comprendre les mécanismes de cette direction, il faut examiner de plus près la manière dont la Chine projette son avenir. Pour la période à venir, le pays se propose de passer de l'étape caractérisée par la formule « made in China » à une étape nouvelle, dont le slogan serait « created in China ». D'un *big manufacturer*, elle entend devenir un *strong manufacturer*. La différence est essentielle. Elle suppose l'assimilation complète de certains produits, le développement prioritaire des branches de haute technicité, la concentration sur la performance technique et économique. Par exemple, de 2007 jusqu'en 2012, la productivité du travail a augmenté de 11 %, rythme supérieur à tout autre pays de la région. On désire que ce rythme soit maintenu, sinon accéléré. Par conséquent, la Chine a commencé, comme le précise la revue citée ci-dessus, à investir dans l'automatisation, tout en devenant le plus grand marché d'écoulement pour les robots.

Qu'est-ce que la Chine réserve alors à ses partenaires régionaux ? Elle « exportera » entièrement la production de certaines branches, comme les produits textiles, qui sont bon marché, ne supposent pas un équipement technique sophistiqué et ont de bas coûts. Autrement dit, ce qu'elle prépare pour ces pays, c'est le trajet qu'elle a elle-même suivi. Et, du moins pour l'instant, les États concernés semblent être satisfaits, vu qu'ils disposent d'une offre de développement vérifiée à l'avance et qu'ils n'ont pas d'alternative plus attractive. C'est ainsi que la « Factory Asia » devient plus forte et qu'elle grimpe l'échelle du développement, et aussi celle de l'influence dans le monde.

À notre avis, le grand but économique de cette évolution est la création en l'Asie de l'Est d'un *véritable épicentre de la mondialisation.* Pour l'instant, la proportion de l'activité manufacturée justifie une telle aspiration, alors que la production industrielle augmente à un rythme supérieur à toute région du monde. Ce qui attire l'attention, ce sont surtout la forme, les structures, les circuits par lesquels cette production se réalise, c'est-à-dire les chaînes de production. Il s'agit là d'une modalité différente d'intégration, qui maintient l'État, avec tous ses attributs, mais qui intensifie les circuits jusqu'au point où les structures étatiques ne peuvent plus faire abstraction de l'évolution de ces chaînes. Les pays de la région seront reliés par ces circuits, alors que le « détachement » devient non seulement pénible, mais aussi contre-indiqué, voire contre-performant ; les États de la région développeront une sorte de dépendance, qui ira en s'accentuant par rapport à ces nouvelles sources de richesse. Cela est tout aussi vrai dans le cas de la Chine. C'est ainsi que l'on préserve tant bien que mal l'unité de la région, autour du pays le plus fort, la Chine. Enfin, l'existence et la diversification de ces chaînes ne devraient pas estomper la position de plus en plus importante de cette dernière, qui est le leader incontestable non seulement en termes du volume de production, mais même de qualité. Les produits chinois qui enregistrent la croissance la plus spectaculaire sur le plan de l'exportation sont les produits électroniques, qui, en proportion, se rapprochent des produits textiles. Peu à peu, une nouvelle structure, intégrée, de production s'élève en Asie de l'Est, qui représente un processus adapté aux demandes de la mondialisation. Une structure bâtie autour de la Chine, en tant que *noyau économique gravitationnel de la région*.

Cinquième chapitre

La persécution de l'État[1]

5.1. Le binôme État-développement

Ces derniers temps, une attitude commode se fraie un chemin, qui ne peut qu'être vouée à l'échec. Si les États asiatiques ont eu du succès, suivons donc leur exemple. L'expérience de ces États, sans doute précieuse, doit être vue comme une stratégie de transformation élaborée dans certaines conditions, avec ses avantages et inconvénients. Ce qu'il faut suivre, ce n'est pas leur expérience, mais *leur attitude*. On se laisse séduire par le succès, mais on ne prend pas en considération le cheminement et les efforts qu'il a supposés. Le succès ne s'importe jamais. Il compte seulement s'il déclenche un débat similaire, s'il met en branle un processus d'élaboration stratégique en relation directe avec le terrain social *où il va se mettre en œuvre*. Tout processus social d'une grande complexité – développement, démocratie, etc. – ne peut être ni exporté ni importé. Les tentatives du genre, fréquentes ces derniers temps, ne font que retarder, parfois indéfiniment, le processus de l'évolution durable et induire des effets nocifs, voire dévastateurs pour l'évolution des États où le transfert, ou, si l'on veut, la « greffe », va s'effectuer.

S'il s'agissait de détacher un élément de la stratégie de développement en cours en Asie de l'Est sur lequel il faut nécessairement s'arrêter, ce serait sans doute l'État et son rôle dans le processus de développement. Et cela, d'autant plus que l'État est abordé selon bien des perspectives et que les niveaux d'analyse s'entrecroisent et se superposent, ce qui conduit à une représentation confuse de l'État et de ses responsabilités. Nous nous proposons ici de discuter de la *relation entre l'État et le développement dans les conditions de la mondialisation*. De fait, cette dernière pose la question du développement en termes différents et nous oblige même à repenser le processus dans l'ensemble. Puisque la compétition se développe sur le plan global, le processus même du développement doit être repensé en profondeur et dans une perspective globale.

Si la mondialisation remet la planète entre les mains des plus puissants, cela veut-il dire que les États plus petits ou moins développés n'ont aucune chance ? Bien sûr qu'ils en ont une, mais à condition qu'ils fassent d'énormes efforts, qu'ils aient une direction claire, une mobilisation exemplaire et, nécessairement, une vision échelonnée dans le temps. Ce qui signifie une stratégie bien élaborée et appliquée constamment pendant une bonne période de temps. Afin de participer au « championnat mondial » du développement, il faut d'abord se

[1] Une version préliminaire de ce chapitre a été publiée dans la revue *Clipa* du 26 mars, 9 juin et 29 septembre 2015.

qualifier dans « les tours préliminaires », c'est-à-dire devenir un État important sur le plan de la région. Cela n'est pas facile et, surtout, ne peut pas se faire sans l'appui du gouvernement. Prenez l'exemple de la Pologne de nos jours, un modèle de succès dans la région. Avant 1990, elle n'était pas un État phare de l'Europe centrale et orientale. Elle l'est devenue après la guerre froide, lorsqu'elle a eu des élites déterminées et un parcours assez net.

La mondialisation transforme le développement (les caractéristiques stratégiques du développement qui concernent les ressources, le dosage des priorités, l'échelonnement dans le temps, l'élaboration proprement dite de la stratégie de développement) *en une fonction de l'État*, peut-être sa fonction la plus importante, ou, si l'on veut, place l'État et le développement dans un *binôme organique*. Dans toutes les étapes historiques, le développement a bénéficié d'un appui direct ou indirect de la part de l'État ; dans les conditions de la mondialisation, il ne peut plus avoir lieu sans l'appui et la direction stratégique de l'État, tout comme un État qui ne soutient pas le processus du développement afin de répondre aux exigences du nouveau contexte est un État coupable envers la communauté qu'il prétend servir.

À ce point de notre analyse, le problème fondamental qui se pose, c'est que la première étape de la mondialisation postule un État à pouvoirs diminués, qui ne fasse pas obstacle aux flux globaux. Une « interprétation dominante » est ainsi apparue, dont on a du mal à se détacher : pour qu'elle se porte bien, la mondialisation aurait nécessairement besoin d'un État faible, à fonction surtout décorative. Ni la théorie ni le processus de la mondialisation, tels qu'ils ont été initialement conçus, ne s'attardent sur la position de l'État-organisateur de l'effort de *formation d'une communauté nationale.* À notre avis, il est impératif de s'émanciper de cette interprétation qui ampute les instruments que l'on peut utiliser dans le processus de développement. *La théorie de l'État faible est propre de la première étape de la mondialisation.* Au contraire, la seconde étape prône un État fort, actif, bien équipé, qui puisse *orienter et guider le processus de développement.* Le problème, c'est que bien des pays développés, y compris les pays d'Europe centrale et orientale, vivent toujours, sur le plan mental, dans la première étape de la mondialisation et se laissent bercer par l'idée de l'État minimal, de l'État veilleur de nuit, adaptée bien évidemment au contexte actuel. Autant dire qu'ils vivent à une époque révolue et que, aussi longtemps qu'ils y resteront, leurs chances de redressement seront pratiquement nulles.

5.2. La préoccupation première d'une démocratie : mettre fin à la pauvreté

En 1974, le prix Nobel d'économie a été remporté par deux économistes célèbres, Gunnar Myrdal et Friedrich Hayek, qui proposaient des perspectives différentes sur la mondialisation, et plus précisément sur la manière dont les sociétés peuvent s'émanciper par rapport à la pauvreté et obtenir la prospérité. Que deux économistes si importants se soient partagé le prix Nobel en dit long sur la place occupée par le développement sur l'agenda public et des élites de l'époque. Ce moment particulier met en lumière un autre aspect exceptionnel : deux économistes éminents avancent deux visions différentes sur une relation fondamentale, celle entre l'État et le développement. Il est peut-être tout aussi significatif que le comité Nobel n'ait pas hésité à les primer tous les deux ; notre petit doigt nous dit que cela ne serait plus possible de nos jours. À l'époque, Gunnar Myrdal n'avait pas été d'accord pour que le prix Nobel soit accordé à Friedrich Hayek et, plus tard, à Milton Friedman, qu'il avait même traités de « réactionnaires ». Aujourd'hui, les choses ont changé ; on ne sait plus si Gunnar Myrdal aurait pu remporter le prix et s'il n'aurait pas lui-même été traité, bien évidemment en catimini, de « réactionnaire ».

Ce moment et les conclusions mises en avant par l'œuvre et par les prises de position des deux économistes célèbres font l'objet d'une analyse minutieuse menée par William Easterly dans un ouvrage consacré aux particularités du développement à notre époque[2]. Possédant une biographie professionnelle impressionnante – professeur à l'université de Stockholm, où il fonde l'Institute for International Economic Studies, secrétaire exécutif de la Commission pour l'Europe des Nations unies pendant dix ans –, Gunnar Myrdal se consacre à un domaine nouveau pour l'époque : *l'économie du développement.* Il dédie plusieurs ouvrages à ce sujet, dont le remarquable *Asian Drama : An Inquiry into the Poverty of Nations* (1968), en trois volumes, comptant plus de 2 000 de pages. À l'origine de sa vision sur les particularités du développement des États en voie de développement se trouve le constat suivant : bien des souffrances de la société sous-développée, telles que l'état de la santé, de l'éducation ou le taux de corruption, sont associées à l'état économique précaire des sociétés concernées. Cette situation revient dans tous les pays sous-développés et représente le principal aspect qui distingue le « tiers-monde » du monde développé. Par conséquent, les pays sous-développés doivent s'attaquer avant tout à ces aspects, lesquels, de par leurs dimensions, sont devenus de graves problèmes sociaux ; ce n'est qu'ensuite qu'ils devraient élaborer des politiques centrées sur l'individu, à l'image des États développés. Une formule de principe en découle : *l'expérience occidentale ayant mis les libertés individuelles au premier plan ne peut pas servir de guide pour les États pauvres.*

Selon l'auteur suédois, c'est aux gouvernements que revient le devoir de promouvoir le développement, « malgré le fait que les citoyens soient, largement, analphabètes et apathiques ». Les efforts pour le développement doivent être soutenus par une vision claire et par l'expertise nécessaire, mais surtout par beaucoup de détermination, qui peut faire appel à des moyens encore plus durs. Une telle démarche est dictée par les conditions spécifiques

[2] William Easterly, *The Tyranny of Experts, Economists, Dictators, and the Forgotten Rights of the Poor*, New York, Basic Books, 2013.

de ces pays. « En l'absence de cette tentative héroïque, l'alternative n'est qu'une permanente adaptation à la stagnation ou l'involution économique, ce que l'on peut difficilement admettre de nos jours[3] ».

Gouvernement fort et autoritaire, recours à la planification, en tant que moyen incontournable du développement – voilà les conséquences naturelles de l'effort pour s'arracher au sous-développement. Il s'agit là d'instruments irremplaçables lorsque l'on se pose la question : « Que peut-on faire afin de mettre fin à la pauvreté ? ». Par exemple, la croissance de la production demande des investissements massifs dans la technologie. Ce qu'il faut souligner, c'est que l'auteur suédois pose *le développement en tant qu'objectif central pour les gouvernements*. Les moyens pour y parvenir sont différents ; Myrdal invoque même les voies autoritaires. Mais il n'y a pas d'erreur plus grande que de laisser des pays et des communautés dans un état de sous-développement, qui ampute la possibilité d'arriver à la prospérité.

Hayek ne partage pas l'idée de « la coercition du pouvoir arbitraire » et affirme que « la politique des libertés individuelles est la seule politique vraiment progressiste ». L'auteur autrichien propose « que la société soit complètement remodelée ». Pour les besoins de cette étude, il est important de souligner que Hayek reconnaît en tant que domaines légitimes d'action de l'État l'infrastructure, la prévention de la pollution et de la fraude et l'amélioration des services sociaux. L'État se doit donc d'assurer les prémisses et le contexte du développement, le reste, y compris les problèmes sociaux associés aux élaborations stratégiques, étant confié à l'initiative privée.

Si l'on insiste sur ces deux auteurs, c'est que, à partir de positions différentes, ils s'intéressent tous les deux aux problèmes du développement. C'est ainsi que, comme le remarque aussi William Easterly, dans le domaine du développement sont apparus « deux types d'économies basés sur deux systèmes de valeurs différents : l'un correspondant aux pays sous-développés et l'autre aux pays avancés ». À notre avis, l'apparition de deux approches différentes constitue un grand acquis de la théorie économique. Voilà deux solutions qui trouvent leur origine dans des situations différentes et qui s'appliquent à des réalités tout aussi différentes. La théorie économique, précise William Easterly, a eu beaucoup à perdre parce que ces deux auteurs illustres n'ont pas entamé de débat : « Le débat sur le développement qui n'a pas eu lieu entre Hayek et Myrdal est l'une des tragédies intellectuelles du XXe siècle ».

Ce qui pose problème, c'est que, à partir de ces approches différentes, on a créé des binômes formés de concepts différents, non seulement opposés, mais tout à fait irréconciliables : *tabula rasa vs* exploitation des leçons de l'histoire, droits des nations *vs* droits des individus, activités planifiées *vs* solutions spontanées. À leur tour, les économistes ont embrassé l'une des deux interprétations : la plupart des économistes occidentaux ont opté pour le second élément de chaque binôme, alors que les autres ont adopté le premier, qu'ils ont considéré comme « plus

[3] *Ibid.*

approprié pour accélérer le processus de modernisation ». Ce qui aurait pu enrichir l'économie du développement est devenu un motif de schisme et a alimenté une confrontation idéologique dans son essence, parce qu'aucune des deux approches n'est encline à apprendre quoi que ce soit à l'autre : *leur seule ambition, c'est de prendre la place de l'autre et de clamer leur supériorité respective.* Or, dans ce cas, la substitution ne peut que mener au désastre. On ne peut pas traiter une maladie – par exemple les maladies du poumon, considérées comme une souffrance causée par la pauvreté – avec des moyens spécifiques d'autres troubles de santé, par exemple recommander une diète afin de perdre du poids. Ce serait désastreux. Et lorsque l'on parle de l'économie du développement, le résultat est essentiel.

Lawrence Summers – ancien secrétaire du Trésor américain, professeur à l'université de Harvard, dont il a même été le président, et petit-fils de Kenneth Arrow – précise quant à l'héritage du penseur autrichien : « L'idée que j'ai tenté de transmettre à mes étudiants, c'est que la main invisible est plus forte que la main visible [n.n. – « la main » de l'État]. Tel est l'héritage de Hayek[4] ». Le problème principal, ce n'est pas de décider du facteur du développement le plus important : la main invisible ou la main visible (de l'État). Ce qui est important, voire même décisif, c'est qu'aucune des deux « mains » ne manque (ou qu'elles fonctionnent de manière mimétique) et que chacune *fasse ce que l'autre ne peut pas faire, ou ce qu'il n'est pas bon que l'autre fasse.* Autrement dit, elles ne doivent pas se substituer l'une à l'autre, mais collaborer. Voilà où réside le drame du développement ces dernières décennies : l'une des deux « mains » a cherché à se substituer à l'autre en vertu d'une supériorité imaginaire. Les rapports entre les deux « mains » sont flexibles, selon la période, la culture, les traditions, le degré de développement, etc. Ce qui compte, c'est qu'elles agissent de concert, de sorte que le résultat les satisfasse toutes les deux et, surtout, les gens et les communautés. Lorsque l'histoire se cabre et qu'elle cherche de nouvelles directions d'évolution, aucun facteur du développement ne peut être ignoré, qu'il soit « visible » ou « invisible ».

« L'héritage » de la génération actuelle devrait s'exprimer par une attitude sans équivoque : prendre des distances par rapport à la querelle sans fin au sujet des deux « mains » et de leur hiérarchie. Un autre aspect important de cet héritage serait de dompter une autre tentation qui se précise de plus en plus clairement. De fait, il est évident que, sous l'influence du succès remporté par les États émergents et des effets de la crise, tant les spécialistes que les politiciens accorderont un rôle de plus en plus conséquent à la « main visible », c'est-à-dire à l'État. Ce qui n'est pas une mauvaise chose, vu que, en l'absence de ce dernier, la dimension stratégique du développement, si importante lorsque l'on parle d'un « terrain de jeu » aux dimensions de la planète, aurait à en souffrir. Le risque, c'est d'affirmer que, à présent, l'autre

---

[4] *Ibid.*, p. 33.

« main », soit la main visible, est plus importante et que l'on répète la même erreur, mais en sens inverse.

« Le remodelage de la société » dont parlait Hayek intervient à chaque fois que les élites se proposent de faire un bond en avant dans le domaine du développement. Il s'agit là d'un processus obligatoire, peu importe si on a lu ou non l'auteur autrichien. Mais les prémisses de ce remodelage sont tout autres dans une société développée et dans un pays en voie de développement. Les contextes différents nous obligent à renoncer à une hiérarchie de valeur entre les approches respectives de Gunnar Myrdal et de Friedrich Hayek. Elles se construisent à partir de situations différentes, répondent à des problèmes différents et donnent des résultats en fonction des contextes pour lesquels elles ont été élaborées. L'œuvre de Hayek a inspiré ce que l'on appelle aujourd'hui *ordolibéralisme*, une vision économique adoptée par l'Allemagne. L'ordolibéralisme se distingue du néolibéralisme, puisqu'il réserve un rôle important à l'État : celui *de protéger la compétition contre ses propres conséquences* (par exemple, l'adoption de la loi antitrust). Le rapport entre l'État et le marché est ainsi défini : « pour le marché, le plus possible ; pour l'État, autant que nécessaire ». Les succès remportés par l'Allemagne prouvent que l'approche proposée par le penseur autrichien conduit à des retombées importantes et que, dans certains cas, elle peut représenter la base théorique d'un modèle de développement.

Le modèle autoritariste – théorisé par Myrdal – s'adresse à une autre réalité économique et culturelle, à savoir au monde asiatique et à celui en voie de développement. Lorsque Lee Kuan Yew, ancien premier ministre, fondateur de l'État de Singapour, considéré comme un sage de l'Asie, affirme « From Third World to First », titre du second volume de ses mémoires, la réponse ne peut pas être : mais comment a-t-on respecté les droits individuels ou les valeurs occidentales ? Lee a délibérément embrassé le modèle autoritariste, a promu la méritocratie et a même affirmé en 1987 : « C'est nous qui décidons ce qui est correct ou non. Ce que les gens pensent n'a aucune importance[5] ». Mais il a déclenché un formidable processus de développement et de modernisation et a rendu possible pour son pays un impressionnant bond en avant. Voilà comment Martin Wolf décrit un autre succès économique asiatique, remporté cette fois-ci dans le pays le plus peuplé du monde, la Chine. Sa signification politique est fixée par l'auteur même : « Selon le FMI, en 1980, le produit intérieur brut de la Chine par habitant représentait seulement 2 % de celui des États-Unis ; à présent, il en est arrivé à 24 %. Il s'agit là d'un exploit extraordinaire, surtout rapporté aux dimensions du pays. Quoi que l'on pense du système politique chinois, il faut admettre la compétence à la base de ce succès, qui a transformé l'économie mondiale et est en voie de transformer aussi la politique mondiale[6] ».

---

[5] John Micklethwait et Adrian Wooldridge, *The Fourth Revolution: The Global Race to Reinvent the State*, New York, Penguin Press, 2014, p. 137.

[6] Martin Wolf, « China Will Struggle to Keep its Momentum », *Financial Times*, 8 avril 2015.

5.3. Ce sont les résultats qui légitiment les modèles de développement

Les modèles de développement doivent être jugés non pas intrinsèquement, mais à la lumière des résultats qu'ils rendent possibles. La plus grosse erreur que l'on puisse faire, c'est d'appliquer le modèle à l'œuvre en Allemagne dans un contexte asiatique. Les modèles ne sont pas interchangeables ; leurs éléments peuvent l'être, à condition de les intégrer dans la structure au sein de laquelle ils vont fonctionner. L'erreur des pays développés, et surtout des États-Unis et de l'Europe de l'Ouest, c'est de ne pas avoir saisi à temps le rôle que joue à présent l'État dans le processus du développement. La mondialisation redéfinit la dimension stratégique du développement, que *seul l'État peut élaborer et mettre en œuvre*. C'est ainsi que l'Occident s'est départi du plus important instrument censé lui permettre de promouvoir un développement tourné vers l'avenir.

Il est curieux que les spécialistes entraînés dans toutes sortes de débats passent à côté d'éléments fondamentaux pour ceux-ci. John Maynard Keynes souligne déjà en 1919 que les responsabilités les plus importantes de l'État visent les activités en dehors de la sphère de l'individu, les décisions que, si l'État ne prend pas, personne ne prend, tout comme la mission du gouvernement n'est pas de faire des choses que les individus font déjà, mais de s'occuper des choses dont personne ne s'occupe à présent[7].

Tout en corrélant les deux affirmations, on comprend l'image d'ensemble de la responsabilité de l'État. Comme la mission des entreprises est de produire du profit, il serait tout à fait erroné de les condamner parce qu'elles poursuivent les buts pour lesquels elles ont été créées ; ce serait tout aussi erroné si l'on regardait l'État du point de vue des entreprises, à savoir du profit. La principale mission de l'État est de nature stratégique, dans les multiples sens du terme. Il doit avant tout assurer les grands équilibres de la société, assurer ce que les personnes particulières ne peuvent pas : *l'horizon d'avancée de la société*. Il doit préparer les prémisses intérieures du développement – de la qualité de l'enseignement et du système sanitaire, au remodelage de la société selon l'esprit du temps. La manière dont l'État remplit une telle mission fait l'objet d'une autre discussion et la faiblesse principale du débat contemporain sur l'État et le gouvernement est de perpétuer par tous moyens cette confusion.

---

[7] John Maynard Keynes, *The End of Laissez-Faire. The Economic Consequences of the Peace*, New York, Prometheus Books, 2009[1919], p. 28.

Il est peut-être vrai que l'État est devenu un Léviathan moderne, qu'il est bureaucratique et inefficace. Mais cela ne doit pas déclencher sa persécution, sa diabolisation, voire une négation partielle de son utilité. Le débat concernant l'utilité de l'État a pris, de manière coupable dirions-nous, la place du thème central : *la qualité de l'activité de l'État*, qui signifie, dans les termes d'aujourd'hui, une grande gouvernance. L'idéal serait d'avoir *un petit gouvernement et une grande gouvernance*. En dernière instance, le gouvernement peut être plus grand ou plus petit. L'essentiel, c'est que la gouvernance ne manque pas. Or, c'est justement ce qui manque de plus en plus visiblement à la société développée ces dernières années. On parle beaucoup de gouvernance, mais la mesure réelle de la bonne gouvernance, soit la performance, tarde à se faire jour. Si l'on réfléchit bien, elle ne peut pas apparaître tant que l'on ne repensera pas le rôle stratégique qui revient à l'État dans les conditions de la mondialisation. Bien des pays développés évoluent comme ils le font parce qu'ils sont privés de leur boussole stratégique, associée à l'existence d'un État actif, entrepreneurial et orienté vers les questions de perspective. Prises d'assaut par toutes sortes de problèmes – dont beaucoup proviennent de la période de la crise, ou ont été accumulés après la guerre froide, voire avant comme par exemple les tendances démographiques –, les sociétés développées font des mouvements désordonnés. Elles donnent l'impression d'être surprises par diverses évolutions et ont recours à la solution commune dans de telles situations : elles réagissent au cas par cas, ce qui met d'autant plus en avant l'absence d'un axe stratégique, que seul un État intelligent peut assurer. Et nous en sommes à peine au début de la période où les coûts de la négligence, de la marginalisation, voire de la persécution de l'État, commencent à se faire jour.

5.4. « La quatrième révolution »

Si nous avons souligné ici qu'il existe deux étapes dans l'évolution de la mondialisation, ce n'était pas nécessairement afin de polémiquer avec « l'interprétation dominante » apparue avec ce processus. Nous avons désiré surtout mettre en avant le fait que la mondialisation proprement dite, en tant que processus économique, a changé. Les circuits globaux existent toujours, mais on y circule différemment, alors que le sens indiquant la direction des États émergents vers les États développés devient plus intense. Ce qu'il faut souligner à présent, ce n'est pas tant que les pays émergents ou asiatiques ont un tout autre poids économique, bien que cela donne une substance nouvelle à mondialisation, mais que le bien-être même de la planète dépend plus étroitement du succès de ces pays qu'il ne dépend de celui de l'Occident. Martin Wolf parle des problèmes réels auxquels la Chine se confronte : une certaine dépendance envers les investissements et les marchés extérieurs, la hausse de la dette publique, le tout bien plus difficile à gérer dans les conditions où le rythme de croissance économique est à la baisse. L'affirmation qui surprend est la suivante : « Le monde entier doit prier afin que les autorités chinoises gèrent avec succès cette transition[8] ». Pensez-vous que cette affirmation aurait pu être faite il y a, mettons, cinq ans ? Voilà à quel point le monde a changé ! Vu que, à présent, la Chine est devenue *la principale locomotive économique du monde*, il faut prier pour qu'elle traverse avec succès la période de transition, de sorte que cela profite aussi au reste du monde. *Une nouvelle rationalité* est en train de s'installer, qu'on le veuille ou non, sur le plan mondial, qui, demain, sera plus forte et plus influente. Un conseil nous incite, lorsque l'on a affaire à des situations compliquées, *à suivre la trace de l'argent*. Aujourd'hui, on pourrait dire : *suivez la trace du développement*, et surtout des rythmes de développement, ce qui en dit long sur le monde de demain.

Nous aimerions surtout signaler que les pays émergents semblent être mieux équipés que les pays développés, et ce, non seulement sur le plan économique, mais aussi pour ce qui est de la compréhension du processus de mondialisation. Les pays émergents ont une perception adéquate et réaliste du nouveau contenu de la mondialisation et mettent en relief l'importance d'instruments adéquats afin de donner une impulsion au développement. De leur côté, les États riches accusent un retard sur le plan même de la perception ; ils opèrent avec l'image initiale de la mondialisation et continuent de soutenir que la diminution du rôle de l'État est une condition nécessaire au bon fonctionnement des circuits globaux ; à partir de cette *perception décalée,* ils élaborent des politiques qui ne peuvent qu'être elles aussi décalées. La meilleure preuve de ce point de vue est leur rapport à l'État. Maintenir l'idée d'un État minimal dans les conditions où la mondialisation a imprimé au développement une trajectoire stratégique indiscutable et où le succès des pays émergents va étroitement de pair avec le rôle joué par l'État revient à amputer ses chances de redressement.

C'est avec cette clé que l'on a lu l'ouvrage de John Micklethwait et Adrian Wooldridge, intitulé *The Fourth Revolution*[9]. Par cette dernière, les auteurs entendent qu'il faut repenser le rôle de l'État et réévaluer la performance des équipes gouvernementales. La question qui les préoccupe est la suivante : comment l'évolution de l'Occident est-elle allée de l'avant durant les trois ou quatre derniers siècles ? Certains auteurs répondent que c'est par l'application du droit romain, qui entérinait les droits de propriété ; d'autres remarquent le rôle décisif de la religion chrétienne. Pour John Micklethwait et Adrian Wooldridge, l'explication tient à l'identification du véritable facteur de propulsion économique et sociale : *le mécanisme gouvernemental*, qui, à chaque étape historique importante, a été repensé et redéfini en fonction des dominantes de l'époque.

Pourquoi « la quatrième révolution » ? Parce que, à l'époque moderne, l'État occidental a connu « trois révolutions et demie » (inspirées respectivement des ouvrages de Hobbes, de J.S. Mill, de Tangled Webb et de Milton Friedman, ce

---

[8] Martin Wolf, « China will struggle to keep its momentum », *art. cit.*

[9] John Micklethwait et Adrian Wooldridge, *op. cit.*

dernier n'accomplissant qu'une « demi-révolution »). C'est Hobbes qui a statué que le principal devoir de l'État était d'assurer le respect de la loi et de l'ordre. *Le Léviathan* a été publié en 1651, alors que l'Angleterre et l'Europe venaient d'être secouées par de terribles troubles (la guerre de Trente Ans venait à peine de s'achever). Pour Hobbes, l'État est « un assemblage de règles censées assurer l'ordre ». La révolution suivante est intervenue au XIXe siècle, par la voix de John Stuart Mill, au sein d'une Grande-Bretagne de la réforme et du progrès. Cette fois-ci, la mission de l'État ne pouvait plus être de créer de l'ordre à partir du chaos, mais d'assurer les conditions pour que les bénéficiaires de l'ordre puissent développer le plus possible leurs aptitudes et qu'ils vivent en paix. « L'État en tant que veilleur de nuit » définissait l'État minimal, qui interférait le moins possible avec la vie des particuliers. Plus d'un siècle plus tard, Tangled Webb a défini l'État du bien-être général, avec un gouvernement massif et de grosses dépenses sociales, qui ont inspiré la comparaison de l'État du bien-être avec un « *all you can eat buffet* ». Ensuite, Milton Friedman a proposé une sorte de retour à « l'État en tant que veilleur de nuit ». C'était la réaction contre le keynésianisme et les gouvernements impliqués dans l'économie, contre les gouvernements avec des responsabilités sociales de l'après-guerre ; comme toute réaction à un phénomène qui a pris une ampleur trop grande, elle a sa propre justification.

Il vaut la peine de s'arrêter sur cette « demi-révolution » accomplie par Friedman, vu qu'elle porte elle aussi le paradoxe de beaucoup d'interprétations occidentales à l'égard de l'État. Milton Friedman a eu dès le début une attitude radicale par rapport à l'État et du mépris quant à l'efficacité de ses instruments. C'est lui qui a lancé cette formule qui a rapidement fait carrière : « Si le désert de Sahara était dirigé par le gouvernement fédéral, en cinq ans, il n'y aurait plus de sable » et qui a influencé la vision de Reagan sur l'État. Milton Friedman opère beaucoup de « sur-simplifications » même par rapport à Hayek. Ce dernier préservait à l'État des fonctions importantes dans la réglementation des marchés, la prévention de la formation des monopoles, la surveillance de la politique monétaire ou encore les biens et les services (éducation et santé, par exemple). Chez Friedman, on découvre non seulement une attaque sans précédent à l'égard de ce que l'on appelle « *big government* », mais même *une aversion contre l'État*. Son objectif n'était pas de repenser l'État pour mieux en adapter l'activité, mais *l'amincissement massif* de ce dernier. Voilà pourquoi la réforme proposée par l'auteur américain vise à privatiser le plus possible des propriétés de l'État et confier certaines de ses fonctions traditionnelles aux compagnies privées (ce qui s'est passé pendant la guerre d'Irak). Margaret Thatcher et Ronald Reagan ont agi dans l'esprit de cette vision de Milton Friedman. Thatcher, par exemple, a privatisé trois quarts des compagnies détenues par l'État (dont British Airways et British Telecom), alors que Reagan a réduit sévèrement les taxes surtout pour les hommes d'affaires les plus importants, c'est-à-dire pour la couche riche, et a éliminé les réglementations instituées par l'État.

Mais, comme le précisent John Micklethwait et Adrian Wooldridge, « Reagan et Thatcher – et, par extension, Friedman – ont gagné un combat. Mais ils n'ont pas gagné la guerre[10] », au sens que, bien des années après, personne n'a plus parlé de *big government*. Durant les onze ans de son mandat (1979-1990), Margaret Thatcher a réduit les dépenses publiques de seulement 7 % (de 22,9 % du PIB à 22,2 %). Reagan n'a pas non plus réussi, à cause de l'opposition démocrate du Congrès, à réduire ces dépenses, lesquelles ont conduit en dernière instance à une explosion du déficit des États-Unis. « C'est ainsi que la révolution de Friedman n'a été qu'une demi-révolution ».

5.5. L'âge idéologique des interprétations sur l'État

Bien d'autres choses pourraient être dites au sujet de cette « demi-révolution ». On comprend à la présentation de Micklethwait et Wooldridge que le « demi » signifie le fait que l'on n'est pas allé jusqu'au bout, qu'elle devrait être, d'une manière ou d'une autre, redéfinie et continuée sur le plan pratique afin de devenir *une révolution à part entière*. Une riche littérature a réussi, à partir de phénomènes réels liés à l'État, à dresser le portrait d'un État devenu trop lourd, inefficace, voire quasi inutile. C'est ici que réside le hic de toutes ces discussions : on superpose deux choses distinctes. La dimension de l'État et de sa bureaucratie est une chose, alors que transférer les critiques faites depuis cette perspective sur l'utilité de l'État en est une tout autre. On pense automatiquement à Keynes, qui disait que, si l'État ne prend pas certaines décisions, personne d'autre ne les prend. Par conséquent, il s'agit là de niveaux distincts d'analyse.

L'appareil administratif alourdi, bureaucratisé est un problème réel. Les chiffres abondent de ce point de vue. En Amérique, par exemple, les dépenses gouvernementales ont augmenté de 7,5 % du PIB en 1913, à 34 % en 2000 et 41 % en 2011. En Grande-Bretagne, elles ont évolué de 13 % en 1913 à 48 % en 2011. Une source de cette évolution est représentée par la persistance, sous diverses formes, des éléments de l'État du bien-être, d'un État de l'assistance sociale ; mais une autre source est associée à la croissance objective de certaines dépenses sociales, y compris de la responsabilité sociale de l'État. Ces dernières décennies, un phénomène nouveau s'est fait jour : la modification de la proportion de la valeur nouvellement créée qui revient au travail et au capital en faveur de ce dernier. Comment a-t-on réagi devant cette nouvelle tendance, vu que la main-d'œuvre a elle aussi ses besoins de subsistance, de qualification, etc. ? Aux États-Unis on a libéralisé le système d'emprunts, de sorte que les employés puissent faire face aux diverses sollicitations, dans les conditions où

---

[10] John Micklethwait et Adrian Wooldridge, « State of the State », *Foreign Affairs*, juillet/août 2014.

leurs revenus avaient diminué. En Europe, les dépenses sociales ont augmenté, assurant ainsi un plus grand accès – gratuit ou semi gratuit – à l'éducation ou aux soins de santé.

Il est curieux que ces débats ne renvoient pas à la véritable cause de la croissance de certaines dépenses sociales, à savoir la modification du système de répartition de la valeur nouvellement créée en faveur du capital ; tout comme ils ne renvoient pas non plus aux responsabilités de l'État dans un contexte où les revenus sont plus petits et le besoin d'éducation plus grand. Dans l'article où il annonce sa séparation d'avec *The Economist*, qu'il a dirigé depuis 2006[11], Micklethwait signale un aspect en quelque sorte choquant : « Seuls 28 % des Américains âgés de 4 ans sont inscrits dans des unités publiques d'enseignement préscolaire ; jusqu'en 2020, la Chine espère inscrire 70 % des enfants de cet âge dans l'enseignement préscolaire[12] ». Voilà qui éveille l'admiration de l'auteur. Mais une telle performance réelle suppose également des dépenses sociales plus grandes. En tout cas, l'intégration des enfants en bas âge dans le système d'éducation montre clairement *ce que chaque État veut faire de sa propre richesse humaine*. Bien évidemment, il est nécessaire que les parents soient entraînés dans le modelage de cette richesse. Mais ce qui compte ici, c'est la responsabilité de l'État de former à temps la matière grise du pays, peu importe si les parents comprennent ou non combien il est important que leurs enfants soient formés au plus tôt. Cette situation met en avant une vérité limpide : ce n'est pas tant la dimension des dépenses sociales qu'il faut incriminer, comme on le fait souvent, mais l'emploi qu'on leur donne et la manière dont on met en valeur les fonds publics.

Le débat sur les responsabilités de l'État intervient à un moment où le monde est en train de se reconfigurer et où les pays riches accusent un *affaiblissement de la projection stratégique* de leur propre développement. Nous assistons à une nouvelle compétition globale dont le résultat dépend beaucoup de la manière dont on utilise l'instrument de la gouvernance. L'Occident ne semble pas préparé à utiliser cet outil fondamental, il est hésitant et peu enclin à saisir ce qui alimente les évolutions économiques spectaculaires de l'Asie. « La gouvernance est un véritable axe du succès dans la compétition globale. En Occident, la gouvernance est chaotique, légère et dépourvue de vision[13] ». Il est bien temps de se demander pourquoi l'Occident est peu préparé à repenser l'État : parce qu'il est prisonnier de « l'interprétation dominante », selon laquelle le capitalisme libéral représente la seule solution. Nous ne désirons pas discuter ici le modèle du capitalisme libéral. Mais il est certain que l'État minimal, l'un de ses piliers, non seulement apparaît comme de plus en plus dépassé, mais entre en contradiction avec les dominantes de notre époque, marquée par la mondialisation et par l'envergure stratégique du développement.

[11] « An Editor's Farewell: The Case of Liberal Optimism », *The Economist*, 31 janvier 2015.
[12] *Ibid.*
[13] John Micklethwait et Adrian Wooldridge, *The Fourth Revolution*, *op. cit.*, p. 136.

Voilà pourquoi les analyses sur l'État, par exemple celle de John Micklethwait et Adrian Wooldridge, ont cette faiblesse fondamentale : elles excellent dans la critique de l'État libéral, mais s'arrêtent lorsqu'il s'agit de proposer un nouveau modèle ; elles apprécient certaines réussites des États asiatiques, mais elles ne vont pas plus loin que d'affirmer que chaque époque importante exige un autre État, avec de nouvelles priorités et règles ; elles réfléchissent en marge de certaines positions de la pensée politique asiatique mais, en réalité, elles manquent d'ouverture d'esprit envers les expériences qui se déroulent sous nos yeux, ailleurs dans le monde. « La quatrième révolution » a la valeur d'un signal, mais elle ne passe pas outre ce niveau.

Il n'est pas étonnant que l'Occident ne soit plus disposé à reconnaître la valeur de certaines prises de position intervenues au long de sa propre histoire, dont, par exemple, celle d'Alfred Marshall, réputé économiste anglais et professeur de John Maynard Keynes, qui, au début du XXe siècle, fixe avec une rare force le rôle fondamental de l'État : « L'État est le trésor le plus précieux de la société et aucun effort n'est trop grand pour s'assurer qu'il remplisse sa mission le mieux possible[14] ».

En l'absence d'un développement robuste, la société occidentale ne peut retrouver ni sa cadence ni son prestige. Le développement robuste suppose une pensée stratégique robuste, qui parte du nouveau contexte et envisage un rôle nouveau et de nouvelles missions pour les sociétés riches. Tout simplement, la société développée doit se redéfinir, et ce, à partir de l'État lui-même.

5.6. « État minimal » et « développement médiocre »

Admettons-le, il s'agit là d'une démarche très difficile, en raison de sa nature – repenser la mission d'un instrument de la complexité et l'envergure de l'État n'est pas à la portée de tous – et aussi pour un autre motif. Pour que l'État soit utilisé avec toute sa capacité et tout son potentiel, il faut d'abord s'émanciper de « l'interprétation dominante » sur lui, qui veut qu'il soit un mauvais gérant et que, pour accélérer les processus globaux, il faut nécessairement un État faible, avec un rôle ornemental. Sur toutes les discussions autour des « interprétations dominantes », celle qui porte sur l'État est la plus importante et la plus dure, parce que celui-ci n'est pas, comme on le considère souvent, une machinerie administrative neutre. Il se reconstruit en permanence, en fonction de la nature du régime politique, des priorités de chaque étape et des objectifs assumés par une communauté nationale. L'État est le lieu géométrique de tout le système politique. À première vue, il agit sur des bases et sur des réglementations techniques. Mais, par tout son fonctionnement, il soutient et sert le système. Les choses ne se passent pas différemment à l'étape actuelle.

---

[14] John Micklethwait et Adrian Wooldridge, « State of the State », *art. cit.*

Ces dernières décennies, depuis l'époque inaugurée par Ronald Reagan et Margaret Thatcher, un processus de redéfinition et de reconsidération du rôle et des fonctions de l'État a eu lieu. C'est R. Reagan qui a lancé la formule la plus suggestive synthétisant cette redéfinition : « L'État n'est pas la solution, il est le problème ». Il ne s'est pas agi uniquement d'un changement de proportion, mais du *déplacement du noyau* de l'activité de l'État. Les fonctions de l'État ont été repensées selon au moins trois directions : un État retiré de l'économie, un État émancipé par rapport aux responsabilités sociales, un État avec peu de prérogatives dans le domaine du développement stratégique. Mais si l'État se retire, qui va occuper la place restée libre ? Si l'État s'est retiré, c'est, pour la plupart, afin de faire de la place aux compagnies et aux entreprises, au « dynamisme du marché ». Voilà pourquoi on a assisté à sa véritable *colonisation* par des intérêts et des options privés. Mais qu'en est-il de la fonction de direction stratégique de l'État ? C'est ici que le plus gros effondrement s'est produit, car une entreprise peut bien imprimer un nouveau dynamisme, elle n'est pas équipée pour faire des élaborations stratégiques.

Il est difficile de caractériser par une seule formule l'État tel qu'il a été défini et tel qu'il a fonctionné pendant tout ce temps. Pourrait-on parler d'un État « faible » ? Assurément que oui, par rapport à l'État de l'après-guerre. Seulement, on ne peut pas dire que l'État américain est un État « faible ». Il a des liens stratégiques avec les grosses entreprises et, lorsque le besoin se présente, comme ce fut le cas durant la crise, il intervient. Il serait plus pertinent de parler d'un État « minimal ». Cette formule semble plus proche de la vérité, avec la mention, essentielle, que l'État s'est retiré en faveur des grosses entreprises et des gros intérêts privés et qu'il est ainsi devenu un État captif, servant de massifs intérêts privés. Il y a une grosse différence entre « l'État minimal » de l'époque du libéralisme classique et « l'État minimal » tel que défini par le néolibéralisme. L'État minimal classique ne faisait qu'assumer certaines responsabilités – certes importantes, mais ayant toutefois une signification secondaire (d'où l'appellation de « veilleur de nuit »). L'État minimal néolibéral renonce à certaines responsabilités, se retire pour que les intérêts privés puissent avancer et s'affirmer le plus possible. Au besoin, il intervient avec les instruments dont il dispose au service de ces intérêts. En un mot, on a affaire à un mouvement de retrait à signification stratégique. L'État « s'amincit » afin de faire place aux « forces du marché ». Mais, même dans ces conditions, aminci, réduit, amputé, il devient *un veilleur de jour et de nuit* des gros intérêts privés. Il est couplé, principalement, avec ces intérêts, et son véritable but, bien que non pas nécessairement avoué, est de les servir.

« L'État minimal », tel que défini ci-dessus, représente l'axe autour duquel s'organise le système politique dans bien des sociétés développées. « L'État minimal » n'est pas simplement un postulat que l'on peut démontrer par une démonstration logique ; il est constitutif de l'actuelle organisation politique. Un gouvernement fort met des bâtons dans les roues aux multinationales. « L'État minimal » est le terrain idéal pour que les entreprises avancent, pour qu'elles acquièrent des positions clés dans la prise de décisions.

Un tel État est requis par l'ascension du système financier-bancaire. Pourquoi les marchés financiers seraient-ils intéressés à ce que les gouvernements soient puissants, qu'ils gèrent attentivement le potentiel d'un pays, qu'ils n'aient pas de grosses dettes et qu'ils ne se rapprochent pas de la limite dangereuse des déficits et des emprunts ? Lorsqu'ils ne réussissent pas à assujettir l'État, les marchés financiers l'endettent. Pourquoi avoir transféré des pertes énormes du domaine bancaire vers la dette publique ? Dorénavant, l'État se retrouve endetté. Les générations suivantes ne sauront plus précisément d'où les dettes proviennent. Tout ce qu'elles sauront, c'est qu'elles existent et que « l'État est un mauvais gestionnaire ». Sur ce fond, aura du succès tout jugement défavorable envers l'État, voire même toute incrimination directe.

Enfin, « l'État minimal » est requis par l'ascension de la mondialisation. Les flux de tous bords n'ont pas besoin d'un État puissant. Les États puissants pourraient leur faire obstacle. Qu'il s'agisse de l'ascension des entreprises et des multinationales, du rôle de plus en plus important des marchés financiers ou de l'avènement de la mondialisation, le gouvernement joue dans tous ces processus *un rôle secondaire*, celui de structure de soutien et de propulsion des nouvelles forces, des nouveaux vecteurs qui font aller de l'avant la société avancée d'après la guerre froide. Voilà son nouveau rôle, sa nouvelle mission : qu'il se préoccupe non pas tant d'optimiser son propre fonctionnement, mais qu'il appuie, qu'il encourage les nouveaux acteurs économiques et sociaux. Voilà pourquoi les plaidoyers pour la redécouverte des qualités et des fonctions de l'État dans le processus du développement sont d'une terrible naïveté. On a affaire ici non pas à un problème d'élaboration intellectuelle, mais à une question d'option politique, déjà prise et concrétisée. L'État devrait être « tiré » de la structure au sein de laquelle il fonctionne, conçu autrement, redécouvert, mis en valeur, ce qui revient à reconcevoir l'ensemble et à démarrer une véritable guerre contre les intérêts privés qui, entre-temps, ont gagné des positions si importantes. Afin de repenser le rôle de l'État, il faut *tout repenser*.

La vision néolibérale sur l'État, dont la crise a mis en avant les faiblesses, comporte bien des critiques. On pourrait par exemple lui reprocher de ne pas avoir saisi l'importance décisive de la *direction stratégique dans le processus du développement contemporain,* dont, en fin de compte, ont besoin les entreprises elles-mêmes. Elles aussi éprouvent le besoin d'un horizon, d'une perspective, voire d'un appui dans ce sens. Les compagnies puissantes et le secteur privé dynamique n'annulent pas la fonction stratégique du gouvernement et de la gouvernance, au contraire, ils les accentuent. C'est ici que réside, à notre avis, l'erreur de fond du néolibéralisme, saisie plus tard par un important théoricien américain, Dani Rodrik. En effet, selon ce dernier, les « marchés et les gouvernements se complètent les uns les autres, ils ne se remplacent pas les uns les autres. Si l'on veut plusieurs – et de meilleurs – marchés, on a besoin de plus de gouvernement (et meilleur). Les marchés fonctionnent au mieux non pas là où les États sont faibles, mais là où ces derniers sont puissants[15] ».

Aux sommets du leadership politique, ce qui est le plus difficile, c'est d'admettre l'erreur, la décision qui ne porte pas ses fruits, qui ne fonctionne pas. Les choses se compliquent davantage lorsqu'il s'agit d'une orientation stérile. Il y va des orgueils, des idéologies et peut-être, plus que tout, il y va du modèle. La modification du modèle est vue comme un signe de faiblesse, voire de manque de viabilité. C'est alors que les choses se bloquent. Voilà pourquoi « l'interprétation dominante » de l'État est si importante ; parce que, en dernière instance, l'État incarne le système et son fonctionnement. Voilà pourquoi, de manière réaliste, il y a peu de chance que son rôle soit repensé. Cette réévaluation devrait venir des États-Unis, parce que ce sont eux qui ont le plus contribué à postuler « l'État faible » et à amplifier le rôle joué par les autres composantes de la société moderne, du système entrepreneurial à celui financier-bancaire. Bien évidemment, les États-Unis désirent à juste titre exploiter ce système, le faire fonctionner pour leur propre intérêt, ce qui est tout à fait compréhensible. Le problème qui se pose tient à la performance modeste, à la perspective incertaine que ce type d'État assure au développement. Il existe le risque réel que, au fur et à mesure que les années passent, les actions de l'Amérique visant la redéfinition du rôle de l'État soient remises en question même par les pays avancés.

Il s'agit là, si l'on veut, du test suprême pour les États-Unis et pour la plupart des sociétés développées. Il faut repenser l'État, afin qu'il remplisse son rôle de *stratège du processus de développement*. L'ascension des émergents, avec l'accent qu'ils mettent sur le rôle de l'État, est un signal de plus en plus pressant. Nous verrons si les États avancés sont davantage attachés au modèle institué ces dernières décennies et qui s'inspire directement ou indirectement de la doctrine du néolibéralisme, ou s'ils vont décider d'inaugurer une nouvelle étape de leur propre développement et de tirer profit de l'instrument les ayant propulsés – l'État et ses outils. Ce qui menace surtout l'évolution des États avancés, c'est qu'ils ne saisissent pas les risques qu'ils courent et qui sont liés au fait que l'État est utilisé à la moitié de son potentiel. Un État qui fonctionne à la moitié de son potentiel maintiendra aussi le processus du développement dans un état de semi-performance.

---

[15] Dani Rodrik, *op. cit.*, p. XVIII.

Deuxième partie

« Les développés » s'apparenteront avec les « émergents », tout comme l'aristocratie l'a fait avec la bourgeoisie

Premier chapitre
Trois lectures allemandes du monde contemporain

1.1. Il faut non seulement prévoir l'avenir, mais aussi le préparer

Dans un monde où abondent analyses, évaluations et projections, ce qui manque souvent, c'est la véritable prévision, basée non pas sur les extrapolations de toutes sortes et sur les tendances déjà visibles, mais surtout sur ce qui se forge en profondeur. Mais comment pourrait-on prêter attention à une préfiguration ou à une tendance qui se fait timidement jour dans la société ? Le monde sérieux s'intéresse aux « dominantes », à ce qui est « urgent », à ce qui crée « l'agenda ». Les préfigurations ? Elles sont tout au plus discutées par le monde académique et ne passent pas les portes des bureaux où les décisions importantes sont prises.

Que faut-il prendre en considération lorsque l'on veut deviner les évolutions possibles du monde contemporain après le pic de la crise ? Les processus porteurs de leçons, les réalités socio-économiques dynamiques, les États qui auront un mot plus important à dire dans la construction du lendemain. De ce point de vue, toute tentative d'identifier les dominantes de la période à venir doit tenir compte de la politique de l'Amérique, la seule superpuissance du monde. La stratégie des États-Unis, leurs options et leurs projections constitueront de véritables repères, *l'arrière-plan de l'analyse* que l'on entreprend ici. Nous avons jugé approprié de choisir deux pays des plus dynamiques du point de vue économique, deux États qui ont bien surmonté la crise, qui se sont même retrouvés renforcés après le séisme économique, soit l'Allemagne et la Chine. La politique d'un État qui enregistre de la performance économique dans des conditions si critiques constitue une « bibliographie obligatoire » pour ceux qui s'intéressent aux évolutions futures. L'un des deux pays choisis fait partie du groupe des États développés et représente « la locomotive économique » de l'Union européenne ; l'autre est un pays émergent, également une locomotive, cette fois-ci de l'Asie de l'Est et, surtout, une « locomotive mondiale » pendant les années critiques de la crise et de la post-crise.

Dans le cas de l'Allemagne, nous nous arrêterons sur ce que l'on pourrait appeler « trois lectures allemandes » du monde contemporain. À présent, on admire beaucoup les performances économiques de ce pays, mais on s'interroge peu sur ce qui a précédé ces succès et en a jeté les bases. Les deux premières prises de position sur lesquelles nous nous sommes arrêtés appartiennent à deux anciens chanceliers, Helmut Schmidt et Gerhard Schröder.

Ils ont tous deux livré deux brillantes analyses centrées sur une réalité qui prenait de plus en plus de place : *l'évolution et le rôle des marchés financiers globaux*. Leurs prises de position respectives datent de la période avant la crise, ce qui a représenté un argument supplémentaire pour notre choix. Le sérieux avec lequel une société prend soin de son propre avenir se reflète aussi dans l'effort qu'elle fait pour comprendre et prévenir des évolutions défavorables. C'est ce qui individualise les nations qui savent ce qu'elles veulent et s'intéressent véritablement à leur propre devenir. La troisième lecture est signée par celui qui est probablement le plus grand philosophe européen encore en vie, Jürgen Habermas, et porte sur l'engagement européen de l'Allemagne, sujet d'une grande actualité.

Pour ce qui est de la Chine, nous nous sommes arrêtés sur une initiative qui en dit plus sur le monde contemporain que ne le font nombre d'analyses, à savoir la création de la Banque asiatique d'investissements pour les infrastructures (Asian Infrastructure Investment Bank, AIIB). On en a beaucoup discuté, mais sa signification plus large n'a pour la plupart pas été saisie. « On a créé une banque, quoi de plus simple », pourrait-on dire. Oui, mais cette initiative a bouleversé tant l'Europe que l'Asie. Elle a déclenché un petit séisme politique, a déterminé des positions inattendues de la part d'États-phares et a généré un véritable frémissement économique et politique.

Les analyses et les initiatives sélectionnées ont un dénominateur commun : les finances mondiales. Qu'il s'agisse des marchés financiers ou du système bancaire mondial, les finances deviennent le terrain de prédilection d'affrontements et désaccords. Ceci n'est pas un hasard, car nous vivons à une époque de financiarisation, que la crise récente a été, du moins dans sa première partie, une crise financière et que l'ordre financier mondial, tel qu'il a été établi après la Seconde Guerre mondiale et consolidé après la fin de la guerre froide, a commencé à éveiller des mécontentements parmi les émergents et aussi parmi certains pays développés.

Ce n'est pas par hasard que deux pays dynamiques s'intéressent, d'une manière ou d'une autre, à l'ordre financier du monde. Cela ne veut pas dire qu'ils entreprennent un « assaut » contre celui-ci. Il s'agit en réalité de gestes d'autoprotection, de signaux et d'initiatives, lesquels, corrélés, visent en dernière instance le système financier global, l'ordre mondial dans ce domaine essentiel. Au sujet de la création de la Banque asiatique d'investissements pour les infrastructures et des craintes que cette initiative a générées, le premier ministre chinois, Li Keqiang, précise : « La banque est plutôt conçue pour compléter l'actuel système financier international, que la Chine entend maintenir et consolider. S'il faut le réformer, on est également disposé à travailler aux côtés des autres pays afin de le rendre plus juste, plus correct, plus équilibré[1] ». Observez bien : dans la première partie de la phrase, on parle du soutien pour le système financier international, pour que, dans la partie finale, on mentionne aussi la disponibilité de contribuer à sa transformation. L'initiative chinoise ne se présente pas tout à fait comme une alternative, mais c'est avec bien de la diplomatie qu'elle remet en question le système financier international. Voilà la particularité du moment, peu comprise, peu discutée. Dans le domaine politique, les affrontements sont ouverts, voire parfois conflictuels, alors que, dans le domaine financier-bancaire, tout se fait en silence, ce qui témoigne de l'importance et de la sensibilité du sujet. Nous nous y pencherons par le biais des lectures et des initiatives susmentionnées, tout en précisant que de telles analyses et initiatives peuvent annoncer, à long terme, des conséquences politiques certaines. Lorsque deux acteurs importants partagent un certain mécontentement envers la même réalité – dans notre cas, le système financier-bancaire international – ils se rapprochent par la force des choses, surtout si d'autres tendances économiques et commerciales travaillent dans le même sens. Il n'est donc point exclu que des *constellations de puissance soient en train de se former*.

1.2. Première lecture : des forces qui font du capitalisme un « capitalisme de prédation »

Le 1er février 2007, Helmut Schmidt publie dans *Die Zeit*[2] un article fameux, qui a tout de suite été traduit et discuté sur de nombreuses plateformes, telles que le site Wall Street[3], où nous avons pu le consulter. L'influence de l'article tient au prestige de l'auteur, ancien ministre des Finances et ancien chancelier, au moment où il a été publié, soit au début de 2007, juste avant que la crise ne se déclenche, et aussi à la profondeur de l'analyse. Lorsque la crise a éclaté et qu'elle a confirmé les prises de position de l'ancien chancelier allemand, cette étude est devenue d'une actualité indéniable. Une personnalité de l'envergure de Jürgen Habermas continue de s'y référer, dans des termes révérencieux.

Voilà comment débute cet article-avertissement publié sur le site de Wall Street : « La banque new-yorkaise d'investissements Goldman Sachs a déboursé 16 milliards de dollars pour les salaires de la direction et des employés ; le montant payé par les cinq premières banques américaines d'investissements dans le même but s'élève à 36 milliards de dollars. Pour un Allemand

[1] Transcription Li Keqiang, *Financial Times*, le 15 avril 2015. Le 31 mars 2015, le premier ministre chinois a accordé un entretien en exclusivité au *Financial Times*, représenté par Lionel Barber, David Pilling et Jamil Anderlini. Le journal alloue une page à l'entretien, où les affirmations de Li Keqiang alternent avec les commentaires des trois journalistes. La version en ligne publie aussi la transcription de l'entretien.

[2] *Die Zeit*, n° 6, 1er février. <http://www.zeit.de/2007/06/Globale-Finanzmaerkte>.

[3] <http:www.wallstreet-on line.de/diskussion/110961>.

ordinaire, il s'agit là d'une somme inimaginable… On se demande sans le vouloir si ce qui se passe sur les marchés financiers est en ordre ». « Les marchés financiers » est une formule utilisée fréquemment sans que le contenu qu'elle désigne soit clair. On ne prétend pas que Helmut Schmidt offre l'explication standard de cette notion. Vu ses positions officielles et ses compétences dans le domaine financier, on peut dire que son analyse fait figure de repère. Que sont donc les marchés financiers ?

Lorsque l'on approche un phénomène nouveau, il est essentiel de comprendre le contexte de son apparition. De l'avis de l'auteur, la mondialisation des marchés financiers a débuté dans les années 1970, dans un contexte très compliqué, caractérisé par l'éclatement de la crise pétrolière ; c'est le moment où les pays exportateurs de pétrole ont constitué un véritable cartel, comme un élément de pression sur le monde afin de faire accroître le prix de cette matière première et résoudre le conflit arabo-israélien, à l'époque en plein déroulement. Tout comme les pays de l'OPEC, les nouveaux acteurs du domaine financier représentent *un levier de pression.* Dans le cas de l'OPEC, on avait affaire à des gouvernements de pays qui se proposaient de maintenir un certain niveau du prix du pétrole. Les marchés financiers ont un pouvoir comparable, sauf que l'« on n'a pas affaire à des États ou des gouvernements, mais à des institutions financières privées ». Les États membres de l'OPEC se rencontraient, publiaient des communications, exprimaient des positions communes. Dans le cas des marchés financiers, il n'existe pas de transparence minimum pour ce qui est de leurs activités et de leurs décisions. Le risque est amplifié par le comportement des managers financiers, qui se donnent rendez-vous dans les centres internationaux – « à Londres ou à New York » – où ils prennent des décisions qui influencent bien des pays et des régions.

La constitution et l'évolution des marchés financiers ne sauront être comprises si l'on ne souligne pas la signification du moment où, dans les années 1970, le dollar a cessé d'être une « ancre » du système financier international. Jusqu'à cette époque-là, le dollar était convertible en or, et les rapports avec les autres devises étaient fixes. Du moment où la devise principale du monde elle-même a commencé à fluctuer, toutes les autres devises ont suivi une évolution similaire. Il ne s'agit pas d'appréciations ou de dépréciations faites par l'État, mais d'une fluctuation apparue à cause du *jeu des taux de change*, qui a largement ouvert les portes des actions financières spéculatives. Les conditions étaient ainsi créées, alors que les acteurs qui mettent en valeur ce nouveau contexte, soit les marchés financiers, existaient déjà. C'est ainsi que s'est déclenché *un processus spéculatif au niveau mondial*, que personne n'a contrôlé et qui a conduit à des profits dont on ignore les vraies dimensions. À l'époque, il y avait dans le monde plus de 9 000 fonds d'investissement, disposant d'un capital qui dépassait un milliard de milliards de dollars[4].

Les évolutions enregistrées ces dernières décennies mettent en avant la caractéristique la plus importante des marchés financiers : ils représentent *des moyens de spéculation financière*. C'est ainsi que Helmut Schmidt, par exemple, explique la crise asiatique : par des hausses et des baisses des taux de change, dépourvues de fondement économique. Qui a accordé des prêts aux pays de la région ? Divers représentants des marchés financiers. Quand cela s'est-il passé ? Quand le taux de change était « haut ». Ensuite, ces mégaspéculateurs « ont parié sur le déclin des taux de change », et ces derniers se sont effondrés. La somme à rembourser avait considérablement augmenté rien qu'à cause de la différence du taux de change. Les pays ont dû emprunter de l'argent auprès du FMI et se sont retrouvés endettés pendant bien des années. Quels ont été les vrais bénéficiaires de « la minicrise financière asiatique » ? Ceux qui ont accordé le prêt, soit les marchés financiers. Bien évidemment, les taux de change ne sont pas la seule source de l'activité spéculative. Ce qui compte, c'est que toute une structure s'est développée, voire un véritable *réseau de structures financières*, dont le but est le profit spéculatif à court terme, surtout en faveur des gérants de ces marchés : des fonds mutuels, des fonds à risque, des fonds d'investissement, des fonds de développement immobilier, « des fonds des fonds », etc. (ce qui en termes de spécialité s'appelle *shadow banking system*). Les frontières entre les banques et ces nouvelles structures financières privées se sont estompées.

Enfin, les marchés financiers mondialisés se distinguent par un autre aspect important : ils restent *opaques devant le citoyen et le politicien, réfractaires aux réglementations et aux surveillances.* « Les fonds d'investissement et les institutions affiliées ne sont pas surveillés. Il n'y a sûrement pas de règles acceptées sur le plan international ». Cette combinaison entre les objectifs spéculatifs et le manque de transparence, entre leur envie de profit à court terme et les immenses fonds financiers dont ils disposent, entre l'absence de surveillance et l'absence de règles de conduite acceptées, fait des marchés financiers non seulement une force redoutable, mais également une force qui peut faire s'effondrer le monde. Les gérants de ces nouvelles institutions financières sont associés aux condottieres du Moyen Âge[5], autrement dit, à des personnes dont le seul but est le profit personnel et dont le pouvoir n'est pas limité par des contraintes et des règles.

L'apparition des marchés financiers est une transformation d'essence, intervenue non seulement dans le champ financier-bancaire, mais aussi au

---

[4] On ne dispose pas à présent de données exactes quant au capital de ces fonds, chaque auteur avançant des chiffres différents. Il est clair que leur capital dépasse 10 milliards de milliards de dollars.

[5] À la période des cités-États italiennes, les condottierres étaient les chefs des formations militaires contractées pour les défendre. Le renvoi à cette occupation du Moyen Âge suggère l'idée de mercenariat, de contrat conclu pour une durée limitée et dont le but est le profit le plus grand.

sein de la société capitaliste dans l'ensemble. Ces marchés ouvrent un ample espace pour les actions spéculatives et nourrissent la tentation pour les profits maximums réalisés au plus vite ; en fait, ils altèrent toute une évolution historique, orientée, il est vrai, par le gain, mais par un gain de nature économique. Le capitalisme a depuis toujours été intéressé par le profit, mais il a également prêté attention au respect d'équilibres et de corrélations fondamentaux, tels que, d'une part, entre travail et performance, et, d'autre part, entre résultat et profit. C'est pourquoi la conclusion de Helmut Schmidt est sans équivoque : « On peut à juste titre parler d'un capitalisme de prédation ». D'ailleurs, l'auteur n'hésite pas à se demander au sujet de la situation économique et financière des États-Unis, au montant de ses dettes, aux énormes sommes d'argent qui se dirigent vers ces derniers (ce qui s'est appelé plus tard « économiser à l'excès[6] », une explication importante de la crise) : combien de temps cela peut-il durer ?

En tant que politicien, il interroge la réticence envers la réglementation et la surveillance de la nouvelle puissance et il trouve que la seule explication pourrait résider dans le profit obtenu « dans les grandes capitales financières du monde ». « Ce n'est que lorsque l'enfant tombera dans la fontaine que l'on réagira ». Peu de temps est passé jusqu'à ce que « l'enfant tombe vraiment dans la fontaine ». La crise, la plus grande après la Grande Dépression, éclatait déjà...

Au premier plan de la démarche de l'auteur se situe l'analyse des marchés financiers, mais son aspect cardinal est représenté par la manière dont la nouvelle force globale peut affecter le développement de l'Allemagne, comment ce pays entend orienter le processus de développement, de sorte qu'il ne soit pas pris au dépourvu par des évolutions surprenantes. Une telle attitude est tout à fait remarquable : les problèmes sont considérés et examinés du point de vue de l'Allemagne, à la lumière du possible impact que l'ascension des marchés financiers peut avoir sur ce pays. Nous n'entrerons pas dans les détails d'un débat qui comporte autant d'aspects techniques ; nous analyserons dans ce qui suit trois aspects à signification plus large.

La mondialisation financière attire la plupart des banques et le système bancaire de l'ombre dans un flux qui finit par devenir indépendant envers l'État. Les institutions bancaires portent bien un nom allemand, mais *leur activité est couplée à d'autres centres,* aux activités et aux décisions auxquelles leurs intérêts sont de plus en plus liés. Dans ce contexte, l'auteur invoque l'exemple de la plus grosse banque privée allemande, la Deutsche Bank, qui le siècle dernier a été le plus gros financeur des entreprises industrielles allemandes. Lorsque cette étude a été publiée, Deutsche Bank engrangeait la plupart des profits des banques d'investissements de New York et de Londres et, comme le précise l'auteur, la plupart de ses actions étaient détenues par des propriétaires extérieurs au pays.

[6] En original, *savings glut.*

Tout en signalant le retard enregistré par le système bancaire allemand, Helmut Schmidt recommande un processus accéléré de fusion entre les banques allemandes, justement afin d'empêcher qu'elles ne soient « occupées » par les forces des marchés financiers. Ce qui le dérange, ce n'est pas que des forces financières étrangères soient présentes en Allemagne, mais qu'elles obéissent à des décisions et des intérêts extérieurs au pays – « les décisions sont prises à New York et à Londres, plutôt qu'à Francfort ». Dans ce contexte, il salue les préoccupations du gouvernement fédéral d'introduire certaines restrictions pour l'activité financière-bancaire en Allemagne, tout en précisant : « Le désastre peut être évité à condition de réglementer strictement la circulation du capital, tout comme on réglemente le trafic aérien et maritime. Il s'agit là d'une mesure impérieusement nécessaire ».

Le lecteur connaît bien l'importance que nous avons accordée à la relation entre l'État et le développement, examinée dans la première partie de cet ouvrage. Il comprendra par conséquent pourquoi nous sommes parfois tentés de souligner cette véritable constante de la pensée allemande : le développement ne peut pas se détacher de l'État et de ses responsabilités. Lorsqu'il s'agit de la colonne vertébrale de la santé économique, à savoir l'activité financière-bancaire, l'État doit s'impliquer directement et sans réserves. Il faut non seulement affirmer cet impératif, mais prendre un engagement en ce sens, ce qu'Angela Merkel a déjà fait en 2011, à l'occasion de son message pour le Nouvel An. « Le monde n'a pas encore complètement appris la leçon qui se détache de la crise financière dévastatrice de 2008. Nous sommes tenus de prendre des mesures pour que l'irresponsabilité ayant conduit à ces événements-là ne se reproduise jamais. Dans l'économie sociale de marché, l'État veille sur l'ordre. Les gens doivent lui faire confiance[7] ».

1.3. Deuxième lecture : « Dans le passé il y avait les ennemis, à présent, il y a les marchés financiers »

De telles formules n'apparaissent pas d'un coup, elles expriment les préoccupations pressantes du débat public. Le pays où elles sont lancées n'est pas un hasard non plus. Il aurait été peu probable qu'elles puissent se faire jour dans l'espace public anglais par exemple, lorsque l'on sait bien que l'espace anglo-américain est le lieu de naissance des marchés financiers. La formule en tant que telle est apparue dans un entretien que Jürgen Habermas a accordé à George Diez[8]. Le déroulement de l'entretien ne laisse pas

[7] Message pour le Nouvel An prononcé par Angela Merkel – vidéo. <http://www.bundeskanzlerin.de/Content/DE/Artikel/2011/2012/2011-12-31-neujahresansprache.html>.

[8] George Diez, « Habermas, the Last European. A Philosopher's Mission to Save the EU », *Spiegel online*, le 25 novembre 2011. <http://www.spiegel.de/international/europe/-habermas-the-last-european-a-philosopher-s-mission-to-save-the-eu-a-799237.html>.

clairement entendre auquel des deux interlocuteurs elle appartient. À la limite, cela n'est pas si important. Ses vrais « parents » sont les débats intenses qui se sont déroulés en terre allemande, certains moments cruciaux où ont été lancées des élaborations essentielles sur les marchés financiers et où des réponses ont été préfigurées quant à la manière dont il faut faire face au nouveau phénomène.

Il faut également mentionner que dans l'espace public allemand, il y a eu des débats intenses quant à la nature des marchés financiers et de leur impact réel. Le lancement en 2003 de L'Agenda 2010 représente un moment clé dans l'élaboration de cette position. Nous avons parlé ailleurs de la signification de ce document[9]. Nous reprenons dans ce qui suit une partie de nos considérations, car elles éclaircissent la problématique abordée ici. Quelques significations majeures du moment 2003 se dégagent à notre avis, qui devraient être prises en considération par toute personne préoccupée par la compréhension des marchés financiers et de la manière dont ils peuvent influencer le développement contemporain. La première est la caractérisation elle-même des marchés financiers, accompagnée par la réponse formulée à l'époque par le gouvernement allemand : « Soit nous nous modernisons nous-mêmes, et par cela j'entends l'économie de marché, soit nous serons modernisés par d'autres, et par cela j'entends les forces non contrôlées du marché qui vont tout simplement balayer d'un revers de la main les éléments sociaux[10] ».

Nous avouons que nous ne savons toujours pas ce qu'il faut mettre davantage en avant : *la caractérisation ou la réponse*. Peu de monde a compris que, à ce moment-là, nous étions déjà entrés depuis quelque temps dans une nouvelle étape de l'évolution capitaliste ; une étape où les finances jouaient un rôle de plus en plus important, alors que les marchés financiers étaient devenus une sorte d'arbitre international. Les marchés financiers avertissaient quant à des faiblesses et des dérapages ou proposaient des sanctions, non pas sous la forme de décisions prises par quelque aréopage international, mais par la hausse du taux d'intérêt. Jadis, les forces d'occupation utilisaient les armes militaires, alors que les nouvelles forces font quant à elles appel à des critères de performance. Elles exigent une organisation qui dirige et *assure la performance*. Que pourrait-il bien advenir si ces demandes ne sont pas prises en considération ? Rien d'important, à première vue. Sauf que, tout en haussant les taux d'emprunts, les marchés financiers augmentent les coûts des emprunts – de ceux qui ont été déjà contractés ou de ceux qui le seront. Il s'agit là d'une sorte de punition silencieuse, mais très douloureuse. Vu que tout le monde – à la fois

---

[9] Paul Dobrescu, *Un deceniu cât un secol: secolul lumii emergente*, Bucarest, Comunicare.ro, 2013, p. 169.

[10] Gerhard Schröder, « Agenda 2010 – The Key to Germany's Economic Success », *Social Europe Journal*. <http://www.socialeurope-eu/2012/04/agenda/2010/thekey/to/germanys/economic/succes/>.

les États pauvres et les États riches – a besoin d'argent, ce type de sanction n'est pas seulement dur, mais il équivaut à une sorte d'esclavage. Les marchés financiers agissent-ils au nom de quelqu'un ? Difficile à dire. Ce qui est sûr, c'est que les problèmes sociaux ne les intéressent pas. Leur credo existentiel est le profit. Quant aux problèmes sociaux, ils sont à la charge de chaque État. Ce qui compte, c'est d'obtenir le résultat économique final. Voilà pourquoi les marchés financiers agissent *comme un véritable « fouet »*, qui intervient à chaque fois qu'apparaissent des dérapages, des défaillances dans la performance, des problèmes liés à des résultats économiques en général. Leurs actions ont l'air bien neutre ; en réalité, elles vous poussent petit à petit dans une direction qui prête de moins en moins attention aux problèmes sociaux, aux préoccupations qui peuvent affecter ou « mordre » la performance économique.

Tout ce que l'on peut faire, c'est se conformer à leurs demandes, améliorer sa propre performance. Celui qui désire survivre doit se replier au plus vite, se préparer à temps, intégrer à l'avance les demandes intrinsèques formulées par ces marchés et devenir ainsi compétitif. C'est la seule chance pour survivre et maintenir une position digne, qui permette de conserver la composante sociale du développement, à laquelle les Allemands sont particulièrement attachés.

Nous anticipons à ce point de notre discussion une question : comment se fait-il que même un pays comme l'Allemagne, fort, organisé et performant, ne puisse pas ignorer les demandes des marchés financiers ? Si l'on examine de près les conditions et les critères des marchés financiers, on découvrira le lien de substance entre ces forces-ci et la mondialisation. En réalité, les marchés financiers sont *l'enfant légitime de la mondialisation.* Ils encerclent, à l'image des ennemis de jadis. On ne peut pas s'y soustraire, car la mondialisation est elle-même un processus ample, qui imprime certaines caractéristiques à la fois au développement et au comportement général des États. Personne ne peut en faire abstraction.

L'Agenda 2010 a été peu de fois discuté dans le contexte plus large que connaissait à l'époque l'Allemagne. Au seuil des deux siècles, l'Allemagne était encore considérée comme « le malade de l'Europe ». Elle venait de traverser une difficile période de transition, d'environ une décennie, durant laquelle elle avait intégré l'ancienne République démocratique d'Allemagne. Préoccupée par ces problèmes, elle ne s'est plus intéressée à la performance économique. Les coûts unitaires impliqués par la main-d'œuvre – élément central de la compétitivité – étaient supérieurs à ceux de la France. Le capital avait migré vers le sud, là où les salaires étaient bas et les profits escomptés grands. L'Allemagne se rapprochait à pas sûrs d'une sorte de blocage économique, extrêmement coûteux pour ses aspirations. Voilà pourquoi les années 2000-2005 ont représenté une période d'effort pour la modernisation économique. L'Agenda 2010 est le moment charnière de ce processus. Le document a promu « la plus grande réduction du système allemand de sécurité sociale depuis la Seconde Guerre mondiale ». D'ailleurs, son adoption a provoqué de fortes convulsions au sein du Parti social-démocrate. Gerhard Schröder a menacé de présenter sa démission, sans qu'il propose de remplaçant. C'est à peine à ce moment que l'Agenda 2010 a été approuvé.

C'est un document d'une dureté hors du commun pour l'époque, mais qui se trouve à la base de la performance contemporaine du pays. Un document qui a massivement coupé les droits de la main-d'œuvre et accordé de nouveaux avantages au capital et à l'entrepreneur. Il est surprenant qu'un tel document ait été proposé par un chancelier social-démocrate. Il ne faut pas oublier qu'il s'agit d'un chancelier qui considérait que le critère principal selon lequel on apprécie une économie est la performance ; les approches « de gauche » ou « de droite » sont secondaires. Si l'on examine l'Agenda 2010 dans les termes consacrés plus tard, on pourrait le considérer comme un document d'« inspiration néolibérale ». Alors qu'en réalité, il s'agit bien d'un document censé servir au développement de l'Allemagne dans les conditions de l'époque, proposé par un chancelier visionnaire, qui a su mettre la performance au-dessus de tout à un moment où elle était décisive pour l'avenir du pays. Voilà comment Gerhard Schröder caractérisait l'Agenda 2010 au sein du Bundestag, lors des débats ayant précédé son adoption : « L'Agenda 2010 comprend des réformes structurales radicales. Elles rendront l'Allemagne, à nouveau, leader de la prospérité et de l'occupation de la main-d'œuvre. Elles assureront l'avenir des générations suivantes et renforceront les fondements de notre prospérité[11] ». Bien évidemment, de nombreuses raisons économiques ont été à la base de l'Agenda 2010, dont, par exemple, ce que Hans-Werner Sinn appelle la migration massive du capital allemand au détriment des investissements internes[12]. Après l'introduction de la monnaie unique, l'Allemagne a connu une véritable fuite du capital autochtone vers la « périphérie », là où les coûts réduits de la main-d'œuvre lui assuraient de gros profits. Devant cette situation nouvelle, « l'Allemagne n'avait d'autre option que d'adopter des réformes, lesquelles, même si elles ont plafonné/diminué les salaires, étaient censées préserver sa base industrielle et éliminer le risque de transformer l'Allemagne en une économie de bazar, c'est-à-dire une économie qui détruit les emplois, vu qu'elle importe une grosse quantité de produits finis et qu'elle remplace le capital et le talent autochtone[13] ». L'Agenda 2010 répond aussi au besoin de faire en sorte que le capital contribue au développement des investissements étrangers.

Ces dernières années, l'Agenda 2010 a été critiqué, parce qu'il a été à la base des déséquilibres commerciaux en Europe. Il est vrai qu'il inaugure, pour l'Allemagne, une direction de développement plutôt en décalage avec l'évolution d'ensemble des autres pays du continent. En tant que membre

---

[11] Gerhard Schröder, *Speech at the Bundestag*, 14 mars 2003.

[12] Hans-Werner Sinn, *The Euro Trap: On Bursting Bubbles, Budgets, and Beliefs*, Oxford, Oxford University Press, 2014.

[13] *Ibid.*, p. 89.

fondateur de l'Union et « locomotive économique » européenne, l'Allemagne n'a pas passé avec succès « l'examen européen » du moment, au sens où elle s'est uniquement préoccupée de son propre devenir, qu'elle a inauguré une voie propre de développement et que, en même temps, elle a transmis un message puissant, même si seulement implicite : dorénavant, la priorité c'est mon propre développement. Ou, si l'on veut, chacun pour son propre compte.

Cette remarque en appelle une autre : que faisaient les autres pays européens lorsque l'Allemagne démarrait sa propre modernisation ? Car le développement est *l'obligation nationale première*, ce qui justifie un regard critique sur les autres États. Après tout, les dépenses unitaires engendrées par la force de travail étaient en France, dans les années 1990, bien plus réduites qu'en Allemagne. Lorsque cette dernière a déclenché la hausse de la compétitivité, Paris ne l'a-t-il pas vu, n'a-t-il pas eu de réaction de réponse ?

Par-delà d'autres aspects, le début du siècle a marqué dans la vie de l'Allemagne une remarquable *disponibilité au développement*, laquelle intervenait, n'oublions pas, après une autre période difficile, après un autre effort impressionnant. L'Allemagne s'est développée sous l'impulsion du « fouet » des marchés financiers et la grande qualité de sa réponse réside en ce que, tout en en devançant les demandes, elle a pu maintenir la composante sociale du développement. Et ce, non pas tant à l'intention de la génération appelée à faire cet effort, mais surtout pour les générations futures. C'est ici que réside la « leçon » de l'expérience allemande. Bien évidemment, dans l'élaboration de cette réponse il faudrait mentionner aussi l'influence de l'ordolibéralisme et les expériences allemandes antérieures à la Seconde Guerre mondiale, tout comme il faudrait tenir compte de l'attachement reconnu de ce peuple pour les choses bien faites et pour le respect des règles. Nous avons tenu à mettre en avant la réponse simple donnée par les politiciens allemands, qui n'ont pas ignoré un phénomène contemporain majeur, soit l'ascension des marchés financiers, mais se sont interrogés, avec la gravité nécessaire, quant à sa nature et à ses motivations et ont su trouver une solution. La force de l'Agenda 2010 réside dans ce qu'il *a été assumé par toutes les forces politiques majeures du pays*. Cela met en avant un véritable axiome du développement à l'époque de la mondialisation : si l'on part de ce qui a été déjà fait, on a de vraies chances de succès. Si l'on part « à zéro », s'il n'y a pas une continuité minimum entre les gouvernances, voire entre les options stratégiques, les chances de développement volent tout simplement en éclats.

1.4. La troisième lecture : « Sauvons le biotope de l'Europe ancienne ! »

Nous avouons avoir lu plusieurs fois l'ouvrage de Jürgen Habermas, *The Crisis of the European Union*[14] et nous avons à chaque fois apprécié cette injonction faite par le philosophe le plus prestigieux encore en vie de notre continent : « Sauvons le biotope de l'Europe ancienne ». Pourquoi attirer une fois de plus notre attention ? Peut-être parce qu'aujourd'hui, plus qu'hier, on se rend compte de la valeur de ce biotope et on comprend combien on aurait à perdre si l'on s'en éloignait. Qui plus est, Habermas, le dernier représentant de l'École de Francfort, est un Européen convaincu, voire un critique de certaines tendances qui se font jour dans la vie politique allemande, lesquelles, selon lui, s'éloignent des valeurs spécifiques du premier âge de la construction européenne. Il est également possible que son injonction nous interpelle aussi parce que nous ressentons tous un sentiment diffus, selon lequel *les valeurs déclarées comme européennes ne sont plus celles qui dirigent réellement l'Union européenne.*

Un autre aspect s'impose. Une construction ne peut être véritablement érigée sans s'appuyer sur quelque chose qui existe déjà. Dans la plupart des cas, la construction est un *ajout*. Dans le cas du développement, cela acquiert une importance particulière. Pour qu'il soit durable, le développement doit donc s'appuyer sur des préalables, y compris sur des accumulations, ou des particularités, d'ordre historique ; il doit intégrer dans un ensemble des plus cohérents les données historiques et contemporaines spécifiques d'une communauté nationale, régionale, etc. Le processus de développement en Europe ne saurait être identique à celui de l'Inde, par exemple, ou à celui du Nigeria, vu qu'il s'appuie sur des conditions et des prémisses différentes.

« Comment l'expérience accumulée par le Vieux Continent pendant des siècles pourrait-elle nous laisser indifférents ? », s'interroge Niall Ferguson[15], prestigieux historien contemporain. D'autant plus que c'est ici le berceau d'une civilisation et d'un système politique que tous les pays du monde ont adopté, ou désirent le faire. Il est donc impossible de trouver une solution à la crise de la société occidentale sans en visiter le passé, pour voir ce qui l'a tellement propulsée.

L'invitation de Habermas, à garder le biotope de l'Europe ancienne, est une autre réponse au même thème cardinal, ou, si vous voulez, une autre « lecture » de ce qui se passe en Allemagne et en Europe, faite à partir d'une position européenne ouverte et assumée en tant que telle, la troisième que nous avons sélectionnée pour cet ouvrage. Selon la perspective proposée par

---

[14] Jürgen Habermas, *The Crisis of the European Union: A Response*, Cambridge, Polity Press, 2012.

[15] Niall Ferguson, *Civilization: The West and the Rest*, New York, Penguin Books, 2011, p. XIX.

Habermas, l'expérience allemande ces dernières années nous apparaît sous une lumière différente. On est passé de l'autre côté, une trop grande attention a été accordée aux problèmes économiques et on a négligé la démocratie, l'autre composante du capitalisme. Le but de l'auteur allemand est de souligner ce danger, à savoir la raréfaction et la disparition possible de la démocratie réelle. Or, la démocratie est l'axe structural du « biotope » que propose l'évolution européenne. Dans cette perspective, le projet européen est arrivé à un moment charnière. Les processus démocratiques ont été considérés jusqu'à il y a peu comme irréversibles. La crise a projeté une lumière nouvelle sur ces évolutions et peut leur imprimer un tournant non démocratique, que la conscience publique ne parvient pas à saisir. « Quelque part après 2008, je me suis rendu compte que le processus d'élargissement, d'intégration et de démocratisation n'avance pas automatiquement, qu'il est réversible, et que, pour la première fois dans l'histoire de l'Union européenne, on fait l'expérience d'une régression de la démocratie. Je n'imaginais pas que cela soit possible. On vit bien un moment charnière ».

Comment la crise peut-elle détourner l'évolution de ce processus historique ? D'abord, en introduisant la confusion du débat technocrate, où les chiffres l'emportent sur la perspective. Cette dernière, discutée et assumée, est la grande conquête de la démocratie, mais elle est en train de s'estomper, voire de disparaître. Au premier plan apparaissent les « spécialistes », lesquels, tout en invoquant des critères de performance, négligent la dimension sociale de la vie et « alignent » la société selon ces mêmes critères de performance. Voici le sens de cette affirmation de Habermas : « L'Europe a succombé sous la pression du Consensus de Washington ».

Bien évidemment, tout en signalant le déclin démocratique, le penseur allemand admet qu'il ne s'agit pas là d'une tendance proclamée ouvertement. Tout le monde parle de la démocratie et tout le monde déclare son attachement à ses valeurs, alors que la substance démocratique des décisions européennes devient de plus en plus mince. Un vif débat existe, quant au *shift* de pouvoir et d'influence de l'Ouest vers l'Est. Jürgen Habermas mentionne un autre *shift*, celui qui intervient au sein même du pouvoir (« *shift in power* ») et qui érode l'intérieur la vie démocratique. La structure institutionnelle se maintient, elle entretient l'illusion que la démocratie fonctionne, mais qu'une transformation a peu à peu eu lieu en son sein. Le Conseil européen a confisqué le pouvoir réel ; et, dans son cadre, le tandem franco-allemand. Le Parlement est marginalisé et ne fait qu'adopter, au bout de discussions prolongées, qui miment le véritable débat, les décisions prises antérieurement par la Commission européenne.

Il existe une autre composante très importante de la vie démocratique et du « biotope européen » : l'État, censé assurer l'équilibre, veiller sur l'évolution d'ensemble et créer des conditions équitables d'affirmation. Le lendemain de la crise met en lumière une autre réalité de la vie politique en Europe, « selon laquelle les États sont dirigés par le marché ». C'est ainsi que peut se manifester le « darwinisme potentiel » qu'apporte le fondamentalisme de marché[16]. Penseur d'orientation social-démocrate, Jürgen Habermas ne prend pas position contre les impératifs économiques du moment. Il est plutôt un critique acerbe du fait qu'ils tendent à prendre la place des valeurs démocratiques. En tant que personnalité marquante de l'École de Francfort, il reconnaît que l'innovation, la performance et les industries compétitives sont parties prenantes de la société moderne. Il reste un adversaire féroce du profit à tout prix, du profit à court terme. Le profit du jour au lendemain est le véritable virus des sociétés développées, qui détruit non seulement l'immunité acquise durant toute une évolution historique, mais aussi le « biotope » dont l'Europe devrait être si fière.

[16] *Ibid.*, p. 109.

Deuxième chapitre
La nouvelle tentative allemande de devenir une puissance mondiale

2.1. Les *patterns* commerciaux de Berlin

Comme on l'a vu ci-dessus, l'Allemagne a non seulement fait un effort impressionnant, elle a également réussi. À présent, elle dispose d'une force économique et d'une capacité d'exportation tout à fait remarquables. Ses excédents commerciaux sont parmi les plus grands au monde, au « coude au coude » avec les excédents chinois, c'est-à-dire avec les excédents d'un pays dont la population est quinze fois plus importante. Vers quoi l'Allemagne se dirige-t-elle ? Du point de vue de la relation avec l'Union européenne, on pourrait dire qu'elle maintiendra le cap. Comme d'habitude, dans ce pays, établir la direction à suivre est une décision de groupe, dans laquelle les élites financières, industrielles et politiques jouent un rôle déterminant. Du point de vue politique, ce trajet se situera au croisement des directions supranationale et nationale, avec un accent particulier sur « l'intérêt allemand ». Est-ce que l'Allemagne augmentera sa consommation intérieure, est-ce qu'elle prendra des décisions qui répondront aux demandes des autres partenaires européens, qui désirent pouvoir écouler plus de leurs produits vers le marché intérieur allemand ? Difficile à dire. Si tel est le cas, elle le fera graduellement, prêtant grandement attention à ses intérêts à long terme et désirant, avant tout, maintenir sa compétitivité, l'arme secrète de ses succès économiques.

La perspective européenne n'épuise pas le champ d'intérêts et d'options de Berlin. L'évolution de l'Union européenne est un repère essentiel et elle le restera, mais l'Allemagne s'est dotée d'un appareil de production et d'exportation pour lequel l'Union ne peut simplement plus assurer un horizon suffisant. Voilà le problème principal que l'Allemagne doit affronter et qui a commencé, déjà, à mettre une certaine pression sur son leadership. En réalité, elle n'a pas de choix : cet appareil de production mettra tout le temps de la pression, *lui dictera à bien des égards les décisions*, il en préfigurera même les grandes directions. Du point de vue de ses dimensions, l'Allemagne est une puissance régionale. Du point de vue de ses performances économiques, elle est une superpuissance. D'une certaine manière, une telle évolution la fait répéter, peut-être à une plus grande intensité, les dilemmes et les paradoxes de son histoire.

Voilà comment Henry Kissinger définissait le paradoxe que vit ce pays : « pauvre Allemagne. Trop grande pour l'Europe, trop petite pour le monde ». Dans un discours prononcé le 9 février 1871 au Parlement britannique,

Benjamin Disraeli jette, déjà à cette époque-là, une lumière très éclairante sur les événements qui venaient de prendre fin : la guerre franco-prussienne et la réunification allemande qui s'en est suivie. « Cette guerre équivaut à une véritable révolution allemande, à un événement politique qui dépasse même, de par sa signification, la Révolution française de la fin du XVIIIe siècle… Il n'y a plus un seul principe de notre politique étrangère qui reste valable… L'équilibre des forces a été entièrement détruit ; et le pays qui souffre le plus, qui ressent le plus les effets de cette transformation, c'est l'Angleterre[1] ». L'ancien premier ministre conservateur de la Grande-Bretagne saisit ainsi quelque chose d'essentiel : l'événement de 1870 a généré un *changement structural dans l'équilibre des puissances en Europe*. À partir de ce moment-là, les voisins de l'Allemagne ont dû s'unir, coordonner leurs actions afin de se défendre contre la nouvelle puissance en ascension. Il est vrai que l'évolution dont on parle a été stimulée aussi par « l'attitude de l'Allemagne, qui a défié, voire humilié, les puissances classiques de l'Europe ». La conséquence dont Disraeli a parlé et que Kissinger commente concerne notamment la sécurité européenne, la puissance militaire, etc. La réunification au lendemain de la guerre froide a eu pour conséquence principale de propulser l'Allemagne en tant que puissance économique détachée de l'Europe. Les succès enregistrés par son économie durant les années 2000 ont consolidé cette position. Qui plus est, l'Allemagne a été parmi le peu de pays développés non affectés par la crise, ce qui a renforcé son prestige et a fait en sorte que sa force et son influence sur le plan européen l'emportent sur sa puissance économique réelle. Il est par conséquent très important de déchiffrer certaines de ses évolutions, car elles nous permettront de mieux comprendre la situation de l'Europe dans l'ensemble.

Un aspect supplémentaire s'ajoute à cette situation, à savoir le moment difficile que l'Allemagne traverse à présent et qui est nourri de plusieurs directions, dont l'épuisement de l'austérité en tant que solution macroéconomique qu'elle recommande et soutient pour l'Europe, surtout pour les pays en proie à des difficultés. Dans un article récent, Martin Wolf dévoile une situation qui a de quoi faire réfléchir ; « il est inacceptable que la demande agrégée réelle soit considérablement plus réduite que début 2008[2] ». Les conséquences se feront jour sous peu, d'abord au niveau de « la périphérie financière », ensuite au centre et à l'est du continent et, en dernière instance, au cœur même de l'Union. Il y aura là une source de tension et d'instabilité à moyen terme, et aussi une occasion d'adresser des reproches à l'égard de Berlin. Vu qu'il est peu probable que la position de l'Allemagne change, la situation deviendra plus compliquée dans le temps. Si la demande réelle au niveau de la zone euro n'augmente pas

---

[1] Bejamin Disraeli, dans « German Revolution », GHDI-Document, Forging an Empire: Bismarckian Germany, Source : Hansard, *Parliamentary Debates*, ser. III, vol. cciv, février/mars 1871, discours du 9 février 1871, p. 81-82. <http://germanhistorydocs.ghi-dc.org/sub_document.-cfm?document_id=1849>.

[2] Martin Wolf, « Bring the Elites Closer to the People », *Financial Times*, 3 février 2016.

sensiblement, alors la division Nord-Sud ira en s'accentuant, et l'Union devra affronter des moments plus difficiles qu'on ne saurait l'estimer à présent.

Tout peut s'aggraver en raison de l'évolution des exportations allemandes, qui ont enregistré aussi en 2015 une hausse significative. Une évaluation du Bureau fédéral de statistique[3] faite en février 2016 informe que l'excédent commercial de l'Allemagne en 2015 est de 250 milliards d'euros, significativement plus grand que celui de 2014 (217 milliards d'euros). L'excédent commercial d'un pays, c'est du déficit pour d'autres États partenaires. Un excédent qui n'arrête pas d'augmenter rend en fait impossible une balance commerciale équilibrée sur le plan européen, fortement désirée par les pays à déficits commerciaux. Cette discussion a des connotations techniques prononcées. Nous ne faisons ici que signaler une position signée par Ben Bernanke[4], ancien président des Réserves fédérales américaines, qui analyse l'excédent commercial allemand et chinois. Selon lui, la principale confusion vient du fait que si le taux de l'excédent commercial chinois, en proportion du PIB de ce pays, enregistre une tendance visible à la baisse, justement afin de faciliter l'effort des partenaires commerciaux pour équilibrer la balance commerciale, le même indicateur continue d'augmenter dans le cas de l'Allemagne, ce qui posera des problèmes très sérieux pour le processus de rééquilibrage commercial sur le plan européen.

FIGURE 9

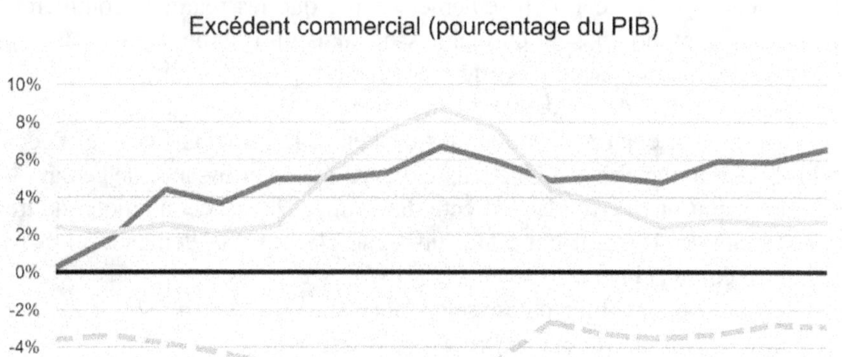

Source : Bureau américain d'analyse économique, Bundesbank, Bureau national des statistiques de Chine, Administration d'État des changes de Chine, cités par Ben Bernanke, *Germany's trade surplus is a problem*, http://brookings.edu/blogs/ben-bernanke/posts/2015/04/03-germany-trade-surplus-problem.

---

[3] « Germany: Balance of Trade ». <www.tradingeconomics.com/germany/balance-of-trade>.

[4] Ben Bernanke, « Germany's Trade Surplus is a Problem », 3 avril 2015. <http://www.brookings.edu/blogs/ben-bernanke/posts/2015/04/03-germany-trade-surplus-problem>.

Dans ces conditions, vers quoi l'Allemagne se dirige-t-elle ? Vers les grands marchés du monde. Identifier des marchés d'écoulement pour ses exportations – voilà la priorité de la politique étrangère de Berlin. Tous les problèmes ayant marqué la vie internationale ces derniers temps – des « printemps » arabes au conflit ukrainien, de la crise de la zone euro à la migration qui prend l'Europe d'assaut – sont importants. Mais ce qui est le plus important, ce qui a probablement secoué les élites allemandes, c'est *la baisse de la demande mondiale*, laquelle, en terre allemande, devient un *problème existentiel*. « Les moteurs » économiques allemands sont menacés de réduire leur régime, car les biens qu'ils produisent risquent de ne plus trouver de marché d'écoulement. La fébrilité et la tension de l'effort ayant nourri la récente modernisation de l'économie allemande se transfèrent en quelque sorte vers la fébrilité avec laquelle on recherche des marchés – de toutes les dimensions, mais surtout de grands marchés, des marchés stables, des marchés avec une grosse capacité d'absorption. Il n'y a pas d'alternative ! George Friedman remarquait à juste titre que, en réalité, l'alternative serait représentée par une crise interne allemande. « En Allemagne, la production dépassait largement sa capacité de consommation. Si elle ne conquiert pas de marchés nouveaux, l'alternative ne pourra être qu'une sévère crise interne[5] ».

S'il y a un problème tout aussi grave que celui de la baisse de la demande mondiale, c'est la baisse du rythme de croissance de la Chine ou une éventuelle crise de ce pays. Et cela, non seulement parce que les relations commerciales allemandes et chinoises sont en plein essor, mais un rythme de croissance plus réduit de la Chine impactera directement bien des pays et générera dans l'avenir une baisse visible de la demande mondiale. N'oublions pas que, pour une trentaine des partenaires économiques de Pékin, le principal marché d'écoulement est le marché chinois. Une baisse du rythme de croissance de ce pays – ce qui est devenu une certitude – affecte directement la vie économique de trente pays du monde. Il s'agit donc là d'un signe clair que la demande globale va également être à la baisse.

Nous avançons ici l'hypothèse selon laquelle ce sont *les intérêts de fond de la machine économique allemande qui dicteront ses priorités économiques*. Dans les conditions d'un décollage lent des économies affectées par la crise et de la baisse de la demande mondiale, ce processus deviendra encore plus visible, plus pressant, voire plus impératif. Afin de répondre à la question formulée ci-dessus, il faudra estimer au mieux les relations commerciales allemandes et leur évolution. À l'image d'une véritable étoile polaire, elles représenteront le point fixe, le centre stratégique en fonction duquel les initiatives et les orientations politiques allemandes se configureront et reconfigureront. Si cela se vérifie, alors une conclusion s'impose : de nouveaux liens et de nouveaux tandems apparaîtront, commerciaux au début, mais qui ont toutes les chances de se transformer en autant *de nouvelles configurations de puissance* à signification géopolitique.

---

[5] George Friedman, « Germany Emerges », *Geopolitical Weekly*, Stratfor, 10 février 2015.

Jim O'Neill, le créateur de l'acronyme BRIC, signale un autre phénomène lié à l'ascension des émergents : *le changement dramatique des patterns commerciaux du monde*[6]. Qu'est-ce qui met en branle de tels patterns ? Il s'agit, bien évidemment, de la vitesse d'avancement des pays, de leur rythme de croissance économique. Un rythme soutenu de croissance économique va forcément de pair avec une activité commerciale plus riche. Par conséquent, il est important de comprendre ce qui se passe en amont de l'activité commerciale et d'observer comment les États ont évolué ces dernières années et comment ils le feront à l'avenir. Considérons le tableau ci-dessous – une synthèse de l'évolution inégale qui a eu lieu en amont de l'activité commerciale et qui l'a nourrie.

FIGURE 10

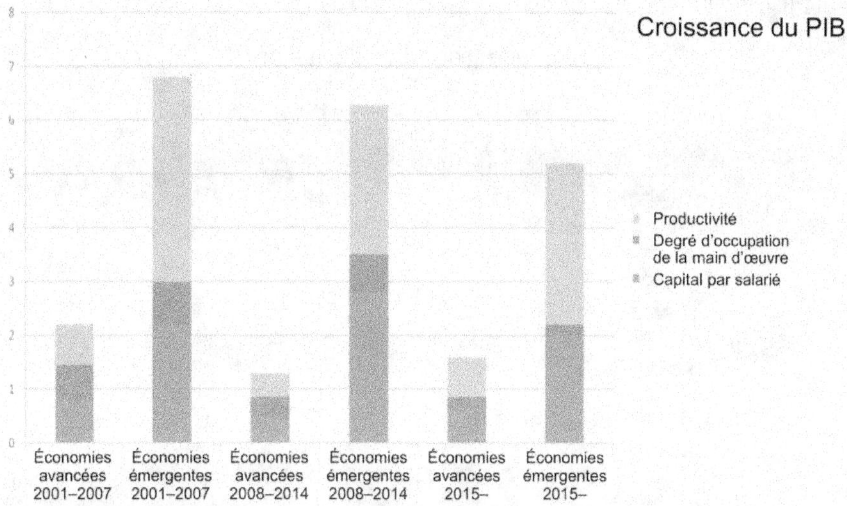

Source : « The Global Economy », *The Economist*, 11 avril 2015.

2.2. L'Allemagne : le leader technologique du monde émergent

Analysons maintenant dans quelle mesure l'activité commerciale a été influencée par les évolutions en amont. S'il s'agit là d'un *shift* de puissance économique de l'Ouest vers l'Est, est-il suivi par un *shift* commercial similaire ? Voilà ce que dit à ce sujet un rapport des Nations unies, que cite

[6] Jim O'Neill, *The BRIC Road to Growth*, Londres, London Publishing Partnership, 2013, p. 41. L'auteur consacre à cet aspect tout un chapitre, intitulé « The Dramatically Changing Face of World Trade ».

Jim O'Neill. L'activité commerciale Sud-Sud a triplé de 1980 à 2011, alors que l'activité commerciale Nord-Nord a connu un déclin[7].

Si l'on veut véritablement comprendre ce qui a changé dans le monde contemporain, on peut, bien sûr, faire des recherches statistiques ; mais le plus simple, c'est de regarder plus attentivement les échanges commerciaux. Ils rendent avec fidélité le pouls économique et la dynamique du monde, les constellations de relations et d'intérêts qui n'ont de cesse de se composer et recomposer. Pour revenir à l'Allemagne, examinons l'évolution de ses exportations et tentons d'identifier de possibles tendances qui peuvent devenir autant d'orientations, à même d'exprimer des options à long terme, voire *des configurations et des reconfigurations de ses intérêts stratégiques.*

FIGURE 11

Exportations de l'Allemagne

	2000	2012	2012 par rapport à 2000	Prévisions 2020
Zone euro	45,5	37,5	-8,0	33,0
BRIC	3,9	11,6	7,7	23,9
France	11,3	9,5	-1,8	8,5
États-Unis	10,3	7,9	-2,4	6,6
Angleterre	8,3	6,6	-1,6	5,7
Pays-Bas	6,5	6,5	-0,1	6,4
Chine	1,6	6,1	4,5	14,9
Autriche	5,4	5,2	-0,2	5,1
N11	4,1	5,2	1,0	6,0
Italie	7,5	5,1	-2,4	3,9
Suisse	4,3	4,4	0,2	4,6

Source : StBA et GSAM cités par Jim O'Neill, *The BRIC Road to Growth*, London Publishing Partnership, London, 2013, p. 19.

Une première remarque importante concerne le changement du *pattern* commercial de l'Allemagne. En 2000, ce pays exportait presque 50 % de sa production vers l'Union européenne. Le reste était dirigé vers d'autres régions du monde, dont 10 % aux États-Unis. Quelle sera la structure de ses exportations en 2020, c'est-à-dire dans à peine quelques années ? 35 % iront vers l'Union européenne, alors qu'environ un quart ira vers les BRICS. En sociologie, on dit que ce qui compte, ce n'est pas tant le phénomène que la tendance, car elle signale la direction vers laquelle les choses peuvent se diriger. Il faut donc examiner de plus près l'évolution des exportations

[7] *Ibid.*, p. 44. Lorsque l'on parle du Nord, on pense à l'Australie, au Canada, au Japon, aux États-Unis et à l'Europe de l'Ouest.

allemandes vers les BRICS, évolution spectaculaire s'il en est, et essayer de comprendre si elle comporte des significations géopolitiques ou stratégiques.

Il faut d'abord apporter une précision : ce serait une erreur d'analyse si, tout en examinant les relations commerciales à la hausse entre l'Allemagne et le monde émergent, on postulait une sorte d'opposition entre l'importance de l'Union européenne pour ce pays, d'une part, et le monde émergent, d'autre part. Comme nous l'avons déjà affirmé, ces dernières années, l'Union est loin de traverser l'une de ses meilleures périodes et, à ce qu'il paraît, elle n'est pas au bout de ses peines. Le phénomène dont on parle est l'expression d'une réalité économique – la capacité d'exportation de l'Allemagne l'emporte sur la capacité d'absorption de l'Union – et non pas le résultat d'une option politique. L'expansion commerciale vers d'autres territoires devient alors obligatoire.

C'est l'exportation vers la Chine qui enregistre l'évolution la plus spectaculaire, laquelle, en termes de volume, l'emportera même sur l'exportation vers la France, le principal partenaire européen de l'Allemagne. Le volume des exportations qui se dirigeront en 2020 vers la Chine sera presque le double de celui à destination française. Une évolution non moins spectaculaire est enregistrée pour les exportations destinées à la Russie, qui, en 2020, se rapprocheront beaucoup de celles vers le marché français. Le poids des exportations vers l'Inde et le Brésil est encore réduit, mais il ne fait aucun doute que les relations commerciales avec ces pays iront en s'accentuant.

Une question s'impose : selon toutes les estimations, les BRICS ne traversent pas non plus leur meilleure période. En 2015, la Russie et le Brésil ont connu des croissances économiques négatives, alors que la Chine a enregistré une baisse considérable de son rythme de croissance économique (6,9 % par rapport à 7,4 % en 2014, voire bien plus les années précédentes). On parle ici de tendances à moyen terme. Dans ce contexte, une année n'est pas significative. À moyen et long terme, tous ces pays enregistrent des évolutions positives et auront un poids de plus en plus important au niveau global. Si l'on opère avec la perspective du moyen terme, on peut dire que les marchés intérieurs des pays émergents représentent l'attraction principale de toute machine d'exportation performante. D'autre part, même avec un rythme de croissance bien plus réduit – en 2015, il a été de 6,9 % et il baissera probablement encore, illustrant ce que Pékin appelle « The New Normal » – la Chine contribue à la croissance mondiale presque autant que les États-Unis et l'Europe réunis. Comment pourrait-on donc sous-estimer le marché chinois, même dans ces nouvelles conditions ? La Russie est devenue le plus grand marché européen pour les automobiles. Comment alors, dans ces conditions, le plus grand producteur européen de véhicules, à savoir l'Allemagne, pourrait-il ne pas réagir ? C'est aussi dans ce contexte qu'il faut comprendre la position de l'Allemagne par rapport au conflit ukrainien. Les marchés commerciaux sont un autre nom pour ce qui nourrit une économie performante. Une mutation peu saisie et peu retenue dans diverses analyses est intervenue. L'Allemagne s'est redéfinie en tant que puissance économique et recherche à présent fébrilement des marchés pour ses nouveaux « missiles », à savoir les produits compétitifs.

La disponibilité d'absorption des marchés d'écoulement est étroitement liée au taux de la population, mais aussi à son pouvoir d'achat et donc au niveau de développement. L'explosion démographique suivra son rythme en Afrique, affirment les spécialistes. L'Afrique aura une population nombreuse, mais sa capacité d'absorption sera limitée par son niveau de développement. De ce point de vue, les émergents disposent d'un atout indiscutable. Ils ont en général une population nombreuse et surtout, ils sont en ascension économique, ce qui amplifie leur force d'absorption. Les marchés d'écoulement sont extrêmement importants, surtout dans les conditions où la demande mondiale est à la baisse, ce qui intensifie la compétition et accentue l'atout stratégique représenté par une demande intérieure élevée. Cet aspect est relativement ignoré et on sous-estime la *capacité de combinaison* dont témoignent les États à gros marchés d'écoulement. On dirait que cet atout devient de plus en plus important et qu'il prend la forme d'un avantage *stratégique*.

Par conséquent, il faut regarder les choses aussi du point de vue de ces marchés, vu qu'ils disposent d'une capacité réelle de sélection. Mais les aspects politiques et économiques interfèrent-ils, lorsque les marchés d'écoulement donnent leur accord ? Ici aussi, une distinction est strictement nécessaire. Les pays émergents possèdent non seulement de gros marchés, mais aussi une capacité reconnue comme telle sinon à contrôler leurs propres marchés, du moins à les influencer. Soutenus par des États puissants, les marchés de ces pays peuvent dire « oui » ou « non » au producteur intéressé, alors que les pays petits ou moyens ont du mal à le faire. Le marché opère bien une sélection réelle, car un gros consommateur, un gros marché a besoin d'un producteur d'envergure. Mais toute une série de critères politiques peuvent intervenir dans la décision, même si on ne les mentionne pas expressément. La Chine ou la Russie peuvent dire « non » aussi quand un geste ou une attitude politique du partenaire potentiel les dérange.

De ce point de vue, l'Allemagne est avantagée. Sa position au plan mondial est pragmatique. Elle a presque toujours promu des attitudes équilibrées et a préféré avoir un profil politique moins proéminent plutôt que trop engagé. On peut dire que l'Allemagne a réussi une performance aussi dans le domaine de la politique extérieure : elle n'a pas de grands ennemis et n'a pas éveillé de réactions de rejet majeures (à l'exception des relations avec la Grèce). Cette exception mise à part, ainsi que les relations plus heurtées avec le « sud » européen, on peut parler de ce que George Friedman nommait une « international collegiality[8] ». Enfin, il faut mentionner sa position nuancée dans divers conflits internationaux. Par exemple, l'Allemagne n'a pas pris part à l'intervention militaire en Irak, mais elle a bien été présente en Afghanistan. À l'encontre de bien d'autres pays développés, elle a l'image d'un pays qui garde

[8] George Friedman, « Germany Emerges », *art.cit.*

ses positions même dans des moments difficiles et qui, lorsque le cas s'est présenté, a su formuler des réserves par rapport à certaines positions américaines. Même si elle représente une puissance moyenne, la perception internationale est que « l'Allemagne n'est pas dans la poche de l'Amérique », autrement dit, qu'elle tient à maintenir sa propre identité, sa propre approche aussi dans les relations internationales.

2.3. Une trilatérale (sinon une quinte) commerciale

« Quiconque maîtrise le détroit de Malacca peut tenir Venise en échec ». Cette formule a vraisemblablement été lancée au début du XVIe siècle et exprimait une vérité simple, même pour cette époque-là : les routes commerciales et surtout leurs nœuds confèrent de la puissance et de l'influence aux pays voisins. Le lointain Malacca – le détroit commercial le plus bondé du monde, qui assure la communication entre l'océan Indien et le Pacifique, voire, dans un sens plus large, entre « l'Ouest » et « l'Est » – avait déjà à l'époque une influence considérable sur Venise, vu qu'il contrôlait le parcours et donc le cheminement des navires commerciaux vénitiens. Que sont les routes commerciales ? Les artères par où circulent non seulement les marchandises, mais aussi les intérêts qu'elles expriment et qui incarnent à leur tour *l'intérêt majeur du pays d'origine*. Voilà pourquoi elles représentent les liens les plus vifs entre les États, les compagnies et les communautés. Elles rendent exactement compte de la température et du niveau des relations, tout en en indiquant assez fidèlement leur évolution future.

Qu'en est-il de nos jours ? Bien des choses ont changé, mais le principe est resté le même. Les artères et les *patterns* commerciaux désignent la structure d'intérêts du monde. Regardons-les donc de plus près, vu qu'ils parlent des priorités et des options de perspective des grands exportateurs et importateurs du monde. Bien évidemment, on ne peut pas dire que les routes commerciales par où « circulent » les exportations allemandes créent autant de liens au sens large. Mais elles peuvent représenter les prémisses d'une reconfiguration géographique des intérêts allemands, reconfiguration qui, dans le temps, peut même acquérir un certain poids géopolitique. L'Allemagne consolidera sans doute sa relation avec l'Europe. Il s'agit là d'un « empire » créé « by accident[9] » vers lequel se dirige environ la moitié de ses exportations. Mais la capacité d'absorption du marché européen tend à diminuer, c'est pourquoi l'Allemagne aura de plus en plus besoin de gros marchés. Et lesquels seraient alors plus alléchants pour la machine d'exportation allemande que les marchés chinois et russe ? Ou que les

---

[9] Ulrich Beck, « Germany Has Created An Accidental Empire », *Social Europe Journal*, 25 mars 2013. <http://www.social-europe.eu/2013/03/germany-has-created-an-accidental-empire/>.

marchés en expansion, eux aussi, en Inde et au Brésil ? En un mot, que les marchés des BRICS ?

Pour ce qui est de la Trilatérale classique, à savoir les relations commerciales entre les États-Unis, l'Union européenne et le Japon, il faudra retenir que les marchés des États développés présentent aussi le risque de la saturation. Pour l'Allemagne, la Chine est mille fois plus tentante que le Japon, même si elle entretient de très bonnes relations avec ce dernier. Pour l'instant, les intérêts commerciaux allemands déferlent dans l'immense marché chinois. L'Allemagne et la Chine, et l'Allemagne et la Russie constituent respectivement deux tandems commerciaux. Reste à voir si ces relations acquerront aussi dans le temps des connotations stratégiques. Ce que l'on peut dire pour l'instant, c'est que leurs intérêts commerciaux deviennent de plus en plus puissants. Si les relations entre la Russie et la Chine iront également en s'intensifiant, il n'est pas exclu qu'une *nouvelle trilatérale* apparaisse : Allemagne, Chine, Russie. Elles sont toutes trois des puissances continentales, mais font des efforts afin de s'arracher à leur condition géopolitique de continentalité, toutes les trois liées par des intérêts économiques de plus en plus puissants et désirant maîtriser du point de vue commercial une partie des plus importantes du monde.

Bien évidemment, l'hypothèse de l'apparition de nouveaux tandems commerciaux entre les grosses capacités de production des pays développés et les immenses marchés d'écoulement représentés par les émergents peut soulever bien des questionnements. Un certain climat est nécessaire pour que les relations commerciales se développent jusqu'au point où elles peuvent acquérir des significations plus larges, tout comme il est besoin de relations politiques bilatérales détendues, sans entraves. Or, une difficulté majeure intervient dans la relation avec la Russie, représentée par la situation conflictuelle avec l'Ukraine. L'évolution de l'attitude de Berlin à cet égard en dit long à ce sujet. L'Allemagne a ouvertement appuyé le mouvement de la Place Maïdan. À l'époque, la position allemande nous a également surpris, compte tenu de ses liens commerciaux intenses avec la Russie (et, d'un certain point de vue, de la position favorable de Moscou quant à la réunification de l'Allemagne). Cela infirmait en quelque sorte l'hypothèse de la configuration d'une trilatérale commerciale, voire d'une intensification des relations commerciales entre l'Allemagne et les émergents. Il y a eu ensuite les rencontres officielles entre Angela Merkel et François Hollande, d'une part, et Vladimir Poutine, d'autre part. La position russe a été inflexible et elle est allée jusqu'à la limite du conflit militaire, ce qui pour la partie allemande représentait un véritable cauchemar. Pour une puissance commerciale, un conflit d'une telle ampleur à proximité de ses frontières est inconcevable, sans parler de son impact sur le continent dans l'ensemble, le principal marché d'exportation de Berlin.

Ensuite, la chancelière allemande s'est rendue à Washington afin de persuader la partie américaine que le conflit militaire ne serait pas la meilleure solution. La position allemande a été de plus en plus nuancée, faisant d'une manière ou d'une autre de la place à la Russie dans les jeux sécuritaires européens. Pourquoi avons-nous fait référence à la situation ukrainienne ? Parce qu'elle développe la position de l'Allemagne et qu'elle met très bien en évidence sa condition, sa tension intérieure. En tant qu'État démocratique et membre de l'OTAN, elle a et doit avoir une certaine position ; en tant qu'État ayant développé ses capacités de production bien au-delà du niveau de sa propre consommation, voire bien au-delà de la force d'absorption du marché européen, elle a aussi des *intérêts différents*, qu'elle est obligée de promouvoir à chaque instant, à chaque occasion. Les réactions différentes de ces derniers temps, exprimées par le ministre des Affaires étrangères allemand, parlent d'un changement de position de l'Allemagne par rapport à la Russie, d'une urgence de trouver une solution qui n'entrave pas le commerce avec Moscou. De ce point de vue, cette dure déclaration de Jean-Claude Juncker est hautement significative : « On ne peut pas permettre que notre relation avec la Russie soit dictée par Washington[10] ».

La situation est tout à fait différente dans le cas de la Chine. Des problèmes politiques existent aussi dans cette relation, mais les deux pays se rencontrent sur un terrain commun : *le pragmatisme déclaré des relations commerciales*, ce qui délivre les accords de cette nature de bien des entraves. Un autre avantage, c'est que les relations sino-américaines se situent, elles aussi, à un très haut niveau, qu'elles bénéficient même d'une condition privilégiée. Mais un problème réel pourrait se faire jour : le rythme plus lent de croissance économique de la Chine. Pourtant, il aura peu d'impact sur les relations commerciales entre la Chine et l'Allemagne. La Chine est entraînée dans un processus accéléré de modernisation. Elle sera peu disposée à renoncer aux importations de technologie allemande, qui participent à son effort pour accroître la performance et la compétitivité.

Il faudrait analyser brièvement aussi la situation paradoxale dans laquelle se trouve l'Allemagne : elle est membre prééminent de l'OTAN, une organisation de sécurité créée après la Seconde Guerre et à l'abri de laquelle l'Europe en général et l'Allemagne en particulier ont pu se développer. En même temps, en vertu de ses intérêts commerciaux, elle se dirige vers des marchés et des pays qui n'ont pas nécessairement la meilleure relation avec l'OTAN. *Le vecteur économique et le vecteur sécuritaire ne coïncident pas*. Qu'est-ce que va faire l'Allemagne ? Elle continuera d'explorer des formules inédites. Sa position l'y oblige. On sera tenté de considérer avec réserve et même avec suspicion ses mouvements, car ils sont autant de mouvements d'avant-poste ; il faudra comprendre que bien d'entre eux sont dictés par cette situation paradoxale, que l'activité économique en général et

[10] Jean-Claude Juncker, « EU must improve Russia ties », BBC News, 9 octobre 2015. <http://www.bbc.com/news/world-europe-34486157>.

l'activité commerciale en particulier ont toujours contribué à instaurer un climat de détente dont il est grandement besoin à présent.

2.4. Quel est l'enjeu : l'Union européenne ou l'Allemagne ?

« On parle ici de l'Allemagne, mais qu'en est-il de l'Europe ? », pourrait-on se demander tout à fait naturellement. Parfois, afin de comprendre la situation de l'Europe, il faut regarder de plus près l'Allemagne. Au moins ces derniers temps, à partir du pic de la crise, l'Allemagne a souvent eu à dire un mot décisif, de sorte qu'il n'est plus possible de parler de l'évolution de l'Union sans tenir compte de sa position. Voilà pourquoi la question que posait un haut dignitaire américain il y a des années – « si l'on a un problème urgent, qui peut-on appeler ? » – a bien reçu une réponse : Berlin. Il est vrai que l'ascension de l'Allemagne en Europe a été possible avec la complicité coupable de Paris, avec le détachement ostentatoire de Londres, mais cela compte moins à présent. Berlin est devenu la capitale de facto de l'Union européenne. Les débats ont bien lieu à Bruxelles, il reste que les décisions sont prises ou annoncées à Berlin. L'économie a son importance, souvent décisive mais lorsqu'elle évolue, elle a nécessairement besoin d'une respiration politique, voire géopolitique. La force de l'économie allemande a effectivement augmenté, mais elle n'a pas bénéficié d'une *direction politique et géopolitique*. Voilà la souffrance que l'Allemagne a contractée ces dernières années et, avec elle, l'Europe.

Une première preuve en ce sens est représentée par la série de conflits apparus autour de l'Union, qui font état d'une puissance peu encline à la prévoyance, une puissance encline même à défier des précautions géopolitiques que personne ne peut ignorer, dont, par exemple, le besoin d'avoir *des voisins un tant soit peu stables*. L'Europe et l'Allemagne se sont laissé guider par une naïveté difficile à accepter lorsqu'il s'agit d'une puissance globale. À présent, elles doivent payer les conséquences de cette série de conflits durables, car à la fois culturels et géopolitiques. L'Europe – voire, dans ce contexte, l'Allemagne, sa locomotive – risque bien de remettre en question tout le trajet de sa construction et même de son avenir.

Il ne fait aucun doute que, du point de vue politique, 2015 n'a pas été une bonne année pour l'Europe et donc pour l'Allemagne. Nous avons déjà parlé du conflit ukrainien et de ses conséquences sur les principaux exportateurs européens en Russie. Berlin, par la voix d'Angela Merkel, a commis la plus grosse bourde des dernières décennies lorsqu'il a lancé une invitation pour les immigrants du Moyen-Orient à venir en Allemagne et en Europe. Il s'est agi là d'une véritable bombe politique jetée au milieu de l'Union, à un moment où cette dernière était de toute façon déchirée par bien des divisions et des tensions.

Le sujet des réfugiés tiendra encore longtemps une place importante sur l'agenda européen et il est difficile de revenir maintenant à une approche réaliste du problème, vu l'engagement déjà pris par Angela Merkel, le leader le plus puissant d'Europe. À présent, la chancelière elle-même désirerait revenir sur ses pas. Mais il est très difficile de le faire, car le message initial a électrisé la masse des immigrants, et un changement de position ne peut intervenir que dans le temps. Il est clair que le prestige d'Angela Merkel s'épuise à vue d'œil et que la solution pourrait venir d'un retrait de cette personnalité qui a joué des partitions politiques très difficiles à des périodes critiques de l'Union. Cela pourrait permettre non seulement d'aborder le sujet des migrants à partir d'une base nouvelle et rationnelle, mais aussi de le séparer de la politique de l'Allemagne. À présent, les deux thèmes vont de pair, en raison du message transmis par Merkel. La question des réfugiés tend à devenir un problème pour la plupart allemand, car c'est Berlin qui a proposé une première solution. Le mécontentement qui gronde en Europe sera, *volens nolens*, dirigé aussi contre l'Allemagne, alors que la dernière chose dont l'Union aurait besoin, ce serait d'une faille entre l'Europe et sa « locomotive ».

La vague migratoire qui déferle à présent sur l'Europe a des causes plus profondes. Il ne s'agit pas d'un phénomène « manufacturé » ; par contre, ses lectures et ses cibles politiques peuvent l'être. Il affectera beaucoup l'Europe. Les enjeux qui s'y superposent et ses diverses interprétations comportent une dimension nettement dirigée contre l'Europe et surtout contre l'Allemagne. On a déjà mentionné les superficialités tout simplement impossibles à comprendre tant de l'Europe, que de l'Allemagne. Mais à présent il est temps d'agir, et la maturité d'un organisme tient à la solidité de ses réponses et de ses réactions. Il n'y a tout simplement pas de place pour une faille entre l'Europe et l'Allemagne, d'autant plus que la situation générale n'a de cesse de se dégrader, même à l'intérieur de l'Allemagne, où la popularité de Merkel est à la baisse et les courants radicaux prennent de l'ampleur, ce qui n'exclut pas une véritable crise politique. Or, la stabilité intérieure de l'Allemagne est essentielle pour la stabilité de l'Europe. Malheureusement, en guise de solution, on nous livre des mouvements incohérents, qui ne font que mettre davantage en lumière la déroute de l'Union.

La gagnante incontestable de la nouvelle situation créée au Moyen-Orient est la Turquie, qui accueille environ deux millions de réfugiés sur son territoire, qu'elle peut à tout moment laisser partir vers l'Europe. Effrayée par cette perspective, l'Union a tout simplement baissé les bras. Elle a d'abord promis à la Turquie une aide financière de 3 milliards d'euros, qu'elle n'a pas honorée, ce qui a engendré la réaction très dure du président turc : « est-ce qu'on nous prend pour des cons ? » Précisons qu'il s'agit là seulement d'une première tranche, qui devra être renouvelée lorsque la Turquie dira qu'elle n'a plus d'argent. Voilà donc un engagement financier perpétuel, tout comme le sera le chantage dont l'Europe fera l'objet. En échange de son attitude, le processus de négociation a été repris en vue de l'adhésion de la Turquie à l'Union européenne. Tout en fermant les yeux sur les reproches qu'elle adressait il y a peu à la Turquie, l'Union ne fait que miner à la fois son prestige et sa crédibilité.

Début 2016, une information est discrètement apparue dans la presse européenne, selon laquelle les États membres d'Europe centrale et orientale pourraient perdre une partie des fonds structuraux pour la période 2014-2020, redirigés vers des projets communautaires visant à gérer la crise des réfugiés. L'avertissement que l'Union lançait récemment à l'intention de la Grèce, qui ferait état d'une trop grande permissivité à l'égard des réfugiés, relève du même registre de l'improvisation prolongée. On ne nie pas les éventuels désordres qui existent aux frontières de la Grèce, mais on ne peut pas non plus négliger la pression énorme que mettent les réfugiés affluant de partout à la frontière maritime la plus longue de l'Union européenne. Une fois les immigrants arrivés là, les possibilités de réponse sont très réduites. Doit-on les renvoyer ? Cela équivaudrait à une forme de condamnation. Doit-on bâtir plus de centres d'accueil ? Alors il faut penser les choses en perspective, car où les envoyer au bout d'un certain temps ? Bien des pays membres de l'Union deviennent très précautionneux lorsqu'il s'agit de les accueillir. En outre, on menace que la Grèce soit exclue, temporairement, de l'espace Schengen.

La question des réfugiés est à l'image d'une bombe ayant accumulé dans sa capacité de détonation toutes les erreurs et les imprudences du monde développé dans son ensemble, et surtout de l'Europe. Maintenant la bombe a explosé. Ce que l'Union fait à présent, c'est recoller les débris de l'explosion. À la différence d'autres crises intervenues dans l'espace européen, la crise des réfugiés ira en s'intensifiant et il y a peu de chances de la contrôler. La nouveauté de l'événement vient d'ailleurs : on ignore si dans le déclenchement de la crise du Moyen-Orient et surtout dans la stimulation de l'exode, il n'y a pas des intérêts contraires à l'Union et à l'Allemagne. La question réelle n'est pas de savoir si ces intérêts existent, mais de connaître leur nombre et leur importance.

2.5. « Les mariages » entre les développés et les émergents : une question de temps !

Le grand enjeu du moment est représenté par l'effort que font les États-Unis pour maintenir, sous leur houlette, l'unité du monde développé. Le Partenariat Transpacifique (TPP) et le Partenariat Transatlantique de commerce et d'investissement (TTIP) sont autant d'instruments permettant de réaliser cet objectif dont l'importance est non pas stratégique, mais historique. On y décèle deux niveaux de discussion. Au niveau supérieur, les États-Unis essaient de maintenir une certaine cohérence du monde développé, comme un contrepoids à l'ascension vertigineuse du monde émergent. Cela paraît tout à fait logique et nécessaire. Mais immédiatement au-dessous de ce niveau représenté par les États-Unis, on rencontre des pays dynamiques, qui entendent suivre leur propre jeu, leur propre stratégie, tels que l'Allemagne et la Corée du Sud. Pourquoi donc la Corée du Sud ne fait-elle pas partie du Partenariat Transpacifique (TPP) ? Pour toute une série de raisons, dont une ne peut pas être ignorée : la Corée du Sud est le deuxième grand exportateur global vers la Chine, après le Japon. Le Japon est « le porte-avions naturel » de l'Amérique dans le Pacifique. Si l'on remonte dans l'histoire, les relations entre la Chine et le Japon n'ont pas été des meilleures. Les deux pays n'ont eu de cesse de se disputer la position de leader de l'Asie de l'Est, qui semble à présent revenir à la Chine. Séoul préfère maintenir de bonnes relations aussi avec la Chine, non seulement parce qu'elle est un partenaire commercial majeur, mais surtout parce qu'elle est une puissance émergente. Ce n'est pas le seul pays à avoir adopté une telle attitude : l'Inde, l'Indonésie et les Philippines ont fait de même. Le jeu est complexe et il comporte bien des actions-surprises. L'Allemagne non plus n'est pas complètement à l'aise avec la domination américaine. Elle aimerait faire son propre jeu, promouvoir les relations commerciales et mêmes politiques qu'elle considère comme les plus convenables. Mais en arrière-plan trône la puissance américaine. La puissance en devenir de l'Allemagne entre tôt ou tard dans une sorte de friction, sinon de conflit avec la puissance consacrée des États-Unis, que défendent les institutions et les jeux de pouvoir globaux.

Cette position de l'Allemagne est tout à fait significative. On négocie intensément pour finaliser le TTIP, après que le Partenariat Transpacifique a déjà été conclu. Il s'agit bien sûr de discussions enflammées, d'autant que leur centre s'est déplacé de la question des barrières tarifaires à celle des barrières non tarifaires, à savoir des réglementations. Il est évident que les réglementations servent à leur tour divers intérêts. Mais il y va aussi d'une dimension symbolique : celui qui établit les réglementations non seulement impose ses propres intérêts, mais détient également les leviers de commande du monde. Le président Obama a précisé que l'une des priorités de son administration est que les États-Unis « élaborent les règles du commerce pour le XXIe siècle[11] ».

C'est Hans-Werner Sinn, personnalité allemande, qui, dans un article extrêmement intéressant, met en lumière les avantages d'un tel partenariat transatlantique (qui réunit en réalité des pays détenant ensemble 50 % du PIB global), mais aussi les contraintes. Lorsqu'il s'agit de ces dernières, Sinn devient plus prudent, plus réticent. Il exprime sans doute un point de vue personnel, mais notre petit doigt nous dit qu'il se rapproche beaucoup du point de vue de l'Allemagne. Qu'est-ce qui pourrait poser problème pour l'Allemagne dans un tel partenariat ? Pour tout dire, un pays émergent ne regarde pas d'un œil bienveillant les droits et les avantages dont dispose la puissance en titre. S'agirait-il seulement d'un

---

[11] Barack Obama, « Writing the Rules for 21st Century Trade », 18 février 2015. <https://www.whitehouse.gov/blog/2015/02/18/president-obama-writing-rules-21st-century-trade>.

problème apparu dans la relation bilatérale entre l'Allemagne et les États-Unis ? Cela pourrait représenter seulement une partie de l'explication. L'axe de la puissance allemande est associé au besoin de sa machine économique de s'ouvrir à tous les horizons. Par la force des choses, « la tutelle américaine » est regardée comme une contrainte, voire comme un obstacle au besoin urgent de l'Allemagne d'élargir le plus possible ses relations avec les gros marchés du monde. Berlin devient l'adepte de ce genre de multilatéralisme économique et commercial et il n'est pas content de conclure des accords qui excluent les émergents, plus précisément la Chine et la Russie. Le fait que l'auteur allemand mentionne ces pays en particulier et qu'il appelle le TTIP un « OTAN économique » met fortement en lumière l'une des principales hypothèses de ce livre, à savoir la tentative de l'Allemagne de devenir un véritable leader technologique du monde émergent. « Les avantages du TTIP sont loin d'être certains. Afin d'éviter les risques associés à son fonctionnement, il y a besoin de mesures plus larges qui permettent également à d'autres pays, tout particulièrement la Chine et la Russie, de participer aux échanges commerciaux sur un pied d'égalité. Mettre en place une sorte d'« OTAN économique », qui exclue des puissances telles que la Russie et la Chine, n'est recommandable ni d'un point de vue économique ni d'un point de vue politique. Au contraire, ces pays devront être inclus dans les négociations[12] ».

Nous avons déjà mentionné certaines frictions apparues entre l'Allemagne et les États-Unis. Si l'on veut une explication de fond de ces évolutions, il faudra prendre en considération les tensions qui vont toujours de pair avec l'ascension d'une puissance. Le problème, c'est que l'Allemagne n'est pas une superpuissance, mais une superpuissance économique. Voilà pourquoi les tensions sont plus limitées et circonscrites au domaine économique. L'Allemagne n'est ni la Chine ni la Russie. Elle a alors trouvé une issue : la collaboration commerciale avec ces deux États, ce qui lui offre un champ d'expansion économique et la possibilité d'accroître sa puissance et surtout son influence. Les démarches et les évaluations géopolitiques sur le plan global ne peuvent plus faire abstraction de son évolution. Sur le plan européen, l'Allemagne a plus d'importance que son économie n'a de poids, vu qu'elle a bien passé l'examen de la crise. Sur le plan mondial, la situation est similaire, vu que Berlin a su développer sa capacité de collaboration avec la Russie et la Chine, ce qui le place en première ligue des puissances mondiales, même si ni ses dimensions ni celles de son économie ne lui en donnent droit. Le grand examen que Berlin doit passer à présent est de bien gérer ce succès exceptionnel.

---

[12] Hans-Werner Sinn, « Free-Trade Pitfalls », *Project-syndicate*, 24 juin 2014. <https://www.project-syndicate.org/commentary/hans-werner-sinn-considers-the-risks-of-the-transatlantic-trade-and-investment-partnership>.

Ce que l'on peut dire haut et fort, c'est que l'on opère souvent avec des notions tirées des manuels, élaborées Dieu sait quand. On parle du monde développé et du monde émergent, comme s'ils suivaient deux trajets distincts, qui se rencontreraient tout à fait par hasard. Il s'agit là d'une image qui ne nous aide pas à comprendre ce qui se passe aujourd'hui dans le monde. Les pays émergents représentent une partie de plus en plus importante de la réalité contemporaine. Les pays émergents et les pays développés se croisent, coopèrent et constituent la composante la plus dynamique du monde contemporain. Des relations économiques, commerciales, des affinités de toutes sortes se tissent entre eux. Cette séparation, entre « pays développés » et « pays émergents », comme si chaque groupe vivait dans un véritable « enclos », les rencontres se produisant seulement à l'occasion de quelques aréopages internationaux, est non seulement artificielle, mais tend à devenir contre-productive.

Les relations privilégiées entre les pays développés et les pays émergents tendent à devenir une dominante de l'époque. Ce phénomène présente certaines similitudes avec ce qui s'est passé à l'aube de la modernité : la noblesse considérait avec un certain mépris la bourgeoisie qui « s'élevait », mais ceux qui ont senti à temps la tendance ont prévenu l'isolement et ont marié leurs enfants aux représentants de la classe qui détenait le pouvoir économique. C'est pour la plupart ainsi qu'est apparue la nouvelle classe qui allait diriger la société moderne. Les émergents représentent la puissance qui s'élève. On ne devrait pas les considérer de haut ; qui construira à temps des liens serrés avec les nouveaux acteurs globaux gagnera dans l'histoire. Les tandems, les alliances économiques et commerciales entre les « développés » et les « émergents » ne sont qu'une question de temps. Cela dépendra de qui réussira à monter dans « le train » lorsqu'il passera par « la gare de l'histoire ».

2.6. On parle du développement, mais on pense aux élites

Afin de mieux comprendre l'histoire récente de l'Allemagne, il faut nécessairement prendre en considération ses élites, attachées au développement et déterminées à faire croître la puissance de l'État allemand. Il y a mille perspectives d'où l'on peut considérer, voire caractériser, les élites. La compétence en est une. La compétence a toujours été un attribut organique des élites. Les élites incompétentes sont une contradiction dans les termes. Mais il existe différents niveaux de compétence, qui supposent formation et habileté, et aussi un attachement réel aux problèmes réels d'une communauté, la capacité à élaborer des objectifs qui peuvent mettre en valeur les atouts du pays en question. L'attachement réel *féconde et met en valeur la formation.* L'attachement mimétique non seulement empêche, mais tout simplement obstrue le développement réel. Il ouvre la voie à une sorte de développement également mimétique, qui emprunte les signes extérieurs de la modernisation, sans pour autant modifier et préparer ses « moteurs » intérieurs, qui propulsent véritablement une communauté nationale.

Dans un contexte extrêmement compliqué, les élites allemandes ont travaillé en silence, mais avec détermination, voire avec sagesse, et elles ont préparé le pays pour un objectif qui ne pouvait pas ne pas déranger : le développement. C'est ainsi que les choses se sont passées après la Seconde Guerre mondiale ; c'est ainsi qu'elles se sont passées au lendemain de la guerre froide et de la réunification, et aussi de l'adoption de la monnaie unique, qui a radicalement changé le paysage européen. À chacun de ces moments, la question cardinale qui s'est posée a été la suivante : Que fera notre pays ? Peu importe qui l'a formulée, ce qui compte, c'est qu'elle s'est posée, qu'elle a préoccupé réellement, et non pas mimétiquement, et qu'elle a eu des retombées importantes. On pense ici à des mesures et des orientations, mais aussi à la détermination avec laquelle les décisions adoptées ont été mises en œuvre. De sorte que l'on ne sait pas ce qu'il faut admirer d'abord : la qualité des programmes ou la décision de les mettre en œuvre. La réalité, c'est qu'une dimension en a appuyé une autre, en contribuant à ce que l'on pourrait appeler le miracle économique allemand de nos jours.

L'Europe devient-elle de plus en plus « petite » ? À la lumière d'une évaluation réaliste, il est possible que le Vieux Continent compte de moins en moins dans la balance de puissance globale. Comparez les 500 millions d'habitants de l'Union européenne avec les deux milliards de l'Asie de l'Est ou avec les quatre milliards environ de toute l'Asie. On pense ici à la population en tant que force de production, donc en tant que bras pour le travail qui boostent le PIB, mais on retient également l'immense marché qui va de pair. Les deux composantes deviennent encore plus importantes si le pays ou la région en question se développe. Voilà où réside la signification majeure du développement de l'Asie de l'Est et de l'Asie en général. Quelle carte historique l'Europe peut-elle jouer dans ces conditions ? La capacité à se coupler avec d'autres États, à se spécialiser afin de maintenir la coopération avec les régions ou les pays en ascension économique.

À notre avis, l'Allemagne a devancé l'Europe de ce point de vue. Elle a mis au point son appareil de production et sa capacité d'exportation et elle recherche à présent des partenaires d'envergure. C'est ainsi qu'elle promeut ses propres intérêts et qu'elle maintient l'Europe en jeu, en conservant ou en réactualisant ses atouts classiques. Si l'Europe désire un avenir à la mesure de son histoire, elle ne peut le construire que sur des bases où s'entremêlent innovation, technologie, performance économique, flexibilité technologique, etc. Pour ce qui est de la démographie, le *pattern* change difficilement, si jamais il le fait. L'évolution démographique de l'Europe représentera sa principale faiblesse à l'avenir. Les stratégies qu'elle mettra en place devront tenir compte de cette faiblesse réelle et prendre appui sur des atouts qui peuvent diminuer les conséquences négatives du déclin démographique.

Nous avons insisté ici sur des « lectures » allemandes des dominantes de l'époque actuelle. Il est rare de trouver des élites plus préoccupées par la qualité de la réponse que donne leur pays. Voilà pourquoi il est surprenant que ces élites n'aient pas entrepris une « lecture » comparable de l'opinion publique, qu'elles n'aient pas été assez sensibles aux interprétations émergeant sur le continent quant au comportement européen de l'Allemagne. De manière cyclique, le premier plan de la vie européenne ces cinq dernières années a été occupé par « la crise grecque ». La Grèce est en quelque sorte devenue « la victime de service de la crise ». La dernière crise, courant 2015, a été aussi la plus compliquée. Des problèmes graves ont pris les devants de la scène, dont la sortie de la Grèce de l'Union, le soi-disant Grexit, et le nouveau renflouement a été précédé de discussions et de durs affrontements ; de ce point de vue, la querelle menée dans la presse entre les ministres des Finances des deux pays, Yanis Varoufakis et Wolfang Schäuble, est mémorable. Dans la perception publique, il y a eu deux acteurs principaux : la victime, mise à rude épreuve, et les créditeurs. Vu que l'Allemagne a été la plus ferme, la plus inflexible de tous les États membres durant les négociations, c'est elle qui a endossé dans ces circonstances compliquées et délicates *l'image du créditeur*. Une fois le pic de la crise surmonté, et que débute la période où il faut rembourser les dettes, les créditeurs ne peuvent pas jouir d'une image favorable. Oui, il y a bien la Grèce avant la crise, écrasée par les dettes et menacée par la faillite, une Grèce dévastée. Mais on peut tout aussi bien dire qu'il y a une Allemagne d'avant la crise grecque et une Allemagne d'après cette crise, une Allemagne qui traîne une tout autre image d'elle-même à travers l'Europe.

C'est ici que réside un autre aspect du paradoxe allemand. Lorsque ses élites analysaient « les marchés financiers » et qu'elles lançaient des avertissements tout à fait justifiés, l'Allemagne était, dans la perception publique, du côté de la « victime » potentielle ; elle était en quelque sorte du côté de la vague de contestataires, préoccupée à dénoncer le danger et à identifier des solutions. Dans tout le drame grec de 2015, l'Allemagne a été du côté des créditeurs, et donc du capital. Nous ne désirons pas discuter ici les arguments de cette position. Ce que nous voulons dire, c'est que ce n'est pas elle qui aurait dû l'endosser. Pourquoi ?

L'économiste allemand Hans-Werner Sinn[13] surprend le phénomène intervenu en Europe après l'adoption de la monnaie unique : *l'exportation massive* de capital du centre de l'Europe vers sa périphérie. *Les bubbles* créées au sud de l'Europe sont redevables à une explosion du capital, et « ce capital devait bien venir de quelque part ». « De 2003 à 2007, un total de 580 milliards d'euros, soit 60 % de l'argent économisé par les citoyens allemands, ont migré à l'étranger et seuls 40 % ont été investis dans le pays, à des fins privées et publiques[14] ». On rencontre donc au sud de l'Europe et

[13] Hans-Werner Sinn, *The Euro Trap: On Bursting Bubbles, Budgets, and Beliefs*, Oxford, Oxford University Press, 2014.

[14] *Ibid.*, p. 91.

en Grèce un important volume de capital allemand, lequel, en termes absolus, dépasse le capital français. Aujourd'hui, lorsque les autorités allemandes exigent que la Grèce paye sa dette, elles peuvent donner l'impression de défendre en réalité le point de vue de leurs propres banques et non pas le bien-être du débiteur. L'Allemagne a parcouru trop vite la distance entre sa position d'il y a quelques années, lorsqu'elle contestait l'interprétation dominante et considérait que les marchés financiers sont une force moderne, contribuant à la création de la richesse, et sa position actuelle où elle se confond presque avec ce qu'elle dénonçait auparavant. Une métamorphose trop rapide pour être crédible. La crise grecque a dévoilé cette nouvelle position de l'Allemagne – et ce, non seulement parce que son attitude a changé, mais parce qu'elle est impitoyable, dépourvue d'une empathie minimum envers le débiteur à une période où la donne a changé par rapport aux années 1990, lorsque l'Allemagne avait elle-même des dettes.

Au fond, le trajet suivi par l'Allemagne est identique à celui emprunté par les États asiatiques après « la grippe asiatique ». L'Allemagne a été le seul pays européen à avoir lu jusqu'au bout « la bibliographie asiatique ». Elle a développé son exportation et a fait tous les efforts pour acquérir le plus de compétitivité possible dans ce domaine. Elle a non seulement fait de l'exportation sa priorité, comme l'ont fait les États asiatiques, mais elle l'a transformée en un instrument similaire à ce qu'était l'industrie militaire au XXe siècle, c'est-à-dire *une forme d'obtention du pouvoir*, car elle permet de s'emparer de l'arme la plus redoutable, soit les réserves en devises. Comme nous l'avons déjà souligné dans les chapitres précédents, c'est une chose que d'être compétitif à l'exportation, cela en est une tout autre de « planifier » une superproduction qui « morde » à la consommation intérieure des partenaires. Il s'agit pratiquement d'une invasion du marché européen, une dépossession des partenaires européens de leur consommation intérieure ; la machine de production allemande, étant très compétitive, disloque bien des capacités de production des pays vers lesquels l'Allemagne exporte et lie ainsi leur consommation intérieure non pas à leur production interne, mais à l'exportation allemande. Des *rapports de domination* apparaissent ainsi, auxquels le dominé se soustrait bien plus difficilement qu'à d'autres époques. La question incommode qui se pose pour l'Allemagne est la suivante : en quoi sa politique commerciale est-elle différente de la politique promue par le capital international, voire par les marchés financiers auxquels elle se rapportait de manière si critique avant la crise ? Lorsqu'elle courait le risque que les marchés financiers développent des activités spéculatives en terre allemande, ses élites ont promptement signalé le danger. Lorsqu'elle emprunte en quelque sorte le rôle joué par les marchés financiers, elle transmet un message similaire à ceux-ci, voire avec une dureté supplémentaire. Ce qui, en termes d'image, aura un coût indéniable les années suivantes.

Nous n'avons pas suffisamment parcouru « la bibliographie » qu'offre l'expérience récente de la Grèce. Comment interpréter le fait que les élections ont été remportées par un parti de gauche (voire d'extrême gauche), quelles conséquences a eu l'engagement de ce dernier, qui s'est proposé de lutter, de renégocier, de « briser les chaînes » qui « assujettissaient », voire même « humiliaient » la Grèce ? En fin de compte, cela a débouché sur l'acceptation voilée des conditions des créditeurs. Le rebelle a été bien calmé, car au bout de sa protestation pointait la faillite financière, qui aurait en dernière instance conduit à l'éviction du gouvernement par son propre peuple, donc par voie démocratique. Et lorsqu'il s'agit de rembourser un crédit ou une dette, tout peut être négocié, mais pas le remboursement lui-même. Sur ce point, tout le monde s'est mis d'accord. Après la révolte, il a eu la tension, le débat sur le Grexit ou le non-Grexit, mais, en fin de compte, les choses ont pris le cours désiré par les créditeurs. La révolte, donc, peut bien être citée dans les livres d'histoire, elle n'a modifié rien d'important.

Voici la leçon majeure que transmet l'expérience grecque : non seulement la révolte n'a pas abouti, mais elle devient une forme de protestation désuète, propre à des époques révolues. Elle rappelle la détermination des Polonais des premiers instants de la Seconde Guerre mondiale, qui avaient envoyé leur cavalerie pour stopper la marche des chars allemands. Le moment a été sublime. Mais la machine automatisée d'occupation allemande, tout comme les marchés financiers d'aujourd'hui, n'était pas équipée pour détecter et répondre aux problèmes associés au sens de la justice. Dans le cas des Polonais du moins, l'affrontement a été visible : on voyait bien les chevaux et leurs cavaliers écrasés par les chenilles des chars qui avançaient. À présent, tout devient impersonnel. L'eurogroupe discute, les représentants de la Grèce s'opposent, une autre série de débats a lieu, et encore une autre, et sur ces entrefaites, des messages d'outre-Atlantique parviennent, le FMI communique également son point de vue, pour que la Grèce tombe petit à petit sous les « chenilles » des marchés financiers, ou bien des créditeurs si l'on préfère. L'un des premiers présidents américains faisait cette affirmation profonde : « Il y a deux choses certaines au monde : les taxes et la mort ». Il faudrait y ajouter encore une pour notre époque : les dettes…

Dans son effort de gravir l'échelon, l'Allemagne est impressionnante. Dès qu'elle pénètre dans le cercle fermé de la puissance, elle connaît les symptômes spécifiques des pays parvenus à cette position privilégiée, qui peuvent prendre des formes différentes, mais témoignent d'une même attitude : ceux qui, pour une raison ou une autre, sont restés en bas de l'échelle, commencent à être regardés « de haut ». Le processus de détachement est bien déclenché. Par la performance, le sérieux et l'engagement, l'Allemagne a prouvé qu'elle réunit les qualités d'un leader véritable ; par la rigidité et la promotion de mesures économiques (dont l'austérité) au-delà de leur terme de validité ou de supportabilité, elle a pu éveiller des doutes et, ce qui est encore plus important, des craintes associées à son passé, que son évolution ces dernières décennies avait reléguées peu à peu aux oubliettes.

Troisième chapitre
« La nouvelle route de la soie », la marque de politique économique de la Chine

3.1. Un début tonitruant, inhabituel pour une banque !

Comme nous l'avons déjà précisé, le second moment significatif pour cette période post-crise est la création de la Banque asiatique d'investissements pour les infrastructures (AIIB – Asian Infrastructure Investment Bank). Nous débutons son analyse par l'expression d'un éventuel doute que le lecteur pourrait éprouver : n'accorderait-on pas trop d'importance à cet événement ? Vu que ce doute peut être justifié et que nous considérons que les significations de cet événement prendront de l'ampleur les années suivantes, nous nous limiterons ici à présenter les faits accompagnés de commentaires succincts, tout en laissant au lecteur la possibilité d'embrasser une perspective ou l'autre, ou encore de construire sa propre explication.

C'est vers la moitié de l'année 2013 que l'on a parlé pour la première fois de la possibilité de créer cette banque, dans les conditions où Pékin avait exprimé à maintes reprises son mécontentement quant au rôle et à l'influence de la Chine au sein des organismes financiers internationaux, qui étaient largement au-dessous de son pouvoir économique. Dans le cadre du FMI, la Chine, la deuxième économie du monde, avait un poids équivalent à celui de la Belgique et des Pays-Bas réunis, alors que, au sein de la Banque asiatique de développement (Asian Bank of Development), ses droits de vote se situaient à 5,72 %, dans les conditions où la proportion détenue par les États-Unis et le Japon était de 26 % (soit 13 % pour chacun). Pendant la première partie de 2014, le premier ministre chinois a expressément formulé la proposition de création de l'AIIB, pour qu'en juin 2014 la Chine décide d'élever son capital de départ de 50 à 100 milliards de dollars et d'inviter l'Inde à devenir membre fondateur de la nouvelle banque. En octobre la même année a eu lieu la cérémonie de fondation de la banque, à laquelle participaient, en tant que membres fondateurs, vingt-et-un pays asiatiques, dont l'Inde, le Pakistan, le Kazakhstan et les Philippines[1]. Quatre pays importants de la région asiatique ne donnent pas suite à l'invitation, soit l'Australie, la Corée du Sud, l'Indonésie et le Japon.

[1] La liste complète des 21 membres : le Bangladesh, le Brunei, le Cambodge, l'Inde, le Kazakhstan, le Koweït, le Laos, la Malaisie, le Myanmar, la Mongolie, le Népal, le Sultanat d'Oman, le Pakistan, les Philippines, le Quatar, le Singapour, le Sri Lanka, la Thaïlande, l'Ouzbékistan, le Vietnam et, bien évidemment, la Chine.

Ce qui s'est passé les premiers mois de 2015 est décisif si l'on veut comprendre la signification réelle de cette initiative. C'est là que la Grande-Bretagne a fait part de sa décision de devenir membre fondateur. Bien évidemment, il s'est agi d'une décision qui a pris tout le monde au dépourvu, y compris l'administration Obama, qui a témoigné de sa déception par un communiqué : « Nous sommes préoccupés par la tendance constante de s'accommoder à la Chine, qui n'est pas la meilleure modalité pour se rapporter à une puissance en ascension[2] ».

Ce qui est certain, c'est qu'en mars 2015 les choses prennent un tout autre tournant. Il s'ensuit une vague de confirmations de la part des pays développés de l'Europe. L'Allemagne, la France et l'Italie deviennent également membres fondateurs. Il est tout aussi important de préciser que le ministre des Finances allemand, Wolfgang Schäuble, a annoncé la décision allemande lors d'une conférence de presse commune avec le vice-premier ministre chinois, Ma Kai, à l'époque en visite à Berlin. Bien évidemment, la presse internationale couvre amplement l'événement, alors que la presse chinoise titre avec une satisfaction non dissimulée : « Bienvenue, l'Allemagne ! Bienvenue, la France ! Bienvenue, l'Italie ! »

Des points de vue exprimés par des personnalités américaines du domaine des finances, dont Ben Bernanke (ancien président des Réserves fédérales américaines) ou Robert Zoellick (le onzième président de la Banque mondiale) se font jour, qui se détachent de l'interprétation officielle que Washington a donnée à cette initiative chinoise. En fin de compte, les États-Unis nuancent leur position, motivant qu'elle a été générée par « la préoccupation de respecter les standards internationaux ». Dans une position commune, les ministres des Affaires étrangères et les ministres des Finances de l'Allemagne, de la France et de l'Italie tentent d'éliminer ces craintes, soulignant qu'ils travailleront de sorte que la nouvelle institution « respecte les plus hauts standards et pratiques[3] ». Voilà comment un dignitaire occidental synthétise la situation : « Les États-Unis ont cru que plusieurs États s'opposeraient à la création de l'AIIB. Mais leur lecture de la situation a été erronée[4] ».

Notons encore que, pour les pays développés, seuls le Japon et le Canada (et bien sûr les États-Unis) n'ont pas donné leur accord. Mentionnons également que la Pologne et l'Autriche sont les seuls pays d'Europe centrale et orientale à avoir adhéré à la nouvelle initiative. Ajoutons enfin que la plupart des actions de l'AIIB sont détenues par la Chine (30,34 %), suivie par l'Inde (8,52 %), la Russie (6,66 %), l'Allemagne (4,57 %), l'Australie

---

[2] Geoff Dyer à Washington et George Parker à Londres, « US Attacks UK's' "constant accommodation" of China », *Financial Times*, 12 mars 2015.

[3] « US frets as major EU powers join new China-led "World Bank" ». <www.euractiv.com>, 18 mars 2015.

[4] Tom Mitchell, « China-led AIIB attracts raft of applicants », *Financial Times*, 2 avril 2015.

(3,76 %), la France et l'Indonésie (chacune 3,44 %), le Brésil (3,24 %) et la Grande-Bretagne (3,11 %). On peut remarquer un soutien plus important de la part des émergents (il est vrai, le statut de la banque précise que les pays asiatiques ont la possibilité de détenir plus d'actions). Taïwan a également désiré y adhérer, alors que sa demande a été non pas rejetée, mais remise à plus tard, parce que l'on y parlait de « deux Chine », position que la Chine jugeait inacceptable. Enfin, le 16 janvier 2016, la Banque a été inaugurée. Son siège est à Pékin, elle est dirigée par un comité de douze directeurs, et son premier président est Jin Liqun.

3.2. Une affaire qui équivaut à trois fois le PIB de l'Allemagne

Dans ce qui suit, nous aborderons quelques aspects censés mettre en lumière la signification majeure de cet événement. En premier lieu, pourquoi une telle réaction ? Des initiatives similaires ont déjà eu lieu dans le passé, sans qu'elles éveillent de réactions si vives. Par exemple, en juillet 2014, les représentants des BRICS ont signé l'Accord pour la fondation de la Nouvelle banque de développement (New Development Bank), qui se proposait expressément de représenter une *alternative* au système financier actuel composé de la Banque mondiale et du FMI, qui se trouveraient « sous l'emprise américaine et ouest-européenne ». Par ailleurs, la modalité d'organisation de la Nouvelle banque de développement exprime ouvertement ce principe : chaque participant détient un nombre égal d'actions et de voix, aucun d'entre eux n'a de droit de véto, etc. Voilà donc deux initiatives dans le domaine financier et bancaire : pourquoi l'une a-t-elle engendré une si vive réaction et pas l'autre ?

La Banque asiatique d'investissements pour les infrastructures a été fondée sur l'initiative d'un seul pays, celui-là même qui, ces dernières années, a représenté, qu'on le veuille ou non, la locomotive de la croissance économique mondiale. La nouvelle institution bancaire se concentre sur un aspect nettement délimité : *l'amélioration de l'infrastructure asiatique.* L'Asie, le continent dont l'évolution économique a été la plus dynamique ces dernières décennies, éprouve à présent un besoin urgent de se doter d'une infrastructure moderne. Cette urgence est motivée par les préoccupations éveillées par l'ascension de la Chine, avec la précision que ce n'est pas seulement cet aspect particulier qui inquiète le plus, mais aussi les efforts de ce pays *de se coupler aux intérêts d'autres États asiatiques*, ce qui pourrait implicitement entraîner une baisse de l'influence des sociétés développées sur le continent le plus dynamique du monde. Martin Wolf décrypte les choses dans le même sens : « La véritable préoccupation des États-Unis, c'est que l'État chinois pourrait créer des institutions qui déterminent une baisse de l'influence américaine sur l'économie globale[5] ». C'est ici que se trouve la clé du problème. Il est tout aussi vrai que l'initiative chinoise exprime, toujours sur le mode de l'implicite, un besoin ressenti sur un plan plus large en Asie et aussi une sorte d'avertissement, sinon une protestation : l'ordre financier mondial doit refléter l'ordre économique mondial ; *or, comme l'ordre économique a changé, l'ordre financier doit également changer*.

L'infrastructure représente une prémisse fondamentale du développement. Jusqu'ici, l'Asie a évolué dans un rythme impressionnant, mais à présent ses possibilités de développement sont en quelque sorte limitées par l'absence d'une infrastructure moderne, qui relie entre eux les États asiatiques, permette des flux commerciaux rapides et favorise des taux importants de croissance. Comme l'Asie est un continent immense et que les décalages entre les infrastructures de ses États sont également importants, la modernisation de l'infrastructure au niveau du continent exige environ 12 milliards de milliards de dollars, soit environ trois fois le PIB allemand. Une somme géante, un investissement qui pourrait être considéré comme *l'affaire du siècle*. À notre avis, la création de la banque est tellement importante, justement parce qu'elle est centrée sur un domaine qui enregistrera un développement explosif, alors que la promesse du profit est à la fois sûre et extrêmement tentante. Tout simplement, personne ne peut ignorer un tel chiffre d'affaires, personne ne peut se tenir à l'écart des chances de profit que cela suppose. Dans les conditions où la demande mondiale est à la baisse, identifier un domaine qui *amplifie la demande* – et qui le fait de manière spectaculaire – représente une sorte de don du ciel pour tout le monde, mais surtout pour les pays développés, dont le potentiel ne peut pas s'exprimer en l'absence des marchés d'écoulement. Comment donc ces pays auraient-ils pu rater une chance pareille ?

Il ne s'agit pas là d'une réaction des pays européens contre le système financier international et, d'autant moins, contre les États-Unis. C'est plutôt une réaction qui trouve ses origines dans les intérêts respectifs de chaque pays. Chaque État fait ses propres calculs et cherche à tirer profit des situations qui peuvent ouvrir de nouvelles chances de développement. Bien des commentateurs ont même affirmé qu'il faudrait « applaudir » la réaction des « alliés européens ».

Dorénavant, chaque État s'intéressera de plus en plus à sa propre évolution, à mettre en valeur les chances pour son propre devenir. Cela ne veut pas dire que les structures et les alliances déjà en place ne fonctionneront plus ou qu'elles perdront du coup leur importance. Ce que l'on veut souligner, c'est seulement que nous sommes en train d'entrer dans un *nouvel âge*, où ce qui préoccupera avant tout les États, ce sera leur propre

[5] Martin Wolf, « It Is Folly to Rebuff China's Bank », *Financial Times*, 25 mars 2015.

développement. Il est même possible de pouvoir parler sous peu d'un *individualisme d'État*. Il faudra réfléchir très sérieusement à ce moment et à ses leçons. On parle souvent des pays développés comme s'ils constituaient un groupe cohérent, qui agit en commun par rapport à divers problèmes et objectifs. La réaction à l'égard de l'initiative chinoise montre que le syntagme « pays développés » n'est qu'une caractérisation conventionnelle, qui répond à certaines exigences, mais ne nous aide pas beaucoup à nous représenter la réalité d'aujourd'hui et de demain. Les États avancés agiront et réagiront de moins en moins au nom des intérêts et des options du « monde développé » ou de ce qui, pour le commun des mortels, unit ce monde ; ils *réagiront de manière différente et différenciée*, selon ce que leur dictent les intérêts de leur propre développement. La réponse donnée à l'initiative chinoise est une réaction qui, d'une manière ou d'une autre, deviendra permanente. Pour cette nouvelle tendance, ce n'est pas un pays ou un autre qu'il faut tenir pour responsable, mais les particularités du processus déclenché à la période post-crise, marqué par des tensions, car son enjeu est la position respective des États et que la marge de manœuvre des États en général, peu importe s'ils sont « développés » ou « émergents », est de moins en moins réduite. La réalité qui s'impose dorénavant, c'est bien celle des États qui se développent, qui se sont dotés à temps d'une direction stratégique, tout comme, d'autre part, les États qui tâtonnent, qui hésitent, qui n'ont pas encore décidé de quelle manière assimiler les nouveaux commandements de la post-crise, feront bande à part.

3.3. Le geste de l'Albion

Nous avons déjà analysé le geste hors commun de la Grande-Bretagne : devenir le premier membre européen de la Banque asiatique d'investissement pour les infrastructures. Cette décision dépasse largement la signification d'un accord donné par un seul pays, même si le pays en question est la Grande-Bretagne. Il comporte au moins encore trois autres significations. Premièrement, la Grande-Bretagne est le partenaire européen le plus proche des États-Unis et son geste est intervenu dans les conditions où Washington avait lancé une sorte d'appel à l'intention des États alliés, de ne pas donner suite à l'invitation faite par Pékin. Deuxièmement, la Grande-Bretagne est le pays avec le plus d'expérience dans le domaine financier-bancaire, la City londonienne rayonnant sur le ciel des finances mondiales bien avant Wall Street. Lorsqu'un pays doté d'une telle aura décide de devenir membre d'une banque nouvellement fondée, alors cette décision a bien évidemment un poids particulier. Enfin, troisièmement, le geste de Londres a entraîné toute une série d'adhésions de la part de l'Allemagne, de la France, de l'Italie, de la Pologne et de l'Autriche. Cela veut dire que l'on attendait un précédent.

Il est intervenu non pas à la suite d'une brusque faiblesse par rapport à l'initiative chinoise, mais à partir d'un calcul des plus précis.

Il est tout aussi important de souligner que cette annonce de mars 2015 s'est poursuivie par la visite d'État du président de la Chine, Xi Jinping, en Grande-Bretagne, au mois d'octobre dernier. Le leader chinois a été hébergé à Buckingham Palace et a joui de tous les honneurs. Durant les quatre jours, il a été accompagné par le premier ministre David Cameron ou par George Osborne, le ministre des Finances, parfois par les deux ; il a eu des entretiens avec la Reine et avec des membres de la famille royale ; il a rencontré des personnalités de premier rang, des lauréats du prix Nobel, des stars de la vie culturelle et a même visité le club de football Manchester City. Ce fut bien, comme on l'a dit, un accueil « *ultra-royal* », réservé d'habitude aux invités spéciaux et aux visites à signification particulière.

La plupart des commentateurs ont mis en évidence la connotation économique et commerciale de cette visite, durant laquelle environ 150 accords, d'une valeur approximative de 70 milliards de dollars, ont été signés. Parmi ceux-ci, celui considéré comme le plus important est la construction à Bradwell, dans le comté d'Essex, d'une nouvelle usine nucléaire, projetée et réalisée par la Chine. On a également décidé d'un vaste programme d'investissements dans les infrastructures, de modernisation des chemins de fer et aussi d'une importante coopération dans le domaine des affaires. Il s'agit donc d'une visite avec une réelle signification historique, dont témoignent l'accueil et tout le parcours, qui non seulement a eu des retombées particulièrement fructueuses, mais marque un moment charnière dans les relations bilatérales. On veut pour argument le fait qu'elle a été soigneusement préparée, le deuxième homme de l'État, George Osborne, faisant en ce sens une visite spéciale en Chine. C'est à cette occasion que le ministre des Finances britannique a posé deux questions que le *Financial Times* reprend dans son numéro du 23 septembre 2015 : « China : crisis ? What crisis ? » et qu'il a souligné que « l'économie chinoise continuera d'alimenter la croissance globale ». Toujours à l'occasion de sa visite, Osborne a réaffirmé l'intention de son gouvernement de construire un lien durable entre la Bourse de Shanghai et celle de Londres. La coopération dans le domaine financier a constitué peut-être l'objectif le plus important de son déplacement.

La Grande-Bretagne a décidé de construire une relation structuralement nouvelle, un ample partenariat avec Pékin. En perspective, le gouvernement britannique se propose de devenir le deuxième partenaire commercial de la Chine jusqu'en 2015 et de faire de la Grande-Bretagne le pays « le plus ouvert » par rapport à la Chine. Cet objectif a été caractérisé de manière très exacte par le président chinois : « il s'agit là d'un choix stratégique et visionnaire qui répond aux intérêts à long terme de la Grande-Bretagne[6] ».

---

[6] « Exclusive Q&A with Chinese President Xi Jinping », Reuters, le 17 octobre 2015. <http://www.reuters.com/article/us-china-britain-xi-q-a-idUSKCN0SC03920151018>.

Une dimension très importante des relations bilatérales est représentée par la coopération au sein de marchés tiers. Comme Xi Jinping le mentionnait dans l'entretien accordé à l'agence Reuters alors qu'il préparait cette visite, la Chine a accumulé une expérience précieuse dans la construction des chaînes de production globales. En parallèle, elle se propose d'investir dans les territoires « d'outre-mer » une somme qui s'élève à 1,25 milliard de milliards de dollars. Quel autre pays aurait été mieux placé pour ce projet, étant donné les liens traditionnels de Londres dans les territoires « d'outre-mer » ? Il faut bien sûr penser, par-dessus tout, à l'expérience britannique dans le domaine des finances. Resserrer les liens dans ce domaine représente une priorité de Pékin, annoncée comme telle dans l'entretien mentionné ci-dessus. « Quand les conditions seront remplies, la Chine prendra en considération de resserrer les liens entre les marchés financiers des deux pays. Londres peut utiliser sa capacité unique dans le domaine financier afin de contribuer à la modernisation et à la mondialisation du marché financier de la Chine ».

Ce que les diverses analyses dédiées à l'évolution contemporaine retiennent moins, c'est que le processus de redressement des pays développés après la crise de 2008-2009 est lent, bien au-dessous des attentes. Il est vrai que les États émergents aussi ont enregistré un rythme de croissance économique plus faible. Pour ce qui est de la Chine, ce rythme est de 6,9 % en 2015. Mais ce rythme, bien diminué, favorise une croissance qui, en valeur absolue, est plus grande que celles des époques à évolutions spectaculaires. Le président chinois soulignait dans l'entretien susmentionné : « Une croissance de 7 % s'applique à une économie en valeur de plus de 10 milliards de milliards de dollars. La croissance qui en résulte s'élève à la valeur du PIB d'un pays de taille moyenne et dépasse la valeur d'il y a quelques années, quand on avait un rythme de croissance à deux chiffres ». Comme plusieurs études spécialisées le précisent, la Chine ajoute une « Allemagne » tous les huit ans. C'est ainsi que, dans ce nouveau contexte, *une véritable course au développement* s'est déclenchée même parmi les pays avancés. Telle est la clé avec laquelle il faut « lire » et comprendre l'initiative britannique. Il ne faut pas se hâter de la juger avant même de la comprendre, tout comme il faut bien prêter attention aux nuances très importantes de la stratégie promue par Pékin. Développer les relations avec la Grande-Bretagne est une priorité indiscutable. Mais cette nouvelle priorité est toujours subsumée à la priorité majeure, à savoir les relations avec l'Allemagne et avec l'Union européenne en général. Le nouveau moment – d'une importance cruciale dans le développement des relations sino-britanniques – est considéré comme un appui aussi pour la consolidation de la coopération d'ensemble avec l'Europe. Le président chinois l'a souligné explicitement et à maintes reprises : « Je suis convaincu que les progrès enregistrés dans les relations entre la Chine et la Grande-Bretagne donneront une impulsion à la relation entre la Chine et l'Union européenne en général[7] ».

---

[7] *Ibid.*

En lisant les divers comptes rendus de la visite et les nombreuses analyses de sa signification, nous pensions à l'avalanche de protestations et d'invectives qui auraient déferlé si un tel déplacement avait eu lieu en Roumanie : c'est du communisme, vous avez changé de camp et vous êtes passés du côté des Chinois... Le monde bouge, et ce qui le met en branle, ce ne sont pas les paroles vides, encore moins les slogans, mais le développement. Favoriser le développement est le premier devoir démocratique d'un leadership ; une modalité de le faire est représentée par la connexion avec les centres où ce processus enregistre sa dynamique la plus puissante. Si la Grande-Bretagne, le pays qui a inventé le parlementarisme et la démocratie, fait ce geste, ne pensez-vous pas qu'il faudrait que l'on se réveille nous aussi, les Roumains, au moins un peu ? Oui, la Grande-Bretagne a bien des réserves réelles quant au respect des droits de l'homme en Chine. Mais le gouvernement de sa Majesté sait bien que la prospérité de son peuple est la première des valeurs démocratiques. Et prospérité signifie développement...

3.4. L'embrassade commerciale de l'Eurasie

La banque asiatique d'investissement pour les infrastructures est le point d'orgue de projets bien plus amples et à portée bien plus longue. L'AIIB est non seulement une banque, mais une composante d'un plan attentivement élaboré d'expansion de la Chine. Si l'on considère l'initiative chinoise uniquement sous un angle strictement financier-bancaire, alors sa signification est forcément limitée au domaine dans lequel elle s'est fait jour. Mais si l'on regarde la création de l'AIIB en tant que composante de projets politiques et géopolitiques, d'un processus ample d'affirmation de la Chine en tant que puissance globale, *d'embrassade commerciale du supercontinent eurasien,* alors sa signification devient tout autre. C'est à cette lumière que nous avons essayé d'examiner la fondation de l'AIIB. Cela nous fait penser aux poupées russes, pour lesquelles chaque élément (projet) est compris dans un élément plus grand, lequel, à son tour, est contenu dans un autre encore plus grand et ainsi de suite. Ou bien, comme le précise un commentateur, tout est « à l'image d'un arbre de Noël ». On peut accrocher à ses branches divers projets et buts politiques. Pour l'instant, de l'argent n'a pas été prévu pour tous les « jouets » qui décoreront l'arbre. On compte sur la promesse du projet et sur l'attraction que la perspective du profit exerce sur le capital privé.

Une banque avec un tel profil ne saurait se doter d'un objectif plus approprié qu'un grand plan dans le domaine de l'infrastructure. On ne saurait dire si c'est la banque qui l'a imposé ou bien le leadership politique du pays, ce qui est certain, c'est qu'il porte un nom précis : *One Belt, One Road,* formule que le président Xi Jinping a fréquemment répétée. Le *Financial Times*[8] détaille les significations

[8] Charles Clover et Lucy Hornby, « China's Great Game », *Financial Times*, 31 octobre 2015.

pratiques de cette formule : la mise à jour de la célèbre Route de la soie. *The Belt* (*La Ceinture*) fait ici référence à *la route sur terre*, qui part de la région de Xinjiang, passe par l'Asie centrale, le nord de l'Iran et la Turquie, monte vers le Moscou (en passant par la Roumanie), pour se diriger ensuite vers l'Europe de l'Ouest, dont elle touche les extrémités les plus lointaines telles qu'Amsterdam et même Rome. *The Road – la route sur mer* – part du sud de la Chine, passe par le détroit de Malacca, arrive à Calcutta (Inde) et Colombo (Sri Lanka), passe par l'est de l'Afrique, à Nairobi, traverse le Canal de Suez, arrive à Athènes et a pour terminus Venise. Voici ces routes, présentées par *Financial Times* :

FIGURE 12

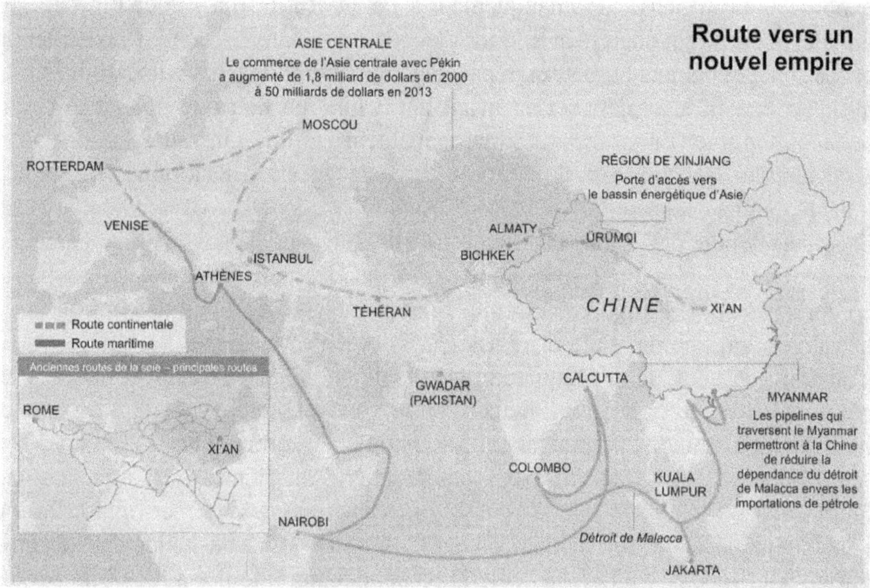

Source : NDCR, Commerce Ministry, Digital Silk Road Project, IMF, cité par Chris Campbell, *Financial Times*, 13 octobre 2015.

Une initiative d'une telle ampleur comporte bien évidemment bien d'autres connotations et significations géopolitiques. Au sujet du nouvel appétit de la Chine pour les infrastructures et pour recréer l'ancienne route de la soie ou pour inaugurer d'autres trajets commerciaux, *The Economist* souligne que « la nouvelle connectivité » mène finalement en Europe. La route continentale et la route maritime se rencontrent sur notre continent. Elles suivent grosso modo les vieilles routes par où passaient les caravanes ou les embarcations des temps anciens. Dans un volume impressionnant consacré « aux routes de la soie », Peter Frankopan signale un aspect très intéressant lié à la route « maritime », qui ne ferait que reprendre celle pratiquée par la Grande-Bretagne, à la différence que, cette fois-ci, le sens dominant de circulation sera de l'Asie vers l'Europe, à l'inverse donc du siècle passé. Cela reflète les positions économiques différentes des deux continents : à l'époque, l'Europe était surtout un continent qui exportait, alors qu'à présent, ce sont les importations qui prennent les devants. Écoutons Peter Frankopan : « Jusqu'à la moitié du XXe siècle, il était possible de naviguer de Southampton, Londres ou Liverpool vers l'autre côté du monde sans quitter le territoire britannique ; on pouvait s'embarquer à Gibraltar vers Malte pour arriver à Port Saïd ; de là, vers Aden, Bombay et Colombo, avec une pause dans la péninsule de Malacca, pour arriver enfin à Hong Kong[9] ».

« La nouvelle connectivité » fixe deux routes commerciales qui embrassent en réalité l'Eurasie. On peut parler d'une nouvelle infrastructure commerciale du supercontinent, où afflueront surtout les excédents commerciaux des grands exportateurs (on pense automatiquement à Pékin et à Berlin). Pour l'instant, les initiateurs du projet cherchent à fondre leurs propres intérêts dans sa construction et son fonctionnement et, pourquoi pas, régler certaines de leurs vulnérabilités. Tel qu'il est conçu, le projet met en avant une Chine en tant que puissance continentale-maritime. La Chine a traditionnellement été une puissance continentale. La Muraille de Chine est le symbole de cette vocation historique. La grande transition que ce pays fait à présent est celle de puissance continentale vers puissance continentale-maritime. Un seul autre pays a déjà accompli ce parcours, soit les États-Unis, stimulé sans doute par sa position géographique et aussi par la compréhension de l'importance capitale des avantages découlant du contrôle et de la valorisation commerciale des vastes étendues d'eaux reliant les continents. Il s'agit, si l'on veut, de la première grande tentative de marier atout continental et atout maritime, d'utiliser les deux « bras » dans le processus d'ascension et d'affirmation d'une superpuissance. La condition géographique – environ 60 % des frontières des États-Unis sont des frontières maritimes – n'a été qu'une prémisse. La France est elle aussi largement entourée par la mer, mais elle n'a jamais entamé la transition dont on parle. De nos jours, la Chine fait de gros efforts pour répéter en quelque sorte le parcours emprunté il y a un siècle par les États-Unis, autrement dit, elle essaie de devenir une puissance continentale-maritime. La côte, en tant qu'incarnation de la nouvelle vocation océanique de la Chine, a représenté le laboratoire de l'économie de marché chinoise. Les expérimentations réussies ont reçu l'aval pour avancer « sur le continent ». La vocation maritime de Pékin est prouvée aussi par ses efforts pour se doter d'une flotte océanique. Ces dernières années, la Chine s'est engagée dans un programme de développement et de modernisation de sa flotte marchande et océanique (1999-2020). Pékin dispose de trois flottes dans le Pacifique (du nord, de l'est et du sud) et il est en train d'en construire une quatrième, celle de l'océan Indien ; ensemble, elles sont censées mettre fin à « *son infériorité navale* ».

Analysons d'abord le trajet continental de la Nouvelle route de la soie. Il traverse l'Asie centrale, une zone riche en matières premières, mais pas

---

[9] Peter Frankopan, *The Silk Roads: A New History of the World*, Bloomsbury, Londres, 2015, p. 518-519.

nécessairement stable et qui, comme le rappelait Zbigniew Brzeziński, « invite à l'immixtion des voisins plus puissants ». Par ailleurs, l'auteur américain l'appelait « les Balkans de l'Eurasie[10] », justement en raison des conflits ethniques, politiques, culturels, etc. qui la ravagent. L'importance de cette région réside d'abord dans sa richesse en matières premières, qui intéressent directement la Chine. Pékin continue d'avoir une vulnérabilité réelle pour ce qui est de l'approvisionnement et, surtout, de sa diversification ; identifier des formules alternatives d'approvisionnement sur la mer constitue donc une priorité. L'Asie centrale représente « la cour arrière » de deux puissances de premier rang, soit la Russie et la Chine, et aussi le terrain d'influence d'autres États puissants du point de vue économique et culturel : la Turquie, l'Iran, le Pakistan, l'Inde. Ces cent-cinquante dernières années, la région s'est traditionnellement retrouvée sous l'influence de la Russie, voire a été même englobée dans ce pays, pendant l'époque des Tsars puis de l'Union soviétique. De quelle manière évolue-t-elle à présent ? Durant les années 1990, après la chute de l'Union soviétique, les pays de la région ont continué à être, du moins de point de vue commercial, attachés à la Russie. Cette tendance a changé après 2000, et à présent il y a une dominante chinoise dans les domaines des investissements directs et des échanges commerciaux.

FIGURE 13

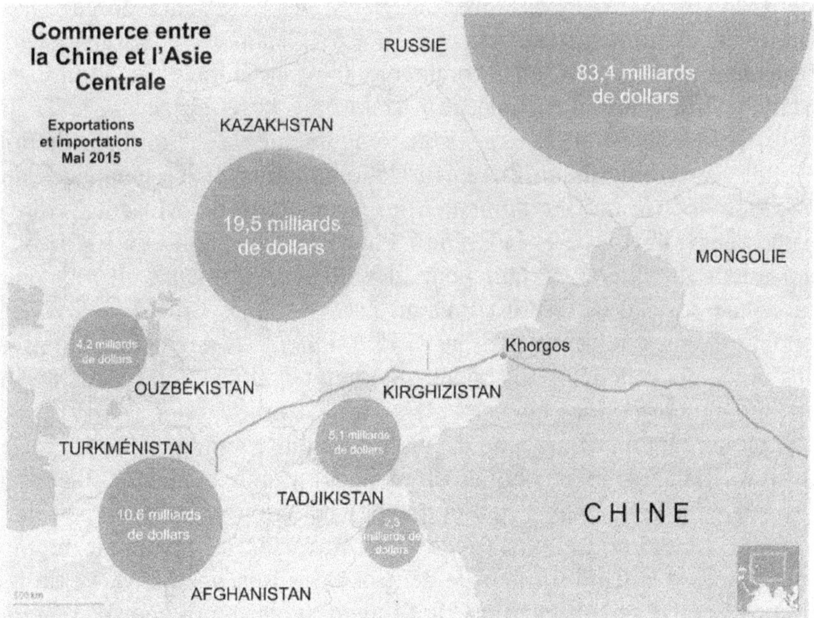

Source : Petroleum Economist, FMI, cité par Chris Campbell dans le *Financial Times*, 15 octobre 2015.

---

[10] Zbigniew Brzeziński, *Le grand échiquier*, *op. cit.*

FIGURE 14

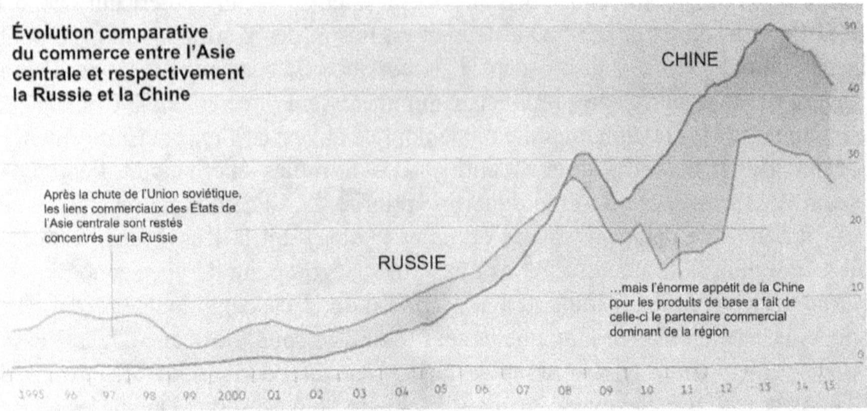

Source : Petroleum Economist, FMI, cité par Chris Campbell dans le *Financial Times*, 15 octobre 2015.

L'influence économique russe et chinoise est en équilibre uniquement au Kazakhstan. Dans les quatre autres pays de la région, la pénétration commerciale de la Chine, favorisée sans doute aussi par l'existence du gazoduc qui démarre au Turkménistan, traverse l'Ouzbékistan et le Kirghizistan, est visiblement plus grande. « Le commerce entre la Chine et les cinq ex-États soviétiques du centre de l'Asie, le Kazakhstan, le Kirghizistan, le Tadjikistan, le Turkménistan et l'Ouzbékistan, a augmenté de 1,8 milliard de dollars en 2000 à 50 milliards en 2013[11] ». Cette situation et les tendances qui se préfigurent peuvent-elles alimenter les suspicions de Moscou, voire des tensions entre la Russie et la Chine ? Pour l'instant, bien que les deux pays manifestent un intérêt certain pour étendre leur influence, il y a dans la région une sorte d'équilibre convenu, basé sur une sorte de « division du travail ». Comme le remarquait aussi le *Financial Times*, « la Chine sera le principal moteur du développement économique, alors que Moscou restera le principal moteur pour ce qui est de la sécurité[12] ».

Sur « la route maritime » on découvre une autre vulnérabilité chinoise. Le détroit de Malacca, le plus bondé du monde, présente également un potentiel de risque pour Pékin. C'est par ici que passent environ 70 % du pétrole dont la Chine a besoin. Le pipeline qui va traverser le Myanmar réduira la dépendance de la Chine envers ce détroit. Dans l'océan Indien, Pékin tombe sur la résistance, et la prétention, de l'Inde d'avoir le mot décisif. La réponse de la Chine est bien dosée, afin de ne pas mettre en colère son grand voisin du sud, mais non moins ferme : elle érige des ponts dans des pays dont les

[11] Jack Farchy, « In Russia's Backyard », *Financial Times*, 15 octobre 2015.
[12] *Ibid.*

relations avec New Delhi ne sont pas les meilleures. L'un de ces ponts se trouve à Colombo (Sri Lanka) et l'autre à Gwadar (Pakistan). La ténacité de Pékin d'imposer sa présence dans l'océan Indien, dont l'importance économique ira en s'accentuant, est tout à fait impressionnante. Cette série de ponts et autres actions censées sécuriser les transports et imposer la présence chinoise dans la région porte également un nom – « Le collier de perles ». On a donc affaire aussi de ce point de vue à une action échelonnée, à un projet qui sera mis en œuvre graduellement, avec une Route de la soie de dimensions plus réduites, adaptée à la situation de l'océan Indien.

La route sur terre thématise donc d'une certaine manière la relation avec la Russie. Une bonne relation, minée quand même par un certain souci de Moscou, généré par la pénétration commerciale de la Chine dans l'Asie centrale, région qui peut devenir, dans le temps, un terrain de dispute entre les deux grandes puissances, voire entre les puissances régionales situées en proximité (la Turquie, l'Iran). On comprendra ainsi pourquoi la Chine fait brandir avec tant d'insistance le drapeau du commerce : il s'agit là d'un vecteur de puissance qui provoque moins d'ennuis et peut maintenir la suspicion dans certaines limites. La route maritime thématise la relation avec l'Inde, dont les préoccupations sont similaires de celles de la Russie, seulement qu'elles s'expriment dans une région maritime, à savoir l'océan Indien. Le succès de « la nouvelle route de la soie » dépend directement des relations avec Moscou et avec New Delhi, alors que consolider et développer les relations avec les deux capitales représente l'un des examens géopolitiques les plus importants de Pékin.

3.5. « La Chine exporte son propre modèle de développement »

Jusqu'à présent, la Chine est allée voir au-delà de ses frontières surtout pour importer différentes matières premières et autres produits ; cette fois-ci, elle cherche à identifier des marchés d'exportation. L'idée de « La nouvelle route de la soie » est vraisemblablement apparue lors de débats animés au ministère du Commerce, qui devait gérer la surproduction chinoise dans le domaine de l'acier et des secteurs manufacturiers en général. En l'absence des marchés d'écoulement, la surproduction d'aujourd'hui peut alimenter la chute de demain. Le marché intérieur chinois des infrastructures est également parvenu à une sorte de saturation. La Chine a construit un nombre impressionnant d'autoroutes, de chemins de fer, de ports et d'aéroports, mais dorénavant la capacité l'emporte largement sur la demande. « La nouvelle route de la soie » a été la réponse donnée à cette crise en train de s'installer.

En janvier 2016, Francis Fukuyama, analyste réputé des processus économiques et politiques actuels, propose une *lecture différente* de la fondation de la Banque asiatique d'investissement pour les infrastructures[13]. La nouveauté de son approche tient à ce qu'elle passe outre la perspective strictement financière de mise lorsque l'on discute cette initiative. En fin de compte, la nouvelle banque représente un instrument, un moyen pour parvenir à un autre but : Pékin désire « exporter son propre modèle de développement ». L'auteur américain analyse la fondation de l'AIIB dans le registre du développement, de *la compétition entre les modèles de développement*, saisie du point de vue de la manière dont chacun de ces modèles stimule la croissance économique. L'AIIB est non seulement une banque, mais aussi une réponse, une partie très importante d'un projet par lequel les leaders chinois cherchent à prévenir l'amorce d'un déclin, d'une possible crise. C'est une ample réaction à toute une série de processus auxquels Pékin se confronte : la baisse du rythme de croissance, la transition d'un modèle basé sur l'exportation vers un modèle orienté vers la croissance de la consommation intérieure et la stimulation des services, etc. Jusqu'à présent, l'axe central de la politique chinoise a été représenté par la diversification et la sécurisation du processus d'approvisionnement en matières premières. Ce fut l'objectif poursuivi par la présence chinoise en Afrique et en Amérique du Sud ou encore par le développement des relations commerciales avec la Russie et l'Asie centrale. On peut dire que le Pékin a largement atteint cet objectif stratégique. L'étape actuelle témoigne d'une *réorientation massive* aussi dans ce domaine. La Chine commence à *exporter son propre modèle de développement*, cherche à progresser tout en entraînant d'autres pays dans ce processus, tout en les couplant d'une façon ou d'une autre à son évolution, à ses intérêts, voire à sa propre vision. Voilà pourquoi le but de O*ne Belt, One Road* est « de développer la capacité industrielle et la demande dans des pays autres que la Chine. Plutôt que d'extraire des matières premières, la Chine désire exporter son industrie lourde vers des pays moins développés, tout en les rendant ainsi plus prospères et surtout en encourageant la demande de produits chinois ».

« La Chine exporte son propre modèle », affirme Francis Fukuyama. Il vaudrait mieux dire que la Chine recherche des contrats afin de résoudre la crise de surproduction qui la menace ; en outre, l'État chinois a l'intention de faire ce que bien des États situés le long de la Route de la soie auraient déjà dû faire. Pékin s'attelle ainsi à une entreprise tout à fait historique : construire des autoroutes, des ponts, des chemins de fer, des aéroports, bref, l'infrastructure requise par un développement moderne. Il s'agit là d'un investissement énorme, mais aussi d'un profit à mesure – et pas seulement financier. Ce que l'on exporte, ce sont les « prémisses du développement », alors que Pékin se présentera comme le partenaire qui ouvre aux autres États le chemin du développement. Par quoi aurait dû débuter le processus de développement en Asie centrale, en Asie du sud et

---

[13] Francis Fukuyama, « Exporting the Chinese Model », *Project Syndicate*, 12 janvier 2016.

ensuite au Moyen-Orient ? Par ce qui n'existe pas, ou à un niveau précaire, soit l'infrastructure. C'est de ce point de vue que la Chine envisage peut-être d'« exporter un modèle ».

Nous n'allons pas insister ici sur la connotation idéologique du terme de « modèle ». Dans les divers pays situés le long des trajets commerciaux de « La nouvelle route de la soie », Pékin s'y prendra de la même manière, pour commencer, que pour son propre pays. C'est-à-dire qu'il débutera par quelque chose déjà vérifié par son histoire et par les succès remportés ces dernières décennies. Mais en même temps, il faudrait se demander par quoi exactement aurait pu débuter Pékin dans les pays en question ? Par ce que recommandent les pays occidentaux ? Voilà ce que précise Fukuyama de ce point de vue : « Par contraste, la stratégie des États-Unis et de l'Europe ces dernières années a supposé des investissements prioritaires dans le système public de santé, les droits des femmes, le soutien de la société civile et la lutte contre la corruption ».

L'auteur américain lui-même admet qu'une telle offre de développement est peu adéquate vu les conditions des pays asiatiques et que, en fin de compte, elle n'aura pas de retombées significatives. S'il s'agit d'identifier un aspect à aborder dans une perspective critique, alors cela ne peut être que la consistance du modèle occidental et son degré d'adéquation avec les pays asiatiques. Essayons de nous mettre à la place des élites politiques du Bangladesh, du Pakistan, etc. Par quoi ces États devraient-ils débuter le processus de modernisation ? En fait, dans ces pays, il ne peut pas s'agir d'une « compétition entre des modèles », vu que, pour eux, il n'existe simplement pas plusieurs modèles. Ils doivent commencer par des mesures qui donnent le coup d'envoi à leur modernisation. Ils ne peuvent démarrer que par des mesures dans le domaine de l'infrastructure, de la santé et de l'éducation. Le modèle, c'est déjà une étape supérieure, alors que ce qui l'emporte à présent, c'est le besoin de cohérence, de vision, d'échelonnement.

La préoccupation de Francis Fukuyama est tout à fait légitime. L'auteur américain se demande s'il n'y aura pas un effet de contagion d'un modèle qui part de la création et de la modernisation de l'infrastructure et qui a été validé par une expérience historique. « La stratégie chinoise de développement de l'infrastructure a fonctionné remarquablement bien avant tout dans ce pays et elle a représenté une composante importante des stratégies adoptées par d'autres pays d'Asie de l'Est, du Japon à la Corée du Sud et à Singapour ». Si ces stratégies ont bien été vérifiées en Asie de l'Est, cela ne veut pas nécessairement dire qu'elles fonctionneront aussi dans d'autres pays. Le succès d'un modèle suppose une certaine similitude des conditions et des prémisses de mise en œuvre. En Asie de l'Est, ce processus a été dirigé par des États puissants et des leaders autoritaires mais déterminés, sans rappeler la relation historique que ces pays entretiennent avec la discipline du travail. Il n'est pas du tout certain que ces conditions pourront se reproduire aussi dans les pays où ces modèles devraient être appliqués.

Par-delà les particularités et les situations, ou encore les tensions et les blocages qui peuvent apparaître, ce qui est certain, c'est que, quand le commerce fleurira le long de « La nouvelle route de la soie » dans quelques années, des transformations importantes se feront jour. On peut dire que l'Asie et la Chine tiendront une place de plus en plus grandissante dans le commerce international, qu'il est même possible d'assister à un changement de positions. L'Asie, la périphérie de jadis, deviendra le centre, alors que le centre ayant brillé de tous ses feux ces derniers siècles peut doucement glisser vers la périphérie. L'analyse de Fukuyama préfigure des évolutions encore plus inquiétantes, car le déclin économique occidental entraînera aussi un déclin démocratique. « Le modèle chinois fleurira aussi à l'extérieur des frontières de ce pays ; il engendrera la hausse des revenus et de la demande pour les produits chinois, prenant ainsi la place des marchés stagnants des diverses parties du monde. Loin d'être à la périphérie de l'économie globale, l'Asie se situera en son milieu même, alors que le modèle autoritaire chinois gagnera un prestige immense, tout en exerçant un effet négatif sur la démocratie dans le monde ».

3.6. « Les percées amicales » du commerce

Le projet *One Belt, One Road* peut être interprété aussi comme une version essentielle de la puissance soft. Comme nous l'avons déjà mentionné, les pays développés, et tout particulièrement les États-Unis, détiennent une suprématie catégorique dans ce domaine. La force dont jouissent les « interprétations dominantes » représente un argument indubitable. Il est peu probable que, dans l'avenir immédiat, les pays asiatiques acquièrent une puissance qui leur permette d'imposer leurs propres interprétations. Lorsque l'on parle de la puissance soft, des différences de langue et de modèle culturel interviennent, alors qu'il ne faut pas s'attendre à ce qu'une puissance soft modifie visiblement les hiérarchies mondiales. Friedrich Ratzel, l'un des fondateurs de la géopolitique soft, attirait l'attention sur l'importance particulière de la communication dans l'ascension et la consécration d'une puissance. La communication doit être ici entendue dans son sens le plus large, sous la forme de l'échange de marchandises, de produits culturels et d'opinions. « La condition de la grandeur d'un peuple et de toute puissance est le développement maximum de la communication[14] », précisait Ratzel. Voilà pourquoi l'infrastructure du commerce qui se mettra en place dans le cadre de « La nouvelle route de la soie » est implicitement une infrastructure de communication. Les marchandises, les produits qui circulent dans toute l'Eurasie, portent bien un « message ». Parfois, le « message du produit » qui circule vaut plus que mille mots, d'autant que les marchandises circulent en silence et qu'elles facilitent ce que les auteurs du premier âge de la géopolitique

[14] *Apud* Ionel Nicu Sava, *Geopolitica. Teorii şi paradigme clasice. Şcoala geopolitică germană*, Info–team, Bucarest, 1997, p. 40.

appelaient des « percées amicales ». Il est donc tout à fait possible de considérer la nouvelle initiative chinoise aussi de ce point de vue. Voilà ce qu'affirme, avec toute la précaution nécessaire, Valerie Hansen, professeur en histoire de la Chine à l'université de Yale, sur la manière dont la Route de la soie est historiquement perçue dans la psychologie collective chinoise : « Voilà l'un des moindres aspects dont les gens se souviennent de leur classe d'histoire et qui n'implique pas la force armée… […] c'est justement sur ces perceptions positives que la Chine compte aujourd'hui[15] ».

L'intensification du commerce est tout à fait salutaire, à la fois pour les Asiatiques et pour les Européens, pour les pays développés et moins développés, pour les compagnies asiatiques, surtout pour les compagnies chinoises, et aussi pour celles européennes, qui participeront à la construction et à la modernisation du système d'infrastructure de l'Asie et obtiendront ainsi des profits immenses. Il y a par contre quelques conséquences dont la signification ne doit pas nous échapper. Peter Frankopan précisait que, en fait, on « assiste aux douleurs de la naissance d'une région qui a dominé jadis le paysage intellectuel, culturel et économique et qui à présent s'élève à nouveau. On voit bien comment le centre de gravité du monde revient là où il a été pendant des millénaires[16] ». Il s'agit là d'une tendance sur le long terme dont parlent bien des auteurs prestigieux, tels que Oswald Spengler ou Angus Maddison. Nous n'insisterons pas ici sur le processus en tant que tel, sur le *shift* que vit le centre de gravité économique du monde. Nous voulons seulement mettre en avant l'immense défi que pose l'existence de ces artères commerciales modernes pour l'Europe. L'Asie de la main-d'œuvre bon marché et des produits compétitifs se retrouvera face à face avec l'Europe, et cette dernière devrait bien y trouver une réponse, pour laquelle, ces cent dernières années, elle a toujours procrastiné.

Voilà ce que disait Oswald Spengler après la Première Guerre mondiale : « De nos jours, presque partout – dans l'Orient lointain, en Inde, en Amérique latine, en Afrique du Sud – des régions industrielles sont apparues ou sont en train d'apparaître, lesquelles, tout en bénéficiant du bas coût de la main-d'œuvre, représenteront pour nous une source de compétition acerbe[17] ». Le génie de l'auteur allemand a bien saisi cet aspect, à une époque où personne ne parlait de l'avènement de l'Asie, tout au plus des succès du Japon. Spengler a surpris les atouts du continent qui allait être fécondé par les progrès technologiques en herbe. « La compétition à la vie et à la mort » dont il parlait il y a un siècle frappe cette fois-ci « aux portes de l'Europe », après être passée par « les portes américaines ». Elle aurait de toute façon existé aussi en l'absence des routes commerciales qui se préfigurent actuellement. L'apparition de ces

[15] Cité dans Charles Clover et Lucy Hornby, « Road to a New Empire », *Financial Times*, 13 octobre 2015.

[16] Peter Frankopan, *op. cit.*, p. 509.

[17] Cité dans Stuart Holland, *Europe in Question: And What to do About it*, Spokesman, 2015, p. 200.

routes met « face à face » la réalité économique asiatique et européenne. Les produits asiatiques auraient de toute façon pris d'assaut le continent européen, comme ils l'ont fait ces dernières années. Mais à présent ils bénéficieront en plus de l'infrastructure qui les y fera déferler tout simplement et soumettre à un « test de compétitivité » les produits similaires européens, et même la production d'ensemble du continent. Dans un discours prononcé lors d'un forum économique allemand et portugais, Angela Merkel a utilisé des termes inhabituellement durs pour rendre cette perspective impossible à endiguer : « Il est possible que l'Europe se retrouve à un moment charnière », avant de détailler : « Les années suivantes décideront si l'on peut ou non garder le pas avec les pays émergents et avec les pays fortement industrialisés. Je crois qu'il faut le dire ouvertement à nos concitoyens : si nous ne le faisons pas nous-mêmes, personne n'interviendra de l'extérieur pour nous aider à maintenir ou accroître notre niveau de vie[18] ».

Les deux routes commerciales, continentale et maritime, comprennent bien une bonne partie du continent eurasien. De quelle région s'agit-il plus spécifiquement ? De celle qui détient la plupart des richesses du monde, tout particulièrement les richesses basées sur les hydrocarbures ; du centre du supercontinent, sillonné par bien des conflits, marqué par l'instabilité et des tensions, mais très riche. N'oublions pas que cette région comprend la péninsule Arabique – la première productrice de pétrole du monde –, l'Iran, le deuxième pays détenteur de réserves de gaz et de pétrole du monde, l'Asie centrale et la mer Caspienne. Le Moyen- et le Proche-Orient sont, comme on le disait déjà, instables, marqués par des conflits politiques ouverts, etc. S'il y a bien un pays fréquentable dans la région, ce ne saurait être que la Chine, qui promeut des relations commerciales basées sur un pragmatisme déclaré. L'existence des routes commerciales et l'infrastructure future influenceront sans doute les évolutions dans la région ; elle peut même éveiller à une vie nouvelle la zone dans l'ensemble, raviver l'effervescence commerciale ayant jadis existé entre les pays de cette partie du monde et que rendent de manière si éloquente ces mots de Fernand Braudel : « Je veux porter du safran persan à la Chine, où j'ai entendu dire qu'il a un grand prix, et ensuite de la porcelaine de Chine en Grèce, du brocart grec dans l'Inde, de l'acier indien à Alep, du verre d'Alep dans le Yémen et des étoffes rayées du Yémen en Perse…[19] ».

Qu'on le veuille ou non, les projets d'ascension et de modernisation de l'infrastructure de l'Asie, le principal objectif de l'AIIB, feront augmenter l'influence du pays initiateur de cette banque. La réaction de l'Indonésie est significative de ce point de vue. Au début, ce pays a exprimé des réserves quant au projet chinois. Après une visite à Pékin, fin 2014, le président indonésien a

---

[18] Transcription officielle des commentaires d'Angela Merkel. <http://www.bundesregierung.de/Content?DE/Rede/2012/11/2012-11-12-merkel-lissabon.html>.

[19] Fernand Braudel, *Grammaire des civilisations*, Paris, Flammarion, 1993.

parlé d'un « partenariat maritime » et a caractérisé sa vision et celle du président chinois comme étant « complémentaires ». En règle générale, les discussions ont porté sur la création de la banque et sur le séisme qu'elle a déclenché. Mais, comme nous avons essayé de le montrer, l'AIIB est l'interface d'un processus qui l'emporte largement sur sa fondation proprement dite. Peu à peu, la Chine pourrait devenir, dans le domaine commercial, ce qu'elle est déjà dans le domaine de la production, où elle constitue un *hub* asiatique, alors que dans le domaine commercial elle a l'intention de devenir *un hub* euro-asiatique, soit un centre d'où rayonnent bien des routes commerciales, qui comprennent et relient les régions majeures du supercontinent. Il s'agit là d'un pas décisif, d'une percée amicale, difficile à refuser, avec des effets sur le long terme. L'Asie et bien des pays qui seront parcourus respectivement par les routes regarderont de plus en plus vers la Chine comme vers le pays d'où provient une partie de la prospérité.

3.7. Le « banquier discret » déclenche la modification de l'ordre financier

La création de l'AIIB peut être considérée aussi comme une réaction envers une vulnérabilité réelle de l'ordre financier international actuel, représentée par les disparités énormes entre, d'une part, le poids économique de certains pays ou régions et, d'autre part, leur représentation au sein des organismes financiers internationaux. Au lendemain de la guerre, lorsque l'ordre financier international actuel a été institué, les États-Unis détenaient environ 50 % du PIB mondial. Il était donc naturel que ce pays ait le mot décisif au sein des institutions financières qui représentaient les piliers de cet ordre : la Banque mondiale et le FMI. Pour que la domination des pays développés soit encore plus nette, les voix au sein du FMI, par exemple, qui ne revenaient pas aux États-Unis ont été réparties entre « leurs alliés », qui, selon l'expression de Mark Flemming[20], remplissaient la fonction de « lieutenants utiles aidant les États-Unis à jouer leur rôle de policier global ». À présent, le poids de l'économie américaine dans le PIB global s'est réduit à 22 %, mais les droits des États-Unis au sein des institutions financières internationales sont restés les mêmes, tout comme la puissance du dollar. Le poids économique des alliés a également baissé, alors que les géants du monde émergent ont fait de véritables bonds en avant. Mais ces puissances en devenir sont visiblement sous-représentées. La Chine, l'Inde et le Brésil, par exemple, ne détenaient jusqu'à il y a peu que 8 % des voix au sein du FMI, même s'ils détiennent 19 % de la production globale[21]. Cette situation ne saurait perdurer.

---

[20] Mark Flemming-Williams, « China and the Changing Global Economic Order », *Geopolitical Weekly*, Stratfor, 1er décembre 2015.

[21] « Getting around Uncle Sam: How to Reform the IMF Without Congress's Help », *The Economist*, 31 janvier 2015.

Il y a eu un moment – l'année 2010 – où les propositions de réforme du système financier global ont pris une forme concrète. Comme le précise Mark Flemming-Williams[22], les propositions de réforme visaient une « certaine redistribution des voix, tout en augmentant le nombre de voix de la Chine et de la Russie et permettant à l'Inde et au Brésil d'intégrer le top 10 ». Les États-Unis, « le seul pays à détenir le droit de véto », n'ont pas ratifié ces propositions, ce qui a provoqué la réaction de spécialistes, dont Ben Bernanke et Martin Wolf. Ce dernier exprimait clairement le mécontentement généré par cette remise à plus tard : « Le monde attend toujours que le Congrès des États-Unis ratifie ces changements. Il s'agit là d'une abdication de sa responsabilité[23] ». Par conséquent, les BRICS ont créé des *institutions financières alternatives*, telles que The New Development Bank (NDB), réplique à la Banque mondiale et au FMI, dominés par les États-Unis et l'Union européenne ; ou encore l'AIIB. Qui plus est, lors d'une réunion du G-20 en avril 2015, les débats ont été intenses au sujet des modalités de prise de décisions au sein des institutions financières internationales sans l'accord express, et décisif, des États-Unis.

À ce point de la discussion, il faut aborder la question centrale que soulève la création de l'AIIB : la nouvelle banque représente-t-elle une *alternative* au système financier déjà en place ? Les spécialistes signalent parfois ouvertement ce sens de l'initiative ; les voix officielles de différents pays, et surtout de la Chine, le nient. Dans sa première interview accordée à une publication étrangère depuis qu'il remplit la fonction de premier ministre de la Chine, Li Keqiang tient à prévenir : « Il ne s'agit aucunement de défier l'ordre en place[24] ».

C'est dans ce contexte que, le 30 novembre 2015, le FMI a décidé d'introduire, à partir du septembre 2016, la monnaie chinoise, le yuan, au nombre des monnaies utilisées par le FMI, et donc des Special Drawing Rights. Quelles sont les autres devises bénéficiant d'un tel statut ? Le dollar, l'euro, la livre sterling et le yen. Le yuan serait donc la cinquième devise du monde acceptée par le FMI pour que les gouvernements et les compagnies puissent placer leurs réserves en devises. Comment pourrait-on comprendre une telle décision ? Les angles d'analyse sont nombreux. Par exemple, *The Economist*[25] considère que cette décision forcerait en quelque sorte la devise chinoise à s'aligner sur la valeur réelle qui, principalement, doit être établie par le marché. Cela préviendrait donc la situation ayant perduré jusqu'ici et

---

[22] Mark Flemming-Williams, « China and the Changing Global Economic Order », *art. cit.*

[23] Martin Wolf, « A rebuff of China's Asian Infrastructure Investment Bank is folly », *Financial Times*, 24 mars 2015.

[24] Lionel Barber, David Pilling et Jamil Anderlini, « There Is No Such Thing As Breaking the Existing Order », entretien avec Li Keqiang, premier ministre de la Chine, *Financial Times*, le 16 avril 2015.

[25] « The yuan joins the SDR – Maiden voyage », *The Economist*, 5 décembre 2015.

que la partie américaine a beaucoup critiqué, dans laquelle le yuan aurait été sous-évalué, comme une modalité pour maintenir la compétitivité de l'exportation chinoise (ce qu'on a appelé *currency manipulator*). Nous n'entrerons pas ici dans les détails techniques d'une telle décision, mais il faut relater quelques aspects importants. Il s'agit là d'une décision historique non seulement pour la Chine, mais pour tout le système financier international, qui, comme le soulignait aussi Christine Lagarde, gagne un « pilier supplémentaire ». Il ne s'agit pas d'un geste de bienveillance, mais de la reconnaissance d'une évolution et de progrès incontestables. Tout comme le précise aussi la position exprimée par le conseil exécutif du FMI, la devise chinoise a rempli les critères nécessaires pour être incluse dans le rang des devises reconnues ; le plus important de ces critères, c'est que, à présent, la Chine compte parmi les plus grands exportateurs du monde[26]. Qui plus est, c'est la première fois qu'une devise n'appartenant pas à un État « allié » jouit d'un tel statut privilégié.

Cette décision est censée harmoniser le poids spécifique des principales devises du monde avec la force et la taille des économies qu'elles représentent. Tout comme le précise le conseil exécutif du FMI, les droits révisés – après l'inclusion de la devise chinoise – s'appuieront sur le poids spécifique de chaque devise. À présent, ce calcul se fait selon une procédure compliquée et établit l'ordre suivant : 41,73 % pour le dollar américain ; 30,93 % pour l'euro ; 10,92 % pour le yuan chinois ; 8,33 % pour le yen japonais et 8,09 % pour la livre sterling[27]. Comme nous le précisions déjà, du moins en principe, le poids de la devise au sein du panier à devises correspond au poids de l'économie qu'elle représente. Le *New York Times* remarquait à juste titre, par la voix de son correspondant, que la récente révision s'est faite en fonction de l'euro et qu'elle exprime le déclin de l'influence de cette région. « La décision du FMI en dit long sur l'influence à la baisse de l'Europe. Le yuan a remplacé une partie du rôle de l'euro… Le dollar domine encore la sphère commerciale et financière, alors que le yuan gagne du terrain sur le compte de l'euro[28] ».

Il s'agit là d'une décision prise avec un certain retard, mais qui est salutaire. Elle prévient des mécontentements et évite l'apparition de tensions qui nuiraient à tout le monde. Elle a aussi un rôle symbolique : la Chine est le premier pays émergent dont la devise intègre les rangs des devises d'élite du monde. Voilà un signal que l'on transmet implicitement au monde émergent, si l'on veut, et une preuve que les pays développés sont disposés à

---

26 « Chinese Renminbi to Be Included in IMF's Special Drawing Right Basket », *IMF Survey Magazine*, 1er décembre 2015. <http://www.imf.org/external/pubs/ft/survey/so/2015/-new120115a.htm>.

27 *Ibid.*

28 Keith Bradsher, « China's Renminbi Is Approved by I.M.F. as a Main World Currency », *New York Times*, 30 novembre 2015. <http://www.nytimes.com/2015/11/14/business/international/imf-officials-back-inclusion-of-renmin-bi-in-funds-currency.html>.

faire un effort pour s'adapter dans le contexte d'un monde dynamique. C'est un pas décisif pour l'intégration des pays émergents au sein des institutions financières en place et du système financier actuel. Mark Flemming-Williams fixe de manière suggestive cette signification, soulignant que les États-Unis désirent ainsi « montrer aux émergents, et même à la Chine, qu'ils peuvent se développer au sein du système en place, tout en espérant que l'économie chinoise suivra et s'adaptera au système économique global dirigé depuis Washington ; c'est ainsi que les États-Unis se proposent de coopter la Chine et non pas de la transformer en un concurrent[29] ».

Vu que nous abordons ici des aspects de nature financière, nous ne saurions ne pas insister sur un phénomène qui préoccupe tout le monde : les effondrements boursiers survenus en Chine et, en moindres proportions, partout dans le monde. Il est clair que le déclin, parfois l'effondrement, de la bourse en Chine témoigne également d'une série de difficultés économiques auxquelles ce pays se confronte. Par exemple, un certain manque de confiance des investisseurs, qui tendent à retirer leurs investissements, etc., et en général toute une série de problèmes directement liés à l'état de la réforme économique dans le pays le plus peuplé du monde. Le premier ministre chinois venait récemment de reconnaître cette situation, tout en soulignant que « [a]ussi longtemps que la Chine maintient le rythme de la réforme et sa politique d'ouverture, son économie ne s'effondrera pas, et la monnaie chinoise ne se dévalorisera pas de manière significative[30] ». Or, une question se pose. En janvier 2016, la Chine a dépensé 99,5 milliards de dollars pour maintenir le taux de change de sa monnaie. Il est vrai que ce fut moins qu'en décembre 2015, lorsque cette somme s'est élevée au niveau record de 107,9 milliards de dollars. La Chine consent donc à vendre une partie de son immense réserve en devises[31] (laquelle, d'environ 4 milliards de milliards, en est arrivée à 3,23 milliards de milliards en janvier 2016) afin d'appuyer sa propre monnaie et de maintenir la confiance des investisseurs dans son économie. La dépréciation de la monnaie pourrait s'avérer une solution avantageuse, qui pourrait stimuler les exportations et la compétitivité. Pourquoi donc n'y a-t-on pas recours, tout comme l'ont fait récemment Tokyo et Séoul ? Bien qu'elle semble avantageuse, cette solution déclencherait un processus encore plus risqué, dont témoigne la fin d'un article du *Financial Times* consacré justement au dilemme dans lequel se trouve Pékin. Oui, la dévalorisation pourrait bien être une solution, mais « elle s'ajouterait aux dépenses et encouragerait les paris spéculatifs sur le yuan, tout en mettant une pression encore plus grande sur les réserves en devises[32] ». Les mots-clés sont ici « encourager les paris spéculatifs encore plus grands sur le yuan », c'est donc

---

[29] Mark Flemming-Williams, *art. cit.*

[30] Zhang Yue, « Li Stresses Stability of Renminbi », *China Daily*, 6 février 2016.

[31] Ben Bland, « China's Forex Reserves Fall to Three-Year Low », *Financial Times*, 8 février 2016.

[32] *Ibid.*

dire que ces paris existent bel et bien et qu'ils peuvent devenir encore plus menaçants. On comprend par conséquent que ce que la Chine craint le plus, c'est la pression spéculative de plus en plus prononcée qu'exercent les marchés financiers. L'ancien chancelier de l'Allemagne, Helmut Schmidt, expliquait l'apparition de la « grippe asiatique » de 1997-1998 par ce mécanisme : les marchés financiers ont accordé des emprunts massifs et ont parié dès le début sur la dévaluation des devises de la région. Lorsque la chute est intervenue, les marchés financiers ont rapporté des profits immenses, alors que les États en question se sont retrouvés avec des dettes énormes. Puisque Pékin a consenti à dépenser ses propres réserves en devises, environ 600 milliards de dollars rien que les six derniers mois, afin de maintenir le taux de change du yuan, cela veut dire qu'une économie puissante, un pays de la taille de la Chine peut bien être effrayé par le pari spéculatif des marchés financiers.

La mémoire de ce qu'il s'est passé pendant la crise asiatique est encore vive. Les leaders des pays frappés par la crise ont « imploré » le président chinois de l'époque de ne pas dévaloriser le yuan, afin de pouvoir compter sur un appui dans leur effort de redressement. Jiang Zemin a accédé à cette demande des pays voisins et c'est ainsi qu'il a contribué à stopper la dépréciation des devises de la région, à reprendre les transactions boursières et, en fin de compte, à endiguer la propagation de la crise. Selon les commentateurs de l'époque, il s'est agi là d'un moment et d'une décision clés dans l'affirmation de la Chine en tant que puissance majeure dans la région. Le calcul des spécialistes chinois contemporains avertit probablement sur l'aspect suivant : on peut tout faire, tant que l'on ne répète pas l'expérience des pays frappés par la crise à l'époque.

D'une part, la Chine a donc des problèmes à la Bourse de Shanghai ; d'autre part, elle accorde des prêts et des crédits, tout en pratiquant une sorte de « diplomatie financière ». Il faudra s'habituer à ce paradoxe et se méfier des articles de presse à caractère alarmant et des analyses qui parlent de véritables miracles. La Chine est un pays qui a des problèmes réels et urgents, mais c'est aussi un pays qui enregistre des progrès remarquables. C'est bien ce qu'affirme Davin Pilling, le correspondant en Asie du *Financial Times*, lorsqu'il avertit sur les approches et les opinions radicales-unilatérales, associées davantage à une *wishful thinking* qu'aux analyses appliquées et réalistes. Le titre à la une du *Financial Times* est plus que significatif : « La croissance et encore la croissance de la Chine, n'écoutez pas ceux qui apportent de mauvaises nouvelles[33] ». Et l'article d'expliquer cette affirmation : « Il n'y a pas eu d'analyse erronée. Pourtant, la conclusion que les tensions réelles déboucheront sur le chaos social et qu'elles entraîneront la chute du système témoigne plutôt d'une *wishful thinking*… Au lieu de s'effondrer, la Chine est devenue de plus en plus forte.

[33] David Pilling, « Celebrate the Rise of Flawed, Febrile China », *Financial Times*, 17 décembre 2015.

Sa production est deux fois plus grande que celle du Japon. Quant à la parité du pouvoir d'achat, la Chine l'a emporté sur les États-Unis l'année passée. En seulement quinze ans, le PIB *per capita* a grimpé de 8 % à 25 % du PIB des États-Unis... »

Il est fort délicat de discuter de l'ordre financier international, car il a été instauré dans un moment particulier (à la fin de la dernière guerre mondiale) et, ce qui est le plus important, il reflète les intérêts de l'époque de la plus grande économie du monde et de la devise la plus puissante, soit le dollar. L'économie de l'Amérique est bien restée la plus grande du monde, mais la distance qui la sépare des autres puissances n'est plus si nette. Par contre, sa monnaie conserve la même position, comme si rien n'avait changé. Voilà pourquoi remettre en discussion cet ordre, c'est arriver, tôt ou tard, à la question centrale, soit *la position privilégiée du dollar*, qui, selon les spécialistes, confère aux États-Unis bien des avantages auxquels les autres pays ne peuvent même pas aspirer. En d'autres mots, ce serait *faire échec directement aux intérêts fondamentaux des États-Unis*. La Chine entend bien coopérer au sein de l'ordre en place, mais, de manière tout à fait légitime, elle sollicite une autre position, d'autres droits en phase avec sa nouvelle puissance économique. Contester à présent cet ordre n'est pas raisonnable et n'exprime pas non plus la ligne de conduite de Pékin, qui préfère faire des pas petits et certains. Lorsqu'il a eu l'initiative de créer l'AIIB, Pékin a lancé un message précis : l'ordre financier actuel doit être mis en accord avec la nouvelle hiérarchie du monde. Depuis qu'elle a été lancée, la nouvelle banque a porté *l'idée d'alternative*, a représenté une sorte d'élément de pression au changement, avec la précision, essentielle, que l'idée d'alternative au système financier actuel se trouve dans un *état latent*.

Lorsqu'il s'agit de la formation de l'opinion publique, l'état latent joue un rôle fondamental. C'est là où, aux tréfonds de « l'océan social », l'opinion publique traite, interprète et préfigure ses attitudes. Lorsqu'elle sort à la surface, il ne reste plus grand-chose à faire, vu qu'elle est furieuse et ses options déjà sédimentées.

S'il faut modifier ou prévenir quelque chose, alors il faut le faire à cette étape, lorsque les dominantes interprétatives ne sont pas tout à fait précisées. La manière dont la Chine et, en règle générale, les pays émergents traitent les règles et les standards des institutions financières internationales, est très importante, tout comme il est essentiel qu'ils assurent un climat financier un tant soit peu équitable pour tous les pays. L'accueil du yuan dans le rang des devises d'élite du monde est un moment charnière : *il marque le début du processus de modification de l'ordre financier international*. La création de l'AIIB a pressé les choses dans cette direction. Voilà pourquoi nous avons considéré que cette initiative chinoise a des significations particulières dans la vie internationale et nous lui avons accordé un chapitre à part. Le poids économique des puissances émergentes commence à se refléter aussi dans les positions respectives que les pays détiennent au sein des organismes financiers internationaux et de leurs structures de décision – ce dont témoigne le cas de la Chine, « la vedette » incontestable du monde émergent. On verra comment les choses évolueront de ce point de vue. Ce qui compte, c'est de signaler que la reconnaissance du yuan en tant que monnaie d'échange et de thésaurisation prévient le cumul de mécontentements qui auraient pu éclater, voire prendre la forme d'une faille entre le « club des riches » et le « groupe des pays émergents ». La nouvelle reconnaissance du yuan serait même une sorte de redémarrage de l'ordre financier international. Car on a bien besoin d'équilibre dans tous les domaines, et tout particulièrement dans le domaine financier.

Troisième partie

La partie d'échecs géopolitique eurasiatique

Premier chapitre

Dans l'antichambre d'une nouvelle bipolarité globale[1]

1.1. Le bouillonnement régional déborde dans un bouillonnement global

Il y a quinze ou vingt ans, rien n'était plus stable et plus durable que l'ordre international instauré au lendemain de la guerre froide. L'Amérique trônait en puissance autoritaire. Il existait, bien évidemment, des mécontentements, mais ils prenaient tout au plus la forme de murmures retenus. À présent, des positions se confrontent ouvertement, depuis des tribunes officielles, au sein de hautes institutions internationales. Sir Robert Cooper[2], un diplomate britannique distingué, considère que l'ordre international a traditionnellement pris appui soit sur l'hégémonie, soit sur l'équilibre des puissances. L'hégémonie a été exercée par des empires, qui assuraient la stabilité, sans laisser de place au changement, ce qui, à terme, eut pour résultat leur effondrement. Plus tard, l'ordre international s'est basé sur l'équilibre, sur la cohabitation des centres de puissance. Lorsque cet équilibre était brisé, on le rétablissait par le conflit militaire. Durant la guerre froide, l'ordre mondial était bipolaire, exprimant la confrontation entre les deux superpuissances non européennes de l'époque. Après la chute de l'Union soviétique, et pour la première fois dans son histoire moderne, l'humanité a vu un seul État exercer la plupart de la puissance culturelle, économique et militaire globale. On a d'ailleurs parlé à l'époque d'un « ordre unipolaire » ou d'un « moment unipolaire », la question cardinale concernant alors la durabilité et la stabilité qu'il pouvait assurer.

Charles Krauthammer, l'un des premiers auteurs à avoir parlé du moment unipolaire, annonçait, en même temps, le moment de multipolarité qu'il entrapercevait : « Le trait le plus poignant du monde après la guerre froide est son unipolarité. Il ne fait aucun doute que la multipolarité viendra dans le temps. Dans environ une génération, il y aura des puissances de la taille des États-Unis et, dans sa structure, le monde ressemblera à ce qu'il était avant la Première Guerre mondiale. Mais nous n'en sommes pas encore là et nous n'y serons pas non plus avant quelques décennies. Ce que l'on vit à présent, c'est le moment unipolaire[3] ». Les débats ont continué et, à la fin du XXe siècle, Samuel

---

[1] Une version préliminaire de ce chapitre a été publiée dans la revue *Sociologie românească* (n° 5/2005).

[2] Sir Robert Cooper, « The New Liberal Imperialism », *The Guardian*, 7 avril 2002. <http://www.theguar-dian.com/world/2002/apr/07/1>.

[3] Charles Krauthammer, « The Unipolar Moment », *Foreign Affairs*, novembre 1990. <https://www.foreignaffairs.com/articles/1991-02-01/unipolar-moment>.

Huntington parlait déjà du moment de « uni-multipolarité », signe que la période d'unipolarité tirait vers sa fin. « Au lendemain de la guerre froide, il y a eu un "moment d'unipolarité", mis en évidence surtout par la guerre du Golfe, mais à présent, le monde traverse une ou deux décennies d'uni-multipolarité, avant d'entrer dans le XXIe, qui, lui, sera réellement multipolaire[4] ».

Deux décennies se sont presque écoulées depuis ces considérations. Ce n'est pas un gros laps de temps, mais d'importants événements sont intervenus. D'abord, durant la décennie ayant précédé la crise, les États émergents se sont développés à des rythmes « fous », quelquefois plus grands que ceux enregistrés par les pays développés. Cela a non seulement réduit les décalages entre émergents et développés, mais a également occasionné un transfert de puissance de la zone développée vers la zone émergente. Tout simplement, les États émergents ont acquis un nouveau poids dans l'économie mondiale. Au début de la première décennie de notre siècle, le poids des BRICS dans le PIB mondial (calculé en fonction du pouvoir d'achat) était de 38 %, pour qu'à la fin, il passe à 50 %[5]. La crise n'a fait qu'accélérer les tendances qui se préfiguraient déjà, d'autant plus qu'elle a surtout affecté le monde développé, et ce, dans un double sens : c'est ce dernier qui a connu la plus forte récession et aussi pour qui le redressement a été plus difficile qu'on ne l'avait pas initialement prévu. Ces dernières années, comme le soulignait Martin Wolf, ont consacré des étapes différentes de reprise économique du monde développé après la Grande Récession de 2008-2009. « Du point de vue de la reprise économique, les États-Unis sont bien en avance sur la zone euro et se trouvent par conséquent dans une étape différente du cycle de politique monétaire[6] ».

L'hypothèse que nous posons ici, c'est que la présente étape d'uni-multipolarité est une étape brève, marquée par l'instabilité, par des secousses et des séismes de faible intensité, qui nourrissent la perception selon laquelle un climat d'indiscipline géopolitique s'est installé dans le monde. Les phénomènes susmentionnés sont générés par l'ascension de nouveaux leaders hégémoniques régionaux, par le changement intervenu au sommet de la hiérarchie de puissance et par la réduction de la distance qui sépare la seule superpuissance du moment, les États-Unis, et les puissances émergentes.

Si l'on examine de plus près les processus de formation des hiérarchies qui adviendront au cours des dix prochaines années, il n'est pas difficile d'observer qu'un *retour à un nouveau type d'ordre bipolaire* est en train de se préciser. La perception dominante, qu'avaient annoncée tant Krauthammer que Huntington, selon laquelle on se dirige vers une étape de multipolarité totale, avec des centres de pouvoir quasi égaux sur le plan de

---

[4] Samuel Huntington, « The Lonely Superpower », *Foreign Affairs*, mars/avril 1999.

[5] Pour des informations suppplémentaires, voir Paul Dobrescu, *Un deceniu cât un secol. Secolul lumii emergente*, Bucarest, Comunicare.ro, 2013.

[6] Martin Wolf, « The challenges of central bank divergence », *Financial Times*, 9 décembre 2015.

l'envergure et de la force d'influence, ne semble pas se confirmer. L'étape de la multipolarité n'est pas encore complètement installée que se préfigure déjà, sur fond d'une multipolarité de plus en plus marquée, une nouvelle bipolarité. Au cours de la seconde moitié de la prochaine décennie, deux puissances importantes se détacheront : les États-Unis, en tant que leader du monde développé et de l'hémisphère ouest, et la Chine, en tant que leader du monde émergent et de l'hémisphère est. Oui, nous sommes bien dans l'antichambre d'une nouvelle bipolarité. Si l'on désire une représentation encore plus nuancée de la situation qui se préfigure dans le domaine des relations internationales, on peut alors parler d'une *double bipolarité :* américano-chinoise dans le domaine économique et américano-russe dans le domaine militaire.

Cette bipolarité est soutenue par des évolutions économiques vérifiables ou prévues comme telles par des organisations spécialisées, qui se perpétueront donc les deux prochaines décennies. Il y a aussi un aspect dont on parle moins, mais qui joue un rôle important dans l'évolution vers la bipolarité, soit l'insatisfaction, voire le mécontentement général des individus, quant à la fréquence des conflits surgis sur la scène internationale et l'instabilité qui perdure, lesquelles, qu'on le veuille ou non, vont de pair avec l'uni-multipolarité actuelle. Un réel bouillonnement régional est décelable dans la situation politique mondiale. Le global ne joue plus un rôle tellement important, peut-être aussi parce que la mondialisation a été lancée dans les pays développés, principalement aux États-Unis, mais ce sont les États émergents qui en ont véritablement bénéficié. Le tumulte s'est déplacé au niveau des régions. Le *clash* entre les sphères d'influence et l'ordre mondial se reproduit pratiquement partout. La nouveauté vient de ce que *le bouillonnement régional déborde et nourrit une sorte de bouillonnement global.* Il faudra aller à la racine de cette situation qui génère un phénomène d'incertitude, parfois de méfiance, au niveau des individus ordinaires.

1.2. « La doctrine Monroe » *versus* « la doctrine Sinatra »

L'ordre international actuel a été conçu au lendemain de la guerre froide, lorsque la domination des États-Unis était incontestable dans tous les domaines. Lorsqu'ils l'ont projeté, les États-Unis se sont basés sur leur propre puissance, mais aussi sur les exigences d'un processus en pleine ascension, soit la mondialisation. Dans ce nouveau contexte, l'ordre international était comme un manteau qui enveloppait toute la planète et dont les piliers étaient non pas les États ou les régions, mais *les institutions et les règles.* Après la crise de 2008-2009, ce manteau a commencé à se déchirer, voire à craquer sur toute une série de points très importants : l'Europe de l'Est (l'espace ukrainien), la mer de Chine méridionale et, enfin, le Moyen-Orient, là où se donnent rendez-vous les « mondes d'aujourd'hui », avec leurs intérêts et leurs valeurs, le tout se superposant à un nœud de complications ethniques, religieuses et territoriales. L'ordre est toujours un manteau protégeant la vie internationale et en assurant le fonctionnement, mais son tissu devient de moins en moins résistant, voire, par endroits, sur le point de céder sous la pression des puissances régionales, visiblement en ascension.

L'affaiblissement de l'ordre international va de pair non pas tant avec la baisse de la puissance leader hégémonique global, qu'avec la réduction de la distance entre la seule superpuissance du moment et ses principaux compétiteurs. C'est dans ce contexte que doit se poser cette question légitime : est-ce que les États-Unis, qui détiennent environ 5 % de la population mondiale et 22 % du PIB mondial, seront à même d'imposer leur perspective à tout moment et dans chaque espace de la planète ? Voici bien une direction d'analyse. Il y va ici d'un changement plus important, peu saisi et peu débattu. L'ordre international instauré après 1 990 a été conçu comme un ordre global, avec peu d'appuis locaux. Il prétendait exprimer non pas les intérêts d'un seul État ou de régions particulières, mais du monde dans son ensemble ; il est vrai, d'un monde différent du nôtre, d'un « borderless world ». Sur ses réseaux circulaient déjà sans doute des intérêts (surtout ceux du leader global), mais sous l'apparence de la portée globale revendiquée par cet ordre international. *La connotation territoriale de l'ordre international* est devenue le principal point d'achoppement entre l'ordre déjà en place et l'ordre préconisé par les puissances émergentes. Gideon Rachman, dans une étude publiée dans *The National Interest*, cite deux auteurs réputés qui soulignent l'importance particulière du territoire, lorsqu'il s'agit de l'ordre international. Sir Robert Cooper affirmait en ce sens que « [t]out ordre international est un ordre territorial. Si on ignore qui détient le territoire, on ne comprend rien à ce que signifie l'ordre international[7] ». Thomas Wright, de Brookings Institution, émet un jugement similaire, lorsqu'il remarque à juste titre que la stabilité politique internationale prend appui sur des « arrangements régionaux durables, surtout en Europe et en Asie de l'Est. Si ces régions se démantèlent, rien ne saurait plus sauver l'ordre global[8] ».

L'ordre actuel, disent les puissances en ascension, n'est pas véritablement un ordre global ; c'est l'ordre dicté par les intérêts américains sous couvert de rhétorique globale. Vu qu'ils n'ont plus la puissance et le prestige de jadis, les États-Unis invoquent ce que l'on appelle un « regime change », afin de mondialiser leurs propres valeurs et options ; voilà comment la mondialisation est utilisée afin de mettre en œuvre une sorte d'« américanisation politique » du monde, d'endiguement de la diversité. N'imaginons pas qu'il y va là d'une querelle engagée nécessairement autour des valeurs culturelles, par exemple. Non, elle se donne plutôt autour des valeurs politiques, et plus précisément, des modèles d'organisation politique. Les leaders régionaux sont conscients que ce mouvement peut les viser, en dernière instance,

---

[7] Gideon Rachman, « Preserving American Power After Obama », *The National Interest*, 17 décembre 2015. <http://nationalinterest.org/feature/preserving-american-power-after-obama-14651>.

[8] *Ibid.*

eux-mêmes. Comme le remarquait Gideon Rachman, « Moscou et Pékin semblent vraiment craindre d'être la proie de la stratégie promue par les États-Unis quant au changement de régime[9] ». Vu que l'image de l'ordre international instauré au lendemain de la guerre froide est celui d'ordre global, à savoir un ordre qui ne sert personne en particulier, mais se trouve au service de tous, une dispute acerbe se lit en filigrane de la confrontation : lequel des compétiteurs peut coller le plus rapidement sur le front de l'autre l'étiquette de « révisionniste » de l'ordre en place. Les États-Unis considèrent que les prétentions territoriales de la Russie et de la Chine sont autant de tentatives de modifier l'ordre international, alors que ces dernières accusent plutôt l'Amérique de miner ce même ordre, par le soutien qu'elle accorde au « regime change » dans différentes régions du monde. Lorsqu'il s'agit de l'ordre international, *le conflit entre les interprétations* semble devenir plus fort, plus intense que la compétition économique ou militaire. Et ce, même si le bruit des armes commence à se faire entendre de manière de plus en plus insistante. Regardez bien ce qui se passe au Moyen-Orient. Ici, le morcellement des approches est maximum. L'ascension de l'État islamique est donc favorisée aussi par le manque de concertation entre les puissances du monde et par les faiblesses de la multipolarité actuelle.

Les accusations et les craintes des meneurs régionaux potentiels sont-elles réellement fondées ? Il est impossible d'y répondre sans renvoyer à deux repères : le caractère unique de la période après la guerre froide (le « moment d'unipolarité » dont on a déjà parlé) et l'influence de ce moment sur l'exceptionnalisme américain. Quelque chose que bien des gens espéraient ne pas voir arriver s'est passé dans les années 1990 : comme toute superpuissance au zénith, l'Amérique a été trop tentée d'« institutionnaliser son moment de succès », ce qui a diminué sa capacité à s'adapter à un monde divers, au sein duquel il y avait des options communes, mais aussi des valeurs différentes, la plupart d'entre elles étant spécifiques de l'étape de développement dans laquelle se trouvaient les différentes régions ainsi que des contextes culturels en place depuis des années et, parfois, depuis des siècles ; c'est à ce moment-là que l'Amérique est devenue une sorte de « république impériale », encline à oublier, ou du moins à ne pas retenir trop de choses de ce verdict historique posé par Claude Lévi-Strauss dans *Race et histoire* : « La diversité des cultures humaines se trouve derrière nous, autour de nous et devant nous »[10].

C'est ainsi qu'est apparu le paradoxe suivant : au rendez-vous avec l'Amérique, le monde est venu avec ses propres soucis, craintes et particularités, alors que, au lieu de s'y pencher et trouver les réponses appropriées, comme elle

---

[9] *Ibid.*

[10] Claude-Lévi Strauss, *Race et histoire*, Paris, Denoël, 1987[1952], p. 85.

l'avait fait au lendemain des deux conflagrations mondiales[11], l'Amérique a considéré la diversité du monde à travers le modèle suivi par la nation américaine ; qui plus est, elle s'est mise à jauger et à évaluer cette diversité à l'aune de la manière dont elle convient ou non au modèle américain, à ses valeurs et ses options claires ou implicites. Et lorsque l'on tenait compte de ces soucis et tourments, on ne leur offrait que les solutions permises par le modèle américain. L'exceptionnalisme américain – caractérisé par la signification universelle des idéaux américains et par le devoir de les promouvoir (le « zèle missionnaire » dont parle Kissinger) – a connu au début de ce siècle un nouvel âge d'affirmation. La dernière victoire, qui avait mis fin à la guerre froide et s'ajoutait aux deux autres obtenues par l'Amérique durant le siècle passé, a rendu possible non seulement un moment de surévaluation, voire de surconfiance, mais a également favorisé une sorte d'absolutisation du modèle, difficile à admettre dans l'espace politique : *sa propre voie est devenue la seule voie*. En fin de compte, cela a imprimé une sorte de rigidité du discours et du comportement international américain. On ne saurait expliquer autrement la position exprimée par le président Bill Clinton lors d'une rencontre avec son homologue chinois. Selon John Micklethwait et Adrian Wooldridge, le patron de l'administration américaine aurait dit à Jiang Zemin, sans ambages, qu'il se situait « du mauvais côté de l'histoire[12] ». Que pourrait-on dire aujourd'hui, si l'on imaginait que la rencontre en question ait lieu à nouveau ? L'histoire est parfois cynique, parfois cruelle et des fois, les deux.

La perspective proposée par les puissances émergentes constitue une avancée réelle : il ne peut pas y avoir d'ordre international sans prendre en considération les unités territoriales (les régions), leurs intérêts, leur équilibre et leur dynamique. Les véritables « briques de construction » de l'ordre international sont les régions, leur degré d'intégration et leur stabilité. Il ne peut y avoir d'ordre international stable tant qu'il y a des régions déchirées par toutes sortes de conflits. Dans leur effort d'imposer les régions en tant que pilier principal de l'ordre international, les émergents réduisent en réalité l'ordre international à une sorte de processus de *cohabitation des sphères d'influence.* On gagne ainsi un appui des plus importants, mais on perd un acquis consacré par l'ordre institué au lendemain de la guerre froide. L'idée de sphère d'influence implique la présence d'un leader

---

[11] Au lendemain de la Première Guerre mondiale, le 8 janvier 1919, Woodrow Wilson affirmait ouvertement : « Pour la première fois dans l'histoire, les leaders de par le monde sont appelés à œuvrer de concert afin d'améliorer les conditions des travailleurs – des hommes, des femmes, des enfants – de tous ». Trente ans plus tard, le Président Harry Truman annonçait le programme d'aide des pays le moins développés : « Plus de la moitié de l'humanité vit dans des conditions proches de la pauvreté absolue. La nourriture est inadéquate, les maladies font des ravages, alors que la vie économique est primitive et stagnante. La pauvreté est un handicap tant pour ces régions, que pour les régions prospères de la planète. Pour la première fois dans l'histoire, les hommes ont la capacité scientifique et l'habileté d'arracher cette partie du monde à la souffrance ».

[12] John Micklethwait et Adrian Wooldridge, *The Fourth Revolution: The Global Race to Reinvent the State*, Londres, Allen Lane, Penguin Books, 2014, p. 142.

hégémonique régional et la prééminence de ses droits dans la région. En fin de compte, ce que les leaders hégémoniques régionaux reprochent au leader hégémonique global peut être répété par les États de la région à l'égard de la puissance régionale dominante. Plus précisément, ce que la Chine peut reprocher à l'Amérique quant à sa présence dominante au Pacifique, le Vietnam peut bien le reprocher à la Chine. Qu'on le veuille ou non, ce qui est affecté, c'est le droit d'une communauté nationale de décider indépendamment de son avenir.

Voilà pourquoi les États-Unis s'opposent au retour de la perspective qui fixe le centre de l'ordre politique international au niveau des régions. Leur principale objection est que les « sphères d'influence » limitent le droit de chaque pays de décider en fonction de ses intérêts et de ses options politiques et de sécurité. Voici ce que Tony Blinken, ancien conseiller adjoint pour la sécurité, à présent secrétaire d'État adjoint, précisait à cet égard dès 2009 : « Nous continuerons de rejeter la notion de sphère d'influence et de protéger le principe selon lequel les démocraties souveraines ont le droit de prendre leurs propres décisions et de choisir leurs propres partenariats et alliances[13] ». Par la suite, cette affirmation a été reprise et citée dans différents contextes, surtout après les événements récents en Ukraine. Il est clair que la reconnaissance de la notion de sphère d'influence aurait enlevé à l'Ukraine la possibilité de décider comme bon lui semble ; tout comme le Vietnam ou les Philippines ne sauraient plus le faire compte tenu de la situation en mer de Chine méridionale, que Pékin revendique de manière de plus en plus insistante. L'apparition de ces nouvelles zones de tension entre le leader mondial et les leaders régionaux et la similitude des situations ont précipité le débat sur l'ordre international. D'ailleurs, le dignitaire américain susmentionné dresse une comparaison entre « ce que la Chine fait avec ces îles-là et ce que la Russie a fait en Crimée[14] ».

Dans les débats de plus en plus enflammés sur l'ordre international, deux plans distincts interviennent, dont le plan historique. En effet, l'Amérique éprouve une vulnérabilité historique, vu qu'elle a lancé jadis « la doctrine Monroe », qui postulait que les Amériques représentent la sphère naturelle d'influence des États-Unis. Voilà pourquoi John Kerry a déclaré dans un discours prononcé auprès de l'Organisation des États américains que l'« époque de la doctrine Monroe est révolue » et qu'il a même parlé d'un « changement de paradigme : le dépassement du paternalisme impliqué par la doctrine Monroe et sa formule canonique, l'Amérique appartient aux Américains[15] ». Autrement dit, l'Amérique soutiendra le droit de chaque peuple de décider de son propre avenir. Comme le remarquait

[13] Merle David Kellerhals, Jr., Press Conference, Washington, Biden Visits Ukraine, Georgia for talks, IIP Digital, le 20 juillet 2009.

[14] Mark J. Valencia, « The issue of US neutrality in South China Sea disputes », SPH Websites, 11 août 2015.

[15] « Latin America Sees Straight Through John Kerry's'Monroe Speech: The Centuries-Old Doctrine Has Little Relevance to the US Policy in the Region Today », *The Guardian*, 21 novembre 2013.

Gideon Rachman[16], il ne s'agit pas d'autre chose que de ce qu'un ancien diplomate soviétique appelait la « doctrine Sinatra[17] ». « La doctrine Sinatra », c'est le nom donné à la nouvelle orientation de la politique étrangère soviétique à l'époque de Mikhaïl Gorbatchev, d'après le titre d'une chanson célèbre de Sinatra : *My way*. On suggérait ainsi que chaque pays peut choisir son propre chemin, sa formule d'évolution.

Du point de vue historique, une similitude étonnante nous a frappés. Cette confrontation se transfère telle quelle dans le champ économique, dans la querelle entre la doctrine du libéralisme et celle du mercantilisme. Les pays en ascension ont embrassé, sans exception, le mercantilisme en tant que doctrine économique ; autrement dit, ils ont protégé leur propre marché afin de faciliter leur ascension. C'est ce qu'a fait la Grande-Bretagne à l'époque de son ascension, lorsqu'elle luttait contre les Pays-Bas, c'est aussi ce qu'ont fait les États-Unis ou l'Allemagne. Dès qu'ils sont parvenus « au sommet », selon les mots de Friedrich Liszt, ils ont renversé d'un coup de pied l'échelle « mercantiliste » à l'aide duquel ils étaient montés dans le « grenier », pour que d'autres compétiteurs ne puissent plus monter. C'est ainsi qu'ils sont brusquement devenus libéraux et anti-mercantilistes. À présent, le conflit se reproduit tel quel. Lorsque les États-Unis étaient en pleine ascension, ils ont embrassé la « doctrine Monroe ». À présent, une fois dans le « grenier », cette dernière n'est évidemment plus utile. Il s'agit là de deux approches qui n'expriment pas nécessairement un attachement à un principe, mais deux classes d'intérêts différents. Ce n'est pas le principe qui l'emporte, ce sont bien les intérêts. Voilà deux approches, deux perspectives nourries par des intérêts particuliers. Et *le choc des intérêts contient un énorme potentiel de risque*. Qui plus est, les puissances en ascension peuvent invoquer le trajet historique poursuivi par le « leader hégémonique global » : on ne fait que ce que vous avez vous-mêmes fait, on ne s'y prend pas différemment.

1.3. Ce n'est pas une puissance qui se lève, mais tout un monde – le monde émergent

Comment pourrait-on représenter plus intuitivement l'état actuel de l'ordre international ? Il ressemble beaucoup aux petites secousses qui apparaissent au lendemain d'un gros séisme, ou bien qui le précèdent, aux réagencements qui se

[16] Gideon Rachman, « China, Russia and the "Sinatra doctrine" », *Financial Times*, 25 novembre 2014.

[17] Le terme en tant que tel a été utilisé pour la première fois par le porte-parole du ministère soviétique des Affaires étrangères, Ghennadi Gherasimov, en octobre 1989. Par la suite, dans un entretien, il affirmait : « Nous avons à présent la doctrine Frank Sinatra, qui avait une chanson, *I Did It My Way*. C'est donc dire que chaque pays décide du chemin qu'il désire suivre ». Interrogé quant à la position de Moscou si un pays socialiste opte pour un système politique autre que le communisme, il a répondu : « ce sont les citoyens de chaque pays qui doivent décider des structures politiques ».

succèdent dans un certain laps de temps. Pris séparément, ils ne posent pas de problèmes particuliers, car, habituellement, ils ne mettent pas en danger la vie des communautés. C'est par la répétition qu'ils créent un sentiment d'insécurité difficile à vivre. Sur le plan psychologique, ils sont extrêmement perturbants, car ils se greffent sur la sensibilité créée soit par le gros séisme, soit par le cumul des conflits, des tensions, des menaces en tout genre, etc. De sorte que les individus sont tentés de dire : c'était mieux lorsque le monde était bipolaire. Au moins, il y avait de l'ordre…

On essaie d'anticiper ici une possible question du lecteur : quel est ce « gros séisme » ? Le fait que la hiérarchie mondiale « au top » change de manière spectaculaire représente bel et bien un « séisme ». Bien évidemment, il s'agit là d'un changement qui se parachèvera dans une décennie, voire plus. Ne serait-on pas en train d'évaluer ce qui se passe aujourd'hui à l'aune de ce que propose demain ? Les changements de hiérarchie économique battent leur plein. Il ne faut pas nécessairement que cette évolution s'achève, pour que de petits « séismes » se produisent. Les puissances qui se lèvent commencent à imposer leurs intérêts, voire, à frapper de temps à autre du poing sur la table ; ou du moins à hausser le ton. C'est d'ici que proviennent les petits séismes, les secousses. Les puissances émergentes n'aiment pas que les institutions de l'ordre international en place ne reconnaissent pas leur nouveau statut. Elles se sentent de plus en plus qualifiées pour peser dans les discussions, sinon avoir le dernier mot dans leurs régions respectives. Elles sont les nouveaux leaders hégémoniques qui réclament leurs droits. C'est ainsi que naît la tension de plus en plus visible entre la puissance globale et les puissances régionales, entre le leader mondial et les leaders régionaux.

D'habitude, les choses sont abordées dans le cadre de l'équation – réelle, mais pas assez représentative de la magnitude de la transformation – constituée par la superpuissance en place, soit les États-Unis, et la superpuissance qui se lève, soit la Chine. C'est non seulement une puissance qui se lève, mais tout un monde, le monde émergent. Selon un ouvrage publié par les spécialistes de *The Economist*, en 2050, les États-Unis mis à part, aucun autre pays du G7 n'occupera plus les sept premières places, qui seront prises par l'Inde, le Brésil, l'Indonésie et le Mexique[18]. Il faut, bien évidemment, tout considérer avec prudence ; c'est encore avec prudence qu'il faut envisager ce que sera le monde en 2050. On ne peut douter des grandes tendances, tout comme on ne peut douter du fait que, dans les deux ou trois prochaines décennies, deux puissances domineront le monde du point de vue économique : les États-Unis et la Chine. À partir de 2025, la Chine prendra la première place, si l'on se rapporte aux dimensions du PIB. Comme le remarquait aussi Joseph S. Nye Jr., lorsque l'on parle des superpuissances contemporaines, il faut nécessairement prendre en considération d'autres composantes de la puissance, telles que la composante militaire ou culturelle (la puissance soft)[19].

---

[18] Simon Cox, « The age of emerging markets », *in* Daniel Franklin et John Andrews (ed.), *Megachange: The World in 2050*, The Economist Newspaper, 2012, p. 157.

[19] Joseph S. Nye, Jr, *Is the American Century Over?*, Cambridge, Polity Press, 2015.

Ce qui nous intéresse ici, ce n'est pas d'évaluer les atouts et les faiblesses des deux puissances, mais de montrer qu'elles commencent à devenir dominantes et que, dans la compétition qui se précise, des risques de conflit apparaissent, qu'il ne faut pas sous-estimer.

On parle de l'ascension de l'Asie de l'Est, ou de l'affirmation des émergents. Un pays phare se trouve derrière ces deux processus : la Chine. Son poids dans le PIB des émergents est d'environ 50 %, proportion qui se maintient dans le PIB de l'Asie de l'Est. C'est la puissance qui se lève. Ce qui compte ici, c'est de souligner que, dans la hiérarchie économique du monde, deux puissances dominantes de point de vue économique se détachent de plus en plus. La Chine a déjà dépassé le PIB américain calculé du point de vue du pouvoir d'achat, alors que, au début des années 2020, elle le dépassera aussi en valeur nominale. Considérons le graphique ci-dessous, élaboré à partir de quatre indicateurs. Il s'agit d'un calcul plus complexe, fait par les spécialistes du National Intelligence Council. La Chine enregistrera une tendance ascendante, tout comme l'Amérique en connaîtra une descendante. Mais il y a bien un laps de temps compris entre le moment actuel et les années 2040, que domineront les deux puissances. Aucun autre compétiteur ne se rapproche de leur envergure. Ce n'est qu'à partir de 2040 que l'Inde prendra d'assaut une position sur le podium de la hiérarchie économique mondiale.

FIGURE 15

L'indice global de la puissance[20]

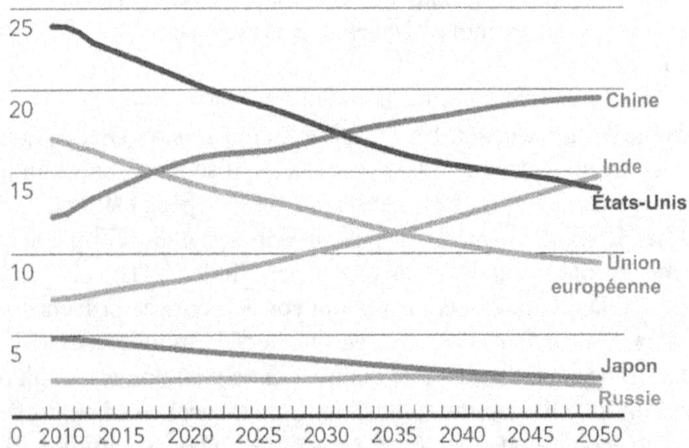

Source : Global Trends 2030, Alternative Worlds, la publication de National Intelligence Council, https://globaltrends2030.files.wordpress.com/2012/11/global-trends-2030-november2012.pdf, p. 17.

[20] L'indice global de la puissance, calculé sur la base du PIB, de la population, des dépenses militaires et de la technologie. Le rapport cité précise que cet indice est classique ; la même source propose aussi un indice actualisé, qui comprend les données sur la santé, l'éducation et la gouvernance. Cet indice actualisé précise lui même que les premières places sont prises toujours par les États émergents.

Si l'on s'intéresse à ce qui arrive de vraiment important dans l'arène internationale, on remarquera que les deux superpuissances se préparent déjà pour le rôle qu'elles vont jouer. Pour la Chine, la priorité réelle, c'est « l'Asie d'abord ». La Chine se propose de rapprocher son continent. On veut pour argument en ce sens le fait que l'immense marché intérieur de la Chine est ouvert d'abord aux pays du continent, dans cet ordre : le Japon, la Corée du Sud, les pays de l'Asie du Sud-Est ; ce n'est qu'ensuite que vient l'Allemagne. À leur tour, les États-Unis ont promu deux initiatives censées fédérer le monde développé autour de Washington. Il s'agit de deux accords commerciaux, transpacifique et transatlantique. Le premier a déjà été conclu, le second est en train d'être négocié. Le premier, bien qu'il soit transpacifique, ne comprend pas la Chine, ce qui a lui valu bien des critiques ; le second semble exclure la Russie de certaines coopérations et échanges commerciaux. Il s'agit donc de deux partenariats qui se proposent d'intensifier la coopération, mais seulement autour de trajets nettement précisés : autour de la puissance américaine et sans la participation de bien des émergents.

La vision de George Friedman sur la situation ukrainienne est encore plus significative. On s'est habitué à considérer ce qui se passe en Ukraine du point de vue du droit de ce pays de décider de son propre avenir. Cette assertion reste valable. L'analyste américain intègre la situation de ce pays dans une approche plus large, de nature géopolitique ; non seulement au niveau régional, mais global. Voilà quelle serait, selon lui, la priorité stratégique de la politique extérieure américaine : « [l]es intérêts extérieurs des États-Unis après la Première et la Seconde Guerre mondiale et après la guerre froide ont visé l'Allemagne et la Russie, parce que, unis, ces deux pays représentent la seule force qui peut nous menacer. Notre but principal est de nous assurer que cela n'arrivera jamais[21] ».

Dans ce contexte, le spécialiste américain ravive l'idée plus ancienne formulée pendant l'entre-deux-guerres par l'ancien premier ministre polonais, Józef Klemens Piłsudski, quant à la création d'une zone-tampon représentée par le territoire entre les mers (*intermario*), entre la mer Noire et la mer Baltique. Avec une précision : c'est la solution que préfèrent les États-Unis. « Pour les États-Unis, il est important d'empêcher que les capitaux et la technologie allemande s'allient aux ressources et aux capacités russes. […] Qui saura me dire comment l'Allemagne agira dans cette situation saura également me dire quelle sera l'histoire des vingt prochaines années[22] ».

---

[21] George Friedman, Speech to The Chicago Council, *Global Affairs*, 9 octobre 2015. <https://www.youtube.com/watch?v=I4-hSBRs4Qw& feature=youtub.be>.
[22] *Ibid.*

1.4. La confrontation a lieu entre les modèles de développement

Henry Kissinger faisait cette affirmation importante : « Tôt ou tard, tout ordre international devra faire face à l'impact de deux tendances qui remettent en question sa propre cohésion : soit une redéfinition de la légitimité, soit une transformation intervenue dans l'équilibre de la puissance[23] ». Il est donc clair que, ces dernières années, ce qui a notamment impacté l'ordre international, ce fut surtout le changement des rapports de pouvoir. Kissinger distingue entre les aspects de légitimité et ceux liés au changement des rapports de pouvoir, afin de mieux se les représenter. Un processus de croissance économique, surtout lorsqu'il intervient sur le long terme et qu'il assure l'accès des pays aux rangs des puissances du monde, ne saurait emprunter aussi des éléments de légitimité à la puissance en question et au trajet qu'elle a suivi. On s'est habitué à associer la légitimité seulement à l'existence des procédés démocratiques par lesquels on élit les représentants du pouvoir. Ce critère reste tout à fait valable. Mais il faudra admettre que *la légitimité doit être aussi associée à la performance* et que la performance économique constitue un élément de plus en plus significatif, d'une importance égale au respect des procédés et des valeurs démocratiques. Une structure de direction élue selon des règles démocratiques, mais qui n'est pas performante, perd une partie de sa légitimité, peu importe si cela est reconnu comme tel ou non, débattu ou non.

Il faut clarifier ces aspects afin de mieux comprendre la complexité du conflit qui oppose l'ordre global et l'ordre régional, tout comme la nature de la nouvelle bipolarité. Si l'on remet en question l'ordre international, ce n'est pas seulement parce que certains pays se sont développés plus rapidement que d'autres, ce qui a provoqué un changement des rapports de pouvoir sur le plan global. Il y va dans cette contestation aussi de valeurs et d'options associées non pas tant au respect des normes démocratiques, qu'à la performance, à la manière dont *l'organisation d'une société contribue à son développement*. Il s'agit, autrement dit, de problèmes associés davantage à ce que Kissinger appelle « légitimité ». L'ordre global a été institué par les pays occidentaux à partir de la prémisse du caractère universel des valeurs et des options démocratiques.

Bien des pays asiatiques ont intégré ces valeurs, mais ils *les configurent différemment*. Ils ne nient pas l'importance de la vie démocratique, mais ils considèrent que la valeur la plus importante est le développement, à la lumière duquel ils jugent tout. Dans ce contexte, ils donnent une tout autre signification à l'État et en font le principal instrument du développement. La plupart des pays émergents, surtout les pays asiatiques, considèrent que la *modernisation précède la démocratisation et en constitue la fondation.* Ils ne nient pas la valeur de la

[23] Henry Kissinger, *World Order: Reflections on the Character of Nations and the Course of History*, Londres, Allen Lane, Penguin Books, 2014, p. 365.

démocratie, mais ils l'entendent plutôt comme un résultat. Et, afin d'être stable et de durer, le résultat doit être construit, enraciné. Tant la démocratie que la liberté doivent s'affirmer dans certaines conditions sociales, économiques et culturelles. *Le résultat ne peut pas être séparé du chemin qui y conduit.* Il faudra admettre qu'il y a là une option à réelle substance stratégique. De quelle manière peut s'y prendre un pays qui a entamé le processus de modernisation et de développement bien plus tard ? Les succès économiques remportés par les pays asiatiques sont interprétés aussi comme *une validation* de leur modèle de développement. Par conséquent, le *conflit entre l'ordre global et l'ordre régional est implicitement un conflit entre les modèles de développement promus par les mondes occidental et émergent.*

Presque tout le monde s'accorde à dire que, ces dernières décennies, *un mouvement de translation géopolitique* a eu lieu : le centre de gravité de l'Eurasie a commencé à se déplacer de la côte ouest du supercontinent vers la côte est. Les commentateurs identifient là un mouvement cyclique : après une parenthèse de quelques siècles, l'histoire est de retour en Asie. Il serait plus instructif de se demander quel véhicule l'histoire a emprunté lorsqu'elle a décidé de déplacer son centre de gravité eurasiatique. Il s'agit bien du même moyen que l'Europe avait utilisé jusqu'à présent pour se lever, soit le *véhicule du développement*, redéfini et adapté à des conditions nationales et réadapté aux conditions régionales et globales. Le centre de gravité d'un supercontinent ne se déplace pas seulement parce que l'on fait de gros efforts ou en raison d'un plus grand engagement. L'effort et la détermination doivent toujours bénéficier du soutien d'un *modèle* qui réagence les éléments du développement dans un moule plus adapté aux exigences d'une certaine étape de l'évolution historique. Les États de l'Asie de l'Est ont posé le développement en tant que valeur fondamentale à une époque où le monde avancé semblait avoir abandonné cet objectif central ou, en tous les cas, ne pas tellement s'y intéresser. Ces dernières années ont mis en lumière une autre dimension de ce processus. Par exemple, John L. Campbell et John A. Hall[24] affirment que bien de ces positions des États développés, qui véhiculaient la désindustrialisation, l'importance (surestimée) des échanges commerciaux pour la croissance économique, etc., ont été plutôt des « produits d'exportation » et que, en réalité, ni en Grande-Bretagne, ni aux États-Unis on n'a procédé à autant de privatisations qu'on l'a prétendu, alors que les fonds énormes alloués à la recherche technologique et à l'innovation étaient la preuve limpide de la préoccupation pour construire les véritables vecteurs du développement de nos jours.

En même temps, les pays asiatiques ont investi l'État de la responsabilité de réaliser cette option stratégique. C'est ainsi qu'ils ont constitué un nouveau binôme *État-développement* afin d'accélérer leurs propres évolutions. Il est très important de souligner cet aspect, car, en l'absence d'une structure de coordination, les pays asiatiques n'auraient pas pu se moderniser, n'auraient pas su

[24] John L. Campbell et John A. Hall, *The World of States*, Londres, Bloomsbury, 2015.

mettre si bien en valeur le potentiel qu'a représenté, à un moment donné, la main-d'œuvre bon marché et, ensuite, ils n'auraient pas ouvert à temps et avec tant de détermination « le cadenas de la relation entre la technologie et le développement », et n'auraient pas mis en valeur si promptement le potentiel représenté par l'élargissement de la mondialisation.

Lorsque l'on parle de l'évolution économique de l'Asie de l'Est et de la Chine, il faut rappeler une corrélation que l'on ignore souvent, celle entre croissance économique et croissance démographique. Dans l'histoire, l'ascension de toute puissance économique significative s'est basée, outre une évolution démographique positive, sur d'autres facteurs. C'est bien ce qu'il s'est passé dans la France de Louis XIV (quand ce pays détenait environ 40 % de la population de l'Europe), ou encore en Allemagne et en Russie à la deuxième moitié du XIXe siècle, ou aux États-Unis à la même époque puis au début du XXe siècle. L'Asie a toujours bénéficié d'un poids démographique significatif. Pourquoi est-ce justement à présent que la population devient un facteur significatif de la croissance économique ? C'est bien parce qu'elle a bénéficié d'une direction stratégique et qu'elle a pu mettre en valeur ses atouts. On mentionne peu ou pas du tout un aspect cardinal : le véritable facteur qui a fécondé le potentiel de la Chine est représenté par *sa stratégie de développement*. Ce fut une étape où la main-d'œuvre bon marché a représenté un élément favorisant l'accumulation primitive du capital (faisant en sorte que la production soit bon marché et donc compétitive). L'ascension de la Chine s'appuie sur beaucoup de souffrance humaine et de sacrifices, mais au moins les résultats sont spectaculaires.

Ce qui se remarque dans cette stratégie, c'est l'option pour l'industrie, orientation qui caractérise tout particulièrement l'ascension de l'Asie de l'Est, et notamment celle de la Chine. À une époque où le monde développé renonçait d'une manière ou d'une autre à l'industrie et avait recours à des délocalisations, la Chine a parié sur la capacité de transformation de l'industrie, sur sa force de modernisation. C'est ainsi que ce pays est devenu « l'usine du monde », après que, au XIXe, ce rôle avait été rempli par la Grande-Bretagne et, au XXe siècle, par les États-Unis. On ne veut pas insister ici sur les vertus dont l'industrialisation a depuis toujours fait preuve (avec ses particularités actuelles), mais on souligne que la sous-estimation de ce domaine par le monde développé est allée de pair avec la surestimation du rôle des finances, processus connu sous le nom de « financiarisation », avec la tendance spéculative et la préoccupation de « faire de l'argent à partir de rien ». Voilà pourquoi la crise récente a trouvé le monde asiatique assez préparé et les effets négatifs ont été limités, alors que, dans le cas du monde développé, la construction économique avait un caractère poreux, ce qui a fait que l'impact de la crise a été dévastateur.

Ce n'est pas la dimension supranationale que l'Asie a privilégiée, mais l'intensification des relations entre des *entités souveraines*. Elle a créé les célèbres chaînes de production régionales, qui sont en fin de compte une autre forme d'intégration, comme une modalité d'augmenter l'efficacité et de s'adapter aux particularités de la production globale. En fait, le résultat est sinon le même, du moins très similaire à celui du modèle supranational ; à la différence, fondamentale, que le modèle asiatique conserve l'identité des acteurs et maintient le centre de gravité des décisions stratégiques au niveau des nations représentées par les États. C'est ainsi que l'Asie de l'Est a reconfiguré une nouvelle équation de la modernisation et, par un effort qui impressionne à la fois par l'énergie de l'engagement et par l'intelligence avec laquelle il a été mené, a accéléré le mouvement de translation dont nous avons parlé : le *shift* géopolitique de l'Ouest vers l'Est. Par conséquent, l'État asiatique est devenu non seulement la région la plus dynamique de l'Eurasie, mais l'*épicentre même du développement global.*

Deux puissances se détachent par leur force et leur envergure à la surface de la vie économique internationale : les États-Unis et la Chine. Les auteurs consacrés du domaine, dont Henry Kissinger ou John Mearsheimer, parlent d'une similitude entre l'ascension de l'Allemagne au XIXe siècle, celle des États-Unis au XXe siècle et celle de la Chine de nos jours. « L'ascension de l'Allemagne a représenté un énorme défi à l'égard du système en Europe au XXe siècle, déclenchant deux guerres catastrophiques, des conséquences desquelles l'Europe ne s'est jamais remise[25] ». « Il est peu probable que l'ascension de la Chine se passe sereinement », précise à son tour John Mearsheimer. « Elle tentera de dominer l'Asie de la même manière que les États-Unis dominent l'hémisphère ouest[26] ». Cette analogie est justifiée à bien des égards. Mais, comme nous l'avons déjà souligné, cette fois-ci, la situation est bien plus complexe. L'ascension de la Chine va de pair avec l'ascension de tout un monde. L'ascension de la puissance chinoise symbolise respectivement le développement de l'Asie de l'Est, si l'on veut situer géographiquement ce processus, et des émergents, si l'on veut mettre en lumière les pays avec un dynamisme économique remarquable. Cela donne non seulement bien plus de poids à son exploit, mais en augmente aussi la force de dissémination.

Les différences peuvent perdurer. L'Allemagne était un leader européen, et son ascension a perturbé l'équilibre de forces sur le Vieux Continent. La Chine s'est levée d'un coup comme une puissance mondiale, affirmée en plein processus de mondialisation. Aussi performante qu'elle fût, l'Allemagne était bien une puissance régionale, alors que la Chine a des dimensions continentales et qu'elle est le pays le plus peuplé du monde. Mais, peut-être par-dessus tout, trône une vérité souvent répétée, mais dans des contextes différents. L'ascension de l'Allemagne a débuté à une époque où la confrontation militaire était possible. On veut pour preuve le fait que sa montée en puissance a engendré deux conflagrations mondiales. La Chine se lève dans un contexte où la confrontation militaire ouverte n'est plus imaginable. Elle serait trop dévastatrice pour nous tous. Oui, on se prépare toujours pour la confrontation militaire, pour mettre la pression ou décourager. Mais le véritable centre de gravité de la confrontation

---

[25] Henry Kissinger, *op. cit.*, p. 367.

[26] John Mearsheimer, *The Tragedy of Great Power Politics*, New York, W. W. Norton & Company, 2014, p. 368.

« s'est déplacé » sur le terrain de la compétition économique. Dans cette compétition, on emploie des armes économiques en général, et surtout des armes financières : « Le principe de fond qu'il faut toujours avoir à l'esprit, c'est que, de nos jours, le champ financier ressemble à un champ de confrontation où la seule chose qui manque, ce sont les armes[27] ».

Le nouveau contexte offre une tout autre importance au développement, à la compétition dans ce domaine et aux leçons que dégage ce processus. Le développement a depuis toujours été important. À présent, il semble avoir emprunté quelque chose au poids qu'avait jadis la puissance *hard*, c'est-à-dire la puissance militaire ; qui plus est, les bonnes évolutions économiques se recommandent par elles-mêmes, s'imposent par elles-mêmes et acquièrent ainsi des caractéristiques de la puissance *soft*. On peut alors parler d'un relief particulier, d'une force dominatrice du développement, voire d'une *position impériale* dans le champ des caractéristiques classiques qui définissent la puissance.

Par conséquent, il ne s'agit pas seulement de la compétition entre deux puissances – bien réelle –mais aussi entre deux modèles de développement, qui proposent deux trajets d'évolution différents pour les pays engagés dans l'effort de modernisation. La Chine parle ouvertement en son nom, mais la levée spectaculaire du pays parle aussi, indirectement, au nom de ceux qui désireraient bénéficier, ne serait-ce que partiellement, d'une telle évolution. Il suffit de mentionner, afin de comprendre les dimensions de la confrontation, que, dans la perspective des années 2050, l'Asie assurera environ 50 % du PIB mondial. On parlera donc de l'Asie et du reste du monde. Il est donc évident que la confrontation principale aura lieu dans le Pacifique ; voilà pourquoi les États-Unis s'intitulent puissance du Pacifique et pourquoi ils ont déplacé le centre de gravité de leur politique extérieure dans cet océan. C'est-à-dire là où l'histoire bouillonne…

---

[27] Michel Hudson, « IMF Pushes Ukraine to "voluntarily commit suicide" », RT Question more, 7 juillet 2014. <https://www.rt.com/oped/170 960-economy-imf-ukraine-oligarchs/>.

Deuxième chapitre
L'Amérique écoute Brzeziński sans réellement le faire

2.1. L'histoire a déplacé son centre de commandement

Dans un ouvrage essentiel pour sa pensée, *Le grand échiquier*, Zbigniew Brzeziński fixe une vérité qui nous échappe souvent. Qu'il s'agisse de l'Empire mongol, chinois ou romain, de la brillante affirmation de l'Europe à l'époque moderne et de ses centres de gravité : anglais, français, allemand ou russe, c'est bien sur le continent eurasien que la grande histoire du monde s'est tramée. C'est bien sur cette masse compacte de terre que l'on a bâti des empires et l'on a mené des guerres ; c'est toujours là que sont les racines de la Renaissance, des Lumières et de l'État moderne, ou que l'on a lancé la première révolution technologique, qui allait faire du Vieux Continent la principale puissance du monde pour environ deux siècles. Les spécialistes se demandent si le XXIe siècle sera chinois ou toujours américain, à l'image du XXe. Les Européens peuvent bien considérer d'un air compréhensif, mais non pas serein, ce débat, vu que leur continent a donné un nom non pas à un siècle particulier, mais à un millénaire que l'on peut à juste titre appeler « le millénaire européen[1] ».

Afin de comprendre les auspices géopolitiques sous lesquels a débuté le XXIe siècle et aussi les grandes reconfigurations en train de se produire en Eurasie, il faut nécessairement jeter un regard sur le XXe siècle. Sa première partie nous a offert une leçon unique dans l'histoire ; on a vu alors comment l'Europe, à l'époque la puissance incontestable du monde, a pu s'effondrer lors de deux conflagrations qui ont embrasé la planète et comment, en l'espace de seulement quelques décennies, elle a pu devenir, du sujet central de l'histoire, *un objet de dispute* entre les puissances du moment. C'est ainsi qu'une nouvelle réalité géopolitique globale est apparue. Tout s'est passé comme si l'histoire, fâchée contre la magnitude des conflagrations mondiales déclenchées en terre européenne, avait décidé de déplacer son centre de commandement sur un autre continent, dans un autre hémisphère. « « [P]our la première fois, une puissance extérieure au continent s'est non seulement élevée au rang d'arbitre des relations entre les États d'Eurasie, mais aussi de puissance globale dominante. La défaite et la chute de l'Union soviétique ont parachevé l'ascension rapide des États-Unis, comme seule et, de fait, première puissance mondiale réelle. [...] Quelle attitude les Etats-Unis, désormais engagés à l'échelle du monde, doivent-ils adopter vis-à-vis des affaires complexes de l'Eurasie ? Comment en particulier prévenir l'émergence d'une puissance eurasienne dominante qui viendrait s'opposer à eux ?

---

[1] Romano Prodi, *O viziune asupra Europei*, Iaşi, Polirom, 2001, p. 93.

Tels sont aujourd'hui les problèmes essentiels qui se posent aux États-Unis s'ils veulent conserver leur primauté sur le monde[2] ».

La fin de la Seconde Guerre mondiale a été marquée par le Congrès de Paris, mais c'est à Bretton Woods qu'ont été décidés l'organisation de la vie économique et financière du « monde libre » au lendemain de la guerre, ainsi que les piliers du nouvel ordre économique du monde : la Banque mondiale, le FMI et le GATT (à présent, l'Organisation mondiale du commerce, l'OMC). Il est vrai que l'ordre international était bipolaire, mais, à la fin de la Seconde Guerre, les États-Unis assuraient environ 50 % du PIB mondial ; c'est donc dire qu'ils étaient de loin la plus importante puissance économique du monde. Malgré cette proportion énorme, ce n'est pas seulement la force de leur économie qui a consacré les États-Unis en tant que première puissance mondiale, mais surtout la manière dont ils ont entendu exercer leurs responsabilités internationales. Une superpuissance doit briller, et les États-Unis ont non seulement dominé la deuxième moitié du siècle passé, mais ils *l'ont fait brillamment.* Au lendemain de la guerre, ils ont mis en place le plan Marshall, qui a sauvé l'Europe de l'Ouest du marasme économique. La décennie suivante, ils se sont opposés au maintien du colonialisme, tout en affrontant à ce sujet un ami proche, soit la Grande-Bretagne ; ensuite, dans les années 1960, ils ont révolutionné les droits civils de leurs citoyens, gommant les discriminations de tous bords, ce qui a changé leur physionomie sociale et celle du monde ; enfin, ils sont devenus le berceau de l'innovation technologique, sociale et administrative ayant modelé nos vies. Il suffit d'un peu d'imagination pour comprendre ce que notre vie serait sans l'ordinateur américain, sans la musique américaine, sans le film américain et même sans certains éléments du style de vie américain. Il est bien vrai que l'ordre international après la Seconde Guerre a été bipolaire, mais les États-Unis ont été le véritable leader hégémonique du monde, de sorte que l'effondrement de l'Union soviétique n'a fait que consacrer la nouvelle position de Washington : la première force politique mondiale, bénéficiant des atouts classiques de la toute-puissance, auxquels s'ajoute l'aura de *l'attractivité et de la séduction.*

2.2. Seules les alliances peuvent contester la suprématie américaine !

Pour les besoins de cet ouvrage, nous retenons la relation directe qu'établit l'auteur américain entre l'exercice de la suprématie américaine et la capacité des États-Unis à gérer les complexes relations de pouvoir en Eurasie. Le monde a bien déplacé sa « capitale » en terre américaine, mais beaucoup de prémisses du

[2] Zbigniew Brzeziński, *Le grand échiquier : L'Amérique et le reste du monde* [« The Grand Chessboard : American Primacy and Its Geostrategic Imperatives »], traduit par Michel Bessière et Michelle Herpe-Voslinsky, préface de Gérard Chaliand, Bayard, coll. « Actualité », 1997, p. 23-24.

développement, *de l'apparition ou de la réapparition de centres de pouvoir* importants, sont restées sur le vieux supercontinent : environ trois quarts de la population de la planète vivent sur « la grande île du monde » et c'est toujours ici que l'on trouve une proportion similaire des ressources énergétiques mondiales et que sont produits plus de 60 % du PIB mondial ; et ce qui est le plus important, c'est ici que l'on trouve *l'histoire, avec toutes ses accumulations*. En vertu de toutes ces données, le supercontinent a connu des moments de bouillonnement, même lorsqu'il avait, dans l'ensemble, une prestation historique modeste.

À l'échelle des évolutions sur le long terme, il faut remarquer que, en l'espace d'un siècle, l'Europe a enregistré deux reculs historiques : le premier généré par les conflits militaires qu'elle a déclenchés et qui ont conduit à un effondrement dramatique, à la disparition du Vieux Continent en tant que *sujet de l'histoire* ; le second, généré par la crise, qui a eu pour résultat *la perte de la position d'acteur de premier rang de la puissance globale*. Au bout d'un effort pénible pour surmonter la situation dramatique au lendemain de la Seconde Guerre et lancer un nouveau modèle de développement qui intègre ses États dans une région politique et économique prospère et dynamique, l'Europe a l'air fatiguée ; la crise n'a pas eu pour conséquence de la mobiliser, mais a favorisé un retournement vers les problèmes spécifiques de chaque État. La dimension supranationale, caractéristique du modèle européen, est entrée en déclin. Tout cela, que l'on se rende ou non compte, pousse l'Europe vers *le statut de puissance seconde*.

Sur ce fond, *un mouvement de translation géopolitique* a eu lieu ces dernières décennies : le centre de gravité de l'Eurasie a commencé à se déplacer de la côte ouest du supercontinent vers sa côte est. Peu importe la côte où se situe le dynamisme économique, *l'Eurasie dans l'ensemble* a connu une forte évolution positive. On parle de l'époque des émergents, voire du siècle du monde émergent. Mais on oublie que, sur les quatre grands émergents, trois se trouvent sur la masse compacte de terre eurasiatique[3]. L'analyse de Zbigniew Brzeziński sur l'Eurasie et son importance géopolitique a été réalisée à la fin du siècle passé. À présent, le poids de l'Eurasie a augmenté de manière remarquable. Mais c'est surtout la région orientale de l'Eurasie qui est devenue « le moteur de la croissance globale », selon Christine Lagarde[4]. Dans ce nouveau contexte, l'analyse de Brzeziński acquiert un tout autre poids politique et géopolitique. On retient surtout ses conclusions et la sonnette d'alarme sans équivoque : *faites attention aux évolutions qui interviennent sur le supercontinent eurasiatique !*

L'objectif de fond des États-Unis – du moins, tel qu'il a été défini par Brzeziński – est de « consolider et de préserver le pluralisme géopolitique qui prévaut sur la carte de l'Eurasie », de prévenir l'apparition d'une « coalition

[3] Pour plus de détails, voir notre ouvrage *Un deceniu cât un secol*, *op. cit.*

[4] Christine Lagarde, « Brothers and Sisters… », *op. cit.*

hostile qui pourrait chercher à contester la suprématie des États-Unis[5] ». Voilà le cœur de la stratégie recommandée par l'auteur américain. Il est peu probable qu'une puissance autonome puisse s'opposer à la suprématie américaine, du moins dans les prochaines années. Par contre, une alliance entre des puissances du supercontinent serait sûrement à même de le faire ! Le mouvement de contestation de la puissance américaine sera décidé non pas par des puissances individuelles, mais *par des alliances et par leur force*. Si l'on pense *seulement* à l'Ukraine, il semble que les États-Unis aient bien écouté Brzeziński ; on ne peut pas dire la même chose lorsqu'il s'agit de l'objectif stratégique fixé par l'auteur américain pour la politique de Washington en Eurasie, soit la *consolidation du pluralisme géopolitique*. Si tel est son objectif premier et fondamental, alors il faut lui subordonner tous les mouvements importants, y compris la politique envers Kiev. L'équilibre sur la scène centrale du monde est essentiel pour l'Amérique et pour le monde. Oui, l'Ukraine a bien une importance stratégique particulière, et la réponse donnée par Washington part d'une telle position. Mais quel est le coût de ce mouvement ? Lorsque nous avons intitulé ce chapitre « L'Amérique écoute Brzeziński sans réellement le faire » nous avons pensé justement au fait que les États-Unis ont suivi les conseils d'un de leurs grands auteurs dans le domaine de la géopolitique, lorsqu'ils ont appuyé l'Ukraine. Mais ils ont cessé de l'écouter lorsqu'ils ont poussé les choses trop loin et accéléré le rapprochement entre Moscou et Pékin. Un coût géopolitique est ainsi apparu, qui peut devenir risqué et peut entrer dans une sorte de collision avec le principe fondamental formulé par Brzeziński : *il faut empêcher que des alliances entre des puissances importantes du supercontinent se forment.*

2.3. Une proto-alliance : Chine-Russie. Comment évoluera-t-elle ?

S'il était encore en vie, Pierre le Grand, le fondateur de la ville de Saint-Pétersbourg, déplacerait sans doute sa capitale de la mer Baltique à l'océan Pacifique, à Vladivostok, la plus grande ville de cette région. Moscou continuerait d'être la capitale politique, Saint-Pétersbourg la capitale culturelle et Vladivostok serait censé devenir la vraie capitale économique. Cette initiative ferait de la Russie « une partie du monde émergent » et lui assurerait « une sortie vers les marchés vibrants de l'Asie et de l'Orient lointain[6] ».

Ce que Pierre le Grand aurait pu faire, ce sont aujourd'hui les leaders de Moscou qui le font, sous la pression déclenchée par les conséquences de la crise en Ukraine. Les sanctions conséquentes, mais aussi la froideur installée autour de la Fédération russe, la décision de l'Union européenne et des États-Unis de

---

[5] Zbigniew Brzeziński, *Le grand échiquier*, *op. cit.*, p. 254.

[6] Isabel Gorst, « Russia: a Capital in Vladivostok? », *beyondbrics*, 17 mai 2012. <http://blogs.ft.com/beyond-brics/2012/05/17/russia-a-capital-in-vladivostok/>.

redéfinir leurs relations avec Moscou, voire de les repenser à la lumière de la situation ukrainienne, ont fait en sorte que la politique de la Russie se réoriente vers la Chine. « La carte chinoise » est devenue une véritable dominante de la politique extérieure russe. Margaret Klein et Kirsten Westphal soulignent à juste titre qu'il ne s'agit pas là d'une réaction ponctuelle générée par un contexte particulier, mais d'une redéfinition des priorités de la Russie : « Ce n'est qu'après la détérioration de ses relations avec l'Occident durant la crise ukrainienne que le discours politique russe a développé des nuances de convergence avec Pékin, et ce, non seulement comme une réaction conjoncturelle à cette détérioration, mais à la lumière d'une réorientation sur le long terme, qui suppose aussi un certain éloignement par rapport à l'Occident[7] ».

Henry M. Paulson[8], ancien secrétaire du Trésor américain, surprend l'influence que le conflit ukrainien peut avoir sur les relations entre la Russie et la Chine : « [l]'annexion de la Crimée par la Russie en mars 2014 et ses actions ultérieures, visant la déstabilisation de l'Ukraine de l'Est, nous avertissent quant au risque de considérer le statu quo comme allant de soi et de sous-estimer du même coup l'importance des relations entre la Chine et les États-Unis. On ne désire sûrement pas devoir affronter un front stratégique Russie-Chine, qui affecterait les intérêts américains. […] Les relations de la Chine avec la Russie sont à nouveau stables, nourries par des liens commerciaux florissants, par une méfiance partagée à l'égard de la puissance américaine et une option commune pour la multipolarité ; en vertu de tous ces aspects, les deux États adoptent périodiquement des positions et des actions qui entrent en contradiction avec notre politique extérieure[9] ». Les mots de Paulson lorsqu'il parle d'un front stratégique russo-chinois font écho de ceux de Brzeziński. On n'a sûrement pas affaire à une alliance proprement dite, mais à une alliance « soft[10] », selon les mots d'Alexander Gabouev, qui reste quand même une alliance, ou du moins un rapprochement significatif, une étroite coopération économique, qui peut à tout moment acquérir des *accents stratégiques*. D'autant plus qu'il en va d'un intérêt réciproque : la Russie a trouvé une alternative à la fermeture, ne serait-ce que partielle, des portes commerciales européennes. La Chine ne peut pas absorber l'énorme quantité de pétrole et de gaz qu'absorbe l'Europe (environ deux tiers du pétrole russe et la moitié de sa production de gaz sont exportés vers l'Europe). Pour Moscou, intensifier les relations commerciales avec la Chine représente une porte de salut. D'ici 2025, les exportations russes en pétrole et

---

[7] Margaret Klein et Kirsten Westphal, « Russia: Turn to China », *Stitfung Wissenschaft und Politik*, SWP Comments, 7 janvier 2016.

[8] Henry M. Paulson, *Dealing With China: An Insider Unmasks the New Economic Superpower*, New York, Twelve-Hachette Book Group, 2015.

[9] *Ibid.*, p. 389.

[10] Alexander Gabouev, « A "soft Alliance"? Russia-China Relations after the Ucraine Crisis », www.ecfr.eu, 10 février 2015. <http://www.ecfr.eu/publications/summary/a_soft_alliance_russia_china_relations_after_the_ukraine_crisis331>.

gaz vers l'Asie doubleront. Dans le même temps, Pékin a la chance, à laquelle il n'aspirait probablement pas, d'avoir accès à l'immense bassin de matières premières russe et du centre de l'Asie.

Nous nous pencherons sur la crise ukrainienne dans le sous-chapitre suivant. Nous voulons juste souligner ici que la situation de ce pays a significativement contribué à la reconfiguration de certaines relations, voire à repenser des rapports au niveau du supercontinent. Bien évidemment, l'évolution spectaculaire de l'Asie attirait en quelque sorte la Russie vers le Pacifique, l'éloignait petit à petit de sa vocation européenne. C'était un processus qui allait évoluer graduellement, avec des hauts et des bas. Tout d'un coup, en moins de deux ans, les relations entre la Russie et la Chine ont évolué rapidement, « poussées » sans doute par des intérêts réciproques mais surtout par la décision de la Russie de montrer qu'elle n'est pas isolée, qu'elle peut trouver des alternatives à la froideur qui s'est installée dans ses relations avec l'Occident, qu'elle n'obéit pas aux « diktats » de ce dernier. Il faut absolument distinguer dans l'évolution des relations entre la Russie et la Chine au moins deux niveaux superposés : celui représenté par des intérêts économiques précis – la Russie avait besoin d'un grand marché d'écoulement, et la Chine d'un gros fournisseur – et celui représenté par des ambitions, par le désir des deux parties de prouver que Moscou et Pékin sont à même de créer un partenariat pouvant aller aussi loin que nécessaire. Les deux sont des pays émergents. Ils cherchaient presque une occasion de montrer qui ils sont et ce qu'ils représentent. Chacun de son côté mais aussi par un partenariat, lequel, qu'on le veuille ou non, représente une accumulation de potentiel, de projets, voire de pensées pas nécessairement entièrement dévoilées. Margaret Klein et Kirsten Westphal parlent aussi expressément d'une composante symbolique de ce partenariat, qu'elles décrivent comme une « politique chargée de symbolisme, mais couplée à un contenu solide ».

On a dit que l'accord commercial sur le long terme, d'une valeur de 400 milliards de dollars, visant l'exportation de gaz russe vers la Chine serait désavantageux du point de vue économique pour la Russie. Cela peut bien être vrai, mais on oublie que Moscou a toujours opéré avec une vision géopolitique. Si elle a perdu sur le plan économique, elle a sûrement compté faire du profit dans un autre domaine – comme, par exemple, l'accord sur la livraison d'armes vers Pékin, que rappelle Paulson. Vendre des armes à un client de la taille de la Chine est un *deal* économique auquel peu de monde peut aspirer. Henry Paulson relate aussi un autre fait significatif : bien des Chinois considéreraient d'un air admiratif l'action de Poutine en Crimée et aussi la résistance du leader russe face aux pressions de l'Occident. Cet aspect est d'un intérêt particulier, vu qu'il se greffe sur une certaine sensibilité concernant les « droits historiques » de la Chine sur des territoires disputés dans la région Asie-Pacifique.

On ne peut pas savoir comment les relations entre la Russie et la Chine vont évoluer. Ce qui est certain, c'est que si leur évolution est positive, bien des puissances en place ou en devenir en tiendront compte et repenseront leurs priorités. On pense ici à un pays comme l'Inde, qui a des relations traditionnelles avec Moscou, ou à l'Allemagne, qui recherche des marchés d'écoulement. Sur le court et le moyen terme, le principal gagnant de la crise ukrainienne est la Chine. La situation de l'Ukraine semble avoir été spécialement conçue pour favoriser Pékin. Henry Paulson avait raison lorsqu'il affirmait que « l'aventurisme russe est un véritable cadeau pour les Chinois », ce qui est juste, mais ne représente qu'une partie de la vérité. Il ne faut pas non plus sous-estimer la contribution américaine de ce point de vue ; on pense ici à la fois à la crise (Xi Jinping précisait que celle-ci « n'est pas tombée du ciel ») et aux mesures et sanctions consécutives. Les choses se sont passées comme si Moscou et Washington avaient conclu un pacte ignoré de tous, par lequel ils se proposeraient d'aider à la consécration de la puissance de Pékin. On pourrait rétorquer qu'il s'agit là d'une conséquence non intentionnelle. Sans doute, mais l'histoire est souvent faite des conséquences non intentionnelles des grandes décisions.

Nous croyons que l'Amérique a toujours surestimé « le danger russe ». Elle l'a surestimé dans les années 1970, lorsqu'elle a invité la Chine dans le cercle privilégié de la politique mondiale et qu'elle a ainsi créé, toute seule, son véritable compétiteur. On ne veut pas dire ici que la Russie ne présentait pas bien des caractéristiques d'un compétiteur majeur. Mais elle manquait de quelque chose d'essentiel, soit la *performance économique.* De ce point de vue, elle a été l'adversaire idéal. De nos jours, les États-Unis ont un compétiteur dont la performance économique est en pleine évolution. Ils ont surestimé le danger russe, aussi, lorsqu'ils ont appuyé plus que de nécessaire les mouvements en Ukraine. Oui, la Russie se trouve bien dans une situation difficile, tant économiquement que politiquement. Mais une Russie proche de Pékin est la pire chose pour les États-Unis, tant à présent que, et surtout, dans la perspective. Les États-Unis devront nécessairement redéfinir d'une manière ou d'une autre leur stratégie pour l'Eurasie, nuancer leur politique envers Moscou, empêcher la consolidation de la relation entre la Russie et la Chine – et ce, à la fois pour leur propre bien, et pour ce « qu'ils légueront au monde en tant qu'héritage durable de leur suprématie ».

Il n'y a pas de vérité, seulement des perceptions sur celle-ci. Nous savons que les relations contemporaines sont très compliquées. En ce qui nous concerne, nous craignons non pas ces réalités compliquées, mais la manière dont elles sont perçues. Les perceptions sont différentes et présentent parfois des accents d'inflexibilité spécifiques des approches idéologiques. Les interprétations devancent la réalité proprement dite et nous indiquent les « lunettes » à travers lesquelles la regarder. On ne discute plus alors des réalités que l'on regarde, mais on opère avec ce que les différentes interprétations ont planté dans nos esprits. Le *clash* des interprétations peut être plus fort et plus risqué que celui généré par les conflits du monde réel. N'oublions pas que l'on n'a pas affaire ici à la querelle habituelle entre les « interprétations dominantes » et celles émergentes ; cette fois-ci, les interprétations sont étroitement associées à des intérêts stratégiques de première importance et, si l'on veut, à des orgueils similaires. Il faut donc avant tout, lorsque l'on parle de l'évolution du monde, considérer la distribution de la puissance sur la « scène centrale du monde » représentée par l'Eurasie.

2.4. La peur des « révolutions orange », la combustion du partenariat entre la Russie et la Chine

L'effervescence récente des relations entre la Russie et la Chine n'est pas seulement redevable aux effets de la crise ukrainienne. Cette dernière a donné une impulsion décisive à certains aspects des relations bilatérales, qu'elle a structurées plus nettement, tout en faisant en sorte que les composantes commerciale, énergétique et de sécurité acquièrent des profils particuliers. Fu Ying[11] présente un tableau économique à même d'illustrer cette évolution graduelle et cumulative. Par exemple, en 2011, la Chine est devenue le plus grand partenaire commercial de la Russie. En 1990, les relations commerciales bilatérales s'élevaient à 5 milliards de dollars, pour qu'en 2014 elles s'élèvent à environ 100 milliards de dollars. Toutefois, les deux dernières années, des accords très importants ont été signés, surtout dans le domaine de l'énergie et de la sécurité.

Il y va là d'une mutation commerciale, dont les racines sont bien d'ordre géopolitique. Les deux pays se sont beaucoup intéressés à la victoire de la « révolution orange » en Ukraine. N'oublions pas que l'on a eu affaire à toute une série de révolutions similaires, dont « la révolution jaune » au Kirghizistan, la « révolution rouge » en Géorgie ou la « révolution verte » au Liban, concentrées surtout dans l'ancien espace soviétique et au Moyen-Orient. Peu importe leur couleur, ces mouvements ont suivi le même pattern et ont eu un but commun. Voilà pourquoi Moscou voit dans ces « colour revolutions » la forme principale de changement du régime politique. La Chine ne saurait ne pas se rallier à une telle préoccupation. Les deux puissances se sont donc rencontrées sur ce terrain qui était justement devenu une composante très importante de la sécurité nationale. Voilà comment on peut expliquer l'importance, dans le cadre des relations bilatérales, des aspects liés à la sécurité et à la protection de l'ordre intérieur.

Il faut aussi considérer cet aspect depuis une autre perspective, vu qu'une question revient : jusqu'où ira le partenariat entre la Russie et la Chine ? Prendra-t-il la forme d'une alliance ? Fu Ying le dit clairement : « [c]ertains spécialistes chinois et d'ailleurs ont souligné que, au cas où les États-Unis insisteraient pour créer un bloc dirigé par Washington, alors la Chine et la Russie devraient créer leur propre bloc. Mais le leadership chinois rejette de telles recommandations. La Chine ne soutient pas la politique des blocs ou des alliances, les arrangements de ce type n'étant pas spécifiques de sa culture politique. La Russie non plus n'a pas de telles intentions. La Chine et la Russie

[11] Fu Ying, « How China Sees Russia », *Foreign Affairs*, janvier/février 2016.

devraient s'en tenir au principe du partenariat et ne pas former d'alliance[12] ». Nous ne serions pas si apodictiques. Le partenariat se transformera ou non en une alliance selon la fréquence des « révolutions orange » et la distance qui les sépare des frontières des deux États. Il est clair que, à bien des égards, la position de Pékin envers Washington se distingue de celle de Moscou. « La coopération de la Chine avec les États-Unis ne sera affectée ni par la position de la Russie ni par les tensions qui existent entre Moscou et Washington. La Chine ne devrait pas former une alliance basée sur la politique des blocs et elle ne devrait pas non plus se laisser utiliser, en tant qu'allié, par d'autres États[13] ». La Chine ne désire pas d'alliance, qui rendrait encore plus problématiques ses relations avec les États-Unis. Elle est patiente et sait que le temps œuvre en sa faveur. S'il y a une chose que Pékin ne peut pas accepter, c'est une déstabilisation qui affecte directement le pays. La préoccupation pour la stabilité interne rapproche plus qu'on ne saurait le dire Moscou et Pékin. Voilà pourquoi nous avons préféré parler d'une proto-alliance. Tout dépend aussi de la réaction des États-Unis. Cette étape de proto-alliance inclut la coopération supposée par le partenariat, mais contient aussi un élément supplémentaire, un avertissement potentiel à l'égard de la politique des États-Unis : « Non aux révolutions orange ».

Si la menace est commune, ou perçue comme telle, alors la réaction est bien évidemment elle aussi commune. Sous le spectre de cette menace, les relations entre les deux États non seulement se resserrent, mais acquièrent une nette dimension stratégique, un objectif commun, qui est non seulement de se défendre contre ce qu'ils appellent « un ordre international dominé par les États-Unis », mais aussi une prise de distance par rapport à l'Occident. Cette prise de distance est imperceptible, mais annoncée ; elle n'ira pas en s'accentuant, car l'Occident représente, pour l'instant, la principale source d'innovation et de technologie. Du moins pour ce qui est de la Chine, la priorité qu'elle ne négligera jamais est le lien avec l'innovation occidentale, puisqu'elle désire devenir une puissance moderne, compétitive et qu'elle se rend compte qu'un tel objectif ne peut être réalisé qu'avec la technologie venue de l'Occident. La Chine consentira à bien des choses pour y avoir accès, mais jamais à quelque chose qui affecte sa stabilité interne.

À supposer que cette coopération se consolide, quel pourrait en être l'impact sur les puissances voisines ? Par exemple, l'Iran bénéficie du statut d'invité de l'Organisation de coopération de Shanghai. Téhéran est attaché par des liens économiques à Pékin et par des raisons de sécurité à Moscou. Mais qu'en est-il de l'Inde, pays dont l'importance géopolitique dans la région augmentera de manière exponentielle ? New Delhi a des relations serrées avec Téhéran, des relations en développement avec Pékin et des relations que l'on pourrait nommer traditionnelles avec Moscou. Nous ne voulons pas ici suggérer une réponse positive de la part de l'Inde, mais mettre en évidence la force de

[12] *Ibid.*
[13] *Ibid.*

rayonnement qu'aura la création d'un tel tandem économique. Margaret Klein et Kirsten Westphal[14], par exemple, se demandent quel sera l'impact sur l'Allemagne et sur l'Union européenne en général. L'Union sera-t-elle favorisée si la Russie incline de plus en plus la balance de ses relations vers l'Asie de l'Est, et tout particulièrement vers la Chine ? Pas du tout ! Si l'Union a encore de l'orgueil géopolitique, elle devrait attirer (à nouveau) la Russie avec une force de sens contraire vers l'Occident. Pourquoi serait-elle intéressée à ce que le poids économique, géographique et culturel de la Russie se pose sur le plateau déjà très pesant de l'Asie de l'Est ? Le déséquilibre entre les deux côtes du supercontinent, à la hausse, deviendrait alors énorme. L'Europe risquerait d'être reléguée à une sorte de périphérie, et la seule source de fierté serait son passé.

La tension apparue dans les relations entre l'Europe et les États-Unis a forcé la Russie à « jouer la carte de la Chine ». On a déjà souligné que, selon George Friedman[15], l'un des objectifs de la politique extérieure des États-Unis est d'empêcher la formation d'une coalition entre Berlin et Moscou ; autrement dit, empêcher que ne se rencontrent, d'une part, le capital et l'innovation allemande et, d'autre part, le potentiel russe. Cela est tout à fait compréhensible. Mais on ne voit pas pourquoi la proto-alliance Moscou-Pékin serait de moindre importance par rapport à une potentielle alliance Berlin-Moscou. Les deux couples économiques ont leur propre importance, leur potentiel d'évolution. Ils ont en commun la Russie. Un jeu géopolitique d'une certaine envergure au niveau eurasiatique doit donc inclure Moscou. Il y a environ un siècle, Karl Haushofer parlait d'une troïka eurasiatique, composée de l'Allemagne et du Japon avec, au milieu, « le cheval rétif » qu'était la Russie. Cette fois-ci, le « cheval asiatique » a été remplacé, mais la Russie garde sa position centrale.

On revient sur un problème géopolitique. Bien évidemment, lorsqu'il recommandait qu'empêcher la formation d'alliances qui contrebalancent la puissance de Washington soit une priorité des États-Unis sur le supercontinent eurasiatique, Zbigniew Brzeziński menait une analyse de la perspective des intérêts de son propre pays. Comme tout auteur important en géopolitique, il connaissait bien Halford Mackinder, avait attentivement étudié l'histoire impériale de la Russie (Brzeziński a des origines polonaises) et posait comme prémisse fondamentale de son analyse *la capacité de s'allier* de la Russie, qui vient de sa position géographique, de sa centralité géopolitique, mais aussi d'une politique qui regarde toujours en perspective. Nous avons parlé ici des relations de la Russie avec l'Occident et avec l'Orient. Mais elle entretient aussi de bonnes relations, cultivées longuement, avec des pays importants du sud de l'Eurasie, dont l'Inde et l'Iran, par exemple, dont l'ascension ne fait aucun doute. Des relations préférentielles sont à tout moment possibles avec ces deux régions, qui peuvent devenir de véritables partenariats, voire même des proto-alliances.

[14] Margaret Klein et Kirsten Westphal, *art. cit.*

[15] George Friedman, Speech to The Chicago Council on Global Affairs, 9 octobre 2015. <https://www.youtube.com/watch?v=I4-hSBRs4Qw&feature=youtub.be>.

La Russie peut être accusée de bien des choses, mais pas de ne pas avoir eu, à tout moment, une vision géopolitique et des élites à même d'accroître sa force et de valoriser ses atouts, lorsqu'elle était forte, ou encore de la tirer de l'embarras, lorsqu'elle était faible.

Ce qu'il faut souligner, c'est que la Chine commence de plus en plus à *faire l'agenda*. Nous avons déjà parlé de la création de la Banque asiatique d'investissement pour les infrastructures. Voilà un aspect de plus en plus important de l'agenda international, lié notamment au projet qu'il sert, à savoir la Nouvelle route de la soie (*One Belt, One Road*). La Russie cherche à se coupler d'une manière ou d'une autre à la nouvelle initiative chinoise. En juin 2015, lors de la réunion commune des BRICS et de l'Organisation de coopération de Shanghai, la Russie a avancé une proposition surprenante : que l'Union économique eurasiatique (le projet de Moscou) soit intégrée à la Nouvelle route de la soie (le projet de Pékin). La proposition est en cours d'analyse. On ne sait pas si elle recevra une réponse positive ; ce qui est certain, c'est que cette réponse ne saurait être entièrement négative (cette éventualité déterminerait une détérioration des relations bilatérales et projetterait une perspective risquée sur la présence chinoise en Asie centrale, segment essentiel de la Nouvelle route de la soie). On verra comment les choses évolueront, mais il est clair que Pékin aura un poids décisif dans la décision finale. Cette décision tiendra automatiquement une place centrale sur l'agenda global. Même s'il s'agit d'une question de perspective, la jonction de deux projets d'une telle envergure ne peut pas laisser Washington dans l'indifférence. C'est ainsi que Pékin gagne une autre place dans la hiérarchie des acteurs qui décident de l'agenda mondial. Une telle évolution profite-t-elle à l'Amérique ?

Voici un autre aspect. En 2015 ont eu lieu deux exercices communs des forces navales russes et chinoises : l'un en Méditerranée (au mois de mai) et l'autre en mer du Japon (au mois d'août). Comme le remarquaient Margaret Klein et Kirsten Westphal, le spectre des opérations s'est visiblement élargi : de la lutte contre le terrorisme au développement de la capacité à réagir en cas d'attaque ennemie ; un aspect nouveau est apparu, soit la préparation d'opérations offensives[16]. L'accord signé en 2015, sur la coopération dans le domaine de la sécurité cybernétique, a l'air tout aussi important. Les parties ont convenu d'une série de mesures et actions communes contre les technologies qui mettent en danger la sécurité et la stabilité de l'une d'entre elles et mentionnent « expressément le contrôle de l'État sur Internet, afin de prévenir la déstabilisation socio-économique » et l'apparition de « révolutions orange ». Dans le domaine militaire, la Russie a une avance considérable par rapport à Pékin. D'ailleurs, depuis les années 1990, elle est le plus important fournisseur d'armes pour la Chine. Si l'on regarde les choses en perspective, cette avance stratégique peut devenir problématique. N'oublions pas que le budget de la Chine alloué à

[16] Margaret Klein et Kirsten Westphal, *art. cit.*

la Défense (129 milliards de dollars) est presque deux fois plus important que le budget russe (70 milliards de dollars). Qui plus est, le PIB chinois est au moins quatre fois supérieur au PIB russe. Par conséquent, les possibilités d'allouer des fonds au domaine militaire et à la sécurité augmenteront considérablement.

Pour ce qui est des futures relations entre la Russie et la Chine, il est clair que la Russie peut devenir le partenaire « junior ». Elle dispose de bien des atouts, mais elle a une faiblesse fondamentale, *la faiblesse démographique*, le plus important vecteur du pouvoir d'un État et de sa force géopolitique. Son PIB par tête devrait être dix fois supérieur à celui de la Chine afin de pouvoir tenir le pas avec le géant asiatique, ce qui est tout à fait inimaginable. La position de « junior » de la Russie devrait tous nous inquiéter, mais surtout les États-Unis et l'Union européenne. La décennie prochaine, la Chine deviendra la première puissance économique mondiale. Qui aurait un intérêt à ce que la nouvelle superpuissance économique s'enrichisse, en quelque sorte, de la Russie ? Personne, et d'autant moins l'Europe, car ce jeu géopolitique se fait directement à ses dépens. Plus les relations entre la Russie et la Chine s'intensifient, plus l'Union européenne apparaît comme marginalisée. Ce qui est paradoxal, c'est que cette nouvelle évolution non seulement n'inquiète personne, mais elle est lue avec une clé déontologique et superficielle : les puissances autoritaires se donnent la main… Ce n'est pas la Russie qui s'éloigne, c'est le milieu même du continent, le « cœur du monde », selon l'expression de Halford Mackinder, son centre de gravité, celui qui, qu'on le veuille ou non, qu'on l'aime ou non, assure l'équilibre des côtés. Lorsque la Russie s'éloigne, c'est tout un sous-continent qui « s'enfuit », plus d'un huitième de la surface habitable de la planète, avec ses matières premières et son potentiel. L'Europe deviendrait brusquement plus pauvre, à tous points de vue. Confondre les régimes politiques avec les régions géographiques et leur importance, ne pas comprendre que les conflits majeurs dans l'histoire ont été générés aussi par la répartition inégale des richesses naturelles et permettre au principal bassin de matières premières du monde de se coupler avec un autre centre de développement, c'est assister passivement à sa propre marginalisation historique.

Nous avons parlé du *short-termism* dans l'économie. C'est un concept incriminé à juste titre, parce qu'il nourrit une illusion : il faut bien gagner notre vie aujourd'hui, nous verrons de quoi demain sera fait. La perspective, la prédictibilité et la sérénité qu'il alimente disparaissent. Lorsqu'il s'installe dans le domaine géopolitique, le short-termism devient tout à fait catastrophique. Trop concentrées sur les enjeux politiques et la séduction qu'exerce toujours le profit politique obtenu au jour le jour, puissances et superpuissances peuvent découvrir qu'elles travaillent contre leurs propres intérêts durables. Cela préside, dans une première instance, au déclin, voire à l'effondrement ; en silence, mais inéluctablement.

Pour revenir à l'ordre international, qui fait l'objet de cette partie de notre ouvrage, il faut souligner que l'apparition de plusieurs acteurs régionaux ne signifie pas nécessairement le passage à un « ordre multipolaire ». Ce n'est qu'à cette étape assez confuse et peu réglementée, lorsque chacun considère avoir raison, que le risque du conflit augmente jusqu'à la limite au-delà de laquelle il peut échapper au contrôle. Ce qui inquiète, ce n'est pas tant le nombre des conflits, qui s'approche d'un seuil critique, mais le fait qu'ils engagent respectivement l'Amérique et la Chine, soit *la première et la deuxième puissance économique du monde*, si l'on pense à ce qui se passe en mer de Chine méridionale ; l'Amérique et la Russie, soit *la première et la deuxième puissance militaire du monde*, si l'on pense à ce qui se passe en Ukraine ; et toutes ces puissances si l'on pense au conflit le plus compliqué des dernières décennies, celui du Moyen-Orient. Les trois sous-chapitres suivants seront consacrés à ces trois régions.

Troisième chapitre
Les partitions géopolitiques du conflit ukrainien

3.1. L'effet domino des frontières

Comment le conflit ukrainien a-t-il débuté ? Comme la copie conforme de ce qui s'est passé en Égypte et allait arriver en Turquie. Maïdan, protestations, agitations, le tout débouchant sur la démission du président en exercice. Les protestations touchent à leur but, un nouveau régime se met en place. L'importance de l'Ukraine est similaire à celle de l'Égypte ; les deux peuvent être considérés comme des États-pivots ; ils ont une population similaire et un poids économique comparable. Pourquoi alors les événements n'ont-ils pas suivi le même cours ? Parce que *les environnements respectifs sont différents*. Initialement, en Ukraine, ce sont les pays proches qui se sont donné rendez-vous – une rencontre grinçante, pleine de reproches et de revendications, entre le partenariat Est de l'Union européenne[1] et l'Union eurasiatique, par laquelle Moscou tente de récupérer des territoires ayant appartenu jadis à l'Union soviétique, ou de maintenir le contrôle sur ce qu'un ancien ministre des Affaires étrangères appelait le « *near abroad* ». En réalité, ce fut une rencontre entre la Russie et les États-Unis, dans un territoire proche de Moscou, en Russie ancienne, la Russie kiévienne. Il est très important de le souligner, parce que, dès le début, la réaction pourtant prévisible de la Russie a été sous-estimée ; or, celle-ci s'est avérée dure et déterminée – si déterminée, qu'elle n'écartait pas la possibilité d'un conflit militaire ouvert, ce qui a effrayé avant tout l'Allemagne, l'Europe centrale et orientale, mais aussi l'Union européenne dans son ensemble.

Nous avons déjà précisé que, selon Brzeziński, l'Ukraine est non seulement l'interface européenne de la Russie, mais aussi le pays qui conditionne le statut d'empire de la Russie. Autrement dit, « sans l'Ukraine, la Russie continue d'être un empire, mais elle n'est plus la Russie ». Elle ne serait donc plus le pays habitué à s'élargir, à pousser ses frontières le plus loin possible de son noyau vital, ou, du moins, habitué à ne pas perdre, à ne pas céder des territoires.

[1] Le projet du Partenariat a été initié par le ministre des Affaires étrangères suédois, Carl Bildt, et son homologue polonais, Radosław Sikorski, en mai 2008 et approuvé par le Conseil de l'UE en mars 2009. Il a été appuyé de diverses façons aussi par les Pays baltes, la Hongrie ou l'Allemagne. Au début, la Roumanie et la Bulgarie ont exprimé des réserves, vu qu'elles comptaient sur un autre projet, la Synergie de la mer Noire. Par la suite, les deux États sont devenus des supporters du Partenariat Est, qui suppose une étroite collaboration entre l'UE et l'Arménie, la Biélorussie, la Géorgie, la Moldavie et l'Ukraine. Le Partenariat prévoit également la signature d'accords d'association avec ces pays, différents tout de même des accords conclus avec les États des Balkans, qui ont des perspectives d'adhésion à l'UE.

La situation de l'Ukraine et l'enjeu de ce territoire ne peuvent être compris que si on les lit par une clé géopolitique et sécuritaire. Il faut donc regarder l'Ukraine tant depuis Berlin et Washington, que depuis Moscou.

Toute analyse géopolitique doit partir de la situation interne, du *potentiel de stabilité interne* de chaque État. Lorsque l'on parle de stabilité, il faut penser surtout à la structure démographique du pays et aux particularités de son tableau économique et social. Dans le cas de l'Ukraine, on peut parler d'un véritable *méridien* qui sépare le pays en deux : la partie est (majoritairement russophone et orthodoxe) et la partie ouest (majoritairement catholique et pro-européenne). Au début du conflit, une moitié du pays a reçu satisfaction, tout en mettant entre parenthèses les options de l'autre moitié ; ensuite, ce fut l'inverse. Voilà l'équation classique du conflit durable ! Ajoutez-y la répartition tout aussi asymétrique de l'activité économique : à l'est se trouvent la plupart des richesses naturelles du pays, alors que l'ouest est plus pauvre, mais désire davantage s'approprier le modèle occidental de développement.

Un écartèlement structural existe dans l'histoire de ce pays. L'Ukraine s'est unie à la Russie en 1654, sous Bohdan Khmelnytsky. Environ soixante ans plus tard, a lieu le combat de Poltava (1709), où Pierre le Grand a affronté le roi suédois Charles XII. Des leaders ukrainiens tels que l'hetman Ivan Stepanovitch Mazepa combattaient du côté des Suédois, qui n'ont jamais consenti à l'union avec la Russie. Plus tard, durant la Seconde Guerre mondiale, la plupart des Ukrainiens ont lutté aux côtés de l'Armée rouge, mais on a aussi créé une formation anti-soviétique en Galicie, qui s'est fait remarquer par la cruauté de ses actions, tant sur le front, que dans les rangs de la population civile. En 1954, à l'occasion du trois-centième anniversaire de l'union des deux pays, l'Ukraine a reçu un beau cadeau de la part de l'Union soviétique, dirigée à l'époque par Nikita Kroutschev, ukrainien d'origine : la péninsule de Crimée, territoire d'une grande importance stratégique en mer Noire (c'est la troisième position du point de vue de l'importance stratégique en mer Noire, après les détroits du Bosphore et des Dardanelles et après les Bouches du Danube).

Situées à faible distance l'une de l'autre, la Crimée et les Bouches du Danube ont souvent fait l'objet de l'appétit expansif de la Russie. La guerre de Crimée (1853—856), menée par l'Angleterre, la France et l'Empire ottoman contre la Russie, avait pour objectif, entre autres, de chasser cette dernière de la région. La victoire remportée a redonné à la Roumanie le sud de la Bessarabie et, implicitement, le contrôle sur les Bouches du Danube. Vingt ans plus tard, victorieuse dans la guerre russo-turque de 1877—878, la Russie a repris à la Roumanie le sud de la Bessarabie et a regagné ainsi l'influence des Bouches du Danube, pour que, à la fin de la Seconde Guerre, Staline reprenne le sud et le nord de la Bessarabie et les intègre à l'Ukraine, justement afin de sécuriser l'accès de l'ancienne Union soviétique aux Bouches du Danube. Sauf que, au début des années 1990, l'Union soviétique s'est démantelée, et les territoires ayant appartenu à l'Ukraine sont restés en sa possession.

L'attention particulière dont jouit Kiev dans les approches euro-atlantiques a été illustrée aussi par la construction du canal de Bystroe. Amorcé en 2004, le canal, d'une longueur de dix kilomètres, relie le Danube à la mer Noire. Durant la construction, la frontière est de l'Union européenne et de l'OTAN, maritime, en a été endommagée, sans que cela engendre de réactions. La Roumanie a exigé que la construction soit interrompue, parce qu'elle nuisait sérieusement au Delta du Danube, ce que la Commission économique de l'ONU a reconnu. Malgré cela, en 2007, Kiev inaugure ce canal, ce qui éveille très peu de réactions de la part des Occidentaux, prouvant ainsi que l'Ukraine jouit depuis longtemps d'une attention et d'une protection particulières.

La division démographique et économique du pays est aussi accentuée par le fait que les puissances contemporaines parlent chacune *au nom de la moitié ukrainienne* qu'elles soutiennent. C'est pourquoi non seulement le conflit intérieur, mais aussi les tensions internationales en marge de l'Ukraine représentent un déchirement difficile à surmonter, ce qui prouve que, pour régler la situation de ce pays, il faut y aller progressivement et avec beaucoup de négociations ; en tout cas, il existe rarement des contextes qui expriment si limpidement que le conflit ouvert ne peut pas être une solution. Pour l'Occident, et donc pour les puissances qui soutiennent la région occidentale de l'Ukraine, la crise dans ce pays a été générée par la violation des droits de l'homme ; pour la Russie, c'est un problème créé de toutes pièces, censé déstabiliser le pays. Voilà pourquoi Moscou le considère comme une question de sécurité. Par la suite, l'Occident en a aussi fait un problème de sécurité, justement afin de mettre sur un pied d'égalité l'intensité de son engagement. « La Russie va attaquer », a-t-on dit, elle « envahira l'Ukraine ». Une telle éventualité ne serait possible que dans une situation limite, qui a paru se préciser après la rencontre entre Poutine, Merkel et Hollande, en février 2015, à Minsk. Le fait que Merkel se soit envolée directement pour Washington, immédiatement après les discussions, témoigne d'un effort particulier pour empêcher une telle évolution, qui semblait imminente.

L'Occident et l'Orient se rencontrent donc sur le territoire ukrainien, en tant que sphères d'influence soutenues par les populations des régions respectives, ce qui crée le conflit et peut le rendre permanent. À présent, l'Ukraine est le pays-symbole de cette rencontre et de cette dispute. Sa particularité vient de la division interne qui n'existe chez aucun autre pays voisin. Les pressions externes, présentes, avec des intensités différentes et dans toute la région, atteignent leur maximum en Ukraine. Elles semblent provenir de partout, d'Europe, d'Amérique, de Russie, afin de s'affronter en Ukraine – et ce phénomène n'est pas récent.

Gideon Rachman, le commentateur de la politique extérieure du *Financial Times*, rendait de manière très éloquente la situation d'une petite ville d'Ukraine, Lvov, et, par extension, la situation de du pays dans son ensemble : « Quelqu'un qui serait né à Lvov en 1914, serait mort en 1992 et n'aurait jamais quitté la localité, aurait vécu dans cinq villes différentes. En 1914, Lvov, appelé Lemberg, faisait partie de l'empire austro-hongrois ; en 1919, cette ville faisait partie de la Pologne et s'appelait Lwow ; en 1941, elle a été occupée par les

Allemands ; après 1945, elle a été intégrée à l'Union soviétique pour qu'elle redevienne partie de l'Ukraine indépendante en 1991[2] ». Le destin de la ville de Lvov est effectivement singulier. Mais, dans des proportions différentes, tous les pays d'Europe centrale et orientale ont connu des *mouvements de translation géopolitique*, en fonction du rapport de forces entre les deux puissances voisines, la Russie et l'Allemagne. Peut-être la formule de la géopolitique classique, selon laquelle la frontière n'est pas la ligne qui sépare deux États, mais l'expression d'un *rapport de force*, ne se vérifie-t-elle nulle part mieux que dans cette région. Lorsque l'Allemagne était puissante, les États de la région ont été « poussés » vers l'est. Au contraire, lorsque la Russie était puissante, comme par exemple au lendemain de la Seconde Guerre mondiale, on a assisté au mouvement inverse, de l'est vers l'ouest. C'est ainsi que Lvov, qui, dans l'histoire, a appartenu à la Pologne, fait maintenant partie de l'Ukraine. Mais que se passe-t-il lorsque les deux puissances voisines de la région, l'Allemagne et la Russie, entretiennent de bonnes relations, ne serait-ce que temporairement ? La situation ne change pas trop ; dans un cas pareil, comme nous le montre l'histoire, la modification des frontières peut se faire sous le signe de « l'accord » commun.

Le destin de Lvov au cours de ce dernier siècle offre un autre sujet de réflexion, que le sous-titre de l'article de Rachman illustre très bien. Les frontières en Europe ont été tracées – et non seulement durant le siècle dernier – par le sang ; tenter de les modifier, ne serait-ce que dans un endroit mineur, peut entraîner une réaction en chaîne à même de générer non seulement une nouvelle vague de conflits sanglants, mais un effondrement de l'intérieur de l'Union européenne même et de l'Europe dans son ensemble. Ces derniers temps, l'Union est passée par bien des crises, mais celle-ci serait de loin la plus coûteuse, car elle rallumerait la flamme des querelles internes au niveau national, sans l'espoir de ne jamais arriver à *la stabilité si nécessaire au développement ;* il s'agirait non seulement de gaspiller des énergies, mais *d'épuiser la confiance*, ce qui mettrait fin à la construction européenne. Nous désirons aussi attirer ici l'attention sur le fait que la division de l'Ukraine représente un véritable drame pour l'Europe, vu qu'elle peut déclencher *un effet domino des frontières*, ce qui plongerait l'Europe dans le cauchemar des querelles internes auxquelles elle pensait justement avoir échappé.

---

[2] Gideon Rachman, « Ukraine, Russia and Europe's Bloody Borders: If Nations Were Allowed to Claim Bits of their Neighbours, it Could Convulse the Continent », *Financial Times*, 28 octobre 2014.

3.2. L'Europe centrale et orientale : espace de querelle géopolitique

L'analyse géopolitique de la situation ukrainienne impose un bilan minimum des possibles répercussions qu'elle peut avoir sur l'Europe centrale et orientale. Région importante de l'Europe, cette dernière semble être programmée pour répéter, en quelque sorte, les tristes expériences ayant marqué son histoire récente, pour des raisons qui lui sont propres, mais aussi pour des raisons associées à l'absence de stratégie de l'Europe à son égard. On pourrait dire que l'Union elle-même a été surprise par la rapidité avec laquelle les régimes communistes d'Europe centrale et orientale se sont effondrés. On ne saurait pas expliquer autrement le silence prolongé de Bruxelles, son absence de réaction au début des années 1990. On pense, bien sûr, à une réaction cohérente, avec des composantes stratégiques. Lorsqu'elle est apparue, cette stratégie a été dès le début préférentielle et a en quelque sorte divisé la région. Le groupe de Visegrád a exprimé une telle fracture. On ne dit pas qu'il n'y avait pas de différences, mais il n'était pas opportun qu'elles soient mises en évidence et consacrées par leur *institutionnalisation.* Par la suite, la vision initiale a été en quelque sorte corrigée, au sens où la Bulgarie, la Roumanie et la Croatie ont intégré l'Union, mais non pas l'espace Schengen. Il y avait bien sûr des arguments en faveur des différences et d'une approche « à plusieurs vitesses » de la région, mais leur importance était secondaire par rapport à l'objectif majeur, soit l'émancipation de la région dans son ensemble, comme une entité qui s'impose par des objectifs communs et non pas par des différences spécifiques – une fois de plus, tout à fait réelles.

Le véritable objectif stratégique de l'Union par rapport à sa région centrale et orientale aurait dû être sa transformation en *une zone émergente*, avec de forts rythmes de croissance et des programmes ambitieux de modernisation. C'était la formule la plus efficace pour diminuer les différences entre l'est et l'ouest de l'Europe et la modalité la plus sûre pour l'émanciper de l'expérience communiste. Lorsque quelqu'un désire véritablement construire quelque chose, il se voit obligé de construire à partir de ce qui existe déjà, et non pas de ce qu'il aimerait voir exister. Ce principe, dont la validité est bien plus large, comporte une motivation spéciale, d'ordre sociologique, dans le domaine de la géopolitique. Les cinquante ans, environ, de régime totalitaire ont provoqué chez les pays de la région un sérieux retard sur le plan de l'évolution démocratique, des valeurs de la liberté et de l'État de droit en général. Cette période n'a pas été dépourvue de progrès en matière de ce que l'auteur américain Dani Rodrik appelle les *prémisses intérieures du développement :* la formation de la main-d'œuvre, une base industrielle considérable et un état raisonnable de l'infrastructure. Or, le pattern appliqué à la région a eu une dominante, la désindustrialisation, présentée parfois comme une émancipation par rapport au régime communiste, qui allait être prolongée par une réindustrialisation moderne. Mais cette dernière a été visiblement influencée par la crise. C'est ainsi que la région est coincée entre le processus de déconstruction qui a déjà eu lieu et celui de reconstruction qui aurait dû démarrer, mais qui a été mis entre parenthèses avec l'apparition et le prolongement de la crise.

Bien évidemment, ce processus diffère d'un pays à l'autre, étant *filtré* par les classes politiques respectives. La Pologne, par exemple, est la seule à avoir maintenu une bonne partie de sa capacité industrielle et, qui plus est, a continué d'investir dans son développement. C'est ainsi qu'elle a enregistré une croissance économique positive même durant la crise. Par contre, en Roumanie, la désindustrialisation a connu des proportions alarmantes, alors que la réindustrialisation tarde à se mettre en place en tant que processus cohérent. Il est bien possible d'en accuser l'Occident, mais c'est en contexte national que doit se situer l'analyse. Le processus de désindustrialisation a bel et bien été *autochtone*, avec même un enthousiasme local, mais avec un manque de préoccupation pour l'avenir et une superficialité qui, à présent, ne peuvent que nous faire frissonner. C'est un blâme historique qui pèsera sur toute une classe politique – il est gênant de parler d'une élite – en place pendant le quart de siècle durant lequel la déconstruction a été le maître mot, sans aucune préoccupation pour la construction. Le résultat est triste, déprimant, non seulement en l'absence de performance interne, mais aussi par le contraste qu'elle met en lumière.

Ces deux dernières décennies, la hiérarchie du monde de demain a été reconfigurée. Les émergents sont importants non seulement par leur poids économique à la hausse, mais par leur exemple, par la détermination avec laquelle ils ont embrassé l'objectif de leur propre développement. Les émergents ont annoncé une période fébrile du développement, qu'ils ont préparée à temps. Ce véritable assaut pour le développement est la caractéristique la plus importante de notre époque. À l'exception de la Pologne et de quelques petits sursauts dans d'autres pays, on peut dire que la région de l'Europe centrale et orientale dans son ensemble ne s'est pas connectée à la tendance qui allait devenir dominante. Elle payera maintenant le prix du « découplement ». On invoque, à juste titre, l'époque totalitaire, lorsque la région se trouvait sous l'influence directe de Moscou. Mais on oublie de mentionner que cette période a été marquée par des révoltes (1956, en Hongrie), par des tentatives ouvertes d'émancipation par rapport à une tutelle qui bâillonnait l'avenir (1968, la Tchécoslovaquie, la Solidarité en Pologne, la politique d'indépendance menée dans les années 1960 et 1970 par Bucarest). À présent, après avoir négligé, voire abandonné, son propre développement, l'Europe centrale et orientale risque d'être perçue comme une sorte de fardeau par Bruxelles lui-même et de redevenir un terrain de dispute, un véritable « dominion » des puissances qui se dressent sur ses flancs : l'Allemagne et la Russie.

L'Europe centrale et orientale avait toutes les raisons de prendre résolument des distances par rapport au passé qui l'avait marquée après la Seconde Guerre mondiale. La séparation est une chose, la manière dont elle s'opère est tout autre chose. Ce processus essentiel aurait dû se faire en pensant à l'avenir, donc avec beaucoup de sagesse, ce qui n'a pas été le cas. Il s'est déroulé parfois dans la joie, d'autres fois dans la colère, mais très peu en pensant à l'avenir.

Nous soulevons ce problème parce que tout processus d'émancipation par rapport au passé suppose une période de prospérité économique et sociale ou, du moins, la perspective d'une telle période. Afin d'oublier quelque chose, les individus doivent vivre mieux. Or, l'Europe centrale et orientale accuse un retard visible pour ce qui est du processus de réindustrialisation et de modernisation et, par conséquent, de la prospérité sociale. Elle court ainsi le risque de devenir un terrain fertile pour des mouvements internes centrifuges, radicaux. La revue en ligne *Convorbiri europene* signalait récemment un phénomène préoccupant : dans les pays occidentaux, le populisme est un phénomène notamment discursif, alors que dans les États d'Europe centrale et orientale il est déjà une question politique effective, vu que des partis avec une importante composante populiste ont gagné des élections et ont formé des gouvernements (le gouvernement Tsipras en Grèce, soutenu par Syriza, parti populiste de gauche ; le gouvernement Orban en Hongrie, soutenu par FIDESZ, parti que les analystes considèrent comme populiste de droite ; le gouvernement conservateur de Pologne, là où le Parti Droit et Justice, Prawo i Sprawiedliwość, a récemment remporté les élections parlementaires[3]).

On sait que l'Union européenne s'est fortement ressentie des conséquences de la récente crise – le plus fortement de tout le monde développé. La principale conséquence en est le retour de la méfiance, de divisions et de failles sur son corps. Durant la crise, on a beaucoup invoqué la division Ouest/Est. Comme le mentionnait aussi Andrew A. Michta, « il ne s'agit pas là de la dichotomie Ancienne/Nouvelle Europe de Rumsfeld, mais surtout de la fragmentation de l'Europe d'aujourd'hui selon des critères culturels et historiques, avec "l'Europe réelle" prenant fin sur l'Oder, "l'Europe semi-réelle" s'étendant de l'Oder au Boug, avec deux ramifications, la périphérie balte au nord-est et la périphérie croato-bosniaque au sud ; et enfin "la non-Europe", qui s'étend de l'Ukraine vers l'est et vers le sud[4] ». Qu'on l'admette ou non, les préoccupations centrales de l'Union se sont focalisées ces dernières années sur la zone euro, considérée comme « la véritable Union ».

La crise forcera l'Europe à faire des choix douloureux. N'oublions pas que son élargissement vers l'est a eu lieu à un moment de *boom* économique. À présent, l'Union doit affronter les effets de la récession et bien d'autres problèmes. Dans ce nouveau contexte, comment se rapportera-t-elle à sa région centrale et est-européenne ? Il existe bien la « grosse » division Est/Ouest, mais il n'est point exclu que des sous-divisions apparaissent à l'intérieur de « l'Est ».

[3] Elena Negrea-Busuioc, « Populismul – o "nouă" maladie în Uniunea Europeană », *Convorbiri europene*, 16 décembre 2015. <http://www.convorbirieuropene.ro/populismul-o-noua-maladie-in-uniunea-europeana/>.

[4] Andrew A. Michta, « The Buyer's Remorse on NATO Enlargement », On Europe & Security, *The American Interest*, 6 avril 2015.

Il est possible que le groupe de Visegrád continue de jouir d'une plus grande attention, et que l'intérêt de Bruxelles diminue au fur et à mesure que l'on avance vers l'est, même si, du point de vue de la sécurité, il faudrait que l'attention soit maximum à la frontière est de l'Union, non seulement parce que les pulsions du centre sont plus faibles à la frontière, mais aussi parce que la pression de la Russie s'accroît visiblement. On court à nouveau le risque que l'Europe centrale et orientale répète sa destinée historique, celle d'espace de dispute entre les puissances qui la flanquent.

3.3. La chance manquée de l'Europe centrale et orientale

La réaction des États de la région, qui n'ont pas compris qu'ils vivaient une chance historique unique, a renforcé et consolidé l'approche de l'Europe centrale et orientale de la perspective des différences. Comme nous l'avons montré dans une étude publiée au début de la transition[5], la région a eu dans le temps *une valeur géopolitique d'emprunt*, dérivée du rapport de forces entre les puissances qui la flanquaient, soit l'Allemagne et la Russie. La chance unique dont nous parlons tenait à ce que ces deux puissances étaient en proie à des problèmes internes : la première, aux problèmes soulevés par la réunification, la deuxième, à ceux posés par l'effondrement de l'URSS. C'était le contexte approprié, non seulement favorable, mais unique du point de vue historique, où l'on pouvait imposer la *valeur géopolitique intrinsèque de la région* et son potentiel commun, d'autant que ce n'était qu'une question de temps jusqu'à ce que l'Allemagne et la Russie se redressent, ce qui s'est d'ailleurs bien passé. À un moment où soit il n'y avait pas de grandes puissances avec des intérêts directs dans la région, soit ces puissances étaient préoccupées par leurs propres problèmes, l'Europe centrale et orientale s'est présentée devant le monde de manière morcelée, mettant en avant la *différence* entre ses États et leurs intérêts, prenant un retard indu à montrer que ce qui les rapproche et les unit est plus important que ce qui les différencie. La situation de la région comporte donc ce *surenchérissement de la différence* entre les États, pratiqué à la fois par Bruxelles et par les pays eux-mêmes, en parallèle avec la sous-estimation de l'action coordonnée pour régler les problèmes communs de la région. Cela, on le voit bien, condamnera cette dernière à réitérer sa destinée, en tant qu'*espace de dispute*, qui pourrait s'accentuer dans le temps.

Pour clore cette partie de notre ouvrage, il faut dire que l'héritage de la crise ukrainienne n'est pas le conflit douloureux entre les citoyens d'un même État ; ce n'est pas non plus la tension qu'il fait planer non seulement sur le pays, mais sur toute la région ; et ce n'est pas non plus l'actualisation du conflit entre l'Est et l'Ouest, qui se préfigurait de toute façon d'une manière ou d'une autre ; cet

[5] Paul Dobrescu, « Nu este loc de utopie », étude introductive au volume *Europa Centrală şi de Est în ciclonul tranziţiei*, Bucarest, Editura Diogene, 1995, p. 21-22.

héritage douloureux, voire alarmant, consiste dans le possible effet domino de la chute des frontières que l'annexion de la Crimée peut déclencher. Vu que Bruxelles considère l'Europe centrale et orientale avec un détachement de plus en plus visible, et que ce jeu des frontières ne concerne pas la péninsule Ibérique ou l'ouest du Vieux Continent, il pourra déclencher des processus de déchirement interne dans la « première ligne », c'est-à-dire en l'Europe centrale et orientale. On court le risque réel que cette dernière retombe dans ses disputes traditionnelles, territoriales, qu'elle manque le train du développement à une époque où le développement devient la préoccupation centrale du monde, la condition essentielle pour surmonter la crise et ses conséquences.

3.4. Le conflit ukrainien : la perspective depuis Washington

L'examen de la situation ukrainienne est nettement influencé, aussi, par la perspective d'analyse, plus précisément, par la capitale d'où ce pays est appréhendé. Comment donc voit-on les choses depuis Washington, Moscou et Berlin ?

Pays pluraliste par excellence, l'Amérique nous propose plusieurs interprétations de la situation ukrainienne, portées par des personnalités académiques et politiques et inspirées par des options théoriques différentes, par l'appartenance à diverses écoles de pensée (libérale, réaliste, etc.). Bien évidemment, sur toutes ces interprétations, la plus importante est l'attitude officielle, qui est le fruit d'une projection conçue dans les années 1990 et suivie ensuite au pied de la lettre.

L'attitude officielle des États-Unis se ressent beaucoup de l'influence des analyses de Zbigniew Brzeziński, qui attirait l'attention sur la position géopolitique clé de l'Ukraine : « On ne soulignera jamais assez que, sans l'Ukraine, la Russie cesse d'être un empire, mais avec celle-ci, appâtée, d'abord, subordonnée, ensuite, la Russie devient automatiquement un empire[6] ». Bien évidemment, la situation ukrainienne est abordée dans le cadre de la question plus ample qui est la question russe, elle-même composante d'une question plus large, soit la relation de l'Europe avec la Russie et le danger que poserait la reconstruction de « l'empire russe » pour l'existence de l'Union. On pourrait dire que la politique américaine à l'égard de Kiev a bien pris en considération les conclusions de Brzeziński. L'Ukraine a été « aidée » à se détacher de l'accolade russe et à basculer vers l'Union. L'une des raisons principales a été sa position géopolitique d'« interface européenne » de la Russie.

L'interprétation que Brzeziński propose quant à l'Ukraine est si connue, qu'elle est devenue paradigmatique pour certaines chancelleries occidentales, et surtout pour la chancellerie américaine. Emmanuel Todd, anthropologue français, considère l'Ukraine non pas de la perspective de Moscou, mais de celle de Berlin, de la nouvelle puissance qui se lève et qui représenterait pour l'Europe

[6] Zbigniew Brzeziński, « The Premature Partnership », *Foreign Affairs*, mars/avril 1994.

un danger bien plus grand que la Russie, et s'exclame : « Pauvre Brzeziński ![7] ». L'auteur français considère que la politique américaine dans la région est erronée, justement parce qu'elle part de la prémisse du « danger russe » et qu'elle ne remarque pas la nouvelle puissance qui se lève en Europe, soit l'Allemagne (nous reviendrons sur l'analyse proposée par l'auteur français).

La politique américaine envers l'Ukraine est préfigurée par quelques aspects essentiels. Le plus important est une décision de 1998 du Congrès américain, visant l'élargissement de l'OTAN vers l'est, qui s'est fait en trois vagues successives et a compris douze pays[8]. Cette décision et les actions qui en ont découlé ont engendré une vive dispute parmi les hauts dignitaires politiques et aussi parmi les analystes. Si ce débat est si enflammé, c'est à la fois parce qu'il a pour objet une question brûlante et que, à tout ce qu'il paraît, il n'y a pas eu d'accord écrit entre les États-Unis et l'ancienne Union soviétique quant à l'élargissement de l'OTAN vers l'est. Mary Elise Sarotte le dit clairement : « Contrairement aux accusations de la Russie, il n'y a pas eu d'accord formel quant à l'élargissement de l'OTAN[9] ». Il est tout aussi vrai, comme le précise le même auteur, que toutes les archives qui pourraient éclaircir les choses n'ont pas encore été ouvertes. Il faudrait mentionner également qu'une partie des discussions portées à l'époque par l'administration américaine, Mikhaïl Gorbatchev et Helmut Kohl concernaient *deux agendas :* l'élargissement de l'OTAN et la réunification allemande. Sarotte précise également que Helmut Kohl s'intéressait davantage au deuxième agenda, et lorsque le leader soviétique a donné le feu vert pour la réunification monétaire des deux États allemands (ce qui signifiait le début de la réunification politique), il a été tellement pris de joie, qu'il s'est promené jusque tard dans la nuit sur la Place rouge[10]. Il est évident que, dans ce contexte, il ne pouvait pas insister sur l'élargissement de l'OTAN, d'autant que, selon le secrétaire d'État James Baker, Gorbatchev aurait précisé : « Tout élargissement de l'OTAN est sûrement inacceptable[11] ».

Le débat est compliqué et il continuera de l'être probablement encore longtemps. Il ne nous reste qu'à mettre en évidence quelques aspects. C'est le vainqueur qui écrit toujours l'histoire, surtout dans les conditions où il n'y a pas eu d'accord précis quant à l'élargissement de l'OTAN. La question essentielle qui se pose est jusqu'où le vainqueur écrit l'histoire, de sorte qu'il crée une certaine stabilité de l'ordre instauré, une acceptation par les deux parties. De ce point de vue, les opinions de George F. Kennan, le fondateur de la stratégie du containment, qui a guidé toute la politique extérieure américaine pendant la

---

[7] Emmanuel Todd, « L'Allemagne tient le continent européen ». <http://www.youscribe.-com/-catalogue/tous/-interview-emmanuel-todd-l-allemagne-tient-le-continent-europeen-2493433>.

[8] Le premier élargissement a compris les pays de Visegrád, le deuxième encore dix États d'Europe de l'Est – les Pays baltes, la Roumanie, la Bulgarie, la Slovénie et la Slovaquie ; les derniers États à devenir membres de l'alliance sont l'Albanie et la Croatie.

[9] Mary Elise Sarotte, « A Broken Promise? », *Foreign Affairs*, septembre/octobre 2014.

[10] *Ibid.*

[11] *Ibid.*

guerre froide, nous paraissent d'actualité. Au lendemain de la décision du Congrès concernant l'élargissement de l'OTAN vers l'est, Thomas L. Friedman a appelé George F. Kennan, âgé à l'époque de quatre-vingt-quinze ans. Ce dernier a apporté quelques précisions. La première remettait en question la raison profonde de l'élargissement et signalait le risque généré par ce processus dans la relation avec une puissance qui, à l'époque, traversait un moment difficile, mais qui restait quand même une puissance importante. « Je crois que l'on assiste au début d'une nouvelle guerre froide. [...] Je crois que les Russes le prendront mal et qu'ils réagiront de plus en plus fort, jusqu'au point culminant du changement de position. Je crois que c'est là une erreur dramatique, dépourvue de toute justification. Personne ne menace personne[12] ».

Le diplomate américain mentionne un autre aspect, très lié aux « interprétations dominantes ». « L'élargissement de l'OTAN rend compte d'une compréhension très sommaire de l'histoire de la Russie et de l'Union soviétique. Il y aura bien évidemment une réaction négative de la part de la Russie, et puis les supporters de l'élargissement de l'OTAN diront : "On a vous avait bien avertis, les Russes sont ainsi faits" ; mais le recours à ce type d'argument est tout simplement erroné ». On anticipait donc une réaction négative de la part de Moscou. L'important, c'était de la déformer d'une manière ou d'une autre, de lui enlever toute justification. On l'a fait en l'associant avec la réaction traditionnelle, conservatrice, de Moscou. C'est ainsi que la discussion posée et raisonnable a dérapé : le contenu problématique a été remplacé par une étiquette. Si cette dernière en appelle à un aspect connu par le public, par exemple le fait que les Russes seraient non seulement conservateurs, mais qu'ils représenteraient en plus un danger, alors le succès est assuré. Voilà pourquoi la manière d'encadrer un acte, une réaction, une position est si importante. Vu que nous avons renvoyé plusieurs fois aux « interprétations dominantes », il faut les systématiser davantage ici. Ce qui compte dans une telle opération, c'est la promptitude de la réaction, c'est-à-dire qui est le premier à lancer l'interprétation. Ensuite, vient la force de la diffuser, de la disséminer et de l'imposer. En d'autres mots, de la transformer en une « interprétation dominante », à laquelle les autres interprétations doivent se rapporter et dont elles doivent, d'une manière ou d'une autre, tenir compte. Le succès dépend de tous ces aspects, auxquels s'ajoute un autre élément essentiel : dans quelle mesure est-on préparé à « encadrer » la réaction prévisible de l'autre partie, c'est-à-dire, dans notre cas, de la Russie ; l'encadrer de manière à la déformer suffisamment pour la séparer de son sens.

Selon George Kenan, lorsque l'on a décidé de l'élargissement de l'OTAN, on a également décidé de l'« encadrement » de la réaction prévisible de la Russie dans les termes d'une réaction hostile, dont les racines se trouvaient dans l'histoire de ce pays, dans le comportement traditionnel de Moscou, dans son

[12] Thomas L. Friedman, « Foreign Affairs: Now a Word From X », *The New York Times*, 2 mai 1998. <http://www.nytimes.com/1998/05/02/opinion/foreign-affairs-now-a-word-from-x.html>.

opposition quant aux mesures visant le renforcement de la sécurité des peuples de la région. Il faut se demander ce que le citoyen ordinaire retiendra de tout cela ? Il est peu probable qu'il soit convaincu par les arguments « de sécurité » invoqués dans le débat par les deux parties. Mais un message tel que « les Russes nous envahissent » – d'autant que cela s'est déjà passé dans l'histoire – a bien plus d'impact. Toute autre opinion avancée sur la situation ukrainienne, du moins dans l'espace central et est-européen, serait d'une manière ou d'une autre réduite au « danger russe ». Saisissez-vous alors la grande importance des « interprétations dominantes » ?

Plusieurs plans d'analyse s'entrecroisent dans le processus d'élargissement de l'OTAN en Europe centrale et orientale. Lorsque le Congrès des États-Unis a décidé de l'élargissement, trois pays, la Pologne, la Tchéquie et la Hongrie, avaient reçu l'accord pour devenir membres de cette organisation de sécurité. Stopper alors le processus d'élargissement équivalait à tracer une ligne de division au cœur même de l'Europe centrale et orientale. C'était en même temps admettre une situation de fait : les pays qui n'avaient pas intégré l'OTAN entraient automatiquement dans la sphère d'influence de la Russie, ce qui signifiait, implicitement, l'abandon d'un principe : le droit de chaque peuple de décider de son propre avenir, principe fondamental du nouvel ordre international instauré au lendemain de la guerre froide. Ce principe peut-il connaître des limites ? Seulement dans des cas précis et lorsqu'il entre dans une sorte de conflit avec des exigences essentielles, réelles, de sécurité d'un autre État. La rencontre entre le droit d'un peuple de décider de son propre avenir et les exigences sécuritaires d'un État voisin, dans ce cas de la Russie, constitue le paradigme dans lequel on analyse et débat de la crise ukrainienne. Le déchirement présent dans la situation interne de l'Ukraine est ici aussi de mise.

3.5. Les voix du réalisme politique

Il est significatif que de grandes personnalités américaines expriment des opinions qui diffèrent de la position officielle de Washington et qu'elles avancent des arguments similaires de ceux utilisés par Moscou. Ce sont des arguments qui visent des questions de sécurité, des solutions qui assurent une certaine stabilité de l'État ukrainien et de la région dans l'ensemble. En 2003, donc bien avant l'éclat de la crise ukrainienne, voire avant la Révolution orange, Saul Cohen, auteur américain important dans le domaine de la géopolitique, soulignait : « Ce serait bien tant pour l'Occident, que pour le gouvernement de Kiev qu'ils reconnaissent que le meilleur avenir pour l'Ukraine, c'est de devenir un pont entre la Russie et l'Occident, et non pas le fer de lance de l'OTAN[13] ». Si les arguments de Cohen

[13] Saul Bernard Cohen, *Geopolitics of the World System*, Boston, Rowman & Littlefield Publishers, 2003, p. 218.

sont surtout associés à l'idée d'État-tampon, de pont, John Mearsheimer vise directement les arguments sécuritaires, avancés aussi par Moscou. « Washington n'est peut-être pas d'accord avec la position de Moscou, mais il devrait en comprendre la raison [...]. Les grandes puissances sont toujours sensibles aux possibles menaces qui peuvent intervenir à leurs frontières. En définitive, les États-Unis ne tolèrent l'emplacement de forces militaires appartenant à d'autres puissances nulle part dans l'hémisphère ouest, d'autant moins à leurs frontières. Imaginez la colère de Washington au cas où la Chine déciderait de créer une alliance militaire qui inclurait le Canada et le Mexique[14] ».

Si l'on reste dans l'analyse de la position américaine, il faut alors répondre à une éventuelle confusion du lecteur : comment est-il possible que, sur une question essentielle, des différences si importantes apparaissent entre la position d'un pays et celle de ses personnalités intellectuelles marquantes ? Les opinions reproduites ci-dessus appartiennent à des auteurs qui partagent directement ou indirectement la vision du réalisme politique dans le domaine des relations internationales, vision qui exige de la part des acteurs de décision un calcul exact, appliqué, on dirait même impitoyable des conséquences. De ce point de vue, la décision politique a peu affaire au jugement moral. Dans un entretien accordé à *Der Spiegel*, Henry Kissinger affirmait : « Il est important que l'Ukraine reste un État indépendant et qu'elle ait le droit de développer des relations économiques et commerciales à sa guise. Mais je ne pense pas que chaque État ait nécessairement le droit de devenir un allié au sein de l'OTAN. On sait tous très bien que, au sein de l'OTAN, l'admission de l'Ukraine en tant que membre ne fera jamais l'unanimité.

Der Spiegel : Mais on ne peut pas dire aux Ukrainiens qu'ils ne sont pas libres de décider de leur propre avenir.

Kissinger : Pourquoi pas ?[15] »

Les voix « réalistes » pressent donc l'Ukraine à « accepter la réalité ». La position officielle des États-Unis prend appui sur une vision qui met en avant le principe, l'idéal en général, la dimension morale de la décision politique. Bien des études et des analyses soulignent que, en Ukraine, les États-Unis n'ont pas appliqué les principes dures du réalisme politique, mais ils ont plutôt eu recours à une protection inspirée par les valeurs du nouvel ordre international, qui part de la prémisse que chaque communauté nationale est libre de décider de sa propre vie. Comme on l'a déjà montré, les États-Unis considèrent que le nouvel ordre global a pour piliers des institutions internationales et qu'il se base sur des règles et des valeurs assumées. Selon cette vision, les puissances régionales et leur influence dans la région vont avoir, par la force des choses, un rôle

---

[14] John J. Mearsheimer, « Why the Ukraine Crisis is the West's Fault », *Foreign Affairs*, septembre/octobre 2014.

[15] « Do We Achieve World Order Through Chaos and Insight? », entretien par Juliane von Mittestaedt et Erich Follath, *Der Spiegel online*, le 13 novembre 2014.

d'importance secondaire. Or, en Ukraine, la rencontre avec la puissance régionale, la Russie, est le cœur du conflit.

En Ukraine, les États-Unis ont trop joué la carte du principe et ont négligé la réalité problématique où ce dernier allait être mis en œuvre. Ils ont obtenu deux réactions adverses. La première est venue de la part de la Russie : l'occupation de la Crimée. Dans les commentaires qui se penchent sur la situation ukrainienne, tout est associé aux actions de Vladimir Poutine. Ce dernier a bien pu imprimer une série de notes particulières à la réaction, il n'aurait pas pu bénéficier aussi, début 2016, du soutien de 82 % de la population s'il n'avait pas exprimé l'attitude partagée des Russes.

La deuxième réaction adverse est apparue plus tard ; elle a été formulée par des voix plus détournées et est venue de la part de l'Europe en général, et de l'Allemagne en particulier. Les sanctions appliquées à la Russie se retournent contre ceux qui avaient des échanges commerciaux intenses avec Moscou. Il s'agit là d'une facture économique qui, dans le temps, deviendra également une facture politique. Nous les analyserons toutes les deux dans ce qui s'ensuit, mais pas avant de faire une dernière précision. Une superpuissance joue presque la plupart du temps une sorte de *jeu d'échecs simultané politique et géopolitique.* Autrement dit, elle doit faire face à plusieurs situations difficiles, à plusieurs crises simultanées. Cette fois-ci, il s'agit de trois crises de grande envergure : celle de l'Ukraine, celle de la mer de Chine méridionale et celle du Moyen-Orient. On dirait qu'il s'agit là de crises structurales, car elles engagent des puissances en ascension ; elles réclament donc que l'ordre en place soit repensé et restructuré, ou du moins adapté. Chacune de ces situations requière de nouvelles stratégies et priorités, donc une activité d'élaboration qui devance des problèmes politiques réels et pressants. Or, c'est justement cette activité d'élaboration, fondamentale pour le moment que l'on vit, qui est retardée. Et elle le sera encore quelque temps, en raison des élections aux États-Unis.

3.6. Le conflit ukrainien : la perspective depuis Moscou

Imaginez-vous la lettre U renversée et dirigée vers l'Europe. Sa « bouche » est la porte d'entrée depuis l'Occident en Russie. La grande plaine européenne, la plus vaste forme de relief dépourvu de montagnes du continent, s'origine à l'ouest du continent, en traverse la partie Nord pour « déborder » ensuite dans l'immensité géographique de la Russie. Aucune forme de relief entravant la circulation de l'Europe vers la Russie, ou l'inverse, n'y apparaît. Du point de vue stratégique, « la porte géographique » dont nous parlons est toujours ouverte. C'est par ici que les Polonais ont pénétré en Russie au début du XVIIe siècle, ou encore les Français dirigés par Napoléon, en 1812, et les Allemands pendant la Première et la Seconde Guerre mondiale. Il faut donc la défendre. Juste au milieu de cet espace se trouve l'Ukraine, qui acquiert ainsi l'importance stratégique de sa position géographique. Cela se passe comme si Kiev détenait, aux côtés de Minsk (capitale de Biélorussie), les clés d'une « cité » appelée Russie. C'est à la fois une interface géographique et économique : c'est par l'Ukraine que passent les gros pipelines qui alimentent l'Europe en pétrole et en gaz, sans oublier que la Russie, en tant qu'État, a pris naissance sur le Dniepr, sous le nom de Russie kiévienne.

Nous avons dressé ce tableau afin de souligner que la réaction de Moscou face au changement de régime de Kiev a un fondement stratégique, et ce, dans un double sens. D'abord, d'un point de vue militaire et sécuritaire. Il était difficile de croire que la Russie aurait accepté la présence à Kiev d'un régime étroitement lié à l'Occident et qui aurait pu accélérer une évolution visant même l'adhésion à l'OTAN. Il en va ensuite du « regime change » que Moscou perçoit comme un acte par lequel Washington exporte son modèle politique d'organisation. Après tout, un changement de régime à Kiev pourrait très bien préparer un changement de régime aussi à Moscou. L'effet de contagion dans ce domaine ne peut pas être sous-estimé. Il s'agit donc d'un risque sécuritaire en bonne et due forme. Aux yeux de Kremlin, la liberté, le droit à la libre expression et l'État démocratique sont les vecteurs par lesquels les gens sont entraînés à changer de dirigeants et de régimes. Voilà pourquoi Moscou a non seulement réagi, mais a commis un acte surprise : l'annexion de la Crimée. Bien évidemment, par le biais d'un référendum et de tout un arsenal médiatique, renvoyant à la structure démographique de la péninsule – la population russophone est d'environ 60 % en Crimée –, et sans oublier d'invoquer le « précédent Kosovo ».

Pour l'observateur attentif, ce qui est inhabituel, ce n'est pas la réaction de la Russie, mais la surprise de l'Occident face à la promptitude et au large diapason avec lequel s'est déployée la réponse de Moscou : l'incursion à l'est de l'Ukraine, l'occupation de la Crimée et la position dure lors des pourparlers qui se sont ensuivis. Anatole Kaletsky décrit ironiquement la confusion occidentale. « Oscar Wilde décrivait le mariage comme étant le triomphe de l'imagination sur l'intelligence, et les secondes noces comme le triomphe de l'espoir sur l'expérience. Dans les finances et dans la géopolitique, par contraste, l'expérience doit toujours l'emporter sur l'espoir et le réalisme sur les illusions[16] ». On ne saurait pas dire que « la politique des États-Unis et de l'Europe en Ukraine semble être entièrement motivée par le désir et le *wishful thinking* » ; on peut par contre affirmer que l'Occident n'a pas évalué à temps cette réaction, pour avoir sous-estimé l'importance que Moscou accordait au changement de régime en Ukraine ; elle n'a pas pris en considération le fait que les réalités géopolitiques sont durables, qu'elles perpétuent quelque chose de la pérennité des rapports naturels. Les transformations politiques peuvent renforcer ou diminuer la force des contraintes politiques, mais ces dernières restent « debout » pour longtemps et influencent la décision politique, voire la commandent, peu importe si elle est prise par un régime blanc ou rouge, par un leader autoritaire ou démocratique.

---

[16] Anatole Kaletsky, « Realpolitik in Ukraine ». <http://www.zerohedge.com/news/2014-03-03/realpolitik-ukraine>.

Ce n'est pas seulement la Russie de Poutine, c'est la Russie de toujours qui a accordé une attention particulière aux connotations géopolitiques de ses décisions et mesures.

Zbigniew Brzeziński raconte un épisode instructif de ce point de vue, par lequel il fait débuter son ouvrage *Game Plan*[17]. Début 1985, « un ministre des Affaires étrangères d'un pays de l'OTAN » – on soupçonne qu'il s'agissait de Brzeziński lui-même – se rend à Moscou. Son homologue soviétique, Andreï Gromyko, pressentant peut-être que sa longue carrière à la tête du ministère des Affaires étrangères tirait sur sa fin, convie son invité dans une petite pièce attenante à son bureau. Une carte du monde vu depuis Moscou s'étalait sur un des murs, devant laquelle il y avait un fauteuil. Le dignitaire soviétique confesse fièrement : à chaque fois qu'il y a une petite trêve, je m'installe ici. « Environ une heure. Je ne fais rien d'autre que regarder cette carte et réfléchir[18] ». Surpris, l'invité se demande en aparté : combien de ministres des Affaires étrangères des pays occidentaux ont dans leurs bureaux une telle carte et se mettent à réfléchir devant elle ? La carte suggérait ici la priorité donnée à la continuité, aux constantes d'une ligne politique, au « grand » tableau de la vie diplomatique, à l'idée de stratégie projetée sur le long terme. La discussion a occasionné une autre confession qui ajoute du sens cet acte : « Ma lecture préférée, ce sont les mémoires de mon prédécesseur au ministère des Affaires étrangères ». Voilà une très rare conscience de l'histoire, caractéristique non seulement d'un ancien ministre des Affaires étrangères, mais des élites politiques russes.

On ne peut pas s'empêcher de penser à la Roumanie, où la première préoccupation d'un dignitaire, c'est de démolir l'œuvre de son prédécesseur, sans penser qu'il ouvre ainsi la voie pour que son successeur fasse de même. Ajoutez-y le fait que, tous les vingt ou vingt-cinq ans, une vague déferle sur l'histoire de la Roumanie, qui balaie ce que l'on avait réussi à construire tant bien que mal jusqu'alors. Parfois, cette vague vient de l'étranger, d'autres fois nous la déclenchons nous-mêmes ; et le pire, c'est que nous le faisons avec une joie que nous ne nous donnons même pas la peine de contenir. Rappelons-nous ce que disent les spécialistes : pour construire une élite, on a besoin d'au moins trois générations, chacune d'entre elles allant ajouter quelque chose à la plus importante construction politique et sociologique : des élites performantes, sans lesquelles rien de durable ne peut naître dans la vie d'un peuple. Ce mouvement saccadé, d'interruption d'un processus, d'une idée, d'une pensée, pulvérise non seulement la condition de la performance, mais celle de l'identité elle-même.

La réaction de la Russie vis-à-vis de la situation ukrainienne a donc des fondements historiques et géopolitiques évidents. À notre avis, la crise ukrainienne n'a fait que confirmer ce qui était devenu évident dès 2008. Le conflit de Géorgie a été significatif pour la détermination de Moscou d'arrêter de faire des

---

[17] Zbigniew Brzeziński, *Game Plan: How to Conduct the US-Soviet Contest*, Boston, The Atlantic Monthly Press, 1986.

[18] *Ibid*, p. 3.

concessions à l'avancée occidentale dans l'espace ex-soviétique. Une avancée politique, mais qui pouvait bien être suivie par un élargissement de l'OTAN. On a là affaire à deux « lectures erronées » de la Russie : la première concerne sa réaction à la crise ukrainienne. Initialement, on avait probablement compté sur une réaction bien plus faible. Par contre, elle s'est avérée non seulement très déterminée, mais aussi bien calculée, vu qu'elle a débouché sur l'occupation d'un point stratégique de la mer Noire et qu'elle a provoqué un conflit glacial dans le flanc de l'Europe. La deuxième lecture concerne le rôle que la Russie désire et peut jouer sur la scène internationale. Nous avons dit qu'elle était une « puissance régionale ». Cette caractérisation comporte des fondements, mais aussi des faiblesses, dont l'une est dénoncée par le rôle joué par Moscou au Moyen-Orient, qui témoigne d'un potentiel global incontestable. L'attitude raisonnable serait d'entraîner la Russie dans son sillage, de l'attirer. Henry Kissinger fixe cette vérité dans une formule claire : « La Russie doit être perçue comme un acteur essentiel dans le maintien de l'équilibre global[19] ».

Un chapitre à part, par ses significations et conséquences, dans l'évaluation du conflit ukrainien est représenté par ce que l'on appelle « les sanctions économiques contre la Russie ». Il s'agit d'une mesure qui s'imposait, comme une sorte de réaction à la réaction. Nous ne partageons pas nécessairement le point de vue – assez fréquent ces derniers temps – qui critique les sanctions imposées à Moscou. Nous ne croyons pas non plus à la valeur sur le long terme de cette mesure, mais il fallait bien la prendre. À l'époque de la mondialisation, les sanctions ne peuvent pas jouer un rôle trop grand. Imposer des sanctions à Moscou, c'est implicitement punir aussi les exportateurs européens en Russie. C'est donc une chose d'imposer des sanctions, et une tout autre de prendre conscience de leur impact. La période difficile que la Russie traverse à présent est redevable aussi à ces sanctions. La dévalorisation du rouble, la baisse des réserves en devises, la pénurie de produits alimentaires ou encore la situation désespérée de certaines banques, tout cela parle d'une crise réelle dans la vie de la Russie, générée à la fois par les sanctions et par la chute du prix du pétrole. Des voix officielles affirment que ces sanctions seront renforcées si la Russie maintient son comportement actuel. En même temps, la vague de critiques et de mécontentements à l'égard de cette initiative occidentale ne fait que croître. Emma Ashford intitule l'un de ses articles dans ce sens : « Not-So-Smart Sanctions[20] ». Le but des sanctions a été de contraindre la Russie à se retirer de la Crimée. Mais l'impact de cette mesure a été évidemment surestimé.

La politique opère beaucoup avec des données psychologiques, surtout lorsqu'il s'agit de grands pays, avec un passé impérial et des ambitions, animés par un messianisme historique. La Russie a perdu la guerre froide. Elle a retiré

---

[19] Henry A. Kissinger, « Russia Should Be Perceived as an Essential Element of Any New Global Equilibrium », *The National Interest*, 4 février 2016.

[20] Emma Ashford, « Not-So-Smart Sanctions: The Failure of Western Restrictions Against Russia », *Foreign Affairs*, janvier/février 2016.

ses forces armées sur une distance de mille kilomètres (depuis l'Elbe) et a promu au lendemain de la chute de l'Union soviétique une politique que d'aucuns appellent « atlantiste ». Dans les années 1990, on discutait de partenariats entre la Russie et l'OTAN, entre la Russie et l'Europe. Ces dernières années, la Russie a coopéré avec l'Amérique afin de conclure les accords nucléaires avec l'Iran et de finaliser les divers traités visant à résoudre « l'héritage nucléaire de la guerre froide ». La lutte contre le terrorisme devra tout particulièrement impliquer la Russie. La politique d'isolement de ce pays ne sert à personne. Il est tout aussi vrai que la première à franchir le pas pour bâtir de nouvelles relations, c'est la Russie elle-même.

3.7. Le conflit ukrainien : le regard depuis Berlin

Ces dix dernières années, l'Allemagne a dû accomplir deux missions très importantes, qui ont mis en avant certaines faiblesses et indécisions de Berlin. Il s'agit, en premier lieu, des nombreux problèmes soulevés par le règlement de la crise de la zone euro. L'Allemagne s'était construit un empire « *by accident*[21] », qui lui convenait, car il représentait le premier marché pour sa machine d'exportation. Mais les leaders allemands ont trouvé que le prix payé pour maintenir l'empire n'était plus attractif. L'opposition de Berlin quant à la création d'obligations européennes et, surtout, la détermination avec laquelle il a promu l'austérité en tant que solution pour surmonter la crise et ses effets ont mis en avant une Allemagne « duale », selon l'expression de George Friedman[22]. Une Allemagne encline plutôt vers ses propres intérêts, dans la stratégie de laquelle les questions européennes continuaient d'être importantes, mais n'avaient plus le poids de jadis. Ou, peut-être, les priorités allemandes avaient pris tant de poids, qu'elles reléguaient dans l'ombre les priorités européennes.

Le second moment a été représenté par la précipitation des événements en Ukraine. L'Allemagne a également cette fois-ci joué un rôle dual, au sens où, au début, Berlin a appuyé les révolutions de Kiev, voire certaines factions lors des mouvements de protestation. On ne peut pas refuser aux autres le droit au libre arbitre, dont nous avons nous-mêmes bénéficié, a été, en l'essence, le message transmis par Angela Merkel. Mais la position de l'Allemagne est devenue au fur et à mesure plus flexible. George Friedman considère que la mise en avant de la dimension militaire est la véritable explication de ce changement. La conséquence économique de la crise ukrainienne est tout aussi importante. L'Allemagne n'est point avantagée par le maintien des sanctions, même si elle les accepte.

Le réputé historien et anthropologue français Emmanuel Todd a accordé un ample entretien à Olivier Berruyer, dans lequel il analyse la situation du continent européen, de plus en plus visiblement sous l'influence de l'Allemagne.

---

[21] Ulrich Beck, « Germany Has Created an Accidental Empire », *Social Europe,* 25 mars 2013.
[22] George Friedman, « Germany Emerges », *Geopolitical Weekly*, Stratfor, 10 février 2015.

Le titre est suggestif : « L'Allemagne tient le continent européen ». Il ne s'agit pas là d'une analyse en tant que telle de l'Allemagne, mais d'une tentative de déchiffrer le rôle joué par Berlin dans la crise ukrainienne et dans l'évolution d'ensemble du continent. Les pensées du spécialiste français sont formulées d'une manière tranchante et soutiennent sans équivoque le fait que l'Allemagne a transformé l'Europe en un véritable empire, la carte du continent illustrant les différents cercles concentriques de domination et d'influence de Berlin : « c'est une carte dont l'objet est de créer un début d'image de la réalité de l'Europe et de nous sortir de l'idéologie des cartes neutres qui cachent ce que l'Europe est en train de devenir : un système de nations inégales, prises dans une hiérarchie qui comprend des pays sévèrement dominés, des pays agressifs, un pays dominant, ainsi qu'un pays qui est la honte du continent, le nôtre, la France ». Par la suite, l'article a paru aussi en ligne[23], accompagné d'une carte que nous reproduisons plus loin, car elle illustre la vision de l'auteur français sur le « système allemand ».

FIGURE 16

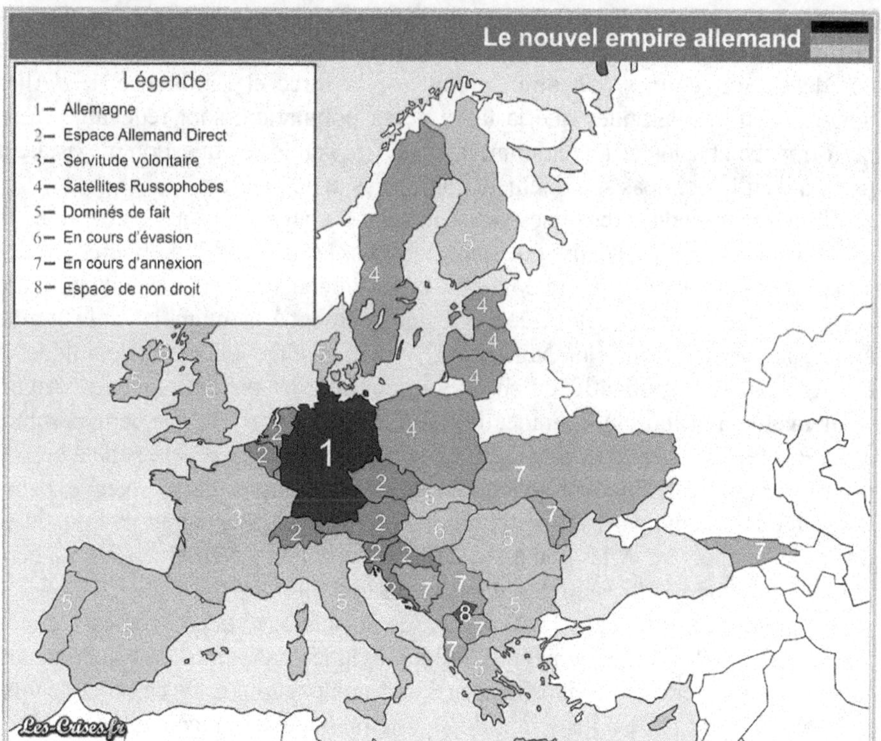

[23] Emmanuel Todd, « L'Allemagne tient le continent européen », *Les Crises*, 3 septembre 2014. <http://www.les-crises.fr/todd-3-l-allemagne-tient-le continent-europeen/>.

L'idée d'un empire européen pour l'Allemagne n'est pas nouvelle. On retient ici les considérations géopolitiques sur les mouvements ayant favorisé non seulement son ascension, mais l'institution de la domination. On énumère aussi la lecture géopolitique erronée qu'ont faite les États-Unis de la situation réelle en Europe, lecture nourrie par les interprétations d'auteurs prestigieux, lesquels, tout en accentuant parfois excessivement le « danger russe », manquent de saisir que la véritable puissance qui se lève, c'est l'Allemagne, et non pas la Russie ; ou encore la tolérance coupable des élites françaises, contentes du confort qu'offre « la prison dorée de l'euro ».

Il est clair que, aujourd'hui, l'influence de l'Allemagne est bien plus grande que celle à laquelle lui donnerait droit sa population de 82 millions d'habitants. Emmanuel Todd considère que cela est devenu possible par la création, par Allemagne, de cercles concentriques d'influence. Le premier est un cercle de domination, composé par des pays qui dépendent presque totalement de l'économie allemande, le soi-disant « espace allemand direct » (la Suisse, les Pays-Bas, l'ancienne Tchécoslovaquie) ; le deuxième est formé par ce que l'auteur appelle « les satellites russophobes » de l'Allemagne (la Suède, la Pologne ou les États baltes) ; enfin, le troisième a pris naissance par l'asservissement du sud de l'Europe et, en général, du continent, par le biais de la crise des dettes souveraines. On dirait plutôt que la force et l'influence de l'Allemagne, bien plus grandes que la taille de sa population, sont redevables à sa performance et à son attitude durant la crise. Les cercles en question n'existaient pas, où ils n'étaient pas si clairement configurés avant la crise.

Emmanuel Todd expose ses pensées sans ambages. Il nous paraît tout de même nécessaire d'introduire quelques nuances. Du moins les premières années après la réunification, personne ne peut nier l'attachement de l'Allemagne à la construction européenne, illustrée par le renoncement à sa monnaie – « la bombe atomique allemande », selon Mitterrand – et le passage à la monnaie unique. Il est tout aussi significatif qu'en 1994, comme le précise Jacques Attali, l'Allemagne a proposé à la France le « fédéralisme fiscal[24] », que cette dernière a fait « la terrible erreur » de refuser. Lorsqu'une puissance se lève, elle a besoin d'une perspective, d'un horizon politique et stratégique. Parachever la construction européenne par l'introduction du fédéralisme fiscal aurait pu constituer une telle perspective. Mais elle a été refusée. La puissance en ascension ne peut pas attendre que l'indécision des autres se dissipe.

Le moment décisif dans l'affirmation de la puissance allemande est l'année 2003, lorsque le gouvernement Schröder a lancé l'Agenda 2010. Plusieurs facteurs sont déterminants dans l'ascension d'une puissance. De ce point de vue, Emmanuel Todd parle à juste titre du « système allemand », capable de générer une énergie extraordinaire, à l'image d'autres cultures, nippone, juive, basque ou

[24] Jacques Attali, « Understand Germany », repris à *L'Express*, publié dans *Macro Economy*, 13 décembre 2010. <http://www.attali.com/en/actualite/blog/macro-economie/comprendre-l'allemagne>.

catalane. Ce qu'il y a au-dessus de tout, c'est l'idée. L'énergie extraordinaire dont parle l'auteur français a elle-même besoin d'une direction stratégique. L'Allemagne a pu projeter dans un contexte de triomphalisme trônant dans le monde développé un avenir et un cheminement en accord avec des exigences auxquelles d'autres puissances européennes n'ont pas osé prêter attention. Si l'Allemagne a compris qu'il n'y avait pas d'alternative pour faire face à une époque marquée par l'existence des marchés financiers, alors il faut que nous, aujourd'hui, comprenions qu'il ne suffit pas de critiquer l'Allemagne, ni d'inviter d'autres puissances à s'y opposer, mais s'inspirer de son cheminement, son parcours, son effort de modernisation. Chaque nation européenne doit suivre un processus similaire. Les mots de David Cameron, selon qui « il faut inscrire la compétitivité dans l'ADN de toute l'Union européenne », signifient implicitement d'emprunter quelque chose à l'expérience réussie, confirmée et à portée de main de l'Allemagne. Berlin a déchiffré à temps le rôle des marchés financiers et s'est conformé à leurs exigences ; c'est à nous maintenant de déchiffrer le cheminement allemand. Il est vrai qu'il faut le faire à une période bien plus difficile, car les circonstances d'aujourd'hui sont sensiblement différentes de celles d'avant la crise. Il faut redoubler d'efforts pour en arriver à un résultat similaire, vu que de nos jours la demande et, en général, le contexte favorable d'avant la crise, n'existent plus. C'est le bonus que l'histoire offre aux pays prévoyants.

Selon l'auteur français, la dernière conquête de l'Allemagne, c'est l'Ukraine elle-même, un pays de cinquante millions d'habitants ; cette conquête déclenche le conflit classique entre l'Allemagne et la Russie, alors que les Russes savent déjà qu'en fait, ils sont en guerre contre les Allemands. Et les États-Unis, au lieu de saisir la puissance qui se lève, l'ont déléguée aux arrangements dans la région. Au début de la crise ukrainienne, l'Allemagne a eu une certaine position, qui s'est nuancée au fur et à mesure. Il n'est pas exclu que, au début, Berlin ait « lu » la situation en Ukraine comme une nouvelle possibilité d'étendre son influence. Tout comme il n'est pas exclu qu'il ait considéré opportun d'offrir au monde une position avec des nuances déontologiques claires, qui comprenne toutes les formules « à la mode ». La rencontre de Minsk, entre d'une part, Angela Merkel et François Hollande, et Vladimir Poutine, d'autre part, a été décisive dans la redéfinition de la politique allemande par rapport à la région Est. Peut-être la discussion a-t-elle été d'une dureté inhabituelle, sans exclure le conflit ouvert, ou que la dimension militaire a pris le dessus, comme le remarquait aussi George Friedman. Rien n'effraie davantage une puissance commerciale que la perspective du conflit violent. Peut-être Poutine n'a-t-il pas manqué l'occasion de rappeler à Berlin que l'Allemagne n'aurait pas été ce qu'elle est à présent sans l'accord donné par Moscou pour la réunification.

Nous ne partageons pas l'idée exprimée par Todd, selon lequel les Allemands sont déjà en guerre contre les Russes. Au contraire, selon nous, leur relation comporte un grand potentiel d'évolution. Des arguments commerciaux, des arguments géopolitiques et une certaine adversité – d'intensités complètement différentes – à l'égard des États-Unis ponctuent cette relation. Mais, même lorsqu'ils ont la meilleure relation, les Russes et les Allemands sont et seront toujours dans une sorte de compétition, de conflit. Les choses se passent ainsi depuis qu'ils jouent un rôle significatif sur la scène de la politique européenne et mondiale ; ils se sont attirés et se sont repoussés avec des forces en quelque sorte égales. Voilà pourquoi les périodes de rapprochement et de collaboration ont alterné avec les périodes de tension ou de conflit. On ne voit pas pourquoi les choses seraient différentes à présent. De notre point de vue, la Russie accorde déjà une attention particulière à l'évolution de l'Allemagne, et la réciproque est tout aussi valable. Chacune d'entre elles suit attentivement les pas de l'autre, partout, mais surtout en Europe centrale et orientale.

Quatrième chapitre
L'Europe, la première puissance qui paye les frais du conflit au Moyen-Orient

4.1. La domination globale est possible si l'« on tient l'Europe » !

En août 1980, Oriana Fallaci, une célèbre journaliste italienne, a publié un entretien avec Deng Xiaoping. On retient des affirmations du leader chinois l'enjeu que représentait l'Europe pour une puissance qui désirait exercer une domination globale :

« OF : La guerre pourrait donc éclater en Europe ? Ai-je bien compris ?

DX : Non, pas nécessairement en Europe ; *pour* l'Europe. Ce que je veux dire, c'est que la Troisième Guerre mondiale éclatera *pour* l'Europe, parce que celle-ci a une économie puissante, la force militaire et tout ce qu'il faut pour dominer le monde. Les Soviétiques peuvent bien occuper la Chine ou le reste de la planète, ils ne domineront pas le monde s'ils ne tiennent pas l'Europe. Le monopole global n'est possible que lorsque l'on tient l'Europe. Enfin, lorsque je dis que l'objectif de la stratégie soviétique c'est l'Europe, je pense bien sûr aussi au Moyen-Orient et à la côte nord de l'Afrique méditerranéenne[1] ».

À présent, c'est une tout autre époque, avec d'autres disputes et priorités. La guerre ouverte entre de grandes puissances n'est plus possible ; elle est menée par des intermédiaires et dans des territoires tiers. Mais les problèmes et les tensions perdurent. La confrontation militaire n'est plus de mise, alors que d'autres modalités sont apparues, par lesquelles on peut empêcher qu'un pays ou une puissance se lèvent. On crée toutes sortes d'obstacles, on modifie ou on « écrit » l'agenda des priorités. Ce ne sont pas les affirmations du leader chinois que nous voulons analyser ici, mais la grande importance que tiennent pour l'Europe des territoires tels que le Moyen-Orient, le nord de l'Afrique et, bien sûr, la Méditerranée ; il y va, dans un sens plus large, de *la signification stratégique des voisinages*. Après tout, le conflit ukrainien est une véritable « épine » dans le pied de l'Europe ; et ce qui se passe au Moyen-Orient, une explosion sur les flancs de notre continent. Cela ne signifie pas que tous ces événements ont été fabriqués de toutes pièces afin de créer des problèmes à l'Europe – et ce, ne serait-ce que parce que l'Union a bien été, d'une manière ou d'une autre, à l'origine des tensions qui déchirent ces régions et qu'elle a même contribué à leur amplification. Par contre, il est évident que c'est l'Europe qui *paye* la plupart des conséquences négatives de ces conflits.

---

[1] Oriana Fallaci, *Intervista con il potere*, Milan, BUR Rizzoli, 2010.

La situation au Moyen-Orient est souvent approchée par le prisme sécuritaire. Cette perspective, tout à fait légitime, n'est pas centrale pour notre ouvrage. Par contre, son impact sur l'Europe nous intéresse largement, car il peut sérieusement affecter l'évolution de la construction européenne et qu'il soumet l'Union à un nouveau test, encore plus dur que celui de la crise. Voilà pourquoi nous ne ferons pas ici une analyse en tant que telle de la situation au Moyen-Orient, mais nous tenterons d'examiner le conflit dans cette région – laquelle, il ne faut pas l'oublier, est une partie de l'Eurasie – à la lumière de son impact sur le Vieux Continent. Habituellement, lorsque l'on parle des voisinages, c'est le sens géographique du terme qui nous vient à l'esprit. Pour une puissance, le voisinage c'est *l'environnement politique*, autrement dit, la totalité des processus sociaux et économiques qui ont lieu dans ledit espace. L'ordre au sein d'un système doit nécessairement aller de pair avec l'équilibre et l'harmonie. De ce point de vue, l'Union européenne s'est laissé surprendre par des évolutions décelables, même au niveau du sens commun.

4.2. Les cartes commencent à être redessinées

Le dernier accord ayant assuré une certaine stabilité au Moyen-Orient a été conclu au lendemain de la guerre arabo-israélienne à la fin 1973. D'autres conflits ont éclaté entre-temps, mais cet ordre a fonctionné pendant environ quatre décennies. Comme le remarquait aussi Henry Kissinger, c'était un arrangement régional, qui excluait la Russie[2]. D'ailleurs, après la chute de l'Union soviétique et la fin de la guerre froide, Moscou n'a plus eu de présence significative dans la région, alors que, dans les années 1960, elle y était la principale puissance.

Peu à peu, surtout au XXIe siècle, cette entente a commencé à se dégrader. Elle a été créée par l'Amérique, et c'est toujours cette dernière qui l'a fragilisée. Quelques moments sensibles ont marqué ce processus de dégradation, lesquels ont finalement conduit à la situation d'aujourd'hui, ainsi décrite par Kissinger : « Quatre États de la région ont cessé de fonctionner en tant qu'États souverains : la Libye, le Yémen, la Syrie et l'Irak. Ils sont devenus la cible de mouvements non étatiques qui tentent d'imposer leurs propres règles. Dans de larges régions d'Irak et de Syrie, une armée ayant embrassé une doctrine religieuse s'est auto-proclamée État islamique, ennemi juré de l'ordre international actuel. L'État islamique tente de remplacer le système multipolaire en place par un califat, un seul empire islamique gouverné par la charia[3] ».

Le portrait actuel de la situation du Moyen-Orient ne serait pas complet sans trois éléments de nouveauté. En premier lieu, c'est le retour de la Russie, comme

---

[2] Henry Kissinger, « A Path Out of the Middle East Collapse. With Russia in Syria, a Geopolitical Structure That Lasted Four Decades Is In Shambles. The U.S. Needs a New Strategy and Priorities », *The Wall Street Journal*, 16 octobre 2015. <http://www.wsj.com/articles/a-path-out-of-the-middle east-collapse-1445037513>.

[3] *Ibid.*

puissance qui aura un poids important dans ce qui se passera dans la région. La réduction de la présence militaire en Syrie, annoncée par Vladimir Poutine, ne doit pas nous leurrer. Comme Poutine l'a déclaré, la mission a rempli ses objectifs, car, premièrement, el-Assad contrôle à présent une partie bien plus grande de la Syrie, environ 70 % selon certaines estimations ; deuxièmement, Damas participe aux négociations de Genève, ce qui était inimaginable il y a un an ; enfin, troisièmement, un accord n'est pas exclu, qui donne à la Russie un poids plus important en Ukraine et, peut-être, en Moldavie. Moscou a bien réduit sa capacité militaire en Syrie, mais elle est fortement présente dans la région et en Méditerranée. En second lieu, il faut invoquer l'importance inattendue du rôle joué par la Turquie dans les dernières évolutions. La Turquie craint les nouvelles possibilités d'affirmation du mouvement kurde, vu que sur son territoire vivent plus de 10 millions de Kurdes. « Le jeu » entamé par Ankara a été de désigner deux acteurs, soit les Kurdes et l'État islamique, comme ennemis. L'émigration syrienne a élargi sa capacité de manœuvre et sa force d'influence en rapport avec l'Union européenne. Nous considérons toutefois que la Turquie ne sera pas à la hauteur du jeu stratégique qui se déroule au Moyen-Orient, lequel suppose en fait un mouvement de reconfiguration des frontières. La meilleure preuve en ce sens, c'est que, justement alors que nous sommes en train de publier cet ouvrage, un nouvel État vient d'apparaître dans la région, comme le prouve la carte ci-dessous. Patrick Cockburn[4] mentionne clairement l'apparition d'un nouvel État au nord de la Syrie, le long de la frontière avec la Turquie.

FIGURE 17

Source : Patrick Cockburn, « End Times for the Caliphate ? », *London Review of Books*, 3 mars 2016, http://www.lrb.co.uk/v38/n05/patrick-cockburn/end-times-for-the caliphate.

[4] Patrick Cockburn, « End Times for the Caliphate? », *London Review of Books*, 19 février 2016, <http://www.lrb.co.uk/v38/n05/patrick-cockburn/ end-times-for-the-caliphate>.

Cet État serait composé de territoires d'où l'armée syrienne s'est retirée ainsi que d'autres territoires conquis à la suite des victoires remportées par l'armée kurde contre l'État islamique. Comme on le sait, en Irak, il existe déjà une région autonome kurde, qui a réussi à accroître considérablement son territoire en profitant des faiblesses de Bagdad. En tout cas, le troisième élément de nouveauté, c'est l'apparition du mouvement kurde sur le devant de la scène dans le paysage actuel au Moyen-Orient. Les Kurdes bénéficient de l'appui d'Israël et de la Russie. Il n'est pas exclu qu'ils comptent parmi les bénéficiaires des mouvements tectoniques de la région. La situation est en pleine évolution. L'ordre établi il y a quatre décennies n'existe plus, en réalité. Le Moyen-Orient aurait besoin d'une nouvelle vision stratégique, ce qui est peu probable d'arriver dans un futur proche. Cette année, des élections présidentielles ont lieu aux États-Unis, ce qui veut dire que la question d'une nouvelle configuration dans la région ne se posera pas avant la moitié de 2017. Jusque-là, des reconfigurations partielles sont tout à fait possibles.

4.3. L'islam, un monde en expansion

Au sud, l'Europe est bordée par la Méditerranée. Selon les approches classiques de la géopolitique, la mer unit. À qui l'Europe est-elle unie dans ce cas ? À tout un « monde », le monde islamique, qui part du nord de l'Afrique, traverse l'Orient – Proche-, Moyen- et Lointain- – et arrive jusqu'au pays islamique le plus peuplé, l'Indonésie, aux bords du Pacifique. Le monde islamique est *la ceinture géopolitique du monde* Ses atouts sont nombreux. D'abord, ses richesses naturelles. Quelqu'un disait en plaisantant à moitié, que là où l'on découvre du pétrole, il faut nécessairement que ce soit dans un pays islamique. Ensuite, les positions géographiques clés sont détenues par bien des États peuplés par des musulmans (l'Indonésie, l'Égypte, l'Iran, etc.) ; ou encore, ils détiennent la plus importante richesse d'un État, soit sa population. Si l'on suit attentivement la succession des conflits surgis ces dernières décennies, on remarque que bien d'entre eux se situent aux frontières du monde islamique, dont le taux de croissance démographique est parmi les plus grands au monde. Voilà pourquoi le monde islamique est un monde en expansion. Il a profondément pénétré le territoire africain, jadis inoccupé par les musulmans. Il détient des positions très importantes en Inde, où vivent environ cent millions de croyants musulmans, et même en Chine, où, en plus des Ouïghours de religion islamique, vivent aussi quelques millions de musulmans. Pour se faire une image claire, à présent, la population musulmane représente plus de 23 % de la population de la planète, et d'ici 2030 elle atteindra 29 %[5]. Pratiquement, dans seulement quinze ans, un habitant de la planète sur trois sera musulman.

---

[5] Pew Research Center, 26 mars 2015. <http://www.pewforum.org/>.

Comment le monde développé et surtout l'Europe se sont-ils rapportés à ce monde en expansion ? Une erreur et même une superficialité géopolitique interviennent toujours au *croisement* de plusieurs causes, plusieurs éléments favorables ou contextes délicats. Nous avons affirmé ci-dessus que l'ordre institué par les Américains au Moyen-Orient après 1973 était sur le point de s'effondrer. Pendant plusieurs années et par le biais d'actions, de positions, d'initiatives prises à des moments clés, *un nouveau rapport* au monde islamique est né. Le premier de ces moments est représenté par l'attaque terroriste du 11 septembre 2001 et par la réaction américaine à cette attaque. Il y a peu de temps, un ancien responsable des services secrets américains, Michael Flynn, qui a travaillé au Moyen-Orient, puis dans les forces de sécurité de Barack Obama, a accordé un entretien à *Der Spiegel*. Une idée nous a semblé très actuelle : le rôle des émotions, surtout des émotions intenses, dans l'orientation que l'on a donnée à la décision stratégique. Le spécialiste américain analyse cette influence toxique dans le cas concret de la situation créée au lendemain des attentats du 11 septembre et de l'intervention en Irak, avec toutes les conséquences qui en ont découlé (y compris l'apparition de l'État islamique). Dans une analyse des plus sincères et des plus profondes, l'auteur affirme : « Lors des événements du 11 septembre, les émotions nous ont accablés, et notre réponse a été : "D'où viennent-ils, ces salauds ? Allons en finir avec eux !" Au lieu de nous demander pourquoi ils nous avaient attaqués, nous nous sommes demandé d'où ils venaient. C'est ainsi que, du point de vue stratégique, nous avons suivi une direction erronée. [...] Aussi brutal qu'il ait été, ce fut une erreur d'éliminer Saddam Hussein [...]. Voilà la leçon historique : ce fut un échec stratégique d'aller en Irak. L'histoire ne se montrera pas, et ne doit pas se montrer, tolérante à l'égard de cette décision[6] ».

Une différence nette sépare les deux moments, respectivement l'attaque terroriste de septembre 2001 et l'invasion de l'Irak (2003), même si on les examine seulement de la perspective de l'intensité des émotions qu'ils ont générées. En 2001, il était impossible de faire abstraction des émotions, tout comme il était impossible qu'elles n'influencent pas la décision. C'étaient elles qui, d'une certaine manière, dirigeaient le comportement politique, et les leaders ne pouvaient pas s'opposer à la colère, justifiée, des gens. L'événement avait bouleversé la société américaine et le monde entier. Ce qui ne veut pas dire que – peut-être non pas à ce moment-là, mais au cours des mois et des années suivantes – il ne fallait pas se demander clairement : « Pourquoi nous ont-ils attaqués ? », ce qui aurait considérablement élargi l'horizon politique et géopolitique des analyses et des réponses offertes par les experts américains. En 2001, les émotions étaient justifiées, naturelles, alors qu'en 2003, l'émotion a été provoquée, créée et, par conséquent, en bonne mesure, artificielle. L'administration Bush a justifié l'intervention par l'existence en Irak d'armes de

[6] Michael Flynn, « We Were Too Dumb », entretien réalisé par Matthias Gebauer et Holger Stark, *Der Spiegel*, le 29 novembre 2015.

destruction massives et par la possibilité qu'elles soient utilisées contre les États-Unis. Il s'est avéré par la suite qu'il n'y avait pas de telles armes. À ces deux moments, c'est l'administration de George W. Bush qui se trouvait à la tête des États-Unis. La réaction vis-à-vis de l'attaque terroriste de 2001 a été elle aussi critiquée, mais avec modération et nuance. Par contre, en 2003, les critiques se sont fait entendre dès les débuts des préparatifs militaires et se sont accentuées par la suite. Au fur et à mesure que les années passeront, l'histoire se montrera de moins en moins tolérante envers cette décision, parce qu'une partie des évolutions actuelles au Moyen-Orient sont directement liées à l'intervention militaire en Irak[7].

4.4. « Les printemps arabes » : une invitation au changement ou à l'effondrement de l'ordre régional ?

Le deuxième moment d'affaiblissement de l'ordre institué dans la région a été représenté par la succession des « printemps arabes ». Il s'est agi d'amples mouvements sociaux, qui ont débouché sur l'effondrement de régimes et de dirigeants, et le changement du paysage politique de bien des États. Comme cela arrive souvent dans de telles situations, les reconfigurations qui se produisent mettent en évidence des querelles historiques, raniment des conflits latents. Cette situation est fixée de façon suggestive par Ilan Goldenberg et Melissa G. Dalton : « L'invasion de l'Irak par les États-Unis en 2003 a déclenché une véritable vague de désordre au Moyen-Orient, significativement amplifiée par les révoltes arabes de 2011. Les protestations massives ont débouché sur deux processus : l'effondrement, ou presque, des républiques arabes anciennes (l'Égypte, l'Irak, la Libye, le Yémen) et l'intensification de la compétition entre l'Iran chiite et les monarchies arabes sunnites du Golfe. Les deux processus nourrissent et renforcent les tensions qui ébranlent tout le Moyen-Orient[8] ».

Les superficialités ont, elles aussi, une hiérarchie. Les plus coûteuses, ce sont les superficialités géopolitiques, vu qu'elles peuvent avoir la force des phénomènes naturels. Parmi celles-ci, les plus dangereuses sont les superficialités associées aux mouvements démographiques, face auxquels on ne peut se défendre, tout comme on ne peut pas se défendre contre des débâcles dévastatrices. Comment l'Allemagne et l'Europe ont-elles pu se tenir tranquilles alors que, dans leur proche voisinage, bouillonnait un véritable chaudron démographique ? Que peut-il y avoir de plus alléchant pour une population pauvre, mais qui se développe de manière explosive, que la proximité d'un continent

---

[7] Voir Hisham Melhem, « Keeping Up With the Caliphate: An Islamic State for the Internet Age », *Foreign Affairs*, novembre/décembre 2015.

[8] Ilan Goldenberg et Melissa G. Dalton, « Bridging the Gulf », *Foreign Affairs*, novembre/décembre 2015.

riche et dont la population est en train de vieillir à vitesse grand V ? Or, qu'a fait l'Europe ? Elle a participé à l'organisation des « printemps arabes » et à l'effondrement de régimes dictatoriaux, il est vrai, mais qui présentaient l'avantage d'assurer un certain ordre et de maintenir les populations respectives sur place. Autrement dit, elle a contribué à la destruction du « barrage » qui tenait les vagues de populations loin de ses côtes. Que l'Europe n'ait pas pris en considération cette menace qui se profilait de plus en plus nettement ces dernières décennies – et que le conflit au Moyen-Orient a dramatiquement amplifiée, mais qu'il n'a pas créée – est illustré par la position d'Angela Merkel. Cette dernière a invité à l'accélération d'un processus qui comporte de gros risques pour l'Union. C'est ainsi que des vagues de migrants ont déferlé sur le Vieux Continent. Ce n'est que le début d'une vague migratoire, qui affectera le calme dont l'Union avait tant besoin pour se remettre de la crise, et pour son propre développement. Tout se passe comme si l'Occident et l'Allemagne s'étaient fait livrer un problème qui sera dorénavant, pour longtemps, l'une de leurs principales préoccupations. Plus d'un million de réfugiés sont déjà arrivés en Europe. Lorsque l'excédent démographique prend de l'ampleur et qu'il va de pair avec la pauvreté, on ne peut plus endiguer efficacement la vague migratoire. La solution tient à stabiliser la situation dans les pays touchés et non pas à stopper une masse d'individus à la recherche de leur propre salut.

Il faut faire ici deux distinctions. Il faut absolument clarifier la relation entre *stabilité politique et liberté* dans des contextes particuliers, comme c'est le cas ici. Bien sûr, la liberté est une valeur suprême, partagée, désirée, parfois même assumée. Lorsqu'elle remet en question la stabilité politique, même s'il s'agit d'une stabilité autoritaire, elle doit être considérée avec prudence. Il y a des situations géopolitiques où l'on peut et où il faut préférer la stabilité, du moins pour une certaine période. Prenons l'exemple de la Libye, où l'Europe a été directement impliquée. L'ancien dirigeant libyen était sans conteste un dictateur. Mais, sous sa direction, son pays était un tampon entre l'Europe et les populations au sud de Maghreb, qui désiraient migrer vers le Vieux Continent. En outre, Kadhafi s'était expressément engagé à lutter contre le terrorisme. Un changement est nécessaire en Libye, mais qui se fasse progressivement et surtout, qui ne prive pas le pays de gouvernement et favorise l'installation du chaos. La situation est similaire en Irak. À qui sert-elle ? Quelle puissance importante du moment l'aurait permise à ses frontières ? Le seul pays où le printemps arabe a bien éclaté mais n'a pas abouti a été la Syrie, le lieu d'origine de la plupart des réfugiés. Bashar el-Assad a eu recours à des représailles, des milliers de gens ont été tués, le pays a été sérieusement amputé. Assad a tenu le coup moyennant un prix que le monde démocratique n'aurait pas dû accepter. Son existence à la tête du pays fait l'objet d'une vive dispute. Pour bien des auteurs, la priorité n'est pas de le renverser, mais de lutter contre l'État islamique et contre le terrorisme dans la région. Les États-Unis mettent sur le même plan les deux priorités et ne consentent pas à les hiérarchiser.

Alan Greenspan, parlant des problèmes du développement, rappelait la « combinaison potentielle » représentée par la rencontre entre les investissements étrangers massifs et l'abondance de la main-d'œuvre. Il existe une autre combinaison, dévastatrice quant à elle, représentée par la jonction entre une population nombreuse, qui augmente, et la pauvreté. Si elle est dévastatrice, c'est parce qu'elle génère de l'instabilité, un état permanent de mécontentement et de révolte, lequel, à un moment donné, devient très difficile à contenir. Lors d'une prise de parole à l'automne 2015, Christine Lagarde[9] précisait qu'un tiers de la population du Moyen-Orient est âgé entre 15 et 29 ans. Il n'est pas étonnant, ajoutait la patronne du FMI, que beaucoup de ces jeunes sentent qu'ils n'ont pas d'autre choix que de chercher du travail ailleurs. « Ailleurs » c'est, avant tout, l'Europe. Les études de démographie historique montrent qu'une telle proportion de population jeune génère partout et à tout moment la possibilité de séismes sociaux. Si l'on y ajoute le manque d'emplois, la situation devient carrément explosive – et ce, dans la proximité immédiate de l'Europe.

Si le Vieux Continent n'a rien fait dans la région afin de stabiliser ce qui pouvait encore l'être et réduire la pression démographique, il n'aurait pas dû, non plus, allumer la moindre étincelle près du chaudron démographique représenté par le Moyen-Orient. Or, qu'a fait l'Europe ? Elle a mis le feu aux poudres. Le comble, c'est qu'elle l'a fait avec satisfaction, comme si elle s'attendait à des applaudissements. La succession de « printemps arabes » a été la conséquence de cet embrasement imprudent. La crise des réfugiés ravage l'Europe parce qu'elle ébranle, avant tout, la confiance. Une querelle au sein d'une famille fait ressortir ce que chaque membre a de plus mesquin. Qui a établi les « quotas obligatoires » ? Les puissances de l'Union européenne. Mais lorsque ces mêmes puissances ont permis, voire même ont participé au changement de régime en Libye et dans d'autres pays de la région – c'est-à-dire lorsqu'elles ont pratiquement déclenché la vague actuelle de réfugiés – ont-elles institué des « quotas de responsabilité » pour les conséquences de leurs actions ? Vous imaginez bien que cette « querelle » sera reprise avec chaque vague de réfugiés. Et à chaque fois, on considérera les effets et on tournera le dos aux véritables causes. C'est ainsi que s'érode la confiance.

L'Union européenne est la deuxième puissance économique mondiale (avant la crise, elle était la première). Son comportement géopolitique n'est pas celui spécifique d'un pôle de puissance globale, mais d'une puissance secondaire pas sûre d'elle-même. Nous pensons ici à son comportement durant la crise, lorsqu'elle n'a pas saisi à temps le danger réel que posait cette dernière et qu'elle a retardé la mise en place de mesures permettant de surmonter la crise de l'euro, mais surtout à sa politique extérieure et encore plus à sa politique envers ses voisins immédiats. La première préoccupation d'une puissance est de prendre soin de sa propre santé, et ensuite de la stabilité de ses voisins, vu qu'un voisinage

[9] Christine Lagarde, « Brothers and Sisters… », *op. cit.*

instable est le deuxième grand risque après l'instabilité interne. Lorsqu'un problème de stabilité interne apparaît, le gouvernement se doit d'intervenir, d'influencer directement le cours des choses. Mais on ne peut pas traiter de la même manière une instabilité dans le voisinage ; il faut la *prévenir*. Voilà pourquoi un voisinage stable réclame de la stratégie, de l'influence directe, des réponses qui tiennent compte des évolutions sur le moyen et le long terme.

L'arc d'instabilité qui entoure l'Europe est la première illustration de la souffrance géopolitique de Bruxelles. Bien d'autres exemples peuvent être encore avancés. Pour l'Europe, du point de vue géopolitique, l'Afrique est son « arrière-cour », très importante non seulement parce qu'elle se trouve à proximité, mais parce qu'elle est une véritable réserve de matières premières. À une époque où l'on parle d'une crise imminente des ressources, cette qualité confère à l'Afrique une signification géopolitique à part, d'autant que l'Europe est pauvre en matières premières. Qui domine à présent l'Afrique ? La Chine et, partiellement, l'Amérique. Où était l'Europe lorsque son « arrière-cour » était occupée par d'autres puissances ? L'Europe a maintenant un accès plus difficile aux matières premières africaines, mais elle est la cible des vagues d'immigrants issus de cette région. Elle paie bien le prix du voisinage, sans tirer profit de ses avantages. Difficile à comprendre…

Aujourd'hui, personne ne doute plus qu'un choc géopolitique de proportions a lieu au Moyen-Orient. Les puissances du moment, et surtout les puissances militaires, se rencontrent sur ce terrain extrêmement accidenté et cherchent à imposer leurs intérêts, par leur propre force et, surtout, à l'aide des acteurs de la région. Mais c'est sur l'Europe que déferlent les principales conséquences géopolitiques du conflit, par l'exode démographique, qui ira bon train, de sorte que personne ne saurait dire si dans les futurs manuels d'histoire, la situation que l'on vit à présent ne sera pas mentionnée comme un cas classique où la « périphérie » engloutit la « métropole ».

4.5. Pour qu'elle soit durable, la puissance doit être complète

Arrivés à un certain niveau de développement, les pays ou les régions économiques prennent soin de se doter d'atouts dans les trois domaines qui composent la structure d'une puissance : militaire, économique et soft (culturel). De par la manière dont elle est née, l'Union européenne s'est vu obligée de se concentrer sur la *composante économique*. Elle avait besoin de performance économique afin de persuader, et de se persuader de la valeur du modèle de développement qu'elle avait inauguré. Elle avait déjà hérité de la *puissance culturelle*, il lui restait donc à se préoccuper de sa puissance militaire, ce qui n'a jamais été tout à fait très clair. Peu importe le nom sous lequel elle a existé dans le temps, l'Union a fait dès le début partie de l'OTAN. Mais le poids des dépenses de l'OTAN est à la charge des États-Unis. Or, on sait bien que celui qui paye décide de la partition. Cela ne veut pas dire que la pensée stratégique se développe seulement en lien étroit avec l'existence de la puissance militaire. Mais il est clair que détenir une puissance militaire d'une certaine envergure oblige à des clarifications stratégiques.

La puissance militaire comporte à son tour des risques. Elle est d'abord très coûteuse. Ensuite, elle peut demeurer longtemps dans une forme de léthargie. Il reste qu'elle s'avère décisive dans des situations-limite. L'espace européen dispose d'une considérable force de défense, mais elle est répartie au niveau des pays. Chaque puissance européenne a eu, par exemple, sa propre politique envers le Moyen-Orient ; par contre, on ne peut pas parler d'une politique, d'une stratégie de l'Union européenne envers cette région située dans son voisinage immédiat. Il y a la position de la France, de la Grande-Bretagne, etc. Après l'attaque terroriste de Paris à l'automne 2015, François Hollande a fait une tournée dans plusieurs pays afin de trouver du soutien en vue du « combat impitoyable » contre le terrorisme qu'il avait promis à ses citoyens. Dans cette « tournée de la coopération », il s'est rendu entre autres à Washington. L'appui sollicité a eu pour seul résultat la promesse d'un échange d'informations. Même après ces attaques sanglantes, l'Amérique n'a pas consenti à changer de sa propre stratégie. Barack Obama l'a dit clairement : « Notre stratégie est la bonne et nous allons la promouvoir jusqu'au bout[10] ».

Pour ce qui est de la Défense, l'Union vit le même paradoxe, mais bien plus marqué que dans le domaine économique : chaque État membre important est puissant, mais pas assez puissant pour compter au niveau global, alors que l'Union dans l'ensemble pourrait être très forte, mais elle n'a pas de positions cohérentes et unitaires qui expriment la position de l'ensemble. Nous le répétons, dans le domaine économique, les choses ont quand même évolué. Pour ce qui est de la Défense, la division est si grande, que l'on ne peut pas parler de l'Union comme d'un pôle de puissance global. Deux personnalités importantes en rendent compte dans un registre ironique. Jean-Claude Juncker disait, par exemple, en octobre 2015 : « Comparés à la politique européenne de Défense, les poussins d'une mère poule ont l'air d'une unité de combat bien organisée[11] ». Robert Kaplan saisissait le même morcellement et le même retournement des États membres vers leurs problèmes intérieurs, avec le risque énorme que les priorités de l'Union soient reléguées au second plan : « Par-delà les déclarations, chaque État membre poursuit son propre intérêt national sans se poser le problème de ce qu'il y aurait de meilleur pour l'Europe. Il n'y a tout

[10] « In Russia's Defeat He Trusts: The Qttacks in Paris Have Not Changed Barack Obama's Course on Syria », *The Economist*, 28 novembre 2015. <http://www.economist.com/news/united-states/21679189-attacks-paris-have-not-changed-barack-obamas-course-syria-little-could>.

[11] Robin Emmot, « Risk of "Brexit" Deals Further Blow to EU Defense Hopes », Reuters UK, 9 décembre 2015. <http://uk.reuters.com/article/us-europe-defence-analysis-idUKKB-N0TS1Q720151209>.

simplement pas d'idéal et rien qui vaille la peine de lutter, si ce n'est assurer une vie prospère au sein d'un État du bien-être[12] ».

Un autre aspect très important intervient dans ce contexte. Posséder sa propre puissance militaire donne, entre autres, une forme d'assurance, de confiance, voire d'optimisme. La réalité, c'est que l'Europe a développé une sorte de dépendance envers Washington. Peut-être s'est-elle habituée à jouer un rôle secondaire par rapport aux États-Unis, peut-être n'a-t-elle plus exercé sa capacité à prendre des décisions, à se préoccuper de son avenir et de sa propre sécurité ; ce qui est certain, c'est que, à présent, avec chaque crise, l'Europe semble dépassée par les événements ; elle est toujours surprise et a l'air d'être dans une déroute permanente. Les États-Unis ont bien raison quand ils accusent les faibles contributions européennes aux dépenses liées au fonctionnement de l'OTAN. La sécurité coûte de plus en plus cher. Comme dans d'autres domaines, l'Europe doit d'abord décider de ce qu'elle veut faire dans le domaine de la Défense. À une époque de reconfigurations géopolitiques majeures, elle ne pourra pas jouer de rôle significatif aussi longtemps que sa capacité à se défendre et sa politique extérieure seront réparties au niveau des pays. Tout comme les règles et les procédés recommandés par Bruxelles ne sauraient remplacer les convictions des individus, de la même manière la force de Défense de l'Union ne peut pas se constituer par le simple cumul des capacités de Défense nationales. L'ensemble devrait l'emporter sur les parties ; sinon, l'idée d'Union n'aura plus d'avenir.

4.6. Un monde avec « peu de besoins et des croyances fortes[13] »

Pour ce qui est des évolutions au Moyen-Orient et de leur impact sur l'Europe et sur le monde, des questions malaisées, voire tristes, se posent, qui ont trait à la disponibilité des puissances pour apprendre les leçons de l'histoire, voire même pour comprendre les particularités du monde contemporain. On a parfois l'impression que ce qui circule sur la planète, ce ne sont pas les cartes élaborées à partir des réalités – géographiques, économiques, sociales, culturelles – des continents, des régions et des pays auxquels elles font référence, mais seulement des cartes mentales, projetées à Washington, à Moscou, à

---

[12] Robert D. Kaplan, « A Continent of Appeasers Has Abandoned Its Own Defense », *Financial Times*, 8 avril 2015.

[13] Ce syntagme fait partie de l'article « Integrarea imigranților – "următorul mare proiect european"? »[« L'intégration des immigrants – le "prochain grand projet européen?" »], publié par Grigore Georgiu dans *Convorbiri Europene* le 12 octobre 2015, dans le contexte suivant : « Les régimes dictatoriaux du monde arabe maintenaient sous leur bouclier ces populations avec peu de besoins et des croyances fortes. Lorsque les murs sont tombés, ces populations ont cherché refuge dans les pays voisins ». On comprend bien que les murs extérieurs soient tombés, mais qu'en est-il des murs construits par la culture au sein de laquelle on est formés ? L'effondrement des murs extérieurs a généré l'exode, mais le maintien des murs intérieurs peut rester à la base de futurs conflits culturels. En fait, c'est là l'essence du problème.

Bruxelles ou à Pékin. Bien sûr, toute projection porte l'empreinte des réalités, des interprétations et des jugements qui prédominent dans la capitale où elle a été élaborée. Le problème, c'est que ces projections ne correspondent plus à la réalité qu'elles prétendent surprendre, voire transformer. Si l'on essaye de comprendre – sans préjugés, sans passion, sans propensions inutiles – ce qui s'est passé au Moyen-Orient ces dernières années, on en arrivera sans doute à une conclusion similaire à celle énoncée ci-dessus. Le Moyen-Orient est, avant tout, une *réalité culturelle*, une région habitée par des individus « avec peu de besoins et avec des croyances fortes », qui se distinguent donc totalement des citoyens avec bien des besoins et peu de croyances des pays développés. Des individus attachés à des valeurs tout à fait particulières, il est vrai, un monde où la croyance religieuse a façonné un profil humain, que l'on peut accepter ou non, mais qui existe bel et bien et qui fait corps commun avec la religion dont il se revendique. Transformer ce monde, c'est tout d'abord procéder à son émancipation économique et sociale. Et le rythme de cette éventuelle transformation ne s'éloignera pas trop de celui imprimé par l'histoire. Un vieux proverbe arabe affirme que les Arabes doivent être dirigés par des Arabes, ce qui est d'autant plus valable lorsque l'on parle des transformations.

Qu'a-t-on donc appris de « l'expérience Irak » ? Si l'on s'en tient aux mots de Max Boot, on ne peut qu'embrasser une version pessimiste : « Les esprits les plus brillants ont fait en Afghanistan et en Irak des erreurs tout aussi monumentales que celles commises par leurs prédécesseurs au Vietnam[14] ». Mais il ne faut pas remonter si loin dans l'histoire. À présent, la plupart des analystes considèrent que l'invasion de l'Irak a été une « maladie auto-provoquée », une action dépourvue de toute justification, mal calculée et mal menée. Seulement quelques années après, ce fut le tour des « printemps arabes », qui ont propagé l'instabilité à d'autres États de la région.

La plupart des évaluations orientent l'analyse vers la période post-intervention et non pas vers ce qui précède l'intervention. Voilà deux perspectives différentes, qui amènent à deux types de conclusions. Il est bien sûr important de se concentrer sur les problèmes relatifs à une intervention militaire, qui peuvent offrir des leçons quant à l'envergure de l'intervention, au moment du retrait, au comportement des troupes sur les territoires respectifs, etc. À notre avis, l'analyse la plus fertile vient de la concentration sur la période qui précède l'intervention. Qu'attend-on de cette dernière ? La puissance qui prépare l'intervention est-elle aussi « équipée » de projets adéquats pour le pays ou la région en question ? La préparation militaire de l'opération est très importante, mais le projet au nom duquel on la mène est encore plus important.

Une telle perspective est essentielle. D'abord, elle permet d'observer si la puissance qui intervient connaît bien les particularités de la région. En Irak, l'intervention a eu pour but déclaré le démantèlement de la dictature et l'instauration d'un régime démocratique, les deux composantes allant de pair.

[14] Max Boot, « More Small Wars », *Foreign Affairs*, novembre/décembre 2014.

On a bien rempli le premier objectif, mais qu'en est-il du second ? Était-il vraiment réaliste, vraiment adéquat ? Aujourd'hui, la plupart des analystes s'accordent pour dire que non. Richard K. Betts le dit limpidement : « la conclusion est évidente : les leaders politiques ne devraient plus surestimer la capacité des États-Unis à créer des systèmes politiques viables et devraient être plus précautionneux lorsqu'il s'agit de lancer des campagnes censées combattre les mouvements insurgés dans un pays où le gouvernement est trop faible et trop corrompu pour le faire avec ses propres forces[15] ». Il s'agit là d'une question d'adéquation du projet à une réalité culturelle différente. Il faut toujours souligner que la démocratie n'est pas un produit d'exportation. Elle doit « pousser » sur un sol social et culturel ; elle est un couronnement et non pas nécessairement un point de départ. De telles interventions militaires portent en quelque sorte la croyance implicite que l'on pourrait planter à la hâte la démocratie, qui pousserait le printemps suivant. Les peuples avec une solide tradition démocratique ne peuvent tout simplement pas partager de telles superficialités.

La même perspective ouvre la voie à une analyse comparative entre le projet initial et ses résultats. Aujourd'hui, les questions liées au caractère justifié de l'intervention militaire, des pertes humaines et financières qu'elle a générées (les États-Unis ont dépensé en Irak et en Afghanistan trois milliards de milliards de dollars) sont en quelque sorte secondaires. Le problème réel de nos jours, ce sont les conséquences. Tant en Irak, en Afghanistan, qu'en Syrie ou en Libye, on a plus ou moins débouché sur la guerre civile. Des querelles anciennes se sont ranimées, alors que la stabilisation de la région est une question qui relève du moyen terme, sinon du long terme. Dans l'avenir, l'Europe devra affronter les effets de l'instabilité et – qu'elle le veuille ou non – devra en payer les frais d'une manière ou d'une autre.

4.7. Les risques de la confrontation « par intermédiaires »

Vu que l'on discute ici de l'impact de la situation au Moyen-Orient sur l'Europe, il faudra mettre en avant une série de *complicités* de l'Union dans bien des phénomènes auxquels se confronte la région. La campagne aérienne contre la Libye, en 2011, a inclus des forces européennes. Ce n'est pas le seul cas. Hubert Védrine apporte en ce sens une précision que nous trouvons stupéfiante : « Même si l'Europe n'a pas contribué à chasser des leaders despotiques, certains pays européens ont adopté des positions fermes. La France et la Grande-Bretagne ont dit : "Assad doit s'en aller". Nous, par contre, nous n'avons aucune responsabilité directe pour ce qui s'est passé dans la région[16] ». On peut parfois se faire pardonner une erreur, si on la reconnaît, si on l'assume comme telle. Les

---

[15] Richard K. Betts, « Pick Your Battles », *Foreign Affairs*, novembre/décembre 2014.

[16] Hubert Védrine, « Brexit Would Be a Catastrophe », *Euractiv*, 9 février 2016. <http://www.-euractiv.com/-section/justice-home-affairs/interview/hubert-vedrine-brexit-would-be-a-catastrophe/>.

Américains ont raison lorsqu'ils disent que les Européens doivent, avant tout, décider de ce qu'ils veulent. Ce n'est pas du tout une solution élégante de la part des pays importants de l'Union, lesquels, après avoir été d'une manière ou d'une autre à l'origine de la situation créée au Moyen-Orient, pointent à présent du doigt seule la superpuissance américaine.

Il faut insister ici sur un autre aspect. Le conflit syrien est typique de la « guerre par intermédiaires ». Voilà ce que dit à cet égard Loretta Napoleoni : « En Syrie, l'Iran a appuyé le régime de Bashar el-Assad, tout particulièrement par sa branche libanaise, le Hezbollah, alors que l'Arabie Saoudite, le Koweït et le Qatar ont financé nombre de groupes rebelles sunnites, y compris l'État islamique, afin de miner la puissance iranienne dans la région… Afin de compléter ce tableau, la Russie fournit des armes au régime d'Assad en Syrie, alors que Washington en fournit aux rebelles anti-Assad – des armes que, ironiquement, l'État islamique confisque après chaque victoire[17] ». Sur ce fond, note l'auteur, l'État islamique a prospéré et, au lieu d'utiliser l'argent fourni par la CIA afin de chasser Assad, il a créé son propre État : « La direction de l'État islamique a utilisé avec succès, pour son propre avantage et presque sans que cela soit observé, le conflit syrien – une version contemporaine de la guerre traditionnelle par intermédiaires, à laquelle prennent part bien des commanditaires et des groupes armés. Vu qu'ils désiraient provoquer le changement du régime de Syrie, les Koweïtiens, les Qatariens et les Saoudiens ont financé de nombreuses organisations armées, dont l'État islamique. Toutefois, au lieu de s'engager dans la guerre par intermédiaires, entretenue par ses commanditaires, l'État islamique a utilisé l'argent de ces derniers afin de monter ses propres bastions territoriaux dans des régions stratégiques du point de vue financier, comme les riches champs pétroliers de l'est de la Syrie. Aucun autre groupe du Moyen-Orient n'avait réussi jusqu'alors à s'imposer en tant que nouveau leader de la région en se servant de l'argent des riches supporters du golfe Persique[18] ».

Qui pourrait dire que l'Union européenne n'était pas au courant des évolutions de la région, qu'elle ignorait qu'un nouvel État, voire un pays nouveau, dont la surface dépasse celle de la Grande-Bretagne, était apparu à ses frontières ? L'État islamique a introduit des règles de gouvernance, un système d'éducation, un système de collecte des impôts, a occupé des régions d'importance stratégique, riches en matières premières, a mis en valeur ces richesses et a obtenu des revenus considérables, etc. Comment pourrait-on expliquer l'existence de ce nouvel État qui a apparu et a fonctionné sous les regards tolérants des États occidentaux ? Indirectement, il est le fruit d'une stratégie utilisée par ces derniers, à savoir « la guerre par intermédiaires ». L'État islamique a *été toléré afin qu'il puisse être utilisé.* Et il a bien su tirer profit de ce contexte favorable afin d'atteindre ses propres buts. Pour nous, il est tout à fait surprenant que l'État islamique soit né, comme le remarquait aussi

[17] Loretta Napoleoni, *ISIS. Califatul terorii*, Bucarest, Corint, 2015, p. 46-47.
[18] *Ibid.*, p. 18-19.

Wolfgang Ischinger, « comme une organisation véritablement globale[19] ». Quiconque analyse, par exemple, la présence en ligne de la nouvelle organisation peut se rendre compte qu'une telle performance aurait été impossible sans un certain appui ou conseil. Ce n'est que lorsqu'il est devenu trop important, que ses actions dans la région ont pris de plus en plus d'ampleur et que la Russie est intervenue militairement, que l'État islamique est devenu un objectif ouvert de la lutte contre le terrorisme, voire son symbole.

Nous avons déjà mentionné la vague massive de migrants qu'a générée la situation en Syrie, voire le conflit au Moyen-Orient en général, un véritable exode démographique que l'on n'avait plus rencontré depuis la Seconde Guerre mondiale. La cible de cette migration est principalement l'Europe, qui s'efforce de trouver une solution en accord avec les règles démocratiques et humanitaires largement acceptées et qui ne bouleverserait pas la vie du Vieux Continent. Wolfgang Ischinger y ajoute une constatation davantage préoccupante : « Le Moyen-Orient en est arrivé à incarner ce type de conflit dont les conséquences se ressentent à grande distance du champ de bataille proprement dit[20] ». Autrement dit, il s'agit d'un conflit porté « à distance », par des frappes aériennes et des commanditaires, par le soutien des forces locales, etc. Pourquoi un tel conflit est-il extrêmement dangereux ? Parce qu'il peut se prolonger dans le temps. Il se donne en réalité entre les puissances du moment, mais par le truchement de groupes et d'États de la région. La tension entre les puissances dure en principe autant que celles-ci perdurent. La fin est précipitée par le nombre des victimes et par le coût financier élevé d'une confrontation militaire ouverte. Une nouvelle vision apparaît : « combattre sans mettre pied à terre », autrement dit, par le biais des frappes aériennes ou des populations locales, ce qui peut faire du Moyen-Orient un véritable terrain d'expérimentation, et donc une région où le conflit peut s'éterniser. C'est justement cette durée qui devrait inquiéter le plus l'Europe, la sommer de devenir une puissance en bonne et due forme : économique, militaire et culturelle.

Napoléon avait l'habitude de dire : un mamelouk vainc toujours un Français. Cinq mamelouks luttent d'égal à égal avec cinq Français. Mais dix mamelouks sont toujours vaincus par dix Français. Qu'est-ce qui décide du résultat des confrontations entre les guerriers des deux camps ? L'organisation. Pris individuellement, les mamelouks étaient meilleurs combattants que les Français ; en tant que groupe, par contre, ils ne l'étaient plus. C'est le groupe qui consacre l'importance de l'organisation. C'est comme si cette dernière absorbait les énergies de chaque membre, les mélangeait dans un alambic dont elle seule a le secret et en extrayait un résultat supérieur à la somme des énergies individuelles.

---

[19] Wolfgang Ischinger, « Boundless Crises, Reckless Spoilers, and Helpless Guardians », Munich Security Report 2016, février 2016. <https://www.securityconference.de/en/discussion/monthly-mind/single-view/article/monthly-mind-february–2016-boundless-crises-reckless-spoilers-and-helpless-guardians/>.

[20] *Ibid.*

Cette remarque en rappelle une autre, celle de Tony Barber, sur l'Europe : « L'Union européenne est condamnée à être toujours moins que la somme des parties qui la composent[21] ». Il ne s'agit pas seulement du fait que l'Union parle principalement par la voix de ses acteurs les plus prééminents, mais ces derniers relèguent *au second plan la construction* ou, si l'on veut, n'en mettent pas en valeur les avantages. Les États membres répètent, à une autre échelle, l'expérience des mamelouks et ils diminuent leurs avantages potentiels dans la compétition avec les autres concurrents. Si Bruxelles ne fait pas d'efforts afin de mettre en valeur les avantages qui découlent de l'organisation supérieure des forces européennes, alors l'Union n'a vraiment aucune chance dans la compétition qui s'annonce si serrée.

Pour l'Europe, le Moyen-Orient est le voisinage proche. Les perspectives peuvent être différentes sur l'attitude de la Russie à l'égard des événements dans les ex-pays soviétiques, mais il faut tout de même remarquer la préoccupation de Moscou pour les évolutions qui ont lieu à proximité de ses frontières. Ce sont des lois géopolitiques pérennes. On ignore quelle sera l'attitude des États-Unis envers le Moyen-Orient dans l'avenir. Jeffrey Goldberg souligne dans un document intitulé « La doctrine Obama » que le président américain aborde volontiers des sujets de politique étrangère, surtout ceux « qui n'ont pas trait au Moyen-Orient[22] ». Nous pensons quant à nous que ce n'est pas tant l'homme, que le Président qui n'est pas à l'aise avec une telle problématique. Cette attitude ambivalente envers la situation au Moyen-Orient sera de mise aussi à l'avenir. Comme le remarquent Steven Simon et Jonathan Stevenson[23], « les États-Unis ne doivent pas et ne peuvent pas se retirer de la région, littéralement, mais ils doivent continuer d'être moins présents [...]. La longue période de domination de l'Amérique au Moyen-Orient tire à sa fin ».

Qu'est-ce qui va suivre ? Difficile de le dire. Une chose est certaine. Personne ne peut savoir à l'heure qu'il est ce qui se passera demain dans la région. Gideon Rose soulignait à juste titre : « le nouveau Moyen-Orient est en pleine transformation ; de l'Irak et la Syrie jusqu'en Libye et au Yémen, personne ne sait de quoi les choses auront l'air une fois la tempête calmée[24] ».

---

[21] Tony Barber, « Europe's Decline Is a Global Concern », *Financial Times*, 22 décembre 2015.

[22] Jeffrey Goldberg, « The Obama Doctrine. The U.S. President Talks Through His Hardest Decisions About America's Role in the World », *The Atlantic*, avril 2016, <http://www.theatlantic.com/-magazine/archive/2016/04/the-obama-doctrine/471525/>.

[23] Steven Simon et Jonathan Stevenson, « The End of Pax Americana: Why Washington's Middle East Pullback Makes Sense », *Foreign Affairs*, novembre/décembre 2015.

[24] Gideon Rose, « The Post-American Middle East », *Foreign Affairs*, novembre/décembre 2015.

Cinquième chapitre

La mer de Chine méridionale : le premier conflit qui met face à face l'Amérique et la Chine

S'il fallait identifier une caractéristique du conflit en mer de Chine méridionale, ce serait qu'il met pour la première fois face à face les États-Unis et la Chine, autrement dit, la première puissance économique du monde et sa concurrente. À notre avis, le conflit en mer de Chine méridionale dominera la première partie du XXIe siècle. Il rendra avec une certaine fidélité l'évolution des deux protagonistes, leur capacité à bâtir des alliances, à accroître d'une manière ou d'une autre leur force propre. C'est là que se rencontrent les deux premières puissances économiques de la planète, avec leur poids et leur prestige, mais aussi les alliances que les États-Unis et la Chine seront à même de constituer. Le conflit couvait depuis quelque temps. Il a été ravivé par la décision de la Chine d'y construire des îles sur les récifs coralliens, voire d'y aménager une série de pistes d'atterrissage. Quelle est la motivation profonde de cette action ? Si une île appartient à un État, alors ce dernier a des droits aussi sur les eaux maritimes environnantes. Si l'État en question détient plusieurs îles, alors il peut détenir, à la limite, toute la mer, la contrôler. Voici un conflit très important, mais aussi très compliqué, une sorte de *Moyen-Orient maritime*.

Nous allons ouvrir ici une parenthèse plus large. La situation en mer de Chine méridionale est, à bien des égards, une conséquence de la situation de la région Asie-Pacifique au sens large. Par conséquent, si l'on veut mieux la comprendre, il faudra « prendre le large » et examiner les rapports dans la région, tout comme une petite partie de l'« océan » d'ouvrages qui décryptent l'ascension de la Chine et les conséquences de ce processus.

5.1. Le consensus de Bertrand Russell

Au lendemain de la Première Guerre mondiale, en 1920, Bertrand Russell a fait un voyage en Chine, qui lui a inspiré un livre sorti en 1922 : *The Problem of China*[1]. En 1922, personne ne parlait de l'« ascension de la Chine », et le grand logicien et épistémologue anglais affirmait : « le monde dans son ensemble sera fondamentalement influencé par le développement de l'économie chinoise, qui s'avérera un facteur décisif, pour le meilleur ou le pire, au cours des deux prochains siècles[2] ». Bertrand Russell cherche à se

[1] Bertrand Russell, *The Problem of China*, Londres, George Allen & Unwin Ltd., 1922, The Project Gutenberg Ebook. <http://www.gutenberg.org/files/13940/13940-h/13940-h.htm>.

[2] *Ibid.*, p. 2-3.

mettre dans la peau d'un intellectuel public chinois et à identifier les réformes nécessaires pour ce pays, tout comme leur hiérarchie. Il postule trois objectifs décisifs pour la Chine de l'époque :

1. Une bonne gouvernance.
2. Le développement industriel à la chinoise.
3. L'amélioration de l'éducation.

Trois objectifs, dans cet ordre spécifique. Voici comment l'auteur justifie sa position. L'État est grandement responsable de l'émancipation industrielle du pays, qui sera impossible tant que « l'anarchie politique perdurera ». Les fonds nécessaires pour un système d'éducation compétitif ne peuvent pas non plus être procurés en l'absence d'une bonne gouvernance. Voilà pourquoi un gouvernement compétent est non seulement le premier des trois objectifs, mais *la précondition* aux deux autres réformes. Les deux derniers objectifs sont intimement liés et il est difficile d'établir une hiérarchie. L'auteur confesse pourtant avoir donné de la prééminence à l'industrialisation, car « si les Chinois ne l'encouragent pas au plus vite, les étrangers acquerront une position si forte dans ce domaine, qu'il sera vraiment très difficile de les évincer ».

Même s'il ne l'inclut pas dans cette hiérarchie des conditions du développement, Bertrand Russell réserve une place importante au patriotisme. L'esprit patriotique « est nécessaire », mais l'auteur l'envisage plutôt comme une « attitude éclairée, désireuse d'apprendre des leçons fournies par d'autres nations, sans pour autant leur permettre de dominer [la nation chinoise] ». Le danger que pose le patriotisme, c'est que, dès qu'il devient trop confiant, « il peut prendre la forme d'une agression envers l'extérieur ». « Je crois vraiment que le patriotisme est absolument nécessaire au revirement de la Chine », affirme sans équivoque l'auteur anglais, qui précise toutefois que « ce patriotisme doit être seulement défensif, et non pas agressif ».

Ne trouvez-vous pas que ces quelques lignes préfigurent un véritable programme de modernisation ? Essayez d'enlever à cette construction simple et lumineuse ne serait-ce qu'une seule « brique » et vous allez voir que tout s'effondrera. Quelle serait cette « brique » ? Le patriotisme ? On ne saurait rien faire sans lui. Le développement industriel ? Son importance a été confirmée par la crise récente. Un gouvernement compétent ? C'est « la main visible », en l'absence de laquelle tout processus de développement manquerait de cadence, de cohérence et de perspective. L'éducation ? Tout le monde est d'accord qu'elle est fondamentale pour le développement. Pourquoi avons-nous insisté sur cet ouvrage publié il y a cent ans ? Parce qu'il est clair et direct. Nous sommes contemporains de dizaines de consensus : « Le Consensus de Washington », « Le Consensus de Berlin », « Le Consensus de Shanghai », etc. Nous avons bien des consensus, mais nous n'avons pas beaucoup de développement. Le « consensus » proposé par Bertrand Russell a la simplicité des pensées qui vont à l'essentiel. On devrait le proposer à bien des gouvernements, car, au-delà de ces qualités spécifiques, il peut être facilement mémorisé par tout un chacun. N'oublions jamais que le développement doit être assumé, « jaillir » de chaque individu. Le développement n'appartient pas aux autres, il appartient à une communauté et doit être partagé par tous ses membres.

Il y a un autre aspect très important. « Les problèmes que pose la situation en Chine sont d'ordre économique, politique et culturel. Aucune de ces catégories ne peut être examinée isolément, mais seulement en étroite liaison avec les deux autres. De mon point de vue, les problèmes culturels sont les plus importants, tant pour la Chine, que pour l'humanité[3] ». De nos jours, on remonte rarement aux racines culturelles d'une situation. On discute de crises de toutes sortes, d'indicateurs de toutes sortes, mais on oublie que toute crise est avant tout et essentiellement une crise culturelle. Afin de surmonter la crise économique, il faut tout repenser ; autrement dit, il faut concevoir un nouveau modèle culturel, reconfigurer la condition culturelle de la société contemporaine. On est à présent sur le trajet du consumérisme, auquel il semblerait que l'on ne puisse plus échapper. La société moderne retrouvera son équilibre lorsqu'elle sera à même de construire un *modèle culturel alternatif.*

Bertrand Russel souligne encore : « Sur le long terme, toutes les grandes puissances, sans exception, ont des intérêts incompatibles avec la prospérité de la Chine et avec le développement de la civilisation chinoise. Par conséquent, c'est en elle-même que la Chine devrait chercher son salut, et non pas dans la bienveillance d'une puissance étrangère[4] ». Pourtant, la Chine est bien montée en puissance, pour devenir aujourd'hui la deuxième force économique du monde. Peu importe l'opinion envers son parcours ces dernières décennies, il faut admettre que sa politique a été guidée par un réalisme emblématique. Il y a une seule expérience similaire : l'ascension de l'Allemagne dirigée par Bismark. Aucune puissance européenne n'avait intérêt à ce que l'Allemagne (à l'époque la Prusse) monte en puissance, et pourtant elle l'a fait. La différence est notable : aucune puissance globale n'avait intérêt à ce qu'un pays de la taille de la Chine se lève, et pourtant elle l'a bien fait. Comment se comportera-t-elle à l'avenir ?

5.2. Le pouvoir fait-il changer les pays, tout comme il fait changer les hommes ?

On peut difficilement admettre que la Chine changera de comportement du jour au lendemain. Les fractures de telles proportions apparaissent très rarement dans la vie d'une superpuissance économique, surtout que le chemin suivi a assuré le succès. Pourquoi donc la Chine changerait-elle des constantes ayant marqué son évolution jusqu'ici ? Simplement parce qu'elle est devenue une superpuissance et que, selon Geoff Dyer, « le pouvoir fait changer les pays, tout comme il fait

[3] *Ibid.*, p. 1.
[4] *Ibid.*, p. 119.

changer les hommes[5] ». Il est clair que des changements interviendront, en accord avec sa nouvelle force et son nouveau statut. Il ne serait pas réaliste de s'attendre à ce que, dans l'avenir, les positions de Pékin en mer de Chine méridionale, par exemple, ne deviennent pas plus déterminées. Disposant d'une économie de 10 milliards de milliards de dollars, la Chine aura surtout sur la scène politique asiatique, et notamment dans les régions qui l'intéressent tout particulièrement, à savoir la mer de Chine méridionale et la mer de Chine orientale, une position de plus en plus ferme. Espérons que cette position ne sera pas aussi précipitée, nerveuse ou moins sage. Certains auteurs soulignent que Pékin ne se préoccupera plus tellement d'« attendre patiemment le moment favorable pour affirmer son intérêt national ». La priorité claire de Pékin reste le développement économique et la modernisation de son système d'organisation.

Son évolution spectaculaire et le fait d'être parvenu à un sommet peut-être inespéré de son pouvoir économique, ne signifient pas que Pékin ne continuera pas la modernisation et les réformes. Par conséquent, la Chine *a besoin de stabilité pour pouvoir continuer de se développer*. À notre avis, cet objectif synthétise toute la politique future de Pékin. Le PIB chinois se rapproche du PIB américain, et pourra même le dépasser dans les prochaines années, mais le PIB *per capita* est de 4 à 5 fois inférieur à celui de l'Amérique. C'est par la force du *nombre* que la Chine gagne beaucoup. Avec une population 4 à 5 fois plus nombreuse que celle des États-Unis, elle se permet pour l'instant d'avoir un PIB *per capita* modeste. Mais cet indicateur essentiel de la productivité ne peut pas rester comme tel. On ne voit pas pourquoi les puissances contemporaines ne continueraient d'opposer la même résistance à la Chine que jusqu'à présent, voire même davantage. Cela implique que la dose de réalisme et d'habileté de Pékin devra augmenter considérablement.

John Mearsheimer[6] dresse un parallèle entre l'ascension des États-Unis, en tant que leader hégémonique de l'hémisphère ouest, et l'ascension de la Chine, en tant que leader hégémonique potentiel de l'hémisphère est. Selon l'auteur américain, les États-Unis ne sont pas un leader hégémonique global. Il serait impossible qu'une seule puissance ait une influence déterminante dans tous les points du globe. Son influence globale découle non pas tant de la capacité à projeter son pouvoir partout dans le monde, mais de l'absence d'une résistance significative dans toute autre région du monde. Le leader hégémonique régional qui ne rencontre pas de résistance de la part d'un autre leader hégémonique régional est perçu comme un leader hégémonique global. En réalité, les États-Unis sont un leader hégémonique régional authentique, qui a pris soin d'empêcher la montée en puissance de tout concurrent et qui, par conséquent, est libre d'agir. Voilà pourquoi ils sont présents partout et considérés comme un leader hégémonique global.

---

[5] Geoff Dyer, *The Contest of the Century: The New Era of Competition with China*, New York, Allen Lane-Penguin Books, 2014, p. 8.

[6] John Mearsheimer, *The Tragedy of Great Power Politics*, New York, W. W. Norton & Company, 2014.

Ces cents dernières années, précise Mearsheimer, il y a eu quelques tentatives d'ascension : l'Allemagne de Guillaume II, le Japon impérial, l'Allemagne nazie et l'Union soviétique. Dans les trois premiers cas, les États-Unis sont intervenus, aussi sur le plan militaire. C'est ainsi que s'explique leur participation aux deux Guerres mondiales, lorsqu'ils « ont joué un rôle essentiel dans la défaite et le démantèlement de ces leaders potentiels ». Il faut donc s'attendre à ce qu'ils aient à présent la même attitude décidée afin d'empêcher l'ascension d'un autre leader hégémonique régional. Mais il faut aussi s'attendre à ce que la Chine fasse de même, autrement dit, qu'elle évince de la région Asie-Pacifique la puissance américaine, tout comme les États-Unis ont évincé la Grande-Bretagne de la région des Caraïbes. « Pourquoi devrait-on s'attendre à ce que la Chine agisse différemment des États-Unis ? Les Chinois sont-ils plus attachés aux principes que nous ? Plus moraux ? Sont-ils moins nationalistes ? Moins préoccupés par leur propre survie ? Rien de tout cela n'est vrai ; voilà pourquoi il est très probable que la Chine suive la logique de base du réalisme et tente de devenir un leader hégémonique régional en Asie[7] ».

5.3. *Containment* ou « équilibre dynamique » ?

Les rapports qui se préciseront dans la région Asie-Pacifique dépendront du poids économique des protagonistes, mais aussi de la force des alliés. Pour l'instant, les États-Unis ont construit un système d'alliances plus fort. Leur appui principal est le Japon, la troisième puissance économique du monde et allié fidèle des États-Unis. Son alliance avec la puissance américaine est nourrie par la compatibilité de valeurs et aussi par une certaine adversité envers la Chine, que ces dernières années ont mise en avant. Un autre allié stable est le Vietnam, l'adversaire des années 1970 des États-Unis, et l'adversaire depuis plusieurs siècles de la Chine. Dans ce cas, la crainte envers la puissance qui se lève et les tensions entre le Vietnam et la Chine, au sujet des revendications territoriales en mer de Chine méridionale, maintiendront pour longtemps Hanoï dans la sphère d'influence américaine. Kevin Rudd, ancien premier ministre de l'Australie, personnalité qui a beaucoup œuvré pour persuader les États-Unis de s'impliquer dans la région, reconnaissait ouvertement : « Certains pays, dont le Vietnam, les Philippines et même Singapour, sont inquiets quant à l'ascension de la Chine, et ils saluent l'engagement répété des États-Unis. Tout comme il y a des forces qui en appellent dans la direction opposée[8] ». Par conséquent, il faut comprendre que tous les États de l'Asie de l'Est ne se sont pas ralliés derrière les États-Unis. Non, toute une série de pays de l'Asie du Sud-Est sont des supporters avérés ou discrets de la Chine, les « satellites », comme on les appelle (remarquez bien la

---

[7] *Ibid.*, p. 375.

[8] Kevin Rudd, « How America Should Adjust to the Pacific Century », *Financial Times*, 16 novembre 2011.

distinction, qui reflète la confrontation entre l'interprétation dominante et l'interprétation qui monte : lorsque l'on est du côté de l'Amérique, on est un « allié », et lorsque l'on est du côté de la Chine, on est un « satellite »).

À divers degrés, presque tous les pays de l'Asie de l'Est désirent un équilibre stratégique, mais pas nécessairement une puissance dominante. Ils veulent que les États-Unis s'installent dans la région, mais, comme le soulignait le président de l'Indonésie, Susilo Bambang Yudhoyono, « nous ne désirons plus que la région soit dominée par une seule superpuissance ». Il ne serait pas non plus souhaitable qu'il y ait une bipolarité pacifique, mais plutôt une *multipolarité*, caractérisée par un « équilibre dynamique ». N'oublions pas que c'est l'Indonésie, la « deuxième Inde », une puissance asiatique en devenir, qui exprime ce point de vue. À la limite, elle n'est à l'aise ni avec la domination américaine catégorique, ni avec une bipolarité pacifique, car aucune d'entre elles ne laisserait assez de place pour une puissance en ascension. Voilà pourquoi elle a eu recours à cette caractérisation générale : « équilibre dynamique ». Comme le remarquait aussi David Pilling[9], c'est un concept difficile à définir, mais qui exprime dans le fond un désir : ne plus parler pour le Pacifique d'un siècle américain ni d'un siècle chinois, mais d'un siècle où cet océan appartient à tous les pays de la région.

Notre petit doigt nous dit que l'Inde a une position similaire. Elle non plus ne désire pas que les jeux soient faits dès à présent, avant que son propre pouvoir n'atteigne un certain niveau. Un Pacifique multipolaire – c'est bien ce que désirent les puissances asiatiques en ascension, mais paradoxalement, il devrait être également désiré par les États-Unis. Sur le court terme, personne ne doute sérieusement de la domination américaine. Par contre, sur le moyen et le long terme, la discussion reste absolument ouverte. L'Amérique devrait jouer *la carte de l'avenir*. De toute façon, sur le long terme, son influence dans la région sera progressivement remplacée par celle de la Chine. Jouer cette carte à présent et bâtir un système multipolaire dans la région, c'est la solution qui permettrait à l'Amérique de rester sur le long terme dans le Pacifique de l'Ouest et, ce qui est très important, de garder la position respectée et prestigieuse du créateur d'un système accepté et donc durable dans la région. Un tel système stopperait l'ascension de la Chine vers une hégémonie régionale incontestable.

Lee Hsien Loong, premier ministre de Singapour, exprime un point de vue à connotation géopolitique : pour les États-Unis, l'Asie n'est qu'une région, alors que la Chine est présente là-bas tout le temps[10]. Cela rappelle l'affirmation d'un spécialiste français, qui disait au début des années 1990 : avec la Russie, nous partageons un continent, alors qu'avec les États-Unis, nous partageons une idéologie. De telles réflexions concernent des aspects ayant un impact sur le long terme ; elles ne fonctionnent et ne créent des attitudes politiques que s'il

---

[9] David Pilling, « How America Should Adjust to the Pacific Century », *Financial Times*, 17 novembre 2011.

[10] *Apud* David Pilling, *art. cit.*

existe un terrain détendu, un climat qui favorise les projections d'envergure. Pour l'instant, ces conditions ne sont pas remplies. Il est possible que l'on assiste dans le temps à une « vengeance de la géographie », mais pour l'instant, ce sont les intérêts politiques et stratégiques qui l'emportent.

Lorsque l'on examine la situation de l'Asie-Pacifique, le plus grand danger serait de le faire du point de vue de notre mentalité occidentale et, si vous voulez, avec nos préjugés occidentaux, qui divisent les choses en noir et blanc. L'Asie est plus nuancée que cela. Prenons l'exemple du Partenariat Transpacifique (TPP), signé au début de cette année. Il est dirigé par les États-Unis, mais il exclut la Chine, la deuxième puissance économique du monde. Voilà pourquoi on l'a vu comme un écho à la politique de *containment* de la guerre froide. Bien des pays asiatiques n'ont pas adhéré au TPP, comme nous l'avons déjà précisé, dont la Chine, mais aussi la Corée du Sud ou l'Indonésie. La signature du TPP a donné une impulsion particulière à une autre initiative asiatique : le Regional Comprehensive Economic Partnership (RCEP), qui comprend notamment des pays non-membres du TPP. Les Occidentaux pourraient s'empresser de dire que « l'Asie de l'Est s'est divisée ». Mais voilà que l'Asie a bien trouvé une autre réponse. Le noyau dur du nouveau Partenariat est formé des dix pays de l'ASEAN, auxquels s'ajoutent les « partenaires commerciaux de la région », y compris l'Australie, la Chine, l'Inde, le Japon, la Nouvelle-Zélande et la Corée du Sud. Le Japon, l'Australie et la Nouvelle-Zélande font donc partie à la fois du TPP et du Regional Comprehensive Economic Partnership. S'il est signé, ce partenariat créerait un bloc économique avec une population de 3,4 milliards de personnes (n'oublions pas qu'il inclut la Chine et l'Inde) et avec un volume commercial qui s'élèverait à 30 % du volume global de l'activité dans ce domaine[11]. Il est clair que le moteur de la nouvelle organisation c'est la Chine, tout comme il est clair qu'elle est une réplique au TPP. La présence des trois pays susmentionnés dans les deux organisations relègue au second plan l'idée de compétition, de réplique, de tension. La même source nous offre une image d'ensemble des grandes initiatives économiques au niveau de l'Asie.

Remarquez-vous la réponse asiatique ? Il est vrai que le RCEP n'a pas de contour clairement défini, mais il est tout aussi vrai que son existence met en quelque sorte dans l'ombre l'autre partenariat, dirigé par les États-Unis. Si l'on regarde l'image ci-dessous, on remarquera que l'Asie est sillonnée de toutes sortes de partenariats et d'accords commerciaux, de sorte qu'une question devient imminente : qui a le plus de poids en Asie ? C'est bien les économies nationales, leur puissance ! Pour l'instant, l'économie la plus puissante présente dans la région, c'est l'Amérique.

---

[11] Kit Tang, « RCEP: The Next Trade Deal You Need to Know About », CNBC, 14 octobre 2015. <http://www.cnbc.com/2015/10/14/tpp-deal-pressures-rcep-trade-talks-in-bÉtats-Unisn-china-keen-for-progress.html>.

FIGURE 18

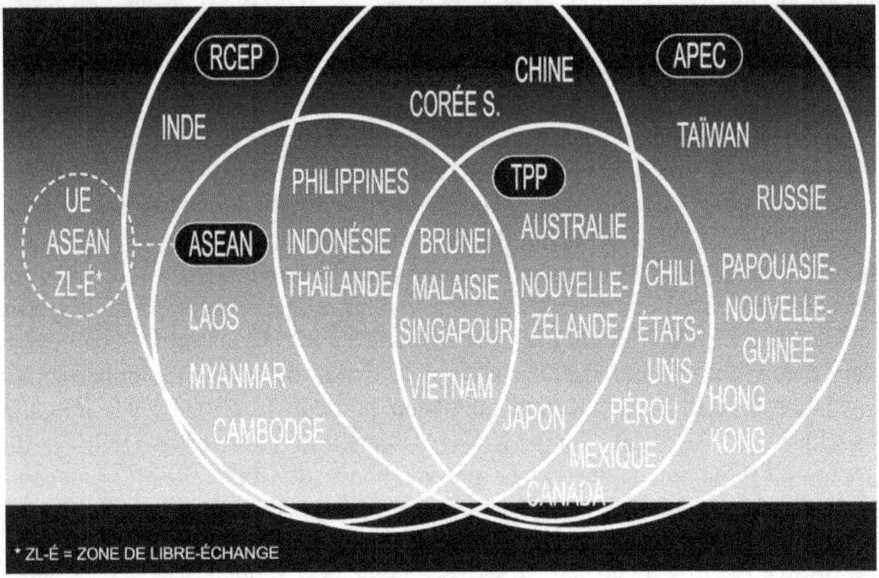

CNBC http://www.cnbc.com/2015/10/14/tpp-deal-pressures-rcep-trade-talks-in-busan-china-keen-for-progress.html

Selon le schéma présenté ci-dessus, il est possible que, sur le moyen terme, la Chine devienne la première puissance économique mondiale. Est-ce que cela voudra dire qu'elle dominera clairement le monde ? Elle fera des efforts pour *se doter des conditions de la victoire*, et non pas pour obtenir la victoire. C'est la particularité de fond de l'exceptionnalisme chinois, qui le différencie nettement de l'exceptionnalisme américain. Ce dernier trouve ses origines dans la signification universelle des valeurs américaines et dans l'obligation de les disséminer ; l'exceptionnalisme chinois se contente de la reconnaissance des valeurs et des réalisations de la Chine.

5.4. Lorsque les « mers » entrent en conflit

Une première perspective sur la signification de la mer de Chine méridionale peut venir des dénominations qu'on lui donne dans la région : les Vietnamiens l'appellent la mer orientale, les Philippins la mer occidentale et les Chinois la mer méridionale. Chacun regarde cette surface d'eau du point de vue de sa propre position géographique et la définit en conséquence. Mais ces perspectives se rencontrent en un certain point et alors les « mers » respectives peuvent entrer en conflit. On peut tout de suite objecter que toutes les mers du monde ont plusieurs voisins. Des conflits apparaissent, mais non pas un CONFLIT de telles dimensions. Le conflit principal en mer de Chine méridionale n'a pas lieu entre les pays qui la bordent, même si ce conflit existe bien et qu'il a un degré d'intensité réel. Dans cette mer se rencontrent les États-Unis et la Chine. Les voisins se situent quant à eux du côté d'une puissance ou de l'autre. Préoccupés par la montée en puissance de la Chine, ils sollicitent la présence des États-Unis dans la région. L'existence d'une grande puissance n'a jamais fait la joie des voisins, nulle part dans le monde. Il est bon d'avoir un pays puissant près de ses frontières, mais il est tout aussi bon qu'il soit loin, le plus loin possible.

La première particularité de la mer de Chine méridionale est qu'elle est bordée au nord par un grand pays, bien plus grand que les autres riverains. On veut pour preuve le fait que l'histoire a retenu pour cette mer le nom que lui donne ce grand riverain du nord, la Chine. Cela est arrivé dans d'autres cas – par exemple, la mer Noire a été appelée « lac turc » à l'apogée de l'Empire ottoman, puis « lac russe » lorsque la Russie y a remplacé l'influence de la Turquie. La proximité d'une grande puissance consacre toujours l'influence dominante de celle-ci sur la mer qui baigne ses côtes, même si, parfois, l'appellation reste « neutre », géographique, sans reprendre le nom d'un pays.

Dans la mer de Chine méridionale se donnent rendez-vous *les intérêts régionaux chinois et les intérêts globaux américains*. Les conflits avec les voisins – réels – sont d'une importance secondaire. Ils sont utilisés surtout afin de faire pencher la balance d'un côté ou de l'autre. Le conflit principal est stratégique et il met face à face l'Amérique et la Chine. Il y a déjà eu des tensions, des conflits plus petits, des menaces entre la Chine et l'Amérique, mais cela concernait des problèmes économiques, surtout financiers ; et lorsqu'ils ont été d'ordre géographique, leur signification a été plus réduite. Cette fois-ci, la confrontation s'est déplacée dans un champ stratégique, et son axe est constitué par la « rencontre » entre les deux protagonistes, la puissance en place et celle qui se lève.

A-t-on véritablement affaire à une confrontation stratégique ? Nous considérons qu'il ne s'agit pas d'une confrontation stratégique habituelle, mais d'un conflit qui marquera l'évolution de la situation en Asie-Pacifique dans les prochaines décennies. Il existe un autre point de tension dans la région : Taïwan ; au nord de Taïwan, se trouve la mer de Chine orientale, où l'on se dispute des îles que revendiquent tant le Japon que la Chine : les îles de Senkaku, appelées aussi Diaoyu. Nous ne voulons pas faire ici une hiérarchie de ces situations, chacune comporte ses particularités. Nous soulignons juste que le conflit en mer de Chine méridionale a une *capacité d'irradiation* bien plus grande que les autres. Une éventuelle unification de Taïwan avec la Chine donnera encore plus de force à Pékin et aura indirectement un écho difficile à évaluer dans la plupart des capitales asiatiques, sans parler de Washington. En mer de Chine méridionale, les intérêts des voisins sont *directement engagés*, ce qui signifie également un potentiel de conflit régional plus grand. Robert Kaplan débute son volume consacré à cette mer[12] par cette remarque : « L'Europe est un relief continental, alors que l'Asie de l'Est, est un relief maritime ». C'est la circulation intense qui est la spécificité de la vie dans un environnement maritime. L'apparition d'un conflit dans une région maritime court le risque de la dissémination rapide, voire même de la généralisation, d'autant plus quand il s'agit d'un nœud commercial si important que la mer de Chine méridionale.

Si ce conflit est stratégique, c'est aussi parce que cette région est devenue la plus dynamique du monde. C'est ici que se donnent rendez-vous les trois premières puissances économiques de la planète : les États-Unis, la Chine et le Japon, lesquelles détiennent ensemble environ la moitié du PIB global. Lorsqu'une région se préfigure de plus en plus comme l'épicentre de l'économie globale, il apparaît limpidement que l'on ne peut pas être un leader mondial si l'on ne tient pas une position particulière dans ladite région. Fareed Zakaria précisait que, lors de plusieurs entretiens avec l'ancien leader de Singapour, Lee Kuan Yew, ce dernier lui disait : « L'Amérique restera la puissance dominante du monde au XXIe siècle seulement si elle est la puissance dominante aussi dans le Pacifique[13] ».

5.5. La « Méditerranée de l'Orient »

Nous ne pouvons pas parler de la mer de Chine méridionale sans nous pencher sur la carte de la région et de son espace maritime. Les riverains, sur une longueur considérable, de la mer de Chine méridionale sont la Chine, le Vietnam et les Philippines ; au sud, sur des distances plus réduites, la Malaisie, Singapour et Brunei. Une première remarque : tous les pays riverains de la mer de Chine méridionale, à l'exception des Philippines, font partie du TPP, ce qui en dit long sur les craintes et les tensions que génère dans cette région la montée en puissance de la Chine. Dans ce cas, la mer qui porte le nom de ce pays exprime avec une certaine fidélité les relations de Pékin avec ses voisins maritimes au sud.

---

[12] Robert Kaplan, *Asia's Cauldron: The South China Sea and the End of a Stable Pacific*, Random House Papaerbacks, New York, 2015, p. 5.

[13] Fareed Zakaria, « Whatever Happened to Obama's Pivot to Asia? », *Washington Post*, le 16 avril 2015. <https://www.washingtonpost.com/opinions/the-forgotten-pivot-to-asia/-2015/04/16/529cc5b8-e477-11e4-905f-cc896d379a32_story.html>.

FIGURE 19

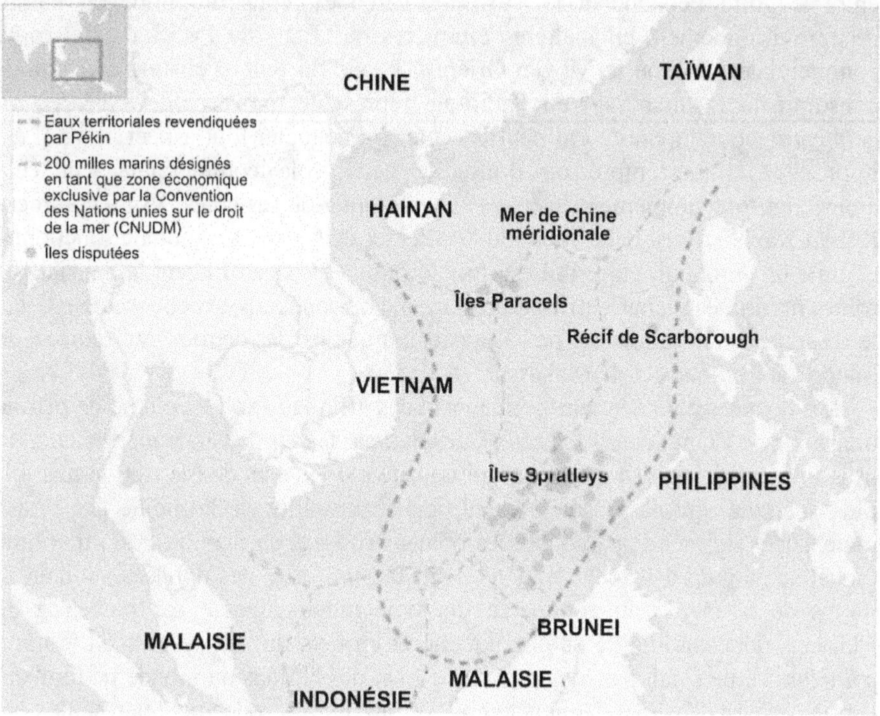

Source : UNCLOS et CIA, http://www.bbc.com/news/world-asia-pacific-13748349.

La mer de Chine méridionale a une surface de 3 500 000 km carrés. Elle s'étend du détroit de Malacca, au sud, jusqu'au détroit de Taïwan au nord, alors que sur ses côtes vivent environ 500 000 000 d'habitants. Environ 250 îles et récifs coralliens, pour la plupart non peuplés, parsèment sa surface. Chaque État riverain dessine des cartes qui illustrent ses droits et les lignes de démarcation des eaux territoriales étatiques ou internationales. C'est ici que surgit en fait le problème central, où l'histoire et la réalité contemporaine viennent chacune avec leurs visions respectives, alors qu'il n'existe pas encore de juste milieu entre les deux. La Chine parle de ses droits historiques sur la plus grande partie de cette mer. Elle revendique les îles Paracels, que revendiquent également le Vietnam et Taïwan, tout comme elle considère avoir des droits légitimes sur les îles Spratleys, situées au sud de cette mer, près des côtes des Philippines, de Brunei et de la Malaisie. Sa position est rendue par une soi-disant *U-shaped line* (ou *nine shaped-line*), une ligne de démarcation dont la forme serait similaire de celle de la lettre U et dont l'ouverture serait dirigée vers les côtes chinoises. Cela signifierait le contrôle de Pékin sur la plupart de la mer, mettons sur son centre.

L'Asie-Pacifique représente effectivement l'épicentre du développement contemporain. De telles régions tumultueuses ont besoin d'une base des plus solides en matières premières. Entre-temps, une sorte de *binôme commercial* entre le golfe Persique et le Moyen-Orient s'est construit, principal bassin d'approvisionnement en matières premières des États de Pacifique. La route commerciale qui relie le Moyen-Orient à l'Asie du Sud et ensuite aux grands consommateurs du bassin du Pacifique représente un véritable *méridien du commerce* contemporain. On peut accepter ou négocier tout aspect, mais il est impossible d'interrompre ou d'affecter cette voie commerciale, car cela étoufferait tout simplement les pays situés le long de ses côtes. Voilà comment Robert Kaplan décrit cette situation : « La mer de Chine méridionale fonctionne comme un entonnoir entre l'ouest du Pacifique et l'océan Indien, la densité des routes maritimes globales offrant un symbole de connectivité économique. C'est le cœur des côtes navigables de l'Eurasie, marqué par les détroits de Malacca, de Sunda, de Lombock et de Makassar[14] ».

Les données commerciales soutiennent ces affirmations. Le volume de pétrole transporté de l'Orient par Malacca et, ensuite, par la mer de Chine méridionale est trois fois plus important que celui qui transite par le canal de Suez et quinze fois plus que celui qui passe par le canal de Panama. Plus de la moitié des flottes marchandes du monde passe par ces points étroits, et un tiers du trafic maritime global se déroule dans cette région[15]. Bill Hayton offre des données similaires : « Plus de la moitié du commerce maritime mondial passe par le détroit de Malacca, dont une moitié de gaz liquéfié et un tiers du pétrole brut. Si le trafic s'arrêtait, ce ne serait pas long avant que bien des régions du monde ne tombent dans l'obscurité[16] ». Ces derniers temps, les discussions concernent non seulement l'intensité du commerce de la région, mais aussi les retombées financières dont bénéficierait celui qui contrôle ces routes. Par exemple, Harry J. Kazianis utilise les chiffres vraiment impressionnants du transport commercial de la région pour faire des reproches ouverts à l'administration Obama, qui ferait trop de concessions à la Chine, à laquelle elle offrirait « en cadeau », annuellement, 5 milliards de milliards de dollars. « Une voie de transport maritime par laquelle transite annuellement un volume de marchandises et de biens en valeur de 5 milliards de milliards de dollars (à eux seuls les marchandises et les produits américains transportés sur cette mer s'élèvent à 1 milliard de milliards de dollars), est reprise par la Chine[17] ». Bien évidemment, cinq milliards de milliards de dollars représentent la valeur des marchandises qui transitent. Tout comme dans le cas d'une route commerciale terrestre, le transport de marchandises profite grandement au pays traversé. Le contrôle de la mer de Chine méridionale est donc important aussi de ce point de vue.

---

[14] Robert Kaplan, *op. cit.*, p. 9.

[15] *Ibid.*

[16] Bill Hayton, *The South China Sea: The Struggle for Power in Asia*, New Haven, Yale University Press, 2014, p. XVI.

[17] Harry J. Kazianis, « Obama's $5 Trillion Dollar Gift to China: The South China Sea? », *The National Interest*, 6 décembre 2015. <http://nationalinterest.org/blog/the-buzz/obamas-5-trillion-dollar-gift-china-the south-china-sea-14530>.

Inutile de mentionner l'intérêt des pays de la région – la Chine, le Japon et la Corée du Sud – pour la protection et le fonctionnement des routes commerciales qui la sillonnent. Plus de 60 % du pétrole importé par le Japon passe par la mer de Chine méridionale. La *centralité de sa position géographique et commerciale* confère donc à cette mer *aussi une centralité stratégique.* Au fur et à mesure que l'Asie-Pacifique s'imposera comme une région importante du monde contemporain, la mer de Chine méridionale deviendra, elle aussi, de plus en plus importante. Les tensions à l'œuvre ici expriment non seulement les différences d'intérêt et d'approche, mais annoncent également les formes que peuvent prendre, dans l'avenir, ces conflits potentiels. On pourrait même dire que la perspective d'évolution est plus importante, car la situation en mer de Chine méridionale peut devenir critique.

Selon les dernières évaluations, la mer de Chine méridionale contiendrait d'importantes réserves en pétrole et en gaz naturels, ce qui augmente son importance et le potentiel de conflit dans la région. Selon les estimations faites par les autorités chinoises et citées par Robert Kaplan, il y aurait là des réserves en pétrole estimées à 7 milliards de barils et 900 milliards de milliards de mètres cubes de gaz naturels. Si ces données sont exactes, alors cette mer deviendrait la deuxième productrice de pétrole et de gaz du monde, après l'Arabie Saoudite. Voilà pourquoi bien des commentateurs ont appelé cette mer « le deuxième golfe Persique ». Pour la Chine, cela réglerait deux grands problèmes. En premier lieu, l'approvisionnement en pétrole. La Chine, la plus grande importatrice d'hydrocarbures du monde, verrait d'un coup les « puits » de cette matière première « déplacés » juste dans son arrière-cour. Cela réglerait non seulement l'énorme problème des importations, mais, tout comme l'exploitation des gaz de schiste aux États-Unis a donné une impulsion inattendue à l'économie américaine, de la même manière, le pétrole de la mer située au sud du pays contribuerait énormément à l'ascension économique de la Chine.

En second lieu, la Chine échapperait au « dilemme Malacca ». En effet, le détroit le plus bondé du monde est sous contrôle malaisien et américain. Un éventuel blocage ferait tout simplement suffoquer l'économie chinoise. D'ailleurs, les risques potentiels que présente le détroit ont déterminé les autorités chinoises à diversifier les sources d'approvisionnement en pétrole et gaz, à compléter les ressources maritimes, procurées donc par ce détroit, par des ressources continentales (de l'espace russe ou ex-soviétique).

Nous avons déjà évoqué l'importance commerciale de la mer de Chine méridionale, qui représente un *prolongement du détroit de Malacca.* L'intensité du commerce entre le Moyen-Orient et la région Asie-Pacifique « relie » l'océan Indien à l'océan Pacifique et consacre une nouvelle réalité géopolitique : l'apparition d'une nouvelle région, *la région indo-pacifique.* L'océan Indien, avec tout ce qu'il signifie – l'existence des routes maritimes, leur sûreté, mais aussi la stabilité des pays situés sur ses côtes – devient de plus en plus important, jusqu'à former un tandem commercial, et donc aussi un tandem géopolitique, avec l'océan Pacifique. Si ce processus va en s'en accentuant, il ne faudra donc plus s'étonner que l'Inde, le pays le plus important de l'océan Indien, devienne un pays « pacifique » et acquiert une importance particulière aussi dans l'océan le plus vaste du monde. Certains pays ont des intérêts stratégiques à ce que l'Inde « vienne » dans le Pacifique, à ce qu'elle se transforme en un acteur politique de la région. Leurs efforts partent d'un élément naturel, l'existence de cette route commerciale de plus en plus importante, mais aussi d'un élément « construit » : impliquer l'autre géant de l'Asie, l'Inde[18], dans les processus compliqués de la région Asie-Pacifique, assurer un *contrepoids géopolitique* à la puissance de plus en plus impressionnante de Pékin.

Par ailleurs, s'il fallait trouver une explication pour les réactions chinoises à l'égard de la mer de Chine méridionale, qui ne respectent pas le modèle consacré des petits pas, celle-ci pourrait tenir aussi à la possible « arrivée » de l'Inde dans la région. Chaque puissance cherche à maximiser les avantages qu'elle détient à un moment donné, par rapport aux autres concurrents. Les États-Unis sont préoccupés par leurs problèmes internes et par la reprise économique. Le Japon traverse une période similaire. Les relations entre la Chine et les pays de l'Asie de Sud-Est sont de plus en plus intenses. Pékin a probablement considéré opportun de réaffirmer ses droits en mer de Chine méridionale avant que la situation ne change et que le moment favorable ne passe. En tout cas, le fait que la Chine construise des îles sur les récifs coralliens déjà existants et aménage des pistes d'atterrissage a mis la puce à l'oreille de ses voisins et des puissances de la région. Une autre Chine semble être apparue, bien plus déterminée et entreprenante, décidée à imposer ses intérêts.

5.6. Pax Americana ou Pax Sinica ?

Les superpuissances n'apparaissent pas pendant la nuit. Elles absorbent le tumulte d'une région ou d'une époque historique. Voilà pourquoi elles « voyagent » là où l'histoire déplace son centre de gravité. Au début de l'époque moderne, ce fut la France. Ensuite, pendant un siècle et demi, le monde a été dirigé par la Grande-Bretagne. L'Allemagne, selon l'expression de Raymond Aron, s'annonçait comme « la puissance culturelle du XXe siècle ». Nous savons tous ce qui s'est passé. Dans les nouvelles conditions, la superpuissance a traversé l'Atlantique et s'est installée, depuis presque un siècle, à Washington. Notre époque inaugure aussi, de ce point de vue, un paradoxe. Tous s'accordent à dire que la région la plus dynamique du monde, c'est l'Asie de l'Est, mais la

[18] Le sujet a été débattu par le président Obama dans son discours au Parlement australien et repris ensuite par les spécialistes. Bill Hayton, par exemple, développe une analyse centrée sur le rôle de l'Inde au Pacifique, alors que Kurt Campbell et Brian Andrews soulignent clairement : « L'Inde est le pivot de ce système et aura une présence significative, un rôle important en Asie de l'Est » (dans Kurt Campbell et Brian Andrews, « Explaining the US "Pivot" to Asia », Programme paper, Chatham House, août 2013, <http://www.chatham-house.org/ publications/papers/view/194019>).

superpuissance mondiale se trouve bien sur un autre continent. Voilà l'une des questions essentielles qui ont préoccupé les États-Unis ces dernières années. Washington ne peut pas nier l'ascension de l'Asie de l'Est et le fait qu'elle devient le « moteur » de l'économie mondiale. Dans le temps, cette région pourrait même fournir le leader du monde. Quelle réponse donnent les États-Unis à cette provocation terrible même pour une superpuissance ? Ils « déménagent » dans la région, participent aux processus et aux transformations en cours, les influencent de sorte qu'ils répondent aux intérêts de Washington. Est-ce là un mouvement viable ? On l'ignore, mais cela semble bien la seule réponse réaliste à une situation tout à fait nouvelle. On verra combien sera sage la politique de Washington en Asie de l'Est ; ce qui est certain pour l'instant, c'est que la présence américaine est obligatoire si les États-Unis veulent atteindre le but qu'ils se sont fixé. De nos jours, si l'Amérique désire maintenir sa position de leader mondial, cela passe aussi par l'Asie et dépend, aussi, de l'influence de Washington dans la région ; on dirait même que cela dépend aussi de ce que les États-Unis y soient ou non acceptés.

Cette réponse s'est précisée lorsqu'il est devenu limpide que la montée en puissance de l'Asie de l'Est n'était plus réversible. Le changement de position est intervenu après un débat public intense qui a critiqué la position de l'administration Bush pour s'être excessivement concentrée sur les problèmes du Moyen-Orient et pour avoir négligé les évolutions trépidantes en Asie. Des analystes importants ont remarqué les coûts de la réaction tardive de l'Amérique face à la montée en puissance de la Chine. Voici ce qu'en dit Kurt Campbell : « La campagne tonitruante au Moyen-Orient a eu pour conséquences de distraire l'attention des États-Unis des changements massifs intervenus en Asie, là où la Chine a fait de véritables bonds en avant stratégiques dans sa modernisation militaire, dans la conquête de nouvelles positions dans le commerce international, dans la redéfinition de ses relations diplomatiques et l'utilisation des instruments de la puissance soft. Peu de fois dans l'histoire une puissance en ascension a conquis autant de terrain au sein du système international, sur fond des actions et du manque d'attention de la puissance dominante. Washington ne s'est vraiment pas rendu compte des grands bonds en avant que la Chine avait faits ces dernières années, même s'ils ont été faits, pour la plupart, au détriment des États-Unis[19] ».

Le changement de cap de la politique extérieure américaine est intervenu en 2011, et son centre de gravité a été représenté par la nouvelle stratégie pour l'Asie. C'est Barack Obama qui a caractérisé de la manière la plus suggestive la motivation à la base de cette réorientation : « Les États-Unis ont déplacé le centre de gravité de leur politique étrangère dans la région qui se développe le plus rapidement dans le monde… une région que nous avons négligée pendant la dernière décennie, du fait de nous être concentrés sur la situation en Irak, en

---

[19] *Apud* Thomas J. Christensen, *The China Challenge: Shaping the Choices of a Rising Power*, New York, W.W. Norton & Company, 2015, p. 247.

Afghanistan et au Moyen-Orient[20] ». D'ailleurs, l'Amérique était considérée comme une nation du Pacifique bien avant ce changement de cap. Mais, à partir de ce moment charnière, Washington décide que l'Asie-Pacifique est sa priorité non pas pour une décennie, mais pour tout un siècle. « Afin de dissiper tout doute : les États-Unis seront totalement impliqués dans la région Asie-Pacifique durant tout le XXIe siècle[21] ». En tant que nation du Pacifique, les États-Unis entendent participer à la configuration de l'avenir de cette région. « Nos intérêts sur le long terme dans la région réclament notre présence durable dans cette région. Les États-Unis sont une puissance du Pacifique et nous y resterons ». C'était l'année où les États-Unis avaient procédé à une réduction sévère des dépenses budgétaires et implicitement à la réduction des dépenses militaires et de sécurité. La précision suivante du président Obama renforce l'importance particulière que l'Amérique accorde à cette région : « Nous avons attiré l'attention des responsables de la sécurité nationale pour faire de notre présence et de notre mission en Asie-Pacifique une priorité. Par conséquent, la réduction des dépenses militaires des États-Unis n'affectera pas – je répète, n'affectera pas – les dépenses impliquées par notre présence en Asie-Pacifique[22] ».

C'est dans ce contexte qu'apparaît et s'intensifie le conflit en mer de Chine méridionale. Après ce changement de cap de la politique étrangère des États-Unis, bien d'autres mouvements, initiés à la fois par les États-Unis et par la Chine, ont suivi, lesquels, selon les commentateurs, s'alimentent les uns les autres. En fait, ces mouvements composent le jeu stratégique dans lequel sont engagées les deux puissances. Par exemple, les États-Unis ont initié le TPP (Transpacific Partnerhip), dont la Chine ne fait pas partie. En réponse, Pékin a lancé la Banque asiatique d'investissement pour les infrastructures (AIIB), dont nous avons déjà parlé. Quant à la situation en mer de Chine méridionale, les déclarations vont bon train, certaines en tant que réponse à d'autres déclarations, d'autres en tant que répliques à des actions concrètes. Par exemple, la Chine a bâti sept îles sur des récifs coralliens, dont certaines dotées de pistes d'atterrissage, ce qui représenterait une « expression de la souveraineté » que réclame Pékin. Les États-Unis ont envoyé des navires de guerre dans les eaux territoriales de ces îles, afin d'illustrer le fait que, « dans cette mer, la circulation est libre ».

À présent, la mer de Chine méridionale concentre la tension et les querelles de la région : la tension entre la Chine et certains de ses voisins, à laquelle se superpose la « grande dispute » entre les États-Unis et la Chine. Au-delà de son importance économique et commerciale, cette mer reproduit d'une certaine

---

[20] Fareed Zakaria, « Inside Obama's World: The President talks to TIME About the Changing Nature of American Power », entretien avec le président Barack Obama, TIME, le 19 janvier 2012. <http://swampland.time.com/ 2012/01/19/inside-obamas-world-the-president-talks-to-time-about-the-changing-nature-of-american-power/>.

[21] Prise de parole du président Obama au Parlement d'Australie, The White House Office of the Press Secretary, 17 novembre 2011.

[22] *Ibid.*

manière les relations compliquées qui existent entre bien des pays de l'Asie de l'Est, auxquelles s'ajoute un autre aspect très important : celui qui domine cette immense surface d'eau, avec une impressionnante densité de routes maritimes, détient en quelque sorte *les clés stratégiques de l'Asie de l'Est.* C'est comme si les deux puissances s'étaient donné rendez-vous en mer de Chine méridionale et qu'elles se trouvaient à présent face à face. Ce n'est pas seulement une rencontre entre des puissances géantes, mais aussi entre des orgueils géants. Dans les « tribunes » se trouvent tous les États asiatiques, intéressés par les résultats de la confrontation, parce qu'ils sont très préoccupés par leurs propres choix. On pourrait même dire que cette rencontre dont l'enjeu est essentiel « est retransmise en direct ». Le prestige de chaque protagoniste peut être consacré ou, au contraire, anéanti. Bien évidemment, cette rencontre s'étalera sur la première partie de notre siècle. Comme lors de toute rencontre entre des acteurs de la catégorie des poids lourds, le « spectacle » n'est pas très visible. On échange des répliques, on adopte des positions parfois plus dures, mais le centre de gravité de la confrontation tient à la préparation de chaque puissance, à la consolidation de sa propre force et aussi à un système d'alliances qui favorise une partie ou l'autre. Ce qui ressort à la surface, c'est le fruit de ces efforts de plus en plus fébriles.

La Chine invoque ses « droits historiques », l'Amérique le « respect de la loi » et de « la réglementation ». Mais on oublie que les deux arguments dépendent de la force économique, militaire et d'influence des États respectifs. Par conséquent, cette dispute évoluera aussi en fonction du parcours des puissances qui se rencontrent en mer de Chine méridionale. Pour l'instant, c'est le choc des avant-gardes, une incertitude des positions. Mais ces mouvements en disent long, ils parlent avant tout de ce que la Chine désire véritablement. Pourquoi construire des îles – selon certains analystes au nombre de sept, selon d'autres il y en aurait plusieurs – sur des récifs coralliens ? Sur les milliers d'îles qui existent dans la région, une dizaine ou une vingtaine de plus ne comptent pas tellement, mais les îles nouvellement créées parlent de la détermination chinoise à transmettre un message clair : la mer de Chine méridionale entre dans la sphère d'influence chinoise. Cela ne va pas se passer du jour au lendemain, c'est une position qui se maintiendra pendant bien des années, avec la perspective de devenir encore plus inflexible.

La position officielle de Pékin à l'égard de la mer de Chine méridionale est inhabituellement ferme. D'habitude, les positions chinoises sont tout en nuances, elles laissent de la place au dialogue, éventuellement à d'autres points de vue engagés dans le débat. Leur flexibilité est reconnue. La position au regard de la mer de Chine méridionale est fixée et reprise par différentes voix et dans différents contextes, sans laisser de place à aucune réserve, à aucune interprétation. « Les îles et les récifs de la mer de Chine méridionale sont des territoires chinois hérités de nos ancêtres. Le peuple chinois ne permettra à personne de violer la souveraineté de la Chine quant à ses droits et à ses intérêts en mer de Chine méridionale. Les actions entreprises par la Chine sont des réactions légitimes, censées défendre sa souveraineté territoriale. L'expansionnisme, c'est revendiquer des zones extérieures à son propre territoire. La Chine n'a jamais fait pareille chose ; par conséquent, ces doutes ou accusations ne sont pas fondés[23] ». Nous nous sommes arrêtés pour plusieurs raisons sur ce passage de l'entretien accordé à l'Agence Reuters par le président chinois lors de sa visite en Grande-Bretagne, l'allié le plus fidèle des États-Unis. Le message a donc une connotation particulière : il s'adresse à la fois à la Grande-Bretagne et aux États-Unis. Il ne s'agit pas seulement, comme on peut le voir, d'un territoire chinois, mais d'un territoire légué par les ancêtres, c'est-à-dire qui comporte des obligations supplémentaires, que ce pays cherchera à respecter au pied de la lettre. On parle des voisins, mais on ne dit rien des États-Unis, ce qui, en d'autres termes, signifie que les efforts de la région pour faire de la mer de Chine méridionale une « mer de paix, d'amitié et de coopération » concernent uniquement les États de la région et non pas des puissances extérieures.

Remarquez-vous la similitude de la situation en Ukraine et en mer de Chine méridionale ? Et aussi la différence entre l'ordre international instauré au lendemain de la guerre froide et l'ordre régional, pour la plupart territorial, qui consacre un rôle particulier au leader régional ? Vu qu'il prend appui sur des règles et des institutions internationales et qu'il se propose de garantir des valeurs et des droits universellement valables, l'ordre international « réclame » le leader global partout sur la planète, pour veiller à ce que toutes ces valeurs soient respectées. Sa présence et son intervention sont toujours associées à des droits et des libertés généralement valables. En mer de Chine méridionale, par exemple, les États-Unis sont préoccupés par « la liberté de naviguer », par la « sécurité du commerce », par d'éventuelles violations des lois internationales. La puissance américaine est donc présente dans la région non pas tant au nom de ses propres intérêts, mais pour assurer le respect des droits et des obligations prévus dans les réglementations internationales. L'ordre régional remet en question le droit d'intervention du leader global. C'est nous qui décidons « dans notre région ». Voici le principal point d'achoppement. Dans une telle perspective, les positions respectives de la Russie et de la Chine sont étonnamment similaires. Bien sûr, les leaders régionaux non plus ne peuvent pas faire abstraction des droits généralement valables susmentionnés.

Xi Jinping, par exemple, tient à préciser que ces droits seront respectés : « La Chine continuera de collaborer avec ses voisins en mer de Chine méridionale afin de régler pacifiquement les querelles, par dialogue institutionnalisé, négociation et consultation ; elle continuera à coopérer et à explorer avec ses voisins des solutions réciproquement avantageuses, à protéger la liberté de la navigation et des vols aériens selon les lois internationales ». Autrement dit, ce qu'il veut mettre en avant, c'est que non seulement Pékin, mais aussi tous ses voisins de la région ont leurs engagements respectifs par rapport à ces valeurs et droits et

[23] « Exclusive Q & A with Chinese President Xi Jinping », *Reuters US*, le 17 octobre 2015. <http://www.reuters.com/article/us-china-britain-xi-q-a-idUSKC N0SC03920151018>.

qu'ils ont, chose très importante, non seulement le désir, mais même la capacité et la volonté de les respecter. Par conséquent, l'injonction est claire : créditons plusieurs pays de cet attachement, répartissons les responsabilités envers le respect de règles et d'engagements généralement valables et dans diverses régions du monde. Bien évidemment, le haut dignitaire ne le dit pas ouvertement, mais sa question flotte dans l'air : pourquoi quelqu'un détiendrait-il *le monopole de l'évaluation* d'une situation ou d'une autre ?

Comme nous le disions ci-dessus, les nuances, caractéristiques des positions diplomatiques chinoises, disparaissent lorsqu'il s'agit de la mer de Chine méridionale. L'escalade de l'inflexibilité apparaît donc comme imminente. Par exemple, début mars 2016, le ministre des Affaires étrangères chinois, Wang Yi, a exprimé une position que les commentateurs ont considérée comme « très dure » à l'égard des évolutions dans la région. Parlant de la présence d'autres puissances dans la région, de certaines accusations selon lesquelles la partie chinoise développe des capacités militaires autour des îles récemment construites, il a précisé : « La Chine ne permettra pas à d'autres nations de violer ses droits souverains dans cette région d'une importance vitale[24] ». Nous ne discutons pas ici de la vérité de ses affirmations ; comme le remarquait aussi Daniel Russel, l'assistant du secrétaire d'État américain pour les questions liées à l'Asie de l'Est et au Pacifique, c'est l'inflexibilité – qui suspend, en fait, le dialogue réel – qui pose le plus grand problème. Il s'agit là d'une « position politique rigide, adoptée par certains pays qui considèrent que leurs propres revendications de territoires – situés quand même à grande distance de leurs propres côtes – sont "indiscutables", vu que les territoires en question sont "hérités des ancêtres", ce qui les oblige à ne pas céder, ne serait-ce qu'un centimètre[25] ».

Robert Kaplan parle de la Chine comme d'une puissance, par excellence, continentale, qui pense la mer en termes de territoires[26]. En effet, c'est bien son héritage historique. Nous considérons que ce pays a justement entamé une transition historique et qu'il désire devenir, tout comme les États-Unis le siècle passé, une puissance continentale-maritime. Pour acquérir ce nouveau statut, le contrôle sur la mer de Chine méridionale est d'une importance stratégique, tout comme cette mer est d'une importance stratégique pour la présence de l'Amérique dans la région Asie-Pacifique. L'histoire a choisi que la mer de Chine méridionale soit décisive pour la prochaine période. Si cette mer est

---

[24] Christopher Bodeen, « China Says It Won't Budge on South China Sea Sovereignty », *Associated Press*, 8 mars 2016. <http://www.military times.com/story/military/2016/03/08/-china-says-wont-budge-south-china sea-sovereignty/81484796/>.

[25] Mark J Valencia, « South China Sea: Apparent, Contradictions in the US Position As Wrangling Continues », *Straits Times*, 11 août 2015.

[26] Voir Robert D. Kaplan, *La revanche de la géographie. Ce que les cartes nous disent des conflits à venir [The Revenge of Geography. What the Map Tells Us about Coming Conflicts and the Battle against Fate]*, traduit de l'américain par Anaïs Goacolou, Éditions du Toucan, 2014.

dominée par la Chine, alors Pékin dominera la région dans l'ensemble et aura une position globale de plus en plus marquée. Si, par contre, la mer est dominée par les États-Unis, les évolutions seront en leur faveur. Peu importe qui finira par s'imposer, une chose est certaine : il n'y aura pas de paix. Il existerait bien une autre variante : que la mer de Chine méridionale devienne une mer « de paix et de collaboration ». Mais on ne sait pas si l'histoire a suffisamment évolué pour être si sage…

Conclusions

On ne reçoit pas le développement en cadeau !

1.1. L'économie financière en haut, l'économie réelle en bas

Le développement a été et sera toujours un couronnement ; il ne peut pas être séparé de l'effort soutenu, bien dirigé et assumé ; on ne peut pas non plus l'importer. Il peut y avoir des contextes plus ou moins favorables, mais la véritable racine est l'effort propre. Il n'est donc pas étonnant que le développement fournisse l'un des principaux éléments qui définissent le profil identitaire d'une nation ou d'un groupe social : il nous parle mieux que toute autre chose de ce que nous sommes et de ce que nous voulons devenir. La priorité accordée au développement distingue les pays, les régimes et les époques historiques.

En dernière instance et en simplifiant, le développement d'un pays s'appuie sur trois piliers essentiels : l'efficacité de l'État (y compris de l'administration), la compétence des élites, la taille et la formation de la population. Lorsque l'on dit État, on pense à l'État en tant que stratège des directions et responsable de la perspective, l'État en tant qu'organisateur, censé canaliser les énergies d'une communauté. Les élites assurent, si l'on veut, le « soft » de tout processus de modernisation, sa qualité. L'État et les élites, leur consistance et surtout leur collaboration sont à la base de tout processus de développement, tout comme la médiocrité du développement est révélatrice de la médiocrité de l'activité de l'État et des élites, de l'apparition de dérèglements dans les macro-équilibres d'une société.

Mervyn King, gouverneur de la Banque d'Angleterre de 2003 à 2013, et donc acteur dans le drame économique de 2008-2009, apporte une précision significative. En visite à la Banque centrale chinoise, il pose une question à un cadre de cette institution sur la Révolution industrielle d'Angleterre, au XVIIIe siècle. « En Chine, nous avons beaucoup appris sur la manière dont l'Occident avait utilisé la compétition et l'économie de marché pour promouvoir l'industrialisation et assurer un niveau de vie de plus en plus élevé. Nous désirons faire de même ». Puis, au bout de quelques secondes de silence, il continue : « Mais je ne pense pas que vous ayez compris jusqu'au bout ce que l'argent et le système bancaire signifient[1] ». Mervyn King précise que cette « remarque a été une source d'inspiration » pour son ouvrage, ce qui prouve que la pensée du spécialiste chinois avait touché la sensibilité d'un grand banquier, qui s'est rendu

[1] Mervyn King, *The End of Alchemy: Money, Banking and the Future of the Global Economy*, Londres, Little Brown, 2016.

compte que le système dont il faisait partie « avait acquis des pouvoirs qui défiaient la réalité ».

En effet, le système financier-bancaire s'est trouvé en amont tant de la Grande Dépression (1929-1933), que de la Grande Récession (2008-2009). Entre-temps, un autre facteur est apparu, qui n'a fait qu'amplifier sa force, et aussi les risques qu'il comporte : la décision prise au milieu des années 1970 par l'Amérique de ne plus garantir l'équivalent en or du dollar. C'est ainsi que la valeur de la principale monnaie du monde est devenue « flottante ». À partir de ce moment, le capital a commencé à croître, et le *commodity money* (la monnaie couverte par un bien à valeur intrinsèque) est devenu un *fiat money*, que, comme le précise Richard Duncan, on appelle argent parce que c'est ainsi qu'en a décidé le gouvernement. Jusqu'en 1970, le capital était « tenu sur place » par des mécanismes naturels. Ensuite, il a augmenté principalement grâce à l'impression de monnaie. Le problème essentiel, ce n'est pas que le capital a augmenté, car ce phénomène a aussi des côtés positifs, mais qu'il a anormalement trop augmenté. Le même auteur précise que, ces 50 dernières années, le crédit aux États-Unis a été multiplié par 50[2] ; qui plus est, il a été notamment orienté vers la consommation.

Bien sûr, durant la crise, on a massivement imprimé de l'argent, de sorte que l'on ne pouvait plus respecter la règle qui exige que la masse monétaire évolue au même rythme que le PIB mondial. La masse monétaire a augmenté de manière plus accentuée, aussi, avant la crise. Par exemple, Patrick Artus et Marie-Paule Virard précisent que, de 2000 à 2008, la masse monétaire a augmenté de 17 %, soit le double du taux de croissance du PIB mondial[3]. Les dettes et la valeur des possessions financières ont également augmenté. Du point de vue de la valeur, l'économie financière est plusieurs fois supérieure à l'économie réelle. La crise a quelque peu corrigé les choses, sans pour autant les changer radicalement. L'économie financière continue d'être en haut, alors que l'économie réelle est encore en bas et doit faire face à de grosses difficultés. Le déséquilibre perdure et, avec lui, les risques qui menacent non seulement le système en question, mais aussi nous tous. De nos jours, l'une des forces les plus importantes de la société est représentée par les marchés financiers. Ces derniers n'ont pas une activité transparente et ne se subordonnent pas à un centre de décision démocratique. Qui servent-ils ? La société contemporaine ne retrouvera pas son calme tant qu'elle ne réglera pas la question de l'argent et du système financier, tant qu'elle ne mettra pas fin à l'excès du secteur financier-bancaire et ne maîtrisera pas « l'alchimie de ce système ».

---

[2] Richard Duncan, *The New Depression, The Breakdown of the Paper Money Economy*, Singapour, John Wiley & Sons, 2012, Préface, p. IX.

[3] Patrick Artus et Marie-Paule Virard, *La folie des banques centrales, Pourquoi la prochaine crise sera pire*, Paris, Fayard, 2016, p. 159-160.

1.2. Le combat pour les marchés : une autre forme du combat pour l'existence

On parle avec insistance, ces derniers temps, de l'imminence d'une nouvelle crise. Pour les pays fragiles du point de vue économique, c'est comme si celle-ci s'était déjà installée. La période à venir sera très dure, à la limite de la supportabilité. Si une nouvelle crise éclate, l'État se trouve presque dans l'impossibilité d'intervenir, parce qu'il a déjà épuisé ses moyens. Il a imprimé de la monnaie et a contracté de grosses dettes, qui se situent autour du seuil critique de 90 % du PIB. Les taux d'intérêt ont été bas, dans certaines situations ils se rapprochent de zéro ou sont même devenus négatifs, justement afin de stimuler la croissance. Mais cette dernière ne survient pas. Selon nous, la pire nouvelle, c'est que, *en termes relatifs, la demande globale est à la baisse*, ce qui prêtera à la compétition internationale les caractéristiques du combat pour l'existence. Les puissants deviendront encore plus puissants, et les faibles, encore plus faibles. La baisse relative de la demande équivaut à une sorte de « suffocation » de la croissance économique. On crée les prémisses d'une « guerre commerciale » ouverte, peu importe le nom qu'elle portera : « protectionnisme », « guerre des devises », « négociation des tarifs », etc.

Lorsque l'on parle de la demande, le nouvel accent concerne ces derniers temps « le vol de demande », pour utiliser une expression dure, ou encore « l'achat de demande », « l'importation de demande », « la dépossession de demande ». Deux auteurs importants – Michael Pettis et Martin Wolf – analysent les balances commerciales des plus grands exportateurs mondiaux, soit la Chine et l'Allemagne. Que se passe-t-il dans le cas des pays *investment-oriented*, comme le sont, selon Pettis, les pays asiatiques ? Après un certain temps, ils modifient la demande d'autres pays ; ils ne contribuent pas à la hausse de la demande, mais au contraire, à sa diminution. La Chine a développé sa capacité de production en « important » le marché américain. Il est vrai que, sur le court terme, cela a paru, et l'a véritablement été, avantageux pour les Américains. Les prix chinois réduits ont contribué à la prospérité américaine. Mais sur le long terme, la capacité chinoise de production occupera, « achètera » ces marchés et contribuera à la baisse de la demande. « Ce dont le monde a besoin, c'est que la demande augmente, alors que les pays à gros excédents commerciaux sont des consommateurs de la demande globale et non pas des moteurs de la croissance[4] ».

Martin Wolf signale le même phénomène, mais dans le cas de l'Allemagne[5]. On est tenté d'associer l'excédent d'exportation seulement avec le niveau de compétitivité. Mais il va de pair aussi avec un « excès de la production » qui est projetée pour « occuper » une demande extérieure à laquelle l'État n'a

[4] Pettis, Michael, *The Great Rebalancing: Trade, Conflict, and the Perilous Road Ahead for the World Economy*, Princeton University Press, 2014, p. 181-182.

[5] Martin Wolf, « Germany Is a Weight on the World », *Financial Times*, 6 novembre 2013.

aucunement contribué. L'excès de production d'un pays va ainsi de pair avec *un déficit de production* du pays partenaire (si tant est qu'on peut l'appeler ainsi). Les pays qui enregistrent un excès de production, souligne Martin Wolf, auront toujours un excédent commercial, alors que ceux en déficit de production auront toujours un déficit commercial. Selon l'auteur anglais, on a affaire à un déficit organique, structural, qui ne peut plus être récupéré. C'est ainsi qu'est apparue la division entre « pays créditeurs » et « pays débiteurs » au niveau européen. Voilà pourquoi Wolf appelle l'importation de la demande par les pays à excédent commercial « la politique de paupérisation de son voisin » (*« beggar-thy-neighbour » policy*)[6]. Et un pays ne peut rembourser sa dette que s'il enregistre de l'excédent commercial. D'autre part, les pays importateurs sont pris d'assaut par une offre généreuse, une offre bon marché, alléchante, qui donne le sentiment que l'on fait une bonne affaire si l'on achète, au lieu de produire. L'offre est effectivement bon marché, mais elle *génère de la dépendance économique*, ce qui sera probablement l'un des phénomènes les plus fréquents dans les prochaines années.

1.3. Capitalisme latifundiaire

Le message le plus marquant que nous ayons lu ces derniers temps est celui lancé par Thomas Piketty. Selon lui, notre siècle répétera l'expérience inégalitaire du XIXe siècle[7]. Si cela nous a tellement frappés, c'est parce que c'est terriblement vrai ! Ce fut un beau siècle, avec une littérature riche et des événements palpitants. Mais si nous remontons dans l'histoire, nous le faisons avec notre sensibilité présente, façonnée durant la seconde moitié du vingtième siècle (c'est à peine maintenant que l'on se rend compte à quel point cette période a été belle). Notre être social se revendique beaucoup de l'idée d'égalité et d'équité. Dorénavant, nous vivrons ensemble ce que l'on appelle « un syndrome sud-américain qui a traversé le Rio Grande » : la répartition inégale, inégale de façon révoltante, de la richesse.

Nous nous pencherons dans ce qui suit sur deux aspects, notamment techniques, mais qui influencent directement notre vie. La croissance économique serait normalement la clé – le remède si l'on veut – de toutes les souffrances majeures dont nous avons parlé ici : elle offrirait des solutions naturelles pour rembourser la dette, réduire les inégalités et accroître le niveau de vie. Pour un taux de 3-3,5 %, le capital pourrait récupérer son investissement sur la valeur nouvellement créée, et la partie restante suffirait à mieux rémunérer la main-d'œuvre et augmenter les dépenses sociales. Si le taux de croissance est réduit, la partie qui revient à la main-d'œuvre, à la société en général, est par la force des choses bien plus réduite. À présent, on sait assez précisément que le taux de croissance économique – le

---

[6] *Ibid.*

[7] Thomas Piketty, *op. cit.*

driver du développement d'ensemble – ne sera pas grand. Voilà, de manière simplifiée, la base économique de la prévision faite par Thomas Piketty.

Le « moteur » réel de la croissance est la productivité du travail, qui baissera elle aussi dans les pays développés. La mauvaise nouvelle que transmet Alan Greenspan, pendant bien des années président des Réserves fédérales américaines, c'est que l'expansion technologique connaîtra une sorte de reflux[8]. Il s'agit des innovations révolutionnaires, comme l'électricité, la machine à vapeurs, l'informatique, etc., qui ouvrent des perspectives de développement sur le long terme. Or, la technologie influence directement la productivité, qui influe à son tour sur la croissance économique. Voilà pourquoi jusque dans les années 2030, dit l'auteur américain, il y aura des rythmes de développement modestes. Mervyn King parle même de l'installation d'un « nouveau pessimisme quant à la capacité des économies de marché à générer de la croissance économique[9] ».

La technologie cessera d'être un allié permanent des sociétés avancées et la démographie d'autant moins. Le seul facteur sur lequel celles-ci peuvent compter réellement, c'est le capital. Voilà pourquoi la société est tentée de surenchérir cet atout à portée de la main, que les régimes politiques privilégieront de plus en plus. Le XXIe siècle répétera l'expérience du XIXe, au sens où à l'époque il y avait une couche privilégiée de la noblesse, la couche latifundiaire. Maintenant, cette couche existera toujours, mais il s'agira de capitalistes qui jouiront des mêmes privilèges que les féodaux à l'époque. Une sorte de *capitalisme latifundiaire*.

1.4. Les États développés jouent « à l'extérieur »

Nous avons parlé des « interprétations dominantes » et de la force réelle que l'Amérique et, en général, les pays développés ont lorsqu'il s'agit de les imposer. Il est étonnant que, lorsque l'on parle du développement, les États avancés jouent « à l'extérieur », sur le terrain des États émergents. En effet, lorsque l'on dresse des hiérarchies et que l'on évalue le progrès des États, on fait presque invariablement appel à la taille du PIB et à son taux de croissance, perspective qui convient parfaitement aux émergents. Il ne s'agit pas uniquement du fait que, de ce point de vue, les États avancés sont automatiquement désavantagés, mais surtout d'un retard à saisir une tendance qui se préfigure. Il s'agit d'un nouveau paradigme sur le développement, qui assure une ouverture vers les composantes qualitatives de l'évolution, une nouvelle vision qui conviendrait non seulement au monde avancé, mais à l'humanité dans l'ensemble.

L'histoire qui nous a habitués à des développements spectaculaires a pris fin, du moins dans les États avancés. Il faudra donc distinguer entre les facteurs

---

[8] Alan Greenspan, *The Age of Turbulence, Adventures in a New World*, Londres, Penguin Books, 2007.

[9] *Ibid.*

associés à la crise récente et à ceux qui relèvent de l'évolution d'ensemble de l'humanité. Dans les États en cours de développement, on peut enregistrer des rythmes hauts, voire « extravagants », mais pas en Europe, en Amérique du Nord, voire en Asie orientale. La croissance du PIB restera un indicateur de base, mais il ne faut pas le fétichiser. Il est temps que le monde développé s'émancipe de sa propre « interprétation dominante », celle qui mesure le progrès quasi exclusivement par le biais d'indicateurs quantitatifs. Les hauts rythmes de « développement » expriment souvent une étape de *croissance extensive* pour les pays qui doivent remplir bien des « vides » économiques de leur histoire coloniale ou de périphérie subordonnée aux métropoles. Après avoir parcouru avec succès ce trajet extensif, les émergents entreront eux aussi – la Chine a déjà commencé à le faire – dans *la phase du développement intensif*, dans laquelle les développés se trouvent depuis longtemps. Et, peu importe la région où il survient, le développement intensif ne peut pas avoir de hauts rythmes mesurables quantitativement. Il s'agit donc *d'un autre cycle de la vie économique et sociale.*

La crise et surtout la période post-crise devraient être utilisées afin de lancer un nouveau modèle du développement, dont la justification est de plus en plus évidente et qui, on n'en doute pas, serait embrassé par tout le monde. Un modèle qui tienne le développement à l'abri de la perspective économiciste et qui l'associe aux aspects qualitatifs de la vie sociale et humaine. Il y a quelque temps, dans l'espace public français, un débat a eu lieu, sur la façon dont on devrait évaluer, voire même « mesurer » le bonheur. Avec la crise, ce débat s'est éteint, même s'il éclairait un aspect essentiel de notre vie. Mais cette période dure et confuse de la crise ne serait-elle donc pas propice pour aborder d'autres aspects à même de favoriser un changement de paradigme ? On ne peut pas réduire le développement à la croissance économique, et l'une des causes de la crise est aussi ce réductionnisme sans perspective réelle.

Nous sommes ce que nous mesurons. Vu que nous mesurons seulement des aspects quantifiables, nous pouvons devenir plus riches, mais aussi plus pauvres. De plus en plus pauvres sur le plan de la vie intérieure, des aspirations, de l'horizon axiologique. Le PIB mesure la consommation, les exportations, etc. Si l'on circule en voiture, on contribue à la croissance du PIB, parce que la voiture a besoin d'essence. Mais qu'en est-il si l'on fait du vélo ? Du point de vue du PIB, ce n'est pas l'activité la plus recommandée, car elle ne génère pas de consommation, même si, du point de vue de la santé, c'est l'habitude la plus saine. Vous remarquez la différence ? Nous avons écrit admirativement sur les progrès spectaculaires de la Chine. Mais nous venons d'apprendre qu'à Pékin, les plus aisés achètent des sacs d'air pur afin de survivre dans une ville surpolluée. Nous nous demandons maintenant : ne serait-il pas grandement temps pour un nouveau paradigme sur le développement, un développement qui ne rime pas avec une telle pollution, qui maintienne un équilibre entre les dimensions matérielle et spirituelle de la vie, qui garde la planète et nous-mêmes d'un désastre écologique ?

1.5. Le besoin de stratégie et l'abondance de « fatal fictions »

L'histoire est arrivée à un point d'inflexion. Elle a besoin de repenser l'ensemble, et cela tarde à se produire. Des leaders charismatiques pilotent le monde, justement à une époque où il y a besoin de leaders avec une stratégie, avec une vision. Les choses ne peuvent pas se stabiliser tant que la stratégie et la vision sur le long terme ne prennent pas la place qui est la leur. Pendant longtemps, nous avons cru que ces souffrances étaient plus présentes en Roumanie. Ce n'est pas le cas, on les retrouve partout. Les sociétés occidentales ont contracté depuis quelque temps une souffrance de plus en plus visible : *la maladie du « politiquement correct »*. On a construit tout un inventaire de formules, de jugements, de positions. L'analyse ne se fait plus à partir de la réalité, mais, avant tout, à partir de ces jugements et préjugés. Est-ce qu'ils contredisent la réalité ? Tant pis pour cette dernière. Nous les avons appelées « interprétations dominantes ». Il y a presque cent ans, Oswald Spengler les appelait « fatal fictions », des constructions mentales qui se substituent à la réalité. Bien évidemment, nous opérons, chacun d'entre nous, sur la base de nos propres représentations. Le problème, c'est que chaque construction mentale doit se rapporter à une réalité toujours en mouvement, en intégrer les signaux, s'accorder avec ses transformations. Sinon, cela devient une fiction fatale.

L'un des concepts fondamentaux de ces dernières années est celui de *multiculturalisme*. Tout en respectant leur diversité, des hommes de cultures, races et religions différentes peuvent vivre ensemble, construire ensemble une vie commune, assumer une destinée commune. L'exode démographique du Moyen-Orient vers l'Europe et son potentiel de conflit imposent une remise en question du multiculturalisme, qui ne suppose pas d'en nier l'idée de base, mais d'y apporter des nuances, afin de prévenir l'attitude de rejet qui s'installe. Nous avons mentionné ci-dessus un article où l'on précisait que « [l]es régimes dictatoriaux du monde arabe tenaient sous leur bouclier ces populations avec peu de besoins et des croyances fortes. Lorsque les murs sont tombés, elles ont cherché refuge dans les pays voisins[10] ». Les « printemps arabes » ont bien démoli les murs extérieurs, mais qu'en est-il des murs intérieurs, façonnés par la culture et la religion ? Ils sont restés intacts. Le problème fondamental, c'est que le multiculturalisme suppose un effort d'adaptation de la part de tous ceux qui vivent ensemble. La question de fond reste la même : y a-t-il de la disponibilité pour l'adaptation ? Nous répétons, de la part de tous ceux impliqués, mais surtout de la part de la population qui s'installe dans les pays d'accueil. En l'absence de ces nuances, auxquelles on peut en ajouter bien d'autres, le sens actuel du multiculturalisme se fétichise et, même si l'on ne s'en rend pas compte, on peut favoriser des attitudes de rejet.

---

[10] Grigore Georgiu, *art. cit.*

On peut dire à peu près la même chose de la démocratie, surtout lorsqu'il s'agit de ses rapports avec le développement. Le sujet n'est point nouveau, des auteurs célèbres l'ont approché dans le temps. Ben Bernanke attirait récemment l'attention sur un aspect essentiel : la capacité, perdue ces derniers temps, de la vie politique américaine à créer le consensus autour de grandes questions. « Je ne peux m'empêcher d'insister sur le fait que l'on a aujourd'hui besoin de plus de coopération et de moins de confrontation à Washington. Pour que le gouvernement remplisse son rôle vital dans la création d'une économie performante, il faut refaire l'accord, le compromis et l'ouverture vers les choses qui s'imposent d'elles-mêmes. Si on ne le fait pas, l'économie américaine sera toujours en deçà de son potentiel remarquable[11] ».

La démocratie doit passer en permanence l'examen du développement et vice versa. C'est un rapport classique, mais qui connaît des aspects nouveaux, qu'il faut toujours examiner d'un œil critique. Signaler des faiblesses intervenues dans la capacité à créer du consensus, à trouver l'équilibre entre consensus et confrontation – surtout lorsqu'il s'agit d'une puissance de la taille des États-Unis – exprime l'attachement aux valeurs démocratiques, la disponibilité pour ne pas permettre que des pratiques deviennent chroniques, qui peuvent transformer des idées et des procédés généreux en autant de « fictions fatales ».

1.6. Les forces émergentes sont en marche

Il est essentiel qu'il existe une hiérarchie des priorités, afin de ne pas surestimer ou sous-estimer certains dangers et menaces. À notre avis, les forces émergentes sont en marche, comme le prouvent l'occupation de la Crimée, la hausse de la tension en mer de Chine méridionale, etc. Voilà le conflit fondamental du moment et voilà pourquoi l'ordre mondial commence à devenir une fiction. Il est pris d'assaut de toutes parts par les leaders régionaux, dont le maître mot est l'idée des sphères d'influence.

Le manteau global qui prétend assurer l'ordre international actuel est tout simplement déchiré par la massive montée en puissance des émergents, et il continuera de l'être. Les années et les décennies prochaines seront les témoins de cet assaut permanent. La principale victime sera notre tranquillité à tous. Nous sommes déjà entrés non pas dans une époque de turbulences, mais dans un véritable bouillonnement global, qui ne se calmera pas tant que l'on ne trouvera pas une forme de coexistence entre les deux perspectives sur l'ordre international. Si jamais cela arrive…

La querelle visant l'ordre international est à son tour une conséquence. Qu'on le veuille ou non, c'est le développement qui est le véritable enjeu. Cet aspect est masqué de différentes manières : on parle de l'État de droit, du capitalisme, du *crony capitalism*, mais la réalité finira pour nous rattraper. Le

[11] Ben Bernanke, *The Courage to Act*, *op. cit.*, p. 579.

monde développé court le risque de perdre de son prestige, de son attractivité. Ce qui compte dans cette équation, c'est aussi la manière dont le monde en voie de développement se rapporte à la querelle entre les développés et les émergents. Pour les pays en voie de développement, une question deviendra cardinale : quel modèle va-t-on embrasser ? Quelle variante de développement allons-nous suivre ? Tout le monde pense à cette question ; mais peu ont le courage de l'avouer. Il ne fait aucun doute qu'elle se posera de plus en plus fréquemment dans l'espace public. Geoff Dyer remarquait à juste titre : « Si les États-Unis désirent perpétuer leur rôle de centre authentique des relations internationales, ils doivent persuader un nombre suffisant de pays que les idées américaines sont toujours d'actualité[12] ». C'est ici, sur le terrain du développement, que se déroule la véritable compétition ; voilà pourquoi elle devient très importante et urgente. Personne ne saura l'éviter ; et ceux qui le feront ne réussiront qu'à la remettre à plus tard. Dans ce cas, le développement *légitime le modèle*. S'il y a du développement, c'est que le modèle fonctionne. Lorsque le développement est en retard ou qu'il est trop modeste, alors les ombres et les inquiétudes qui se projettent sur le modèle ne peuvent plus être évitées.

Si l'on parle d'une éventuelle hiérarchie des risques et des dangers, alors c'est le terrorisme qui vient le premier à l'esprit. Nous tenons toutefois à préciser que la véritable racine du terrorisme, c'est le radicalisme. Si l'on se penche sur les derniers actes terroristes, on découvre que les principaux acteurs impliqués traversent d'abord une étape de radicalisation sévère. Ce n'est qu'après qu'ils s'associent à des éléments de religion et divers mouvements fondamentalistes, afin de consolider et justifier leur penchant initial. Il est très important de se représenter ce trajet, afin de comprendre l'importance du moment où le radicalisme et la frustration s'installent, qui peuvent ensuite stimuler des comportements déviants. En tout cas, la question essentielle qui doit se poser lorsque l'on parle du terrorisme doit toujours être : Pourquoi ? Au fur et à mesure que l'on y apportera des réponses, on arrivera au niveau des causes qui alimentent ce véritable fléau de la société contemporaine.

Pourquoi le monde s'est-il radicalisé ? Voilà la question. Car le radicalisme est présent partout – il est vrai, à des degrés différents. Lorsque Ben Bernanke parle de la capacité perdue des élites politiques américaines à créer le consensus autour des grandes questions, la réponse va de soi : c'est une forme de radicalisme, plus *soft*, et pourtant peu enclin à la négociation. Lorsque l'euroscepticisme prend des formes exacerbées et nourrit les tendances centrifuges de personnes, de communautés, voire même de pays, on a affaire à une autre facette de la même souffrance : la capacité bien diminuée à construire le consensus au sein de l'Union européenne. Bien évidemment, il s'agit là d'un radicalisme d'une autre facture, mais il se revendique à peu près des mêmes

[12] Geoff Dyer, *The Contest of the Century: The New Era of Competition with China*, New York, Allen Lane-Penguin Books, 2014, p. 15.

sources. Le radicalisme est l'expression sociale/politique de frustrations, associées généralement à l'inégalité qui va en s'accentuant, à la prédominance des attitudes « politiquement correctes », mais en contradiction avec la réalité immédiate, et non pas, en dernier lieu, à l'absence de perspective réelle d'avenir.

Les sources durables du radicalisme ne semblent pas s'estomper. La compétition économique à la période post-crise prend des formes encore inconcevables il y a seulement quelques décennies. C'est à la performance économique que presque tout sera consacré dorénavant. Il devient de plus en plus clair que, tant sur le plan interne, que sur le plan international, le capitalisme l'emportera, du moins pendant un temps, sur la démocratie. Ou, si l'on veut, *les valeurs économiques se subsumeront ou intégreront les valeurs politiques*, même si cela sera nié de toutes les manières possibles. Ce sera une compétition déchaînée entre les États, dont on ignore l'issue. Comment les États s'adapteront-ils à la nouvelle situation ? Est-ce que la réponse qu'ils donneront sera préoccupée par la diminution de la souffrance, par le maintien de l'évolution sociale entre certaines limites de stabilité, par la prévention de conflits qui mettent en danger la sécurité d'ensemble ? Telle est la question cardinale de la période à venir. Comment le leader hégémonique global s'y adaptera-t-il ?

1.7. Les contre-élites dans un pays sans État

On véhicule souvent la formule « faire des emprunts sur l'avenir », qui signifie que l'on transfère des difficultés vers la génération suivante, appelée à y trouver des solutions et à en payer les coûts. La Roumanie, après décembre 1989, a-t-elle emprunté sur l'avenir ? Non, elle a plutôt vendu son propre avenir. Elle l'a amputé, elle a légué à ses descendants tout un tas de paroles, mais très peu de possibilités matérielles de bien vivre. Il existe très peu d'exemples de pays qui aient renoncé dans un laps si bref de temps à leurs propres accumulations et à leurs propres atouts, sans aucune préoccupation pour leur avenir.

Que veut dire « sans État » ? Toute société s'organise autour d'un État. On utilise le terme d'État au sens de quintessence de la pensée stratégique d'une communauté nationale, d'incarnation d'une vision en train d'être mise en œuvre. Peut-on identifier un tel moment, après 1989, lorsque la Roumanie a pu compter sur une vision limpide et qu'elle a clairement soutenu une stratégie ? Peut-être l'adhésion à l'Union européenne. Mais ce projet n'a pas eu de suite, c'est-à-dire que l'on n'a pas mis en valeur l'intégration dans l'Union. Nous avons davantage tenu à devenir membres qu'à mettre en valeur notre nouveau statut. Pour ce faire, nous aurions eu besoin d'un État intelligent, qui sache gérer et multiplier les ressources de la société, un État qui prépare le lendemain, qui protège tous ses citoyens. Ce n'était pas à lui de jouer le rôle d'une « mère » ou d'un « père », mais de voir plus loin que ses citoyens, de créer un cadre où ces derniers se sentent à la fois stimulés et protégés. De ce point de vue, après 1989, et avec les nuances nécessaires, la Roumanie n'a pas eu d'État ; ou, si l'on préfère, elle a eu un État qui, au lieu d'accumuler, a gaspillé ; qui a servi certains intérêts et a négligé les intérêts de la société dans l'ensemble ; s'il y a un domaine dans lequel l'État roumain a réussi à faire des accumulations, alors ce fut dans l'accentuation, la dissémination et la généralisation de la confusion, de sorte que la société roumaine de nos jours se rapproche de manière inquiétante des limites de ce que l'on peut appeler une confusion en mouvement.

C'est à deux moments cruciaux, lorsque le développement a connu un important processus de redémarrage, que l'État n'a pas été à la hauteur du rôle qu'il aurait dû jouer. Le premier se situe au lendemain de la guerre froide. Il s'est agi d'un redémarrage silencieux, on pourrait même dire non annoncé, qui a été remarqué alors qu'il était déjà achevé. L'État roumain – et ses leaders, car il serait trop gênant de parler d'élites – n'était tout simplement pas contemporain de ce qui se passait dans le monde. Il était engagé sur d'autres fronts et avait d'autres préoccupations. Personne ne doute que la déstructuration du système économique et politique d'avant 1989 devait être une priorité, tout comme la privatisation, censée construire une économie de marché fonctionnelle et accroître la compétitivité. Le problème essentiel, c'est que l'État roumain et ses leaders en sont restés à la déstructuration, sans avoir de projet pour l'avenir du pays. Non seulement cette phase de déstructuration s'est prolongée en empiétant sur la phase de la construction, mais tout a été projeté et déroulé sur un fond idéologique passéiste : la lutte contre le communisme. L'ancien président Emil Constantinescu se demandait à juste titre : quel projet pour l'avenir du pays ont élaboré les intellectuels roumains ? Aucun, car ils étaient à leur tour engagés sur des fronts à visée passéiste. Voilà pourquoi nous parlons ici de contre-élites, et non pas d'élites. La préoccupation première des élites est de sentir les besoins réels de leur pays et de s'engager en ce sens. Le développement en tant que préoccupation d'État de la Roumanie n'a simplement pas existé pendant toutes ces années, car il n'a pas figuré non plus sur l'agenda intellectuel.

Après 1990, la Roumanie a non seulement abandonné « l'œuvre inachevée de la bourgeoisie roumaine », à savoir l'industrialisation, reprise et intensifiée à partir des années 1960 par le régime totalitaire, mais a tout simplement tourné le dos à la seule direction d'émancipation d'un pays moyennement développé, soit l'encouragement de la production industrielle. Nous avons non seulement ignoré notre propre tradition et les leçons des États dynamiques du monde, mais nous avons en plus inauguré un processus de désindustrialisation qui place irrémédiablement notre pays sur un trajet secondaire de l'évolution globale. La Roumanie a amputé son potentiel et accueilli le nouveau millénaire sans aucune stratégie, sans objectifs majeurs et sans volonté de les mener à bon terme. On peut, à juste titre, justifier cette orientation par l'influence étrangère. Mais ce qui est certain, c'est que ces mesures ont été mises en place par nous-mêmes, parfois avec l'enthousiasme des dirigeants ou, en tout cas, en l'absence de toute préoccupation de préserver une série d'atouts dont bénéficiait la Roumanie.

Au lendemain de la crise, tout le monde s'est mis à crier « développement », mais nous avions entre-temps détruit la plupart de notre industrie, démantelé l'agriculture et abandonné nos marchés d'écoulement. Il ne s'agit pas d'avoir perdu des unités de production ou d'avoir vendu des actifs alors qu'il le fallait ou qu'il ne le fallait pas, mais d'avoir détruit *les prémisses du développement.* De ce point de vue, notre pays était bien mieux placé au début des années 1990 qu'il ne l'est à présent. À l'époque, la Roumanie n'avait pas de dettes. Elle disposait d'une base industrielle et possédait un système d'éducation performant. À présent, le niveau de l'éducation a baissé, la base industrielle a été sévèrement amputée (en 1989, l'industrie produisait 46,2 % du PIB, alors qu'à présent elle en produit 25 %), et les dettes ont augmenté. Par la force des choses, il est bien plus difficile d'élaborer une stratégie de développement.

Lors d'un exposé à l'Académie des sciences académiques, Florin Georgescu, premier vice-président de la Banque nationale de Roumanie, a offert quelques données significatives sur le tableau économique actuel du pays. Après 1989, on a privatisé 7 500 entreprises, pour lesquelles on a touché 7 milliards d'euros. Si l'on ne compte pas la contre-valeur d'une banque importante (la Banque commerciale roumaine a été privatisée pour 2,3 milliards d'euros), il résulte que le prix moyen des sociétés privatisées a été de 667 000 euros. Pour le marché roumain, cela représente le coût d'une grosse villa, sans parler du fait que les sociétés en question disposaient de terrains considérables et que certaines d'entre elles avaient des activités profitables[13].

La répartition de la valeur nouvellement créée entre la main-d'œuvre et le capital est tout aussi significative. Selon Florin Georgescu, en Roumanie, on a affaire à une répartition qui privilégie beaucoup le capital et qui individualise le pays non seulement par rapport aux pays développés, mais aussi par rapport aux pays de la région. Dans les États développés, le capital détient 40 % de la valeur nouvellement créée, et la main-d'œuvre 60 %. En Roumanie, le rapport est inverse : plus de 60 % de la valeur nouvellement créée revient au capital, alors que la main-d'œuvre se retrouve avec moins de 40 % (bien qu'en 2000 ce rapport fût équilibré, respectivement 50 % – 50 %, alors qu'en 2008, 52 % revenaient au capital). Cela veut dire que, dans le fond, ce sont avant tout les salariés qui ont endossé le coût de la crise. La situation de la Roumanie est donc unique par rapport aux pays voisins : en Hongrie, la main-d'œuvre détient 52 % du capital, alors qu'elle en détient 48 % en Bulgarie et en Pologne, 44 %[14].

« Les empires se donnent rendez-vous sur le territoire roumain », soulignait George Friedman[15]. Nous pourrions dire que nous nous sommes habitués. C'est par le truchement des empires que l'histoire est presque toujours arrivée dans

---

[13] Florin Georgescu, « În România, costul crizei a fost transferat asupra salariaților; legislația muncii a fost contrară intereselor salariaților », 24 novembre 2015. <http://www.agerpres.ro/economie/2015/11/24/georgescu-bnr-in-romania-costul-cri-zei-a-fost-transferat-asupra-salariatilor-legislatia-muncii-a-fost-contrara-intereselor-salariatilor-15-25-55>.

[14] *Ibid.*

[15] George Friedman, « Geopolitical Journey, Part 3: Romania », *Geopolitical Weekly*, 16 novembre 2010.

notre pays. Le problème c'est que, cette fois-ci, les empires semblent être à la fois nerveux et impatients. Quiconque regarde plus attentivement la Roumanie pourrait s'exclamer : *la nouvelle Casablanca* ! La grosse erreur commise après 1989, c'est d'avoir ignoré toutes les leçons importantes de la géopolitique. Nous n'avons pas construit à partir de l'intérieur ; car ce sont surtout la force et la cohérence intérieures qui permettent de résister à toute menace extérieure. Nous n'avons pas construit une politique étrangère cohérente de bon voisinage. Aussi coûteux que soient les effondrements dont nous avons parlé, c'est *la désunion interne* qui est la plus importante. Nous semblons ne plus pouvoir nous rassembler autour d'aucune plate-forme, d'aucun projet national. Nous semblons ne plus pouvoir raisonner ensemble face au danger. La carte de l'espace public roumain semble être sillonnée uniquement par des trajets individuels, par des solutions individuelles. Voilà le principal effondrement, celui de la confiance, qui érode jour après jour les valeurs suprêmes d'une communauté nationale : le sentiment d'appartenance et le besoin d'identité.

Bibliographie

***, « College Debt », *The Economist*, 15 août 2015.

***, « Did Hyman Minsky Find the secret Behind Crashes? », *BBC News Magazine*, 24 mars 2014. <www.-bbc.co.uk/news/magazine>.

***, « Exclusive Q & A with Chinese President Xi Jinping », *Reuters US*, le 17 octobre 2015. <http://www.reuters.com/article/us-china-britain-xi-q-a-idUSKCN0SC03920151018>.

***, « Forget the 1%. It Is the 0,1% Who Are Really Getting Ahead in America », *The Economist*, 8 novembre 2014.

***, « Getting Around Uncle Sam : How to Reform the IMF without Congress's Help », *The Economist*, 31 janvier 2015.

***, « In Russia's Defeat He Trusts : The Attacks in Paris Have Not Changed Barack Obama's Course on Syria », *The Economist*, 28 novembre 2015. <http://www.economist.com/news/united-states/21679189-attacks-paris-have-not-changed-barack-obamas-course-syria-little-could>.

***, « Latin America Sees Straight Through John Kerry's Monroe Speech : The Centuries-Old Doctrine Has Little Relevance to the US Policy in the Region Today », *The Guardian*, 21 novembre 2013.

***, « Out of Fashion : Investors Have Become Pessimistic About Emerging Markets », *The Economist*, 24 octobre 2015.

***, « Powerhedge Building the BRIC Block », *Syndicated Posts*, 4 juin 2014. <http://powerhedgeglobal.com/-2014/06/building-the-bric-block-2/>.

***, « Railing Against Bailing », *The Economist*, 16 mai 2015.

***, « The Future of Factory Asia, A Tightening Grip », *The Economist*, 14 mars 2015.

***, « The Pendulum Swings to the Pit », *The Economist*, 25 octobre 2014.

***, « The Yuan Joins the SDR – Maiden Voyage », *The Economist*, 5 décembre 2015.

***, « US Frets as Major EU Powers Join New China-led "World Bank" ». <www.euractiv.com>, 18 mars 2015.

ARTUS, Patrick et VIRARD, Marie-Paule, *La folie des banques centrales. Pourquoi la prochaine crise sera pire*, Paris, Fayard, 2016.

ASHFORD, Emma, « Not-So-Smart Sanctions : The Failure of Western Restrictions Against Russia », *Foreign Affairs*, janvier/février 2016.

ATKINSON, Anthony B., *Inequality: What Can Be Done?*, Cambridge, Harvard University Press, 2015.

ATTALI, Jacques, « Understand Germany », *Macro Economy*, 13 décembre 2010. <http://www.attali.com/en/actualite/blog/macro-economie/comprendre-l'allemagne>.

BAN, Cornel, « The Euro Is In Trouble. But Romania Still Wants In », *Huffington Post*, 24 juillet 2015. <http://www.huffingtonpost.com/entry/romania-euro-greek-crisis_us_-55b14617e4b0a9b948541edc>.

BARBER, Lionel, PILLING, David et ANDERLINI, Jamil, « There Is No Such Thing As Breaking the Existing Order », entretien avec Li Keqiang, premier ministre de la Chine, *Financial Times*, le 16 avril 2015.

BARBER, Tony, « Europe's Decline Is a Global Concern », *Financial Times*, 22 décembre 2015.

BECK, Ulrich, « Germany Has Created An Accidental Empire », *Social Europe Journal*, 25 mars 2013. <http://www.social-europe.eu/2013/03/germany-has-created-an-accidental-empire/>.

BERNANKE, Ben S., *Bernanke On Milton Friedman : « I Think He Would Have Supported What We Are Doing »*, Real Clear Politics Video, 1er octobre 2012.

BERNANKE, Ben S., *On Milton Friedmans Ninetieth Birthday*, Remarks by Governor Ben S. Bernanke at the Conference to Honor Milton Friedman, University of Chicago, Chicago, Illinois, 8 novembre 2002. <http://www.federalreserve.gov/boarddocs/speeches/2002/-20021108/default.htm>.

BERNANKE, Ben S., « Germany's Trade Surplus Is a Problem », 3 avril 2015. <http://www.-brookings.edu/blogs/ben-bernanke/posts/2015/04/03-germany-trade-surplus-problem>.

BERNANKE, Ben S., *The Courage to Act: A Memoir of a Crisis and Its Aftermath*, New York, W.W. Norton & Company, 2015.

BETTS, Richard K., « Pick your Battles », *Foreign Affairs*, novembre/décembre 2014.

BLAND, Ben, « China's Forex Reserves Fall to Three-Year Low », *Financial Times*, 8 février 2016.

BODEEN, Christopher, « China Says It Won't Budge on South China Sea Sovereignty », *Associated Press*, 8 mars 2016. <http://www.militarytimes.com/story/military/2016/-03/08/china-says-wont-budge-south-china-sea-sovereignty/81484796/>.

BOOT, Max, « More Small Wars », *Foreign Affairs*, novembre/décembre 2014.

BRADSHER, Keith, « China's Renminbi Is Approved by I.M.F. as a Main World Currency », *New York Times*, 30 novembre 2015. <http://www.nytimes.com/2015/11/14/business/-international/imf-officials-back-inclusion-of-renmin-bi-in-funds-currency.html>.

BRAUDEL, Fernand, *Grammaire des civilisations*, Paris, Flammarion, 1993.

BRZEZIŃSKI, Zbigniew, « The Premature Partnership », *Foreign Affairs*, mars/avril 1994.

BRZEZIŃSKI, Zbigniew, *Game Plan: How to Conduct the US-Soviet Contest, The Atlantic Monthly Press*, Boston, 1986.

BRZEZINSKI, Zbigniew, *Le Vrai choix : Les États-Unis et le reste du monde* [*The Choice: Global Domination or Global Leadership*], traduit par Michel Bessières, Odile Jacob, 2004. BRZEZINSKI, Zbigniew, *Le grand échiquier : L'Amérique et le reste du monde* [« The Grand Chessboard : American Primacy and Its Geostrategic Imperatives »], *traduit par* Michel Bessière et Michelle Herpe-Voslinsky, préface de Gérard Chaliand, Bayard, coll. « Actualité », 1997.

BUREAU FÉDÉRAL DE STATISTIQUE, « Germany : Balance of Trade ». <www.tradingeconomics.com/germany/balance-of-trade>.

CAMPBELL, John L. et HALL, John A., *The World of States*, Londres, Bloomsbury, 2015.

CAMPBELL, Kurt et ANDREWS, Brian, « Explaining the US "Pivot" to Asia », Programme paper, Chatham House, août 2013. <http://www.chathamhouse.org/publications/-papers/view/194019>.

CHRISTENSEN, Thomas J., *The China Challenge: Shaping the Choices of a Rising Power*, New York, W.W. Norton & Company, 2015.

CLOVER, Charles et HORNBY, Lucy, « China's Great Game », *Financial Times*, 31 octobre 2015.

CLOVER, Charles et HORNBY, Lucy, « Road to a New Empire », *Financial Times*, 13 octobre 2015.

COCKBURN, Patrick, « End Times for the Caliphate? », *London Review of Books*, 19 février 2016. <http://www.lrb.co.uk/v38/n05/patrick-cockburn/end-times-for-the-caliphate>.

COHEN, Saul Bernard, *Geopolitics of the World System*, Boston, Rowman & Littlefield Publishers, 2003.

COOPER, Sir Robert, « The New Liberal Imperialism », *The Guardian*, 7 avril 2002. <http://www.theguar-dian.com/world/2002/apr/07/1>.

COWEN, Tyler, « Capital Punishment : Why Global Tax and Wealth Won't End Inequality », *Foreign Affairs*, mai/juin 2014.

COX, Simon, « The Age of Emerging Markets », *in* FRANKLIN, Daniel et ANDREWS, John (dir.), *Megachange: The World in 2050*, The Economist Newspaper, 2012.

DAVIES, Howard, *Can Financial Markets Be Controlled?*, Cambridge, Polity Press, 2015.

DIEZ, George, « Habermas, the Last European. A Philosopher's Mission to Save the EU », *Spiegel online*, 25 novembre 2011. <http://www.spiegel.de/international/europe/habermas-the-last-european-a-philosophers-mission-to-save-the-eu-a-799237.html>.

DISRAELI, Benjamin, *in* « German Revolution », GHDI-Document, Forging an Empire: Bismarckian Germany. <http://germanhistorydocs.ghi-dc.org/sub_document.cfm? Document_id=1849>.

DOBBS, Richard, LUND, Susan, WOETZEL, Jonathan et MUTAFCIEVA, Mina, « Debt and (Not Much) Deleveraging », McKinsey Global Institute Report, février 2015.

DOBRESCU, Paul, « Nu este loc de utopie [Il n'y pas de place pour l'utopie] », étude introductive au volume *Europa Centrală şi de Est în ciclonul tranziţiei*, Bucarest, Diogene, 1995.

DOBRESCU, Paul, *Un deceniu cât un secol : secolul lumii emergente*, Bucarest, Comunicare.ro, 2013.

DUNCAN, Richard, *The New Depression, The Breakdown of the Paper Money Economy*, Singapour, John Wiley & Sons, 2012.

DYER, Geoff et PARKER, George, « US Attacks UK's' "Constant Accommodation" of China », *Financial Times*, 12 mars 2015.

DYER, Geoff, *The Contest of the Century: The New Era of Competition with China*, New York, Allen Lane-Penguin Books, 2014.

EASTERLY, William, *The Tyranny of Experts, Economists, Dictators, and the Forgotten Rights of the Poor*, New York, Basic Books, 2013.

EICHENGREEN, Barry, *Hall of Mirrors: The Great Depression, the Great Recession, and the Uses – and Misuses – of History*, Oxford, Oxford University Press, 2015.

EICHENGREEN, Barry et O'ROURKE, Kevin, « A Tale of Two Depressions. What Do the New Data Tell Us? », VOX CEPR's Policy Portal, 8 mars 2010.

ELLWOOD, Wayne, *The No-Nonsense Guide to Globalization*, troisième édition, Toronto, New Internationalist, 2011.

EMMOT, Robin, « Risk of "Brexit" Deals Further Blow to EU Defense Hopes », Reuters UK, 9 décembre 2015. <http://uk.reuters.com/article/us-europe-defence-analysis-idUK KBN0TS1Q720151209>.

FALLACI, Oriana, *Intervista con il potere*, Milano, BUR Rizzoli, 2010.

FARCHY, Jack, « In Russia's Backyard », *Financial Times*, 15 octobre 2015.

FERGUSON, Niall, *Civilization: The West and the Rest*, New York, Penguin Books, 2011.

FLEMMING-WILLIAMS, Mark, « China and the Changing Global Economic Order », *Geopolitical Weekly*, Stratfor, 1er décembre 2015.

FLYNN, Michael, « We Were Too Dumb », entretien réalisé par Matthias GEBAUER et Holger STARK, *Der Spiegel*, le 29 novembre 2015.

FMI, « World Economic Outlook », 2015. <https://www.imf.org/external/pubs/ft/weo/-2015/02/weodata/index.aspx>.

FMI, « Chinese Renminbi to Be Included in IMF's Special Drawing Right Basket », *IMF Survey Magazine*, 1er décembre 2015. <http://www.imf.org/external/pubs/ft/survey/so/-2015/new 120115a.htm>.

FRANKOPAN, Peter, *The Silk Roads: A New History of the World*, Londres, Bloomsbury, 2015.

FRIEDMAN, George, « Geopolitical Journey, Part 3: Romania », *Geopolitical Weekly*, 16 novembre 2010.

FRIEDMAN, George, « Germany Emerges », *Geopolitical Weekly*, Stratfor, 10 février 2015.

FRIEDMAN, George, Speech to The Chicago Council on Global Affairs, 9 octobre 2015. <https://www.youtube.com/watch?v=I4-hSBRs4Qw&feature=youtub.be>.

FRIEDMAN, Milton, « The Social Responsibility of Business Is to Increase its Profits », *The New York Times Magazine*, 13 septembre 1970.

FRIEDMAN, Thomas L., « Foreign Affairs: Now a Word From X », *The New York Times*, 2 mai 1998. <http://www.nytimes.com/1998/05/02/opinion/foreign-affairs-now-a-word-from-xhtml>.

FUKUYAMA, Francis, « Exporting the Chinese Model », *Project Syndicate*, 12 janvier 2016.

GABOUEV, Alexander, « A "soft Alliance"? Russia-China Relations after the Ucraine Crisis », <www.ecfr.eu>, 10 février 2015. <http://www.ecfr.eu/publications/summary/a_soft_allia-nce_russia_china_relations_after_the_ukraine_crisis331>.

GEORGESCU, Florin, « În România, costul crizei a fost transferat asupra salariaţilor; legislaţia muncii a fost contrară intereselor salariaţilor », 24 novembre 2015. <http://www.ager-pres.ro/economie/2015/11/24/georgescu-bnr-in-romania-costul-cri-zei-a-fost-transferat-asupra-salariatilor-legislatia-muncii-a-fost-contrara-intereselor-salariatilor-15-25-55>.

GEORGIU, Grigore, « Integrarea imigranţilor – "următorul mare proiect european"? », *Convorbiri Europene*, 12 octobre 2015.

GOLDBERG, Jeffrey, « The Obama Doctrine. The U.S. President Talks Through His Hardest Decisions Qbout America's Role in the World », *The Atlantic*, avril 2016. <http://www.theatlantic.com/-magazine/archive/2016/04/the-obama-doctrine/471525/>.

GOLDENBERG, Ilan et DALTON, Melissa G., « Bridging the Gulf », *Foreign Affairs*, novembre/décembre 2015.

GORST, Isabel, « Russia: a capital in Vladivostok? », *beyondbrics*, 17 mai 2012. <http://blogs.ft.com/beyond-brics/2012/05/17/russia-a-capital-in-vladivostok/>.

GRAY, Colin S., *Războiul, pacea şi relaţiile internaţionale: O introducere în istoria strategică [War, Peace, and Victory: Strategy and Statecraft for the Next Century,* 1990], Iaşi, Polirom, 2010.

GREENSPAN, Alan, *The Age of Turbulence, Adventures in a New World*, Londres, Penguin Books, 2007.

GREENSPAN, Alan, *The Map and the Territory: Risk, Human Nature, and the Future of Forecasting*, New York, Allen Lane – Penguin Books, 2013.

HABERMAS, Jürgen, *The Crisis of the European Union: A Response*, Cambridge, Polity Press, 2012.

HAYTON, Bill, *The South China Sea: The Struggle for Power in Asia*, New Haven, Yale University Press, 2014.

HERNDON, Thomas, ASH, Michael et POLLIN, Robert, « Does High Public Debt Consistently Stifle Economic Growth? A Critique of Reinhart an Rogoff », *National Bureau of Economic Research Working Paper Series*, n° 322, avril 2013. <www.peri.-umass.edu/fileadmin/pdf/working_papers>.

HOLLAND, Stuart, *Europe in Question : And What to do About it*, Spokesman, 2015.

HUDSON, Michel, « IMF Pushes Ukraine to "Voluntarily Commit Suicide" », RT Question more, 7 juillet 2014. <https://www.rt.com/op-ed/170960-economy-imf-ukraine-oligarchs/>.

HUNTINGTON, Samuel, « The Lonely Superpower », *Foreign Affairs*, mars/avril 1999.

ISCHINGER, Wolfgang, « Boundless Crises, Reckless Spoilers, and Helpless Guardians », Munich Security Report 2016, février 2016. <https://www.securityconference.de/en/-discussion/monthly-mind/single-view/article/monthly-mind-february-2016-boundless-crises-reckless-spoilers-and-helpless-guardians/>.

JUNCKER, Jean-Claude, « EU Must Improve Russia Ties », BBC News, 9 octobre 2015. <http://www.bbc.com/news/world-europe-34486157>.

KALETSKY, Anatole, « Realpolitik in Ukraine ». <http://www.zerohedge.com/news/2014-03-03/realpolitik-ukraine>.

KAPLAN, Robert D., « A Continent of Appeasers Has Abandoned Its Own Defense », *Financial Times*, 8 avril 2015

KAPLAN, Robert D., *Asia's Cauldron: The South China Sea and the End of a Stable Pacific*, New York, Random, 2015.

KAPLAN, Robert D., *La revanche de la géographie. Ce que les cartes nous disent des conflits à venir [The Revenge of Geography. What the Map Tells Us about Coming Conflicts and the Battle against Fate]*, traduit de l'américain par Anaïs Goacolou, Éditions du Toucan, 2014.

KAZIANIS, Harry J., « Obama's $5 Trillion Dollar Gift to China: The South China Sea? », *The National Interest*, 6 décembre 2015. <http://nationalinterest.org/blog/the-buzz/-obamas-5-trillion-dollar-gift-china-the-south-china-sea-14530>.

KELLERHALS, Merle David Jr., Press Conference, Washington, Biden Visits Ukraine, Georgia for talks, IIP Digital, le 20 juillet 2009.

KEQIANG, Li, transcription, *Financial Times*, 15 avril 2015.

KEYNES, John Maynard, *The End of Laissez-Faire. The Economic Consequences of the Peace*, New York, Prometheus Books, 2009[1919].

KING, Mervyn, « We Prevented a Great Depression », entretien pour *The Daily Telegraph*, le 4 mars 2011.

KING, Mervyn, *The End of Alchemy: Money, Banking and the Future of the Global Economy*, Londres, Little Brown, 2016.

KISSINGER, Henry, *World Order: Reflections on the Character of Nations and the Course of History*, Londres, Allen Lane, Penguin Books, 2014, p. 365.

KISSINGER, Henry, « A Path Out of the Middle East Collapse. With Russia in Syria, a Geopolitical Structure that Lasted Four Decades is in Shambles. The U.S. Needs a New Strategy and Priorities », *The Wall Street Journal*, 16 octobre 2015. <http ://www.-wsj.com/articles/a-path-out-of-the-middle-east-collapse-1445037513>.

KISSINGER, Henry, « Do We Achieve World Order Through Chaos and Insight? », entretien réalisé par Juliane VON MITTESTAEDT et Erich FOLLATH, *Der Spiegel online*, le 13 novembre 2014.

KISSINGER, Henry, « Russia Should Be Perceived as an Essential Element of Any New Global Equilibrium », *The National Interest*, 4 février 2016.

KLEIN, Margaret et Kirsten WESTPHAL, « Russia: Turn to China », *Stitfung Wissenschaft und Politik*, SWP Comments, 7 janvier 2016.

KRAUTHAMMER, Charles, « The Unipolar Moment », *Foreign Affairs*, novembre 1990. <http://www.facebook.com/sharer/sharer.php?u=https%3A//www.foreignaffairs.com/articles/1991-02-01/unipolar-moment%3Fcid%3Dsoc-fb-rdr>. ; <https://www.-foreign-affairs.com/articles/1991-02-01 unipolar-moment>.

KRUGMAN, Paul, « Why We're in a New Gilded Age », *The New York Review of Books*, 10 avril 2014.

KRUGMAN, Paul, « Why Weren't Alarm Bells Ringing? », *The New York Review of Books*, 23 octobre 2014.

LAGARDE, Christine, « Brothers and Sisters, There is Much to Do », IMF – World Bank Annual Meetings Plenary, Lima, 9 octobre 2015. <https://www.imf.org/external/np/-speeches/2015/100915.htm>.

LAGARDE, Christine, entretien pour *Handelsblatt*, in *The Telegraph*, le 31 décembre 2015.

LEVI-STRAUSS, Claude, *Race et histoire*, Paris, Denoël, 1987[1952].

MADDISON, Angus, *Contours of the World Economy I-2030 AD: Essays in Macro-economic History*, New York, Oxford University Press, 2007.

MEARSHEIMER, John J., « Why the Ukraine Crisis is the West's Fault », *Foreign Affairs*, septembre/octobre 2014.

MEARSHEIMER, John, *The Tragedy of Great Power Politics*, New York, W.W. Norton & Company, 2014.

MELHEM, Hisham, « Keeping Up With the Caliphate: An Islamic State for the Internet Age », *Foreign Affairs*, novembre/décembre 2015.

MERKEL, Angela, « Message pour le Nouvel An », vidéo. <http://www.bundeskanz-lerin.de/-Content/DE/Artikel/2011/2012/2011-12-31 neujahresansprache.html>.

MERKEL, Angela, « Transcription officielle des commentaires ». <http://www.bundesregie-rung.de/-Content?DE/-Rede/2012/11/2012-11-12-merkel-lissabon.html>.

MICHTA, Andrew A., « The Buyer's Remorse on NATO Enlargement », On Europe & Security, *The American Interest*, 6 avril 2015.

MICKLETHWAIT, John et Adrian WOOLDRIDGE, « State of the State », *Foreign Affairs*, juillet/août 2014.

MICKLETHWAIT, John et WOOLDRIDGE, Adrian, *The Fourth Revolution: The Global Race to Reinvent the State*, New York, Penguin Press, 2014.

MICKLETHWAIT, John, « An Editor's Farewell: The case of Liberal Optimism », *The Economist*, 31 janvier 2015.

MITCHELL, Tom, « China-led AIIB Attracts Raft of Applicants », *Financial Times*, 2 avril 2015.

NAPOLEONI, Loretta, *ISIS. Califatul terorii*, Bucarest, Corint, 2015.

NATIONAL INTELLIGENCE COUNCIL, *Global Trends 2030: Alternative Worlds*, 12 décembre 2012.

NEGREA-BUSUIOC, Elena, « Populismul – o "nouă" maladie în Uniunea Europeană », *Convorbiri europene*, 16 décembre 2015. <http://www.convorbirieuropene.ro/-populismul-o-noua maladie-in-uniunea-europeana/>.

NICU Sava, Ionel, *Geopolitica. Teorii şi paradigme clasice. Şcoala geopolitică germană*, Bucarest, Info–team, 1997.

NYE, Joseph S. Jr., *Is the American Century Over?*, Cambridge, Polity Press, 2015.

O'NEILL, Jim, *The BRIC Road to Growth*, Londres, London Publishing Partnership, 2013.

OBAMA, Barack, « Writing the Rules for 21st Century Trade », 18 février 2015. <https://www.whitehouse.gov/blog/2015/02/18/president-obama-writing-rules-21st-century-trade>.

PAULSON, Henry M., *Dealing With China: An Insider Unmasks the New Economic Superpower*, New York, Twelve – Hachette Book Group, 2015.

PETTIS, Michael, *The Great Rebalancing: Trade, Conflict, and the Perilous Road Ahead for the World Economy*, Princeton University Press, 2014.

PEW RESEARCH CENTER, 26 mars 2015. <http://www.pewforum.org/>.

PHILLIPS, Tony (ed.), *Europe on the Brink : Debt Crisis and Dissent in the European Periphery*, Londres, Zed Books, 2014.

PIKETTY, Thomas, *Le capital au XXI*^{e} *siècle*, Paris, Seuil, coll. « Les livres du monde », 2013.

PILLING, David, « Celebrate the Rise of Flawed, Febrile China », *Financial Times*, 17 décembre 2015.

PILLING, David, « How America Should Adjust to the Pacific Century », *Financial Times*, 17 novembre 2011.

PRODI, Romano, *O viziune asupra Europei*, Iaşi, Polirom, 2001.

RACHMAN, Gideon, « China, Russia and the "Sinatra Doctrine" », *Financial Times*, 25 novembre 2014.

RACHMAN, Gideon, « Preserving American Power After Obama », *The National Interest*, 17 décembre 2015. <http://nationalinterest.org/feature/preserving-american-power-after-obama-14651>.

RACHMAN, Gideon, « Ukraine, Russia and Europe's Bloody Borders: If Nations Were Allowed to Claim Bits of Their Neighbours, it Could Convulse the Continent », *Financial Times*, 28 octobre 2014.

REINHART, Carmen M. et ROGOFF, Kenneth, « Growth in a Time of Debt », National Bureau of Economic Research, Working Paper n° 15639, janvier 2010. <www.nber.org>.

RODRIK, Dani, *The Globalization Paradox: Why Global Markets, States, and Democracy Can't Coexist*, Oxford, Oxford University Press, 2011.

ROSE, Gideon, « The Post-American Middle East », *Foreign Affairs*, novembre/décembre 2015.

RUDD, Kevin, « How America Should Adjust to the Pacific Century », *Financial Times*, 16 novembre 2011.

RUSSELL, Bertrand, *The Problem of China*, Londres, George Allen & Unwin Ltd., 1922. The Project Gutenberg Ebook. <http ://www.gutenberg.org/files/13940/13940-h/13940-h.htm>.

SAROTTE, Mary Elise, « A Broken Promise? », *Foreign Affairs*, septembre/octobre 2014.

SCHMIDT, Helmut, « Beaufsichtigt die neuen Großspekulanten », *Die Zeit*, n° 6, 1er février 2007. <http://www.zeit.de/2007/06/Globale-Finanzmaerkte>.

SCHRECKER, Ted et BAMBRA, Clare, *How Politics Makes Us Sick: Neoliberal Epidemics*, Londres, Palgrave McMillan, 2015.

SCHRÖDER, Gerhard, « Agenda 2010 – The Key to Germany's Economic Success », *Social Europe Journal*. <http://www.socialeurope-eu/2012/04/agenda/2010/thekey/to/germanys/economic/succes/>.

SCHRÖDER, Gerhard, *Speech at the Bundestag*, 14 mars 2003.

SIMON, Steven Jonathan STEVENSON, Jonathan, « The End of Pax Americana: Why Washington's Middle East Pullback Makes Sense », *Foreign Affairs*, novembre/décembre 2015.

SINN, Hans-Werner, « Free-Trade Pitfalls », *Project-syndicate*, 24 juin 2014. <https://www.project-syndicate.org/commentary/hans-werner-sinn-considers-the-risks-of-the-transatlantic-trade-and-investment-partnership>.

SINN, Hans-Werner, « The Sputtering Engine. Is Germany's Economy Getting too Weak to Pull Europe out of its Crisis ? », *The Economist*, le 22 novembre 2014.

SINN, Hans-Werner, *The Euro Trap: On Bursting Bubbles, Budgets, and Beliefs*, Oxford, Oxford University Press, 2014.

SKOUSEN, Mark, *The Making of Modern Economics: The Lives and Ideas of the Great Thinkers*, New York, M.E. Sharpe Inc. Armonk, 2001.

STIGLITZ, Joseph E., « On the Wrong Side of Globalization », *The New York Times*, 15 mars 2014. <opini-ona-tor.blogs.nytimes.com/…/on-the-wrong-side-of-globalization/>.

STIGLITZ, Joseph, *The Great Divide*, chapitre « Student Debt and the Crushing of the American Dream », New York, Allen Lane – Penguin Books, 2015.

TANG, Kit, « RCEP: The Next Trade Deal you Need to Know About », CNBC, 14 octobre 2015. <http://www.cnbc.com/2015/10/14/tpp-deal-pressures-rcep-trade-talks-in-bÉtats-Unisn-china-keen-for-progress.html>.

TODD, Emmanuel, « L'Allemagne tient le continent européen », *Les Crises*, 3 septembre 2014. <http://www.les-crises.fr/todd-3-l-allemagne-tient-le-continent-europeen/>.

VALENCIA, Mark J., « South China Sea: Apparent, Contradictions in the US Position As Wrangling Continues », *Straits Times*, 11 août 2015.

VALENCIA, Mark J., « The Issue of US Neutrality in South China Sea Disputes », SPH Websites, 11 août 2015.

VÉDRINE, Hubert, « Brexit Would be a Catastrophe », *Euractiv*, 9 février 2016. <http://www.--euractiv.com/-section/justice-home-affairs/interview/hubert-vedrine-brexit-would-be-a-ca-tastrophe/>.

WOLF, Martin, « A Rebuff of China's Asian Infrastructure Investment Bank is folly », *Financial Times*, 24 mars 2015.

WOLF, Martin, « Bring the Elites Closer to the People », *Financial Times*, 3 février 2016.

WOLF, Martin, « China Will Struggle to Keep its Momentum », *Financial Times*, 8 avril 2015.

Wolf, Martin, « Germany is a Weight on the World », *Financial Times*, 6 novembre 2013.

WOLF, Martin, « It Is Folly to Rebuff China's Bank », *Financial Times*, 25 mars 2015.

WOLF, Martin, « The Challenges of Central Bank Divergence », *Financial Times*, 9 décembre 2015.

WOLF, Martin, *The Shifts and Shocks, What We've Learned – and Have Still to Learn – from the Financial Crisis,* New York, Penguin Press, 2014.

Ying, FU, « How China Sees Russia », *Foreign Affairs*, janvier/février 2016.

Yue, Zhang, « Li Stresses Stability of Renminbi », *China Daily*, le 6 février 2016.

ZAKARIA, Fareed, « Inside Obama's World: The President talks to TIME About the Changing Nature of American Power », entretien avec le président Barack Obama, *TIME*, le 19 janvier 2012. <http ://swampland.time.com/2012/01/19/inside-obamas-world-the-president-talks-to-time-about-the-changing-nature-of-american-power/>.

ZAKARIA, Fareed, « Whatever Happened to Obama's Pivot to Asia? », *The Washington Post*, 16 avril 2015. <https://www.washing-tonpost.com/opinions/the-forgotten-pivot-to-asia/2015/04/16/529cc5b8-e477-11e4-905f-cc896d379a32_story.html>.

Table des matières

L'HARMATTAN ITALIA
Via Degli Artisti 15; 10124 Torino
harmattan.italia@gmail.com

L'HARMATTAN HONGRIE
Könyvesbolt ; Kossuth L. u. 14-16
1053 Budapest

L'HARMATTAN KINSHASA
185, avenue Nyangwe
Commune de Lingwala
Kinshasa, R.D. Congo
(00243) 998697603 ou (00243) 999229662

L'HARMATTAN CONGO
67, av. E. P. Lumumba
Bât. – Congo Pharmacie (Bib. Nat.)
BP2874 Brazzaville
harmattan.congo@yahoo.fr

L'HARMATTAN GUINÉE
Almamya Rue KA 028, en face
du restaurant Le Cèdre
OKB agency BP 3470 Conakry
(00224) 657 20 85 08 / 664 28 91 96
harmattanguinee@yahoo.fr

L'HARMATTAN MALI
Rue 73, Porte 536, Niamakoro,
Cité Unicef, Bamako
Tél. 00 (223) 20205724 / +(223) 76378082
poudiougopaul@yahoo.fr
pp.harmattan@gmail.com

L'HARMATTAN CAMEROUN
TSINGA/FECAFOOT
BP 11486 Yaoundé
699198028/675441949
harmattancam@yahoo.com

L'HARMATTAN CÔTE D'IVOIRE
Résidence Karl / cité des arts
Abidjan-Cocody 03 BP 1588 Abidjan 03
(00225) 05 77 87 31
etien_nda@yahoo.fr

L'HARMATTAN BURKINA
Penou Achille Some
Ouagadougou
(+226) 70 26 88 27

L'HARMATTAN SÉNÉGAL
10 VDN en face Mermoz, après le pont de Fann
BP 45034 Dakar Fann
33 825 98 58 / 33 860 9858
senharmattan@gmail.com / senlibraire@gmail.com
www.harmattansenegal.com

Achevé d'imprimer par Corlet Numérique - 14110 Condé-sur-Noireau
N° d'Imprimeur : 135606 - Dépôt légal : janvier 2017 - *Imprimé en France*

www.ingramcontent.com/pod-product-compliance
Lightning Source LLC
LaVergne TN
LVHW011258061026
849535LV00005B/1303